超ビジュアル！

世界の歴史大事典

仲林義浩／監修

西東社

超ビジュアル！

世界の歴史大事典

もくじ

この本の使い方 …… 8

1章 古代

2世紀《せいき》の世界 …… 10

マンガ ピラミッド建設《けんせつ》 …… 12

約《やく》700万年前 人類《じんるい》が誕生《たんじょう》する …… 14

前3500年頃《ごろ》 メソポタミア文明が生まれる …… 16

前1750年頃《ごろ》 『ハンムラビ法典《ほうてん》』が発布《はっぷ》される …… 18

前3000年頃《ごろ》 エジプト文明が生まれる …… 20

前2550年頃《ごろ》 クフ王がピラミッドを建設《けんせつ》する …… 22

知っておどろき！歴史《れきし》！ ピラミッドの建設《けんせつ》方法《ほうほう》は謎《なぞ》!? …… 24

前1347年頃《ごろ》 ツタンカーメンが即位《そくい》する …… 26

前1286年頃《ごろ》 カデシュの戦《たたか》い …… 28

歴史《れきし》新聞 古代エジプト人はどんな暮《く》らしだった!? …… 30

前2600年頃《ごろ》 インダス文明が生まれる …… 32

前500年頃《ごろ》 仏教《ぶっきょう》が誕生《たんじょう》する …… 34

前1600年頃《ごろ》 中国《ちゅうごく》文明が生まれる …… 36

前221年 始皇帝《しこうてい》が中国《ちゅうごく》を統一《とういつ》する …… 38

前202年 垓下《がいか》の戦《たたか》い …… 42

208年 赤壁《せきへき》の戦《たたか》い …… 44

前1250年頃《ごろ》 トロイア戦争《せんそう》 …… 46

前1000年頃《ごろ》 ダビデがイスラエル王になる …… 48

前800年頃《ごろ》 ギリシャにポリスが誕生《たんじょう》する …… 50

知っておどろき!歴史《れきし》! 古代ギリシャの哲学者《てつがくしゃ》たち!! …… 52
知っておどろき!歴史《れきし》! 古代オリンピックは裸《はだか》で競《きそ》った!? …… 54
前500年 ペルシア戦争《せんそう》 …… 56
前333年 イッソスの戦《たたか》い …… 58
前218年 ポエニ戦争《せんそう》（第二次） …… 60
前60年 第1回三頭政治《さんとうせいじ》がはじまる …… 62
マンガ カエサルの進撃《しんげき》 …… 64
前52年 アレシアの戦《たたか》い …… 66
前49年 ローマ内戦《ないせん》がはじまる …… 68
前27年 ローマ帝国《ていこく》が誕生《たんじょう》する …… 70
79年 ベズビオ火山が噴火《ふんか》する …… 72
80年 コロッセウムが完成《かんせい》する …… 74
歴史《れきし》新聞 古代ローマ人の生活はぜいたくだった!? …… 76
30年頃《ごろ》 イエスが処刑《しょけい》される …… 78
313年 キリスト教が公認《こうにん》される …… 80
610年頃《ごろ》 イスラム教が誕生《たんじょう》する …… 82
知っておどろき!歴史《れきし》! これが聖地《せいち》エルサレムだ!! …… 84
世界おもしろコラム 世界に残《のこ》る巨石遺跡《きょせきいせき》!! …… 86

2章 中世

8世紀《せいき》の世界 …… 88
604年 煬帝《ようだい》が隋《ずい》の皇帝《こうてい》になる …… 90
629年 玄奘《げんじょう》がインドへ出発する …… 92
755年 安史《あんし》の乱《らん》が起こる …… 94
知っておどろき!歴史《れきし》! 唐《とう》の都「長安《ちょうあん》」は国際《こくさい》都市だった!? …… 96
960年 趙匡《ちょうきょう》胤《いん》が宋《そう》を建国《けんこく》する …… 98
歴史《れきし》新聞 科挙《かきょ》とはどんな試験《しけん》だったの? …… 100
750年 イスラム帝国《ていこく》が成立《せいりつ》する …… 102

知っておどろき!歴史《れきし》! イスラム文明は世界最先端《さいせんたん》だった!? …… 104
527年 ユスティニアヌスが即位《そくい》する …… 106
800年 カールの戴冠《たいかん》 …… 108
1077年 カノッサの屈辱《くつじょく》 …… 110
知っておどろき!歴史《れきし》! 教会の建築《けんちく》様式は豪華《ごうか》になった!? …… 112
1189年 第3回十字軍《じゅうじぐん》が遠征《えんせい》する …… 114
1206年 モンゴル帝国《ていこく》が建国《けんこく》される …… 116
1241年 ワールシュタットの戦《たたか》い …… 118
1275年 マルコ・ポーロが元《げん》の都に着く …… 120
1420年 永楽帝《えいらくてい》が紫禁城《しきんじょう》を完成《かんせい》させる …… 122
1392年 朝鮮国《ちょうせんこく》が建国《けんこく》される …… 124
1339年 百年戦争《ひゃくねんせんそう》がはじまる …… 126
マンガ 奇跡《きせき》の少女ジャンヌ …… 128
1429年 オルレアンが解放《かいほう》される …… 132
1370年 チムール帝国《ていこく》が建国《けんこく》される …… 134
1453年 東ローマ帝国《ていこく》が滅亡《めつぼう》する …… 136
1492年 グラナダが陥落《かんらく》する …… 138
1514年 チャルディラーンの戦《たたか》い …… 140
知っておどろき!歴史《れきし》! 西洋甲冑《かっちゅう》の種類《しゅるい》と歴史《れきし》!! …… 142
世界おもしろコラム 動物裁判《さいばん》がおこなわれていた!? …… 144

3章 近世

16世紀《せいき》の世界 …… 146
マンガ ルネサンスの三大巨匠《きょしょう》 …… 148
1512年 システィーナ礼拝堂天井画《れいはいどうてんじょうが》が完成《かんせい》 …… 152
知っておどろき!歴史《れきし》! これがルネサンス芸術《げいじゅつ》だ!! …… 154
1529年 スレイマン1世のウィーン包囲《ほうい》 …… 156
1571年 レパントの海戦《かいせん》 …… 158
1517年 宗教改革《しゅうきょうかいかく》がはじまる …… 160
1534年 イギリス国教会《こっきょうかい》が成立《せいりつ》する …… 162

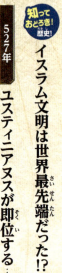

1562年　ユグノー戦争《せんそう》がはじまる……164

1492年　アメリカ大陸《たいりく》が発見される……166

知っておどろき！歴史《れきし》！　大航海《だいこうかい》時代の航海者《こうかいしゃ》たち!!……168

1521年　アステカ王国が滅亡《めつぼう》する……170

知っておどろき！歴史《れきし》！　アステカ王国の都は湖にあった!?……172

1533年　インカ帝国《ていこく》が滅亡《めつぼう》する……174

知っておどろき！歴史《れきし》！　インカ帝国《ていこく》の都市は山上にあった!?……176

知っておどろき！歴史《れきし》！　奴隷貿易《どれいぼうえき》はこんなにひどかった!!……178

1558年　エリザベス1世が即位《そくい》する……180

1581年　オランダが独立《どくりつ》を宣言《せんげん》する……182

1588年　アルマダの海戦《かいせん》……184

知っておどろき！歴史《れきし》！　日本とヨーロッパの出会い!!……186

1592年　壬辰《じんしん》・丁酉倭乱《ていゆうわらん》……188

1609年　ガリレイが天体観測《かんそく》を開始……190

1665年　万有引力《ばんゆういんりょく》の法則《ほうそく》が発見される……192

1618年　三十年戦争《さんじゅうねんせんそう》がはじまる……194

1642年　ピューリタン革命《かくめい》がはじまる……196

1682年　ベルサイユ宮殿《きゅうでん》が完成《かんせい》する……198

1669年　康熙帝《こうきてい》が政治《せいじ》をはじめる……200

1653年　タージ・マハルが完成《かんせい》する……202

1682年　ピョートル1世が即位《そくい》する……204

知っておどろき！歴史《れきし》！　ヨーロッパの美しい城《しろ》ベスト5!!……206

世界おもしろコラム　ヨーロッパを恐怖《きょうふ》させたペスト!!……208

4章　近代　18世紀《せいき》の世界……210

1740年　オーストリア継承戦争《けいしょうせんそう》……212

1775年　アメリカ独立戦争《どくりつせんそう》がはじまる……214

知っておどろき!歴史《れきし》! 世界を動かした女帝《じょてい》・女王たち!! …… 216
マンガ フランス革命《かくめい》 …… 218
1789年 フランス革命《かくめい》がはじまる …… 222
1793年 ルイ16世が処刑《しょけい》される …… 224
マンガ ナポレオンの登場 …… 226
1804年 ナポレオンが皇帝《こうてい》になる …… 228
1805年 トラファルガーの海戦《かいせん》 …… 230
1805年 三帝会戦《さんていかいせん》（アウステルリッツの戦《たたか》い） …… 232
1814年 ウィーン会議《かいぎ》が開かれる …… 234
歴史《れきし》新聞 ヨーロッパの大都市はかなり不潔《ふけつ》だった!? …… 236
1830年 七月革命《しちがつかくめい》が起こる …… 238
1830年 世界初《せかいはつ》の旅客《りょかく》鉄道が開通する …… 240
知っておどろき!歴史《れきし》! 産業革命《さんぎょうかくめい》で子どもが労働者《ろうどうしゃ》になった!? …… 242
1851年 万国博覧会《ばんこくはくらんかい》が開かれる …… 244
1848年 『共産党宣言《きょうさんとうせんげん》』が発表される …… 246
1859年 ダーウィンが進化論《しんかろん》を発表する …… 248
1840年 アヘン戦争《せんそう》 …… 250
1857年 インド大反乱《だいはんらん》が起こる …… 252
1853年 クリミア戦争《せんそう》 …… 254
1861年 南北戦争《なんぼくせんそう》 …… 256
1870年 普仏戦争《ふふつせんそう》 …… 260
1871年 ドイツ帝国《ていこく》が誕生《たんじょう》する …… 262
知っておどろき!歴史《れきし》! 19世紀《せいき》の画家がえがいた女性《じょせい》たち!! …… 264
1894年 日清戦争《にっしんせんそう》 …… 266
1900年 義和団事件《ぎわだんじけん》が起こる …… 268
1904年 日露戦争《にちろせんそう》 …… 270
1911年 辛亥革命《しんがいかくめい》が起こる …… 272
1905年 相対性理論《そうたいせいりろん》が発表される …… 274
1903年 世界初《せかいはつ》の動力飛行《ひこう》に成功《せいこう》する …… 276
1913年 自動車の大量生産《たいりょうせいさん》がはじまる …… 278
マンガ 第一次世界大戦《たいせん》 …… 280

1914年 第一次世界大戦《たいせん》がはじまる 282
1917年 ロシア革命《かくめい》が起こる 288
1919年 朝鮮《ちょうせん》で独立《どくりつ》運動が起こる 292
世界おもしろコラム 西洋人の名前は由来が同じ!? 294

5章 現代《げんだい》
20世紀《せいき》前半の世界 296
1929年 世界恐慌《きょうこう》が起こる 298
歴史《れきし》新聞 欧米諸国《おうべいしょこく》は世界恐慌《きょうこう》をどう乗り切った!? 300
マンガ 第二次世界大戦《たいせん》 302
1933年 ヒトラーが政権《せいけん》をにぎる 306
1937年 日中戦争《にっちゅうせんそう》がはじまる 308
1939年 第二次世界大戦《たいせん》がはじまる 310
1942年 ホロコーストがはじまる 314
1941年 太平洋戦争《せんそう》がはじまる 316
1945年 第二次世界大戦《たいせん》が終わる 320
歴史《れきし》新聞 第二次世界大戦後《たいせんご》に世界はどうなった!? 322
1950年 朝鮮戦争《ちょうせんせんそう》がはじまる 324
1965年 ベトナム戦争《せんそう》がはじまる 326
1969年 人類《じんるい》が月面に到達《とうたつ》する 328
1989年 東西冷戦《れいせん》が終わる 330
知っておどろき!歴史《れきし》! 戦後《せんご》日本の国際関係《こくさいかんけい》!! 332
現在《げんざい》の世界 334
世界の歴史《れきし》年表 336
さくいん 340

この本の使い方

できごとイラスト

できごとの場面をイラストで再現《さいげん》しています。

できごと

世界の歴史《れきし》で起こった重要《じゅうよう》なできごとを取り上げて紹介《しょうかい》しています。

西暦《せいれき》

できごとが起きた年を記しています。

1章 古代　2章 中世　3

1275年

マルコ・ポーロが元《げん》の都に着く

イタリアの商人マルコが元の初代皇帝に会う

チンギス・ハンの孫《まご》フビライは、1260年、モンゴル帝国の5代皇帝になったが、西アジアを支配する弟や親類たちと対立したため、自分の勢力が強い中国北部の支配を固めた。その後、フビライは本拠地の大都(北京)に都を建設し、国名を「元」に変えた。元の初代皇帝となったフビライは、中国南部を支配する南宋をほろぼし、中国を統一した。

元を含むモンゴル帝国は交通路を整備し、安全に通行できるようにしたため、東アジアと西洋の交流がさかんになり、火薬や木版印刷などがヨーロッパに伝わった。

そんな中、イタリア商人マルコ・ポーロは大都を訪れ、フビライに仕えた。マルコが自分の経験をまとめた『東方見聞録』は、15世紀に大航海時代(⬇P166)がはじまるきっかけのひとつになった。

大都に到着したマルコ・ポーロ

マルコはベネチアを出発して3年半後、元の都「大都」に到着し、皇帝フビライに会った。

元(中国)

マルコ・ポーロ(1254~1324)

ベネチア(イタリア)の商人で、父やおじと一緒に元に向かい、フビライに仕えた。帰国後、『東方見聞録』をまとめた。

ビジュアル資料　フビライに会うマルコ

フビライ　マルコ

マルコが父やおじと一緒に元の皇帝フビライに会う場面。ヨーロッパの宮廷風にえがかれている。

旅の経験を話すマルコ

ベネチアに帰国後、捕虜になったマルコは、同じろうやにいた作家に旅の経験を話し、記録させた。これが後に「東方見聞録」となった。

フビライ・ハン(1215~1294)

モンゴル帝国の5代皇帝になった後、中国へ勢力を広げ、元を建国。南宋をほろぼして中国を統一した。

その頃日本は?　フビライが送りこんだ元の大軍と戦った!!

フビライは1274年、大軍を日本に送りこんだ。日本軍を火薬兵器や集団戦法で苦戦させたが、暴風雨により撤退した(文永の役)。7年後、大軍で再び攻めこませたが、このときも暴風雨により撤退した(弘安の役)。

文永の役で元軍に火薬兵器で攻撃される日本軍。

121　120

地図

できごとが起きた国や地域《ちいき》、都市を★で地図上に示しています。

人物プロフィール

できごとに関連《かんれん》する重要《じゅうよう》な人物の基本的《きほんてき》な情報《じょうほう》をまとめています。

その頃《ころ》日本は?

世界のできごとと同じ時期に、世界の国と関連《かんれん》して起きた日本のできごとを紹介《しょうかい》しています。

ビジュアル資料《しりょう》

できごとに関《かん》する写真や絵などの資料《しりょう》です。

ウソ!ホント!?

絶対《ぜったい》に本当とは言えないけれど、おどろくような説《せつ》を紹介《しょうかい》します。

なるほどエピソード

取り上げたできごとに関連するエピソードを紹介《しょうかい》しています。

発見《はっけん》!

現在《げんざい》でも見ることができる銅像《どうぞう》や遺跡《いせき》などです。

- この本で紹介《しょうかい》している年齢《ねんれい》は満年齢《まんねんれい》で示《しめ》しています。誕生日《たんじょうび》や死亡日《しぼうび》、できごとが起きた月日などが不明《ふめい》の場合は、死亡年《しぼうねん》や、できごとが起きた年から誕生年《たんじょうねん》を引いたものを年齢《ねんれい》として示《しめ》しています。
- この本では、時代区分を古代(~5世紀《せいき》)、中世(5~16世紀《せいき》)、近世(16~18世紀《せいき》)、近代(18~20世紀《せいき》前半)、現《げん》代《だい》(20世紀《せいき》前半~)と大きく分け、その時代のおもなできごとを紹介《しょうかい》しています。
- マンガ、イラストは基本的《きほんてき》に史実《しじつ》に基《もと》づいていますが、想像《そうぞう》でえがいた場面もあります。
- 人物の生没年《せいぼつねん》、できごとの日時・場所などには別《べつ》の説《せつ》がある場合もあります。
- 昔の地名を現在《げんざい》の地名で表す場合は、おおよその場所を示《しめ》しています。

1章

古代

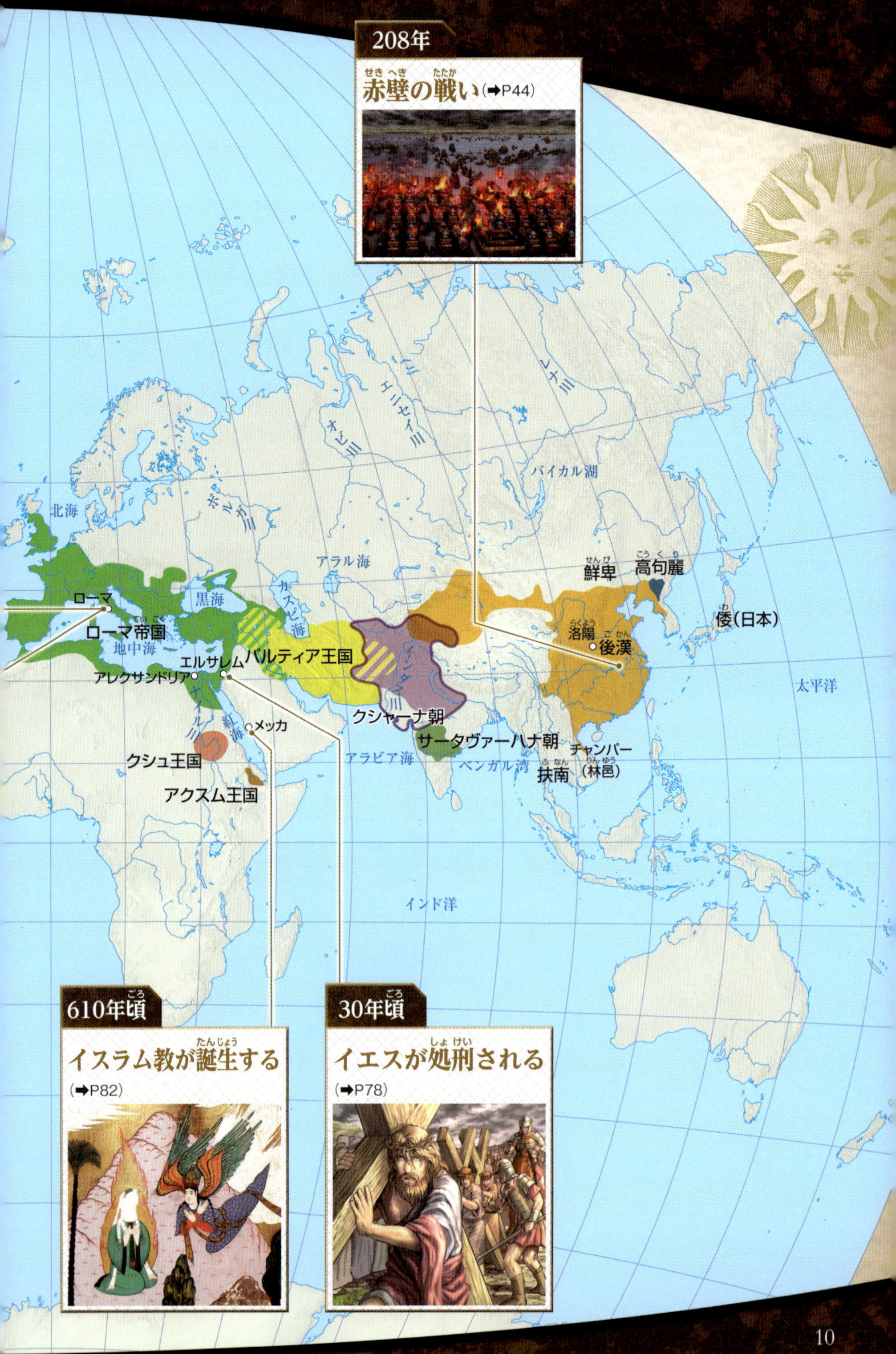

208年

赤壁《せきへき》の戦《たたか》い（➡P44）

610年頃《ごろ》

イスラム教が誕生《たんじょう》する

（➡P82）

30年頃《ごろ》

イエスが処刑《しょけい》される

（➡P78）

2世《せい》紀《き》の世界

太平洋
大西洋
テオティワカン文明
マヤ文明
前49年
ローマ内戦《ないせん》がはじまる
(➡P68)
前27年
ローマ帝国《ていこく》が誕生《たんじょう》する
(➡P70)

※この世界地図では２世紀《せいき》に起きていないできごとも紹介《しょうかい》しています。

紀元前《きげんぜん》2550年頃《ごろ》、古代エジプトのファラオ・クフ王はピラミッドの建設《けんせつ》を開始した。
世界一大きなピラミッドをつくるぞ!
クフ王
建築家《けんちくか》ヘムオン
はっ
ピラミッド建設《けんせつ》のためエジプト中から労働者《ろうどうしゃ》が集まった。
引けー!
おーっ!
聞いたか? 今夜の夕食は豚肉《ぶたにく》らしいぜ
おお!
この仕事はうまい肉やパンが毎日食べられてビールも飲めて…
うーん

ヒャッホウ
ファラオ最高《さいこう》！
バッ
こらー！
先頭！
手を離《はな》すなっ！
おいっ
ん〜！
なんだか力が
わいてきた！
みんなで力を合わせて
世界一のピラミッドを
つくろう！
ファラオの
ために！
こうして数万人とも
いわれる労働者《ろうどうしゃ》の
力によって世界最大《さいだい》の
ピラミッドが完成《かんせい》した。
みんな
はじめから
そう思ってるよ…

人《じん》類《るい》が誕《たん》生《じょう》する

狩《か》りをする新《しん》人《じん》

新《しん》人《じん》(ホモ・サピエンス)は動物や魚、木の実などをとって暮《く》らしていた。

厳《きび》しい氷《ひょう》河《が》時代を乗り切って進化した

人《じん》類《るい》は、今から約《やく》７００万年前に、アフリカ大《たい》陸《りく》に現《あらわ》れた。彼《かれ》らは「猿《えん》人《じん》」と呼《よ》ばれ、２本の足で歩き、石を道具として使った。

今から約《やく》２５０万年前、地球は氷《ひょう》河《が》時代になり、氷《ひょう》期《き》(寒い時期)と間《かん》氷《ぴょう》期《き》(暖《あたた》かい時期)をくり返した。この厳《きび》しい環《かん》境《きょう》を生き抜《ぬ》くため、人《じん》類《るい》は打《だ》製《せい》石《せっ》器《き》をつくり、これを使って狩《か》りをするようになった。この時期に現《あらわ》れた人《じん》類《るい》を「原《げん》人《じん》」と呼《よ》ぶ。今から約《やく》20万年前は、アフリカ大《たい》陸《りく》で、現《げん》在《ざい》の人《じん》類《るい》の直《ちょく》接《せつ》の祖《そ》先《せん》にあたる新《しん》人《じん》(ホモ・サピエンス)が現《あらわ》れた。新《しん》人《じん》は打《だ》製《せい》石《せっ》器《き》を使い、狩《か》りなど

ビジュアル資料《しりょう》

ラスコーの壁画《へきが》

ラスコー(フランス)の洞窟内《どうくつない》には、約《やく》1万5000年前に新人《しんじん》がえがいた壁画《へきが》が残《のこ》っている。壁画《へきが》には牛や馬、鹿《しか》など、約《やく》100頭の動物がえがかれている。

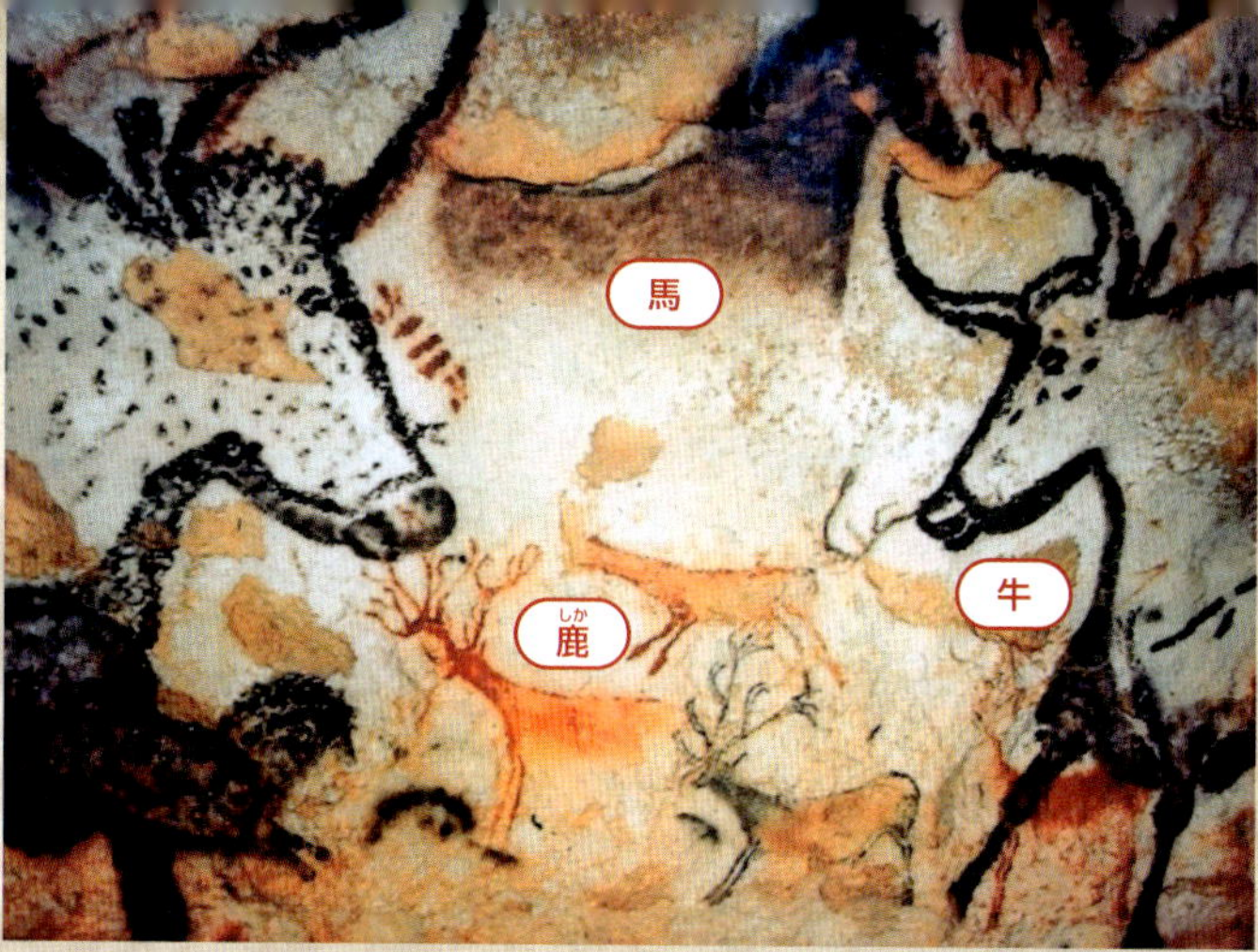

ビジュアル資料《しりょう》

マンモスを追いつめる新人《しんじん》

新人《しんじん》たちは、石器《せっき》などでつくった武器《ぶき》で、マンモスなどの巨大《きょだい》動物をつかまえていた。

マンモス

1万年前頃《ごろ》に絶滅《ぜつめつ》したとされるゾウ。

をして生活した(旧石器時代《きゅうせっきじだい》)。

今から約《やく》1万年前、氷期《ひょうき》が終わり、地球が暖《あたた》かくなると、マンモスなどの巨大《きょだい》動物が絶滅《ぜつめつ》した。狩《か》りだけでは食料《しょくりょう》が不足《ふそく》するようになった新人《しんじん》は牧畜《ぼくちく》や農業をはじめ、さらに磨製石器《ませいせっき》や土器《どき》などをつくりはじめた(新石器時代《しんせっきじだい》)。

2種類《しゅるい》の石器《せっき》

磨製石器《ませいせっき》

表面をみがいた石器《せっき》。農耕などで生活し、磨製石器《ませいせっき》が使われた時代を*新石器時《しんせっきじ》代と呼《よ》ぶ。

打製石器《だせいせっき》

石を打ち欠《か》いた、するどい刃《は》の石器《せっき》。狩《か》りなどで生活し、打製石器《だせいせっき》が使われた時代を旧石器《きゅうせっき》時代と呼《よ》ぶ。

*新石器《しんせっき》時代の時期は、地域《ちいき》によって大きく異《こと》なる。

前3500年頃《ごろ》

メソポタミア文明が生まれる

ウルの街《まち》の女性《じょせい》

メソポタミアの中心都市・ウルは、ユーフラテス川沿《ぞ》いの港町で、多くの商人が集まり、大きく繁栄《はんえい》していた。

世界の4つの地域《ちいき》で古代文明が誕生《たんじょう》する

新石器時代《しんせっき》、人びとは農業や生活に適《てき》する場所を求《もと》めて、大河《たいが》の流域《りゅういき》に住み着いた。やがて豊《ゆた》かな地域《ちいき》では、農作業や軍隊《ぐんたい》を指揮《しき》する王が現《あらわ》れ、弱い地域《ちいき》を従《したが》えて「国」をつくり、神殿《しんでん》や宮殿《きゅうでん》を築《きず》き、農民《のうみん》や奴隷《どれい》を支配《しはい》した。また、武器《ぶき》や儀式《ぎしき》で使う道具が、金属《きんぞく》でつくられるようになり、文字も発明された。このように高度に発達《はったつ》した文化を「文明」と呼《よ》ぶ。

紀元前《きげんぜん》3500年頃《ごろ》、アジアのチグリス川・ユーフラテス川の流域《りゅういき》で、メソポタミア文明が誕生《たんじょう》した。神殿《しんでん》をもつ都市国家や、くさび形文字などが特徴《とくちょう》だった。

発見《はっけん》!

ウルのジッグラト(復元《ふくげん》)

メソポタミアの各《かく》都市の中心には、神が降《お》り立つジッグラト(聖《せい》塔《とう》)がつくられた。ウルのジッグラトの最《さい》上階《じょうかい》には神殿《しんでん》があったという。

ビジュアル資料《しりょう》

くさび形文字

メソポタミアでは、粘土板《ねんどばん》に棒《ぼう》の先端《せんたん》などで刻《きざ》みつけた「くさび形文字」が使われた。

ギルガメシュ
(紀元前《きげんぜん》2600年頃《ごろ》の人物)

古代メソポタミアの伝説的《でんせつてき》な王。メソポタミア神話に登場し、ライオンを素《す》手《で》で捕《つか》まえたという。実在《じつざい》の人物とされる。

ライオンの像《ぞう》

四大《よんだい》文明の誕生地《たんじょうち》

アフリカ・アジアの大河流域《たいがりゅういき》で誕生《たんじょう》した4つの古代文明を「四大《よんだい》文明」と呼《よ》ぶ。
ヨーロッパ
❶メソポタミア文明
アジア
日本列島
❷エジプト文明
(➡P20)
❸インダス文明
(➡P32)
❹中国《ちゅうごく》文明
(➡P36)
東南アジア
太平洋
大西洋
インド洋
※番号は文明の誕生順《たんじょうじゅん》。

前1750年頃《ごろ》

『ハンムラビ法典《ほうてん》』が発布《はっぷ》される

法典《ほうてん》を示《しめ》すハンムラビ王

古《こ》バビロニア王国のハンムラビ王は、『ハンムラビ法典《ほうてん》』を発《はっ》布《ぷ》し、法律《ほうりつ》によって国を治《おさ》めようとした。

ハンムラビ王が全メソポタミアを統一《とういつ》

チグリス川とユーフラテス川にはさまれたメソポタミア地方では、メソポタミア文明が発達《はったつ》し、各地《かくち》で都市国家が繁栄《はんえい》していた。

紀元前《きげんぜん》1830年頃《ごろ》、メソポタミア地方に古《こ》バビロニア王国が誕《たん》生《じょう》し、第6代ハンムラビ王が、都市国家を統一《とういつ》して、メソポタミア全域《ぜんいき》を支配《しはい》した。ハンムラビ王は、農業用水を整備《せいび》して国を豊《ゆた》かにし、『ハンムラビ法典《ほうてん》』をつくって法律《ほうりつ》によって国を治《おさ》めた。ハンムラビ王の死後、古《こ》バビロニア王国はおとろえ、やがて滅亡《めつぼう》した。その後、メソポタミアでは王国の誕生《たんじょう》や滅亡《めつぼう》がくり返された。

新《しん》バビロニアの巨大建築物《きょだいけんちくぶつ》

古《こ》バビロニア王国の滅亡《めつぼう》から約《やく》1000年後、新《しん》バビロニア王国が誕生《たんじょう》した。首都バビロンは繁栄《はんえい》し、巨大《きょだい》な建造物《けんぞうぶつ》が建《た》ち並《なら》んでいた。

イシュタル門（想像図《そうぞうず》）

バビロンには青色の美しいイシュタル門が建《た》てられていた。高さは約《やく》15mあったという。

バベルの塔《とう》（想像図《そうぞうず》）

バビロンには高さ約《やく》90mの「バベルの塔《とう》」がそびえていたといわれる。

法典《ほうてん》が刻《きざ》まれた部分の拡大《かくだい》写真。

ビジュアル資料《しりょう》

『ハンムラビ法典《ほうてん》』

高さ225cmの石柱に「他人の目をつぶした者は、目をつぶされる」などの282条《じょう》の法律《ほうりつ》が、くさび形文字で刻《きざ》まれている。石柱の上部には、太陽神シャマシュから法典《ほうてん》を授《さず》かるハンムラビ王が表されている。

なるほどエピソード

メソポタミアの子は学校で勉強していた!?

古《こ》バビロニア王国では、王や貴《き》族《ぞく》、裕福《ゆうふく》な家の子どもは、くさび形文字や算数などを習うため、学校に通っていた。文字は粘土《ねんど》板《ばん》に書いて習ったため、学校は「粘土板《ねんどばん》の家」と呼《よ》ばれていた。

前3000年頃《ころ》

エジプト文明が生まれる

ナイル川をながめるファラオ

ナイル川の下流域《かりゅういき》では農業が発達《はったつ》し、紀元前《きげんぜん》3000年頃《ごろ》に統一《とういつ》国家が誕生《たんじょう》した。古代エジプトの王はファラオと呼《よ》ばれた。

ナイル川の流域《りゅういき》で統一《とういつ》国家が誕生《たんじょう》する

ナイル川流域《りゅういき》では古代より農業が発達《はったつ》し、小さな国が生まれていた。紀元前《きげんぜん》3000年頃《ごろ》、小さな国を統一《とういつ》した最初《さいしょ》の統一《とういつ》国家(第1王朝)が誕生《たんじょう》し、古代エジプト文明が生まれた。

古代エジプトを支配《しはい》する王「ファラオ」は、人間の姿《すがた》をして現《あらわ》れた神としてあがめられ、神殿《しんでん》が建設《けんせつ》された。また、ファラオの権力《けんりょく》を示《しめ》すため、巨大《きょだい》なピラミッドが建設《けんせつ》された。ヒエログリフと呼《よ》ばれる象形文字《しょうけいもじ》が発明され、ナイル川が洪水《こうずい》を起こす時期を正確《せいかく》に知るため、1年を365日とする太陽暦《たいようれき》もつくられた。

発見《はっけん》!

ナイロメーター

洪水《こうずい》が起きる時期を予測《よそく》するため、ナイル川の水位《すいい》を測《はか》る施設《しせつ》。

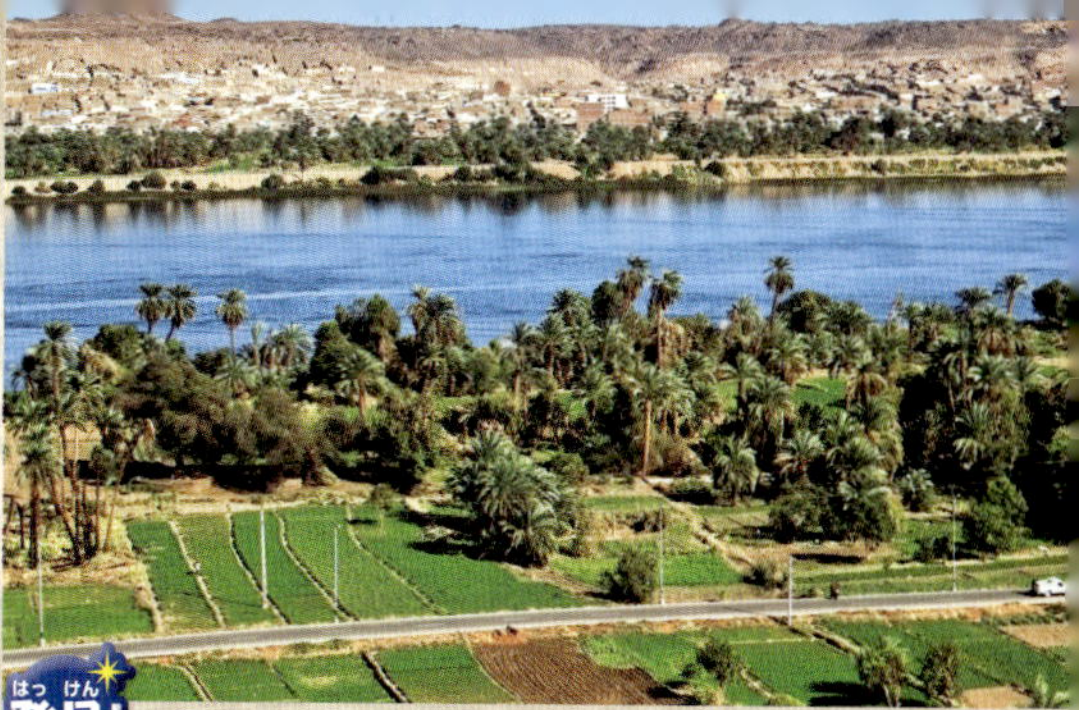

発見《はっけん》!

ナイル川

エジプトは古代から砂漠地帯《さばくちたい》だったが、毎年夏にナイル川が洪水《こうずい》を起こし、栄養分《えいようぶん》の多い土が運ばれ、農業が発達《はったつ》した。

ビジュアル資料《しりょう》

ミイラ

エジプト人は死んでも霊魂《れいこん》は残《のこ》り、生き返れると信《しん》じていた。復活《ふっかつ》したときのため、死体は乾燥《かんそう》させ、ミイラとして保存《ほぞん》した。写真はラムセス2世(➡P28)のミイラ。

ビジュアル資料《しりょう》

ヒエログリフ

古代エジプトで使われていた象形《しょうけい》文字《もじ》(絵文字から発展《はってん》した文字)。楕円《だえん》で囲《かこ》まれているのは王の名前。

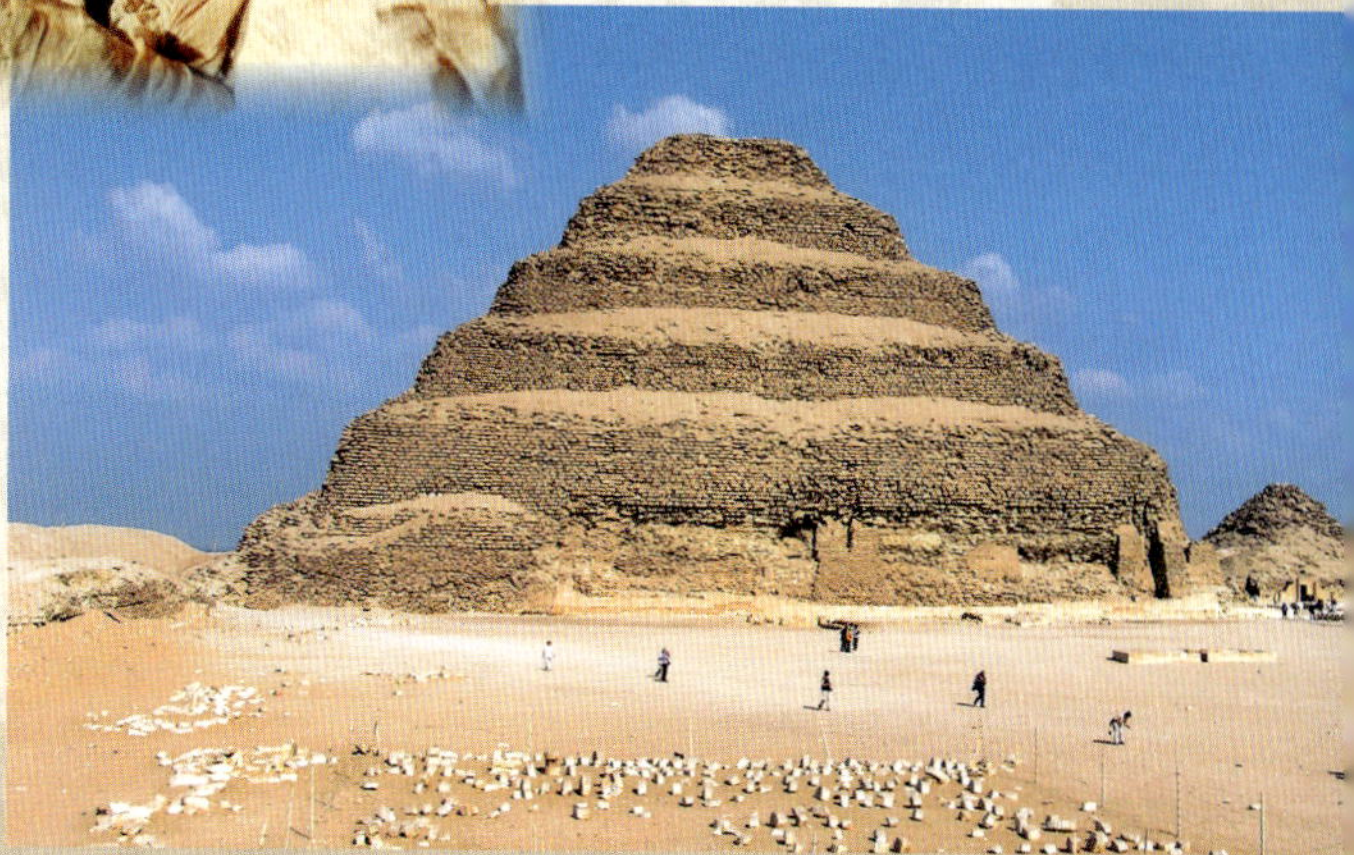

発見《はっけん》!

ジョセル王の階段《かいだん》ピラミッド

ジョセルは紀元前《きげんぜん》2650年頃《ごろ》のファラオで、古代エジプトで最初《さいしょ》にピラミッドをつくった。これ以降《いこう》、ファラオたちは次つぎとピラミッドを建設《けんせつ》した。

前2550年頃《ごろ》

クフ王がピラミッドを建設《けんせつ》する

クフ王が古代エジプトで最大《さいだい》のピラミッドを築《きず》く

古代エジプトの王朝は、紀元前《きげんぜん》3000年頃《ごろ》に第1王朝が誕生《たんじょう》し、紀元前《きげんぜん》332年に第31王朝がほろびるまで、約《やく》2700年間続《つづ》いた。古代エジプトのファラオ(王)は、「生きた神」として独裁的《どくさいてき》な政治《せいじ》をおこなった。その中で、特《とく》に強大な権力《けんりょく》をにぎったファラオが第4王朝のクフ王である。

古代エジプトでは、300以上《いじょう》のピラミッドが建設《けんせつ》されたが、その中で最大《さいだい》のものが、クフ王が紀《き》元前《げんぜん》2550年頃《ごろ》に築《きず》いたピラミッドだ。その高さは約《やく》147mで、平均《へいきん》2・5トンの石が、230万個《こ》も積《つ》み上げられている。

クフ王(前2553年頃《ごろ》に即位《そくい》)

古代エジプト第４王朝第２代のファラオ。古代エジプトで最大《さいだい》のピラミッドを建設《けんせつ》した。

建設中《けんせつちゅう》のピラミッドをながめるクフ王

古代エジプトのクフ王は、自分の権力《けんりょく》の大きさを示《しめ》すために、巨大《きょだい》なピラミッドの建設《けんせつ》を開始した。完成《かんせい》まで20年以上《いじょう》かかったといわれる。

クフ王のピラミッド

完成《かんせい》当時の高さは約《やく》147m(現在《げんざい》は頂上部《ちょうじょうぶ》が欠《か》けて約《やく》137m)。

ピラミッドはファラオの墓《はか》とされ、ピラミッドの内部には、「王の間」や「女王の間」「地下の間」などの空間が存在《そんざい》するが、クフ王のミイラは見つかっていない。このため、ピラミッド建設《けんせつ》は失業者《しつぎょうしゃ》に仕事を与《あた》えるための公共《こうきょう》事業だったという説《せつ》もある。

ウソ!ホント!?

ピラミッドは太陽の光線を表している!?

古代エジプトでは、ファラオは太陽神ラーが人間の姿《すがた》をして現《あらわ》れたものだと考えられていた。そのため、ピラミッドは墓《はか》ではなく、地上に降《ふ》り注ぐ太陽光線を形にした神殿《しんでん》だという説《せつ》がある。

太陽神ラーの絵。

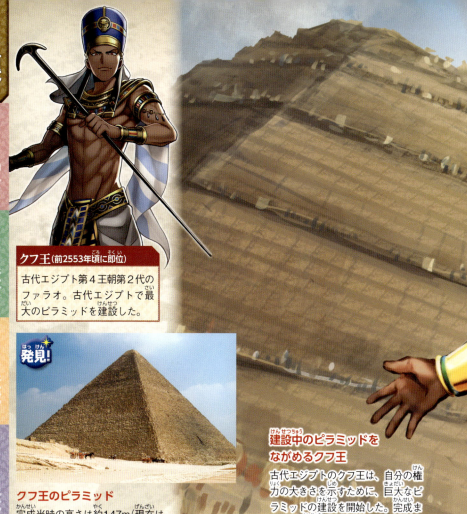

ピラミッドの建設《けん》設《せつ》方《ほう》法《ほう》は謎《なぞ》!?

建設方法《けんせつほうほう》についてはいくつかの説《せつ》がある

ピラミッドは大きいものだと数百万個《こ》の巨大《きょだい》な石が正確《せいかく》に積《つ》み上げられているが、建設方法《けんせつほうほう》は解明《かいめい》されておらず、いろいろな説《せつ》がある。

代表的《だいひょうてき》な説《せつ》としては、「直線《ちょくせん》傾斜路説《けいしゃろせつ》」がある。これは、石をのせたそりを、直線《ちょくせん》の長い坂道で運び上げるというもの。しかし、石の重さにたえられるじょうぶで長い坂道が必要《ひつよう》となるため、その坂道をつくるのが難《むずか》しいと考えられている。このほかに、「らせん傾斜路説《けいしゃろせつ》」や「ジグザグ傾斜路説《けいしゃろせつ》」などが有力とされる。

建設《けんせつ》方法《ほうほう》のおもな説《せつ》

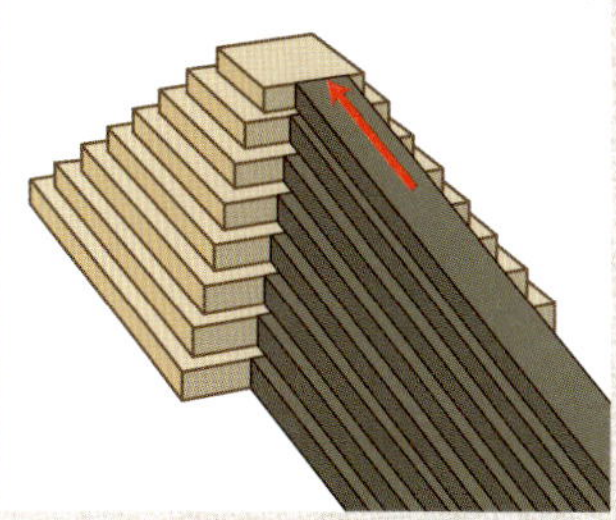

直線傾斜路説《ちょくせんけいしゃろせつ》

直線《ちょくせん》の長い坂道をつくって運ぶ方《ほう》法《ほう》。完成《かんせい》に近づくにつれて、坂道の角度が急になる。

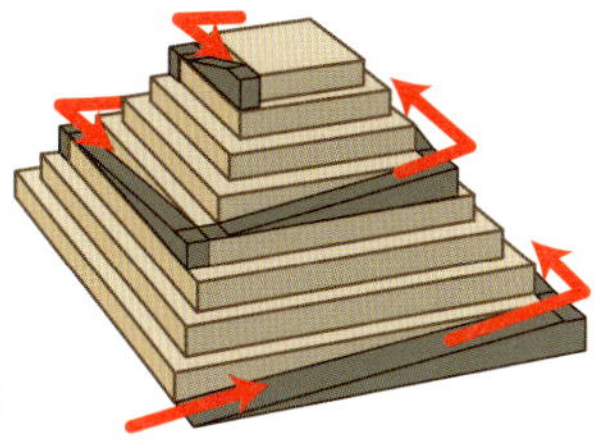

らせん傾斜路説《けいしゃろせつ》

ピラミッドにうず巻《ま》き型《がた》の坂道をつくって運ぶ方《ほう》法《ほう》。道幅《みちはば》がせまいため、角を曲がるのが難《むずか》しい。

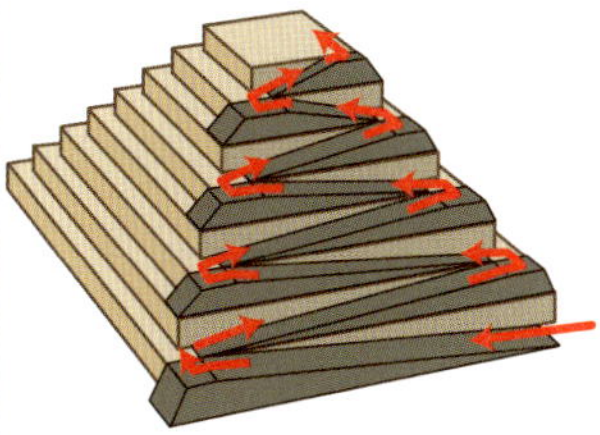

ジグザグ傾斜路説《けいしゃろせつ》

ピラミッドのひとつの面で、ジグザグの道をつくって運ぶ方法《ほうほう》。折《お》り返しの角度が急で、運びにくい。

「直線傾斜路説《ちょくせんけいしゃろせつ》」によるピラミッド建設《けんせつ》の想像図《そうぞうず》

巨大《きょだい》な石は船で運んだ後、そりに乗せて、大勢《おおぜい》で引《ひ》っ張《ぱ》り上げた。傾斜路《けいしゃろ》は、どんどん長くなった。

クフ王の孫《まご》メンカウラー王以《い》降《こう》、ピラミッドの規模《きぼ》や数は小さくなり、紀元前《きげんぜん》16世紀《せいき》には、建設《けんせつ》されなくなった。これは、ファラオの権威《けんい》がおとろえたことや、副葬品《ふくそうひん》としてピラミッドに収《おさ》められた財宝《ざいほう》などが、掘《ほ》り出されて盗《ぬす》まれることが多くなったためと考えられている。

化粧石《けしょういし》が残《のこ》るカフラー王のピラミッド

ピラミッドは完成《かんせい》当時、表面は化粧石《けしょういし》(表面をみがいた石灰岩《せっかいがん》)でおおわれていた。現在《げんざい》、カフラー王のピラミッドの上部にだけ化粧石《けしょういし》が残《のこ》っている。

前1347年頃《ごろ》

ツタンカーメンが即《そく》位《い》する

儀式《ぎしき》に向かうツタンカーメン

ツタンカーメンは父の死後、10歳頃《さいごろ》にファラオになったが、実権《じっけん》はもっていなかった。

死後に黄金のマスクで歴史《れきし》に登場した少年

古代エジプトでは、太陽神アモンなどの多くの神が信仰《しんこう》されていた。しかし、第18王朝第10代のファラオ・アメンホテプ4世は、太陽神アトンだけを神とする一神教をつくりだした。アモンをまつる神官《しんかん》たちの権力《けんりょく》を抑《おさ》えるためだったと考えられている。

アメンホテプ4世の死後、10歳《さい》くらいだった子のツタンカーメンは、アモン信仰《しんこう》の復活《ふっかつ》をねらう神《しん》官《かん》たちによってファラオにさせられた。しかし政治《せいじ》の実権《じっけん》はなく、18歳頃《さいごろ》に病死し、「王家の谷」に葬《ほうむ》られた。

それから約《やく》3300年後、王家

ツタンカーメン
(前1347年頃《ごろ》に即位《そくい》)

古代エジプト第18王朝第12代ファラオ。10歳頃《さいごろ》にファラオになったが、もともと体が弱く、18歳《さい》頃《ごろ》に病死した。ほとんど無名《むめい》のファラオだったが、墓《はか》から黄金のマスクが発見され、有名になった。

ビジュアル資料《しりょう》 **黄金のマスク**

ツタンカーメンのミイラにかぶせられていた。ファラオを守るコブラの女神とハゲワシの女神が額《ひたい》に飾《かざ》られている。

ビジュアル資料《しりょう》 **ツタンカーメンの墓《はか》の玄室《げんしつ》**

ファラオの墓《はか》が集中する「王家の谷」で発見された。棺《ひつぎ》が安置《あんち》される玄室《げんしつ》(埋葬室《まいそうしつ》)の壁《かべ》には、死後の世界がえがかれている。

の谷でツタンカーメンの墓《はか》が発見され、黄金のマスクなどの豪華《ごうか》な副葬品《ふくそうひん》がほぼ完全《かんぜん》な状態《じょうたい》で残《のこ》されていた。

ウソ!ホント!?

ツタンカーメンは発見者を呪《のろ》った!?

ツタンカーメンの墓《はか》は、1922年、イギリスの考古学者ハワード・カーターが発見した。カーターは支援者《しえんしゃ》のカーナボン卿《きょう》を呼《よ》んで一緒《いっしょ》に発掘《はっくつ》作業をしたが、その約《やく》5か月後、カーナボン卿《きょう》が病死。その後もカーターの関係者《かんけいしゃ》が次つぎと亡《な》くなり、「ツタンカーメンの呪《のろ》い」だと恐《おそ》れられた。

前1286年頃《ごろ》

カデシュの戦《たたか》い

合戦場所《かっせんばしょ》

分 戦力《せんりょく》 約《やく》2万人？

ラムセス2世

エジプト軍《ぐん》

VS

ヒッタイト軍《ぐん》

ムワタリ2世

分 戦力《せんりょく》 約《やく》4万人？

エジプトとヒッタイトがカデシュをめぐって争《あらそ》う

紀元前《きげんぜん》１２９０年頃《ごろ》、ラムセス2世が、古代エジプト第19王朝のファラオになった。当時、エジプトは、北方のヒッタイト（トルコ）と対立していた。

紀元前《きげんぜん》１２８６年頃《ごろ》、ムワタリ2世の率《ひき》いるヒッタイト軍《ぐん》が、エジプトの支配《しはい》するカデシュ（シリア）へ進軍《しんぐん》しようとした。これを知ったラムセス2世は、軍勢《ぐんぜい》を率《ひき》いてカデシュに向かったが、ムワタリ2世は、エジプト軍《ぐん》の後方から奇襲《きしゅう》をしかけた。エジプト軍《ぐん》は大混乱《だいこんらん》におちいったが、ラムセ

ラムセス2世(前1290年頃《ごろ》に即位《そくい》)

古代エジプト第19王朝第３代のファラオ。父の死後、26歳頃《さいごろ》にファラオになり、以後《いご》67年にわたってエジプトを治《おさ》めた。

ビジュアル資料《しりょう》 **ヒッタイトの戦車《せんしゃ》**

ヒッタイトの戦車《せんしゃ》は車輪《しゃりん》がふたつで車体も軽かったため、すばやく動けた。

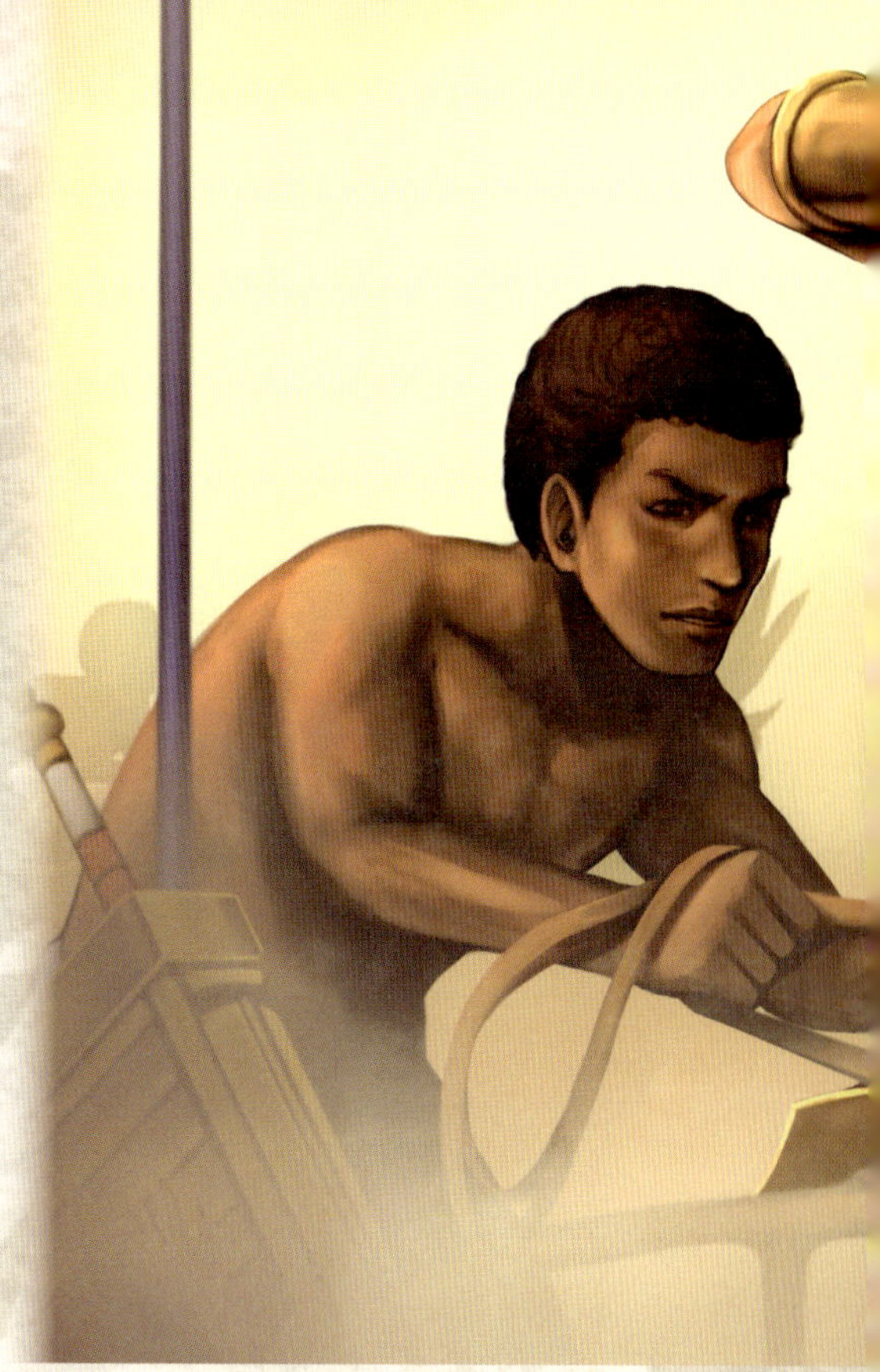

弓を射《い》るラムセス２世

エジプト軍《ぐん》はヒッタイト軍《ぐん》に後方から攻撃《こうげき》され、大混乱《だいこんらん》におちいったが、ラムセス２世は退却《たいきゃく》せずに先頭に立って戦《たたか》い、危機《きき》を切り抜《ぬ》けた。

ス2世は退却《たいきゃく》せずに戦《たたか》い、かけつけた援軍《えんぐん》がヒッタイト軍《ぐん》を撃《げき》退《たい》。勝負は引き分けに終わった。

その後、両国は正式に平和条約《じょうやく》を結《むす》んだ。これは、世界最初《さいしょ》の国《こく》際条約《さいじょうやく》といわれている。

なるほどエピソード

ラムセス2世は王妃《おうひ》を愛《あい》していた!!

ラムセス2世は数多くの妃《きさき》の中で、王妃《おうひ》ネフェルタリを深く愛《あい》していた。ネフェルタリの死後、ラムセス2世がつくったネフェルタリの墓《はか》の壁《かべ》には、「私《わたし》が愛《あい》する者はただひとり。最高《さいこう》の美をもつ女性《じょせい》だった」と記されている。

超《ちょう》ビジュアル！
歴《れき》史《し》新聞

第1号

発行所：ファラオ通信《つうしん》

古代エジプト人はどんな暮《く》らしだった!?

古代文明が栄《さか》えたエジプトで、人びとはどんな生活をしていたのだろう？

スフィンクスとピラミッド。

庶民《しょみん》は家族で仲《なか》よく暮《く》らしていた!?

古代エジプトでは、男女が同じ家に住めば、夫婦《ふうふ》として認《みと》められた。現在《げんざい》と同じように、夫婦《ふうふ》と子どもが一緒《いっしょ》の家で暮《く》らした。家族が楽しく過《す》ごす様子が、絵や像《ぞう》として残《のこ》っている。

パンとお酒が大好《だいす》きだった!?

エジプト人はパンやビールが大好《だいす》きで、給料《きゅうりょう》として支払《しはら》われることもあった。ワインは庶民《しょみん》にとって高級品で王家や貴族《きぞく》しか飲めなかったが、しだいに庶民《しょみん》にも飲まれるようになったそうだ。

ワインとパンがえがかれた絵。

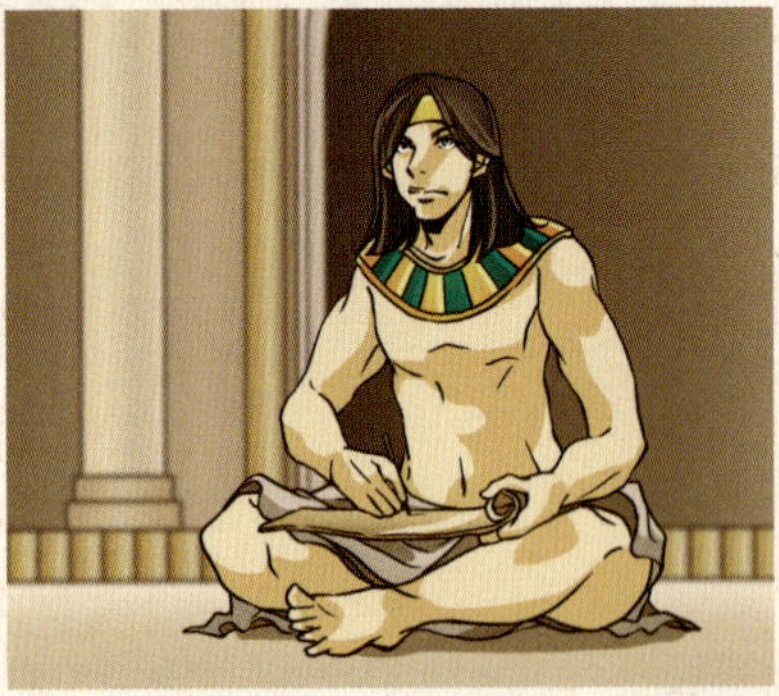

書記は超《ちょう》エリート!?

古代エジプトでは、ヒエログリフと呼《よ》ばれる文字を読み書きできるのは、神官《しんかん》や書記など、限《かぎ》られた人だった。書記はファラオや政治《せいじ》の記《き》録《ろく》を書き残《のこ》す職《しょく》業《ぎょう》で、優秀《ゆうしゅう》な人しかなることができなかった。

男性《だんせい》も女性《じょせい》もかつらをかぶった!?

暑いエジプトでは、頭部を清潔《せいけつ》に保《たも》ったり、体温を下げたりするため、男性《だんせい》の髪型《かみがた》は丸刈《まるが》りで、女性《じょせい》も髪《かみ》を短くかりこんでいた。しかし年中日差《ひざ》しが強いため、男性《だんせい》も女性《じょせい》もかつらをかぶっていた。王族や貴族《きぞく》は、飾《かざ》りのついた、豪華《ごうか》なかつらを使ったそうだ。

アイシャドーは目を守るものだった!?

アイシャドーは、目のまわりにシャドー(影《かげ》)をかく化粧品《けしょうひん》。現在《げんざい》も顔を立体的《てき》に見せるために塗《ぬ》られるが、古代エジプトで、強い直射《ちょくしゃ》日光から目を守ったり、虫除《むしよ》けや眼病《がんびょう》を予防《よぼう》するために塗《ぬ》られたのがはじまりとされる。男性《だんせい》も女性《じょせい》も塗《ぬ》っていた。

ツタンカーメンと王妃《おうひ》をえがいたレリーフで、アイシャドーをしている。

猫《ねこ》を大切にしすぎ!?

古代エジプトでは、猫《ねこ》は神聖《しんせい》な動物だった。
私の家族をお守りください!
ニャー
猫《ねこ》を殺すと、たとえ事故《じこ》でも死刑《しけい》だった。
あぶなかった!
ガラガラガラ
紀元前《きげんぜん》525年、ペルシア軍《ぐん》がエジプトに攻めこんだ。
エジプト軍《ぐん》は強いが、我《われ》らには作戦《さくせん》がある!
ペルシア軍《ぐん》は盾《たて》に猫《ねこ》の絵をかき、最前列《さいぜんれつ》に猫《ねこ》を並べた。
ぐっ…これでは戦《たたか》えない!
エジプト軍《ぐん》は降伏《こうふく》した。

フンコロガシは神だった!?

昆虫《こんちゅう》のフンコロガシは、丸めたフンを転がして運ぶ。古代エジプトでは、その様子が太陽の動きと似《に》ているとして、太陽神ケプリと同じものとされた。

太陽神ケプリ。

前2600年頃《ころ》

インダス文明が生まれる

モヘンジョ＝ダロの住民《じゅうみん》

インダス文明の都市・モヘンジョ＝ダロでは、上水道や下水道が整備《せいび》され、家の中庭には井戸《いど》や洗濯場《せんたくば》などが設《もう》けられていた。

公共設備《こうきょうせつび》が整った清潔《せいけつ》で平等な都市

紀元前《きげんぜん》2600年頃《ごろ》、南アジアのインダス川流域《りゅういき》を中心に、モヘンジョ＝ダロ（パキスタン）などの都市が建設《けんせつ》され、インダス文明が誕生《たんじょう》した。

インダス文明の都市は計画的《けいかくてき》に建設《けんせつ》されていた。上水道や下水道、公衆浴場《こうしゅうよくじょう》、道路などが整備《せいび》され、ごみ捨《す》て場もあり、とても清潔《せいけつ》だった。建物《たてもの》はレンガでつくられ、住宅《じゅうたく》は2階《かい》建《だ》て以上《いじょう》だった。神殿《しんでん》や巨大《きょだい》な墓《はか》などの遺跡《いせき》は発見されていないので、王などの権力者《けんりょくしゃ》はいなかったと考えられている。土器《どき》や青銅器《せいどうき》などが使用され、動物の絵が刻《きざ》まれた印章《いんしょう》に

発見《はっけん》!

モヘンジョ=ダロ遺跡《いせき》 インダス文明の代表的《だいひょうてき》な都市遺跡《いせき》で、約《やく》4万人が暮《く》らしていたと考えられている。写真中央にあるのは沐浴場《もくよくじょう》で、水で体を清《きよ》めるための場所だった(パキスタン)。インダス文明の都市遺跡《いせき》は2600以上《いじょう》も発見されている。

ビジュアル資料《しりょう》

インダス文字

インダス文明にはインダス文字があった。モヘンジョ=ダロ遺跡《いせき》から発見された印章《いんしょう》には、動物の絵の上にインダス文字が刻《きざ》まれているが、現在《げんざい》も解《かい》読《どく》されていない。

はインダス文字が使われていたが、解読《かいどく》されていない。紀元前《きげんぜん》1800年頃《ごろ》、インダス文明は、滅亡《めつぼう》した。原因《げんいん》は、洪水《こうずい》や砂漠化《さばくか》、気候《きこう》の変化《へんか》などが考えられているが、今も不明《ふめい》である。

なるほどエピソード

インダスの都市は水洗《すいせん》トイレだった!?

モヘンジョ=ダロをはじめ、インダス文明の都市遺跡《いせき》からはトイレが数多く発掘《はっくつ》されている。それらのトイレは下水道とつなげられた「水洗《すいせん》トイレ」で、下水道の上はレンガでふたがされていたため、とても清潔《せいけつ》だった。

仏《ぶっ》教《きょう》が誕《たん》生《じょう》する

教えを説《と》くシャカ
悟《さと》りを開いたシャカは、病気や老《お》い、死などの苦しみからのがれる道を人びとに教えた。

厳《きび》しい身分制《せい》度《ど》の中で人間の平等を訴《うった》える

紀《き》元《げん》前《ぜん》1500年頃《ごろ》、インダス文明がほろびた後の古代インドに、アーリア人が侵《しん》入《にゅう》し、先《せん》住《じゅう》民《みん》を支《し》配《はい》した。アーリア人は、神に仕える神《しん》官《かん》「バラモン」を最《さい》高《こう》位《い》とする身分制《せい》度《ど》(後のカースト制《せい》度《ど》)を基《き》本《ほん》にした国をつくった。カースト制《せい》度《ど》によって、人は生まれながらにして身分が決められた。

こうした状《じょう》況《きょう》の中、北インドのシャカ族の王子として生まれたシャカは、王子の地《ち》位《い》を捨《す》てて修《しゅ》行《ぎょう》を開始し、35歳《さい》のとき悟《さと》りを開いて「ブッダ(真《しん》理《り》に目《め》覚《ざ》めた人)」となった。シャカは、バラモンによるカースト制《せい》度《ど》を批《ひ》判《はん》し、

ビジュアル資料《しりょう》

菩提樹《ぼだいじゅ》に集まる仏教徒《ぶっきょうと》

シャカは苦行《くぎょう》の後、菩《ぼ》提樹《だいじゅ》の根元で瞑想《めいそう》をしていたとき、悟《さと》りを開いたと伝《つた》えられる。ブッダガヤ(インド東部)には、その菩《ぼ》提樹《だいじゅ》の子孫《しそん》とされる木があり、世界各地《かくち》から仏教徒《ぶっきょうと》が集まる。

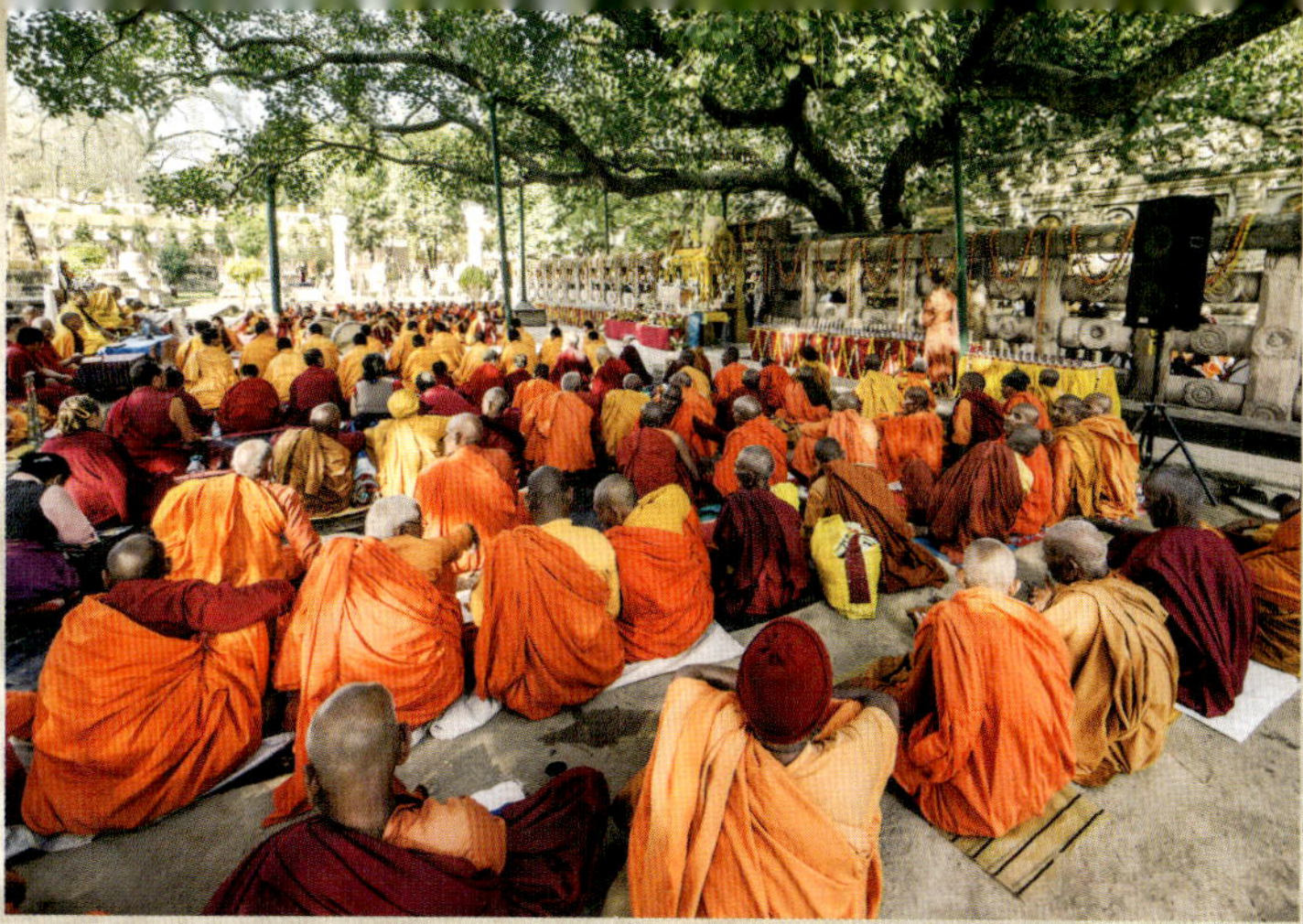

シャカの教え

すべての人間は病気や老《お》い、死などの苦しみからのがれられない
すべての人間は平等で身分《みぶん》差別《さべつ》をするべきでない
どんな人間でも悟《さと》りを開いて仏《ほとけ》になることができれば、苦しみから救《すく》われる

ビジュアル資料《しりょう》

修行中《しゅぎょうちゅう》のシャカ像《ぞう》

悟《さと》りを目指したシャカは、断食《だんじき》などの苦行《くぎょう》を続《つづ》けたが、悟《さと》りを開くことはできなかった。

「人はすべて平等である」と説《と》いた。また、「悟《さと》りを開いてブッダとなれば、どんな人間でも、病気や老《お》いなどの苦しみから解放《かいほう》される」と教えた。

シャカが開いた「仏教《ぶっきょう》」は、多くの人の信仰《しんこう》を集め、シャカの死後も発展《はってん》した。その後、古代インドの王朝に保護《ほご》され、さらに繁栄《はんえい》した仏教《ぶっきょう》は、東南《とうなん》アジアや中《ちゅう》国《ごく》、日本などに伝《つた》えられた。

前1600年頃《ころ》

中国《ちゅうごく》文明が生まれる

青銅器《せいどうき》をかかげる殷《いん》の王
中国最初《ちゅうごくさいしょ》の王朝である殷《いん》の王は、青銅器《せいどうき》をかかげて自分の権力《けんりょく》を示《しめ》したと考えられている。

青銅器《せいどうき》を所有する王が権力《けんりょく》を庶民《しょみん》に示《しめ》す

古代中国《ちゅうごく》では、紀元前《きげんぜん》4000年頃《ごろ》より黄河《こうが》の中流・下流域《かりゅういき》であわやきびなどの栽培《さいばい》がはじまり、長江《ちょうこう》の下流域《かりゅういき》では稲《いね》の栽培《さいばい》がはじまった。ふたつの大河《たいが》の流域《りゅういき》では、いくつもの都市が誕生《たんじょう》した。

紀元前《きげんぜん》1600年頃《ごろ》、黄河流域《こうがりゅういき》の都市を統一《とういつ》した王朝「殷《いん》(商《しょう》)」が誕生《たんじょう》し、中国《ちゅうごく》文明が生まれた。殷《いん》の王は、神をまつる儀式《ぎしき》で、酒や作物を青銅器《せいどうき》に入れて供《そな》えた。貴《き》重《ちょう》な青銅器《せいどうき》を見せることによって、自分の権力《けんりょく》を示《しめ》して奴隷《どれい》や農《のう》民《みん》を支配《しはい》した。王は、政治《せいじ》や戦《せん》争《そう》、農業などを占《うらな》いでおこなった。占《うらな》いの結果《けっか》は、亀《かめ》の甲《こう》や牛・

発見《はっけん》!

殷墟《いんきょ》

殷《いん》の都の遺跡《いせき》である「殷墟《いんきょ》」からは、王族の墓《はか》が13基《き》発掘《はっくつ》されている。王妃《おうひ》・婦好《ふこう》の墓《はか》(写真)からは多数の青銅器《せいどうき》や装飾品《そうしょくひん》が見つかった(中国《ちゅうごく》)。

甲骨文字《こうこつもじ》

古代中国《ちゅうごく》では亀《かめ》の甲《こう》や牛や鹿《しか》の角を火であぶり、できた割《わ》れ目で占《うらな》いがおこなわれた。占《うらな》いの結果《けっか》を示《しめ》した文字が甲骨文字《こうこつもじ》で、漢字の原型《げんけい》になっている。

ビジュアル資料《しりょう》

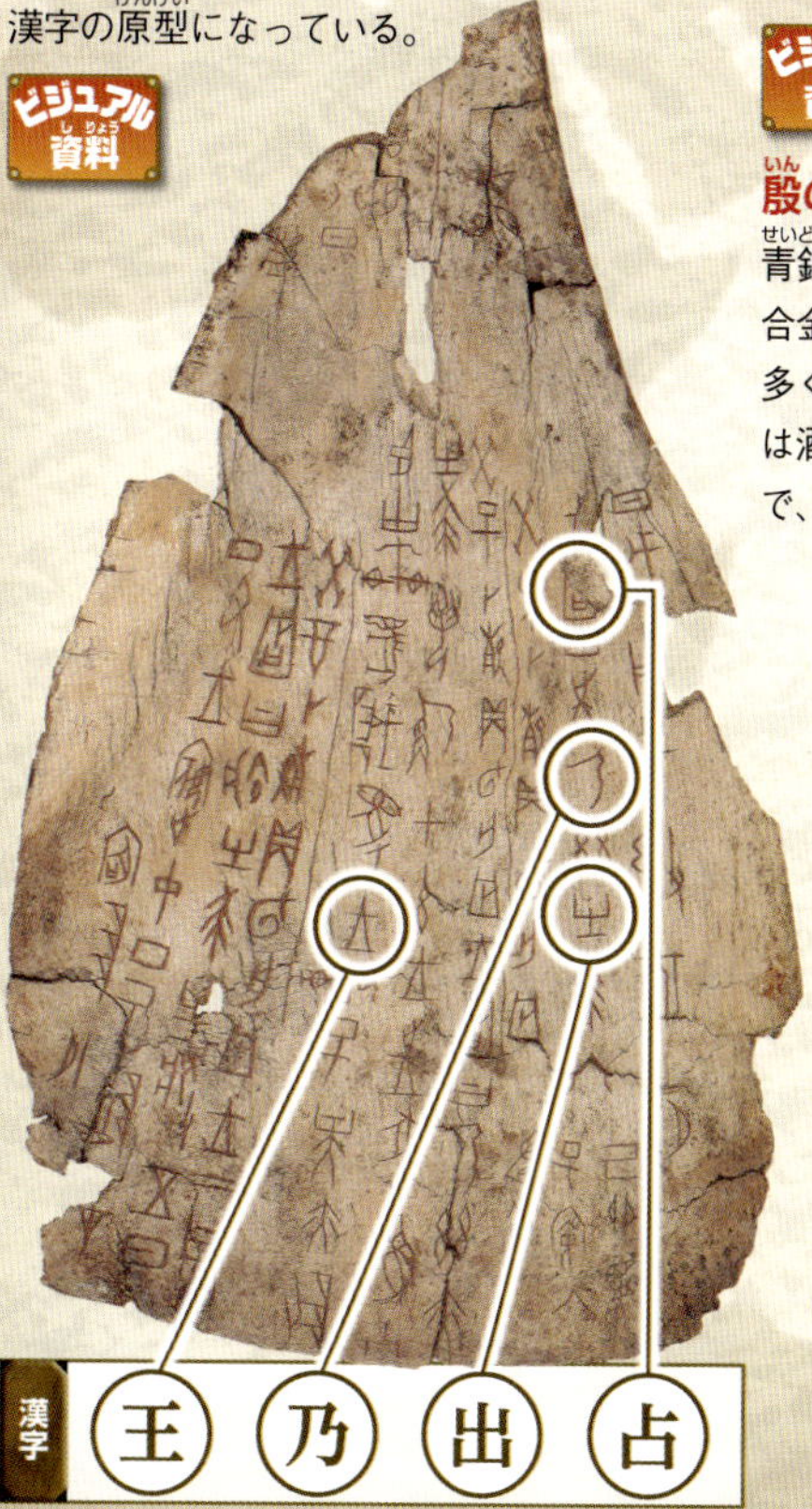

ビジュアル資料《しりょう》

殷《いん》の時代の青銅器《せいどうき》

青銅器《せいどうき》は、銅《どう》とスズの合金で、古代中国《ちゅうごく》で数多くつくられた。写真は酒を温めるための器《うつわ》で、「爵《しゃく》」と呼《よ》ばれる。

鹿《しか》の骨《ほね》に甲骨文字《こうこつもじ》で記された。

紀元前《きげんぜん》11世紀《せいき》に殷《いん》は周《しゅう》にほろぼされた。周《しゅう》の勢力《せいりょく》が弱まると、中国各地《ちゅうごくかくち》に国が誕生《たんじょう》し、それぞれが領地《りょうち》を争《あらそ》う時代になった(春秋《しゅんじゅう》・戦国《せんごく》時代)。戦乱《せんらん》が続《つづ》く中、紀元前《きげんぜん》500年頃《ごろ》には孔子《こうし》が登場し、「支配者《しはいしゃ》は仁《じん》(人を愛《あい》すること)と礼《れい》(人が従《したが》うべき規則《きそく》)を基本《きほん》とする政治《せいじ》をするべき」と説《と》き、その思想《しそう》から儒教《じゅきょう》が生まれた。

始《し》皇《こう》帝《てい》が中《ちゅう》国《ごく》を統《とう》一《いつ》する

中国《ちゅうごく》を統一《とういつ》した始皇帝《しこうてい》が文字や貨幣《かへい》も統一《とういつ》する

中国各地《ちゅうごくかくち》の国ぐにが争《あらそ》いを続《つづ》けていた春秋《しゅんじゅう》・戦国《せんごく》時代、青銅器《せいどうき》よりも固《かた》くてじょうぶな鉄器《てっき》が広まり、鉄製《てっせい》の農具が生産《せいさん》された。農具の発達《はったつ》により、農業の生産《せいさん》力《りょく》は高まり、商業も発達《はったつ》した。

この頃《ころ》、中国《ちゅうごく》の西部を治《おさ》めていた秦《しん》は、紀元前《きげんぜん》４世紀《せいき》に法律《ほうりつ》を整《せい》備《び》して国力をつけた。紀元前《きげんぜん》２４７年に、12歳《さい》で秦王《しんおう》に即位《そくい》した政《せい》は、軍事力《ぐんじりょく》を強化し、周辺国《しゅうへんこく》を次つぎと征服《せいふく》し、紀元前《きげんぜん》２２１年に中国《ちゅうごく》を統一《とういつ》した。中国《ちゅうごく》の支配《しはい》者《しゃ》となった政《せい》は、これまでの「王」よりも権力《けんりょく》をもっていることを示《しめ》すため、「皇帝《こうてい》（光輝《ひかりかがや》く神）」と

臣下《しんか》に命令《めいれい》する始皇帝《しこうてい》

中国《ちゅうごく》を統一《とういつ》した秦《しん》の王・政《せい》は、自ら始《し》皇帝《こうてい》と名乗った。強大な権力《けんりょく》をもった始《し》皇帝《こうてい》は、次つぎと改革《かいかく》を進めていった。

始皇帝《しこうてい》(前259〜前210)

名は政《せい》で、秦《しん》の王として中国《ちゅうごく》全土を統一《とういつ》し、始皇帝《しこうてい》と名乗った。貨幣《かへい》や文字などを統一《とういつ》し、万里《ばんり》の長城《ちょうじょう》や始皇帝陵《しこうていりょう》を築《きず》いた。

ビジュアル資料《しりょう》

秦《しん》の貨幣《かへい》

中国統一後《ちゅうごくとういつご》も、各《かく》地《ち》で独自《どくじ》の貨幣《かへい》が使われていた。このため始皇帝《しこうてい》は半両銭《はんりょうせん》をつくり、貨幣《かへい》を統一《とういつ》した。

いう称号《しょうごう》を取り入れ、自ら「始皇《しこう》帝《てい》」と名乗った。さらに各地《かくち》で異《こと》なっていた文字や貨幣《かへい》、ものさしなどを統一《とういつ》した。

なるほどエピソード

始皇帝《しこうてい》は医師《いし》が投げた薬袋《くすりぶくろ》に救《すく》われた!?

中国統一《ちゅうごくとういつ》の前、敵国《てきこく》の暗殺者《あんさつしゃ》がうその降伏《こうふく》をして始皇帝《しこうてい》に近づき、短刀でおそいかかった。始皇《しこう》帝《てい》は宮殿内《きゅうでんない》で臣下《しんか》が武器《ぶき》をもつことを禁止《きんし》していたので、だれも暗《あん》殺者《さつしゃ》を攻撃《こうげき》できなかったが、医師《いし》が薬袋《くすりぶくろ》を投げた。薬袋《くすりぶくろ》が当たってひるんだ暗殺者《あんさつしゃ》を、始皇帝《しこうてい》は自分の刀で殺《ころ》し、危機《きき》をのがれた。

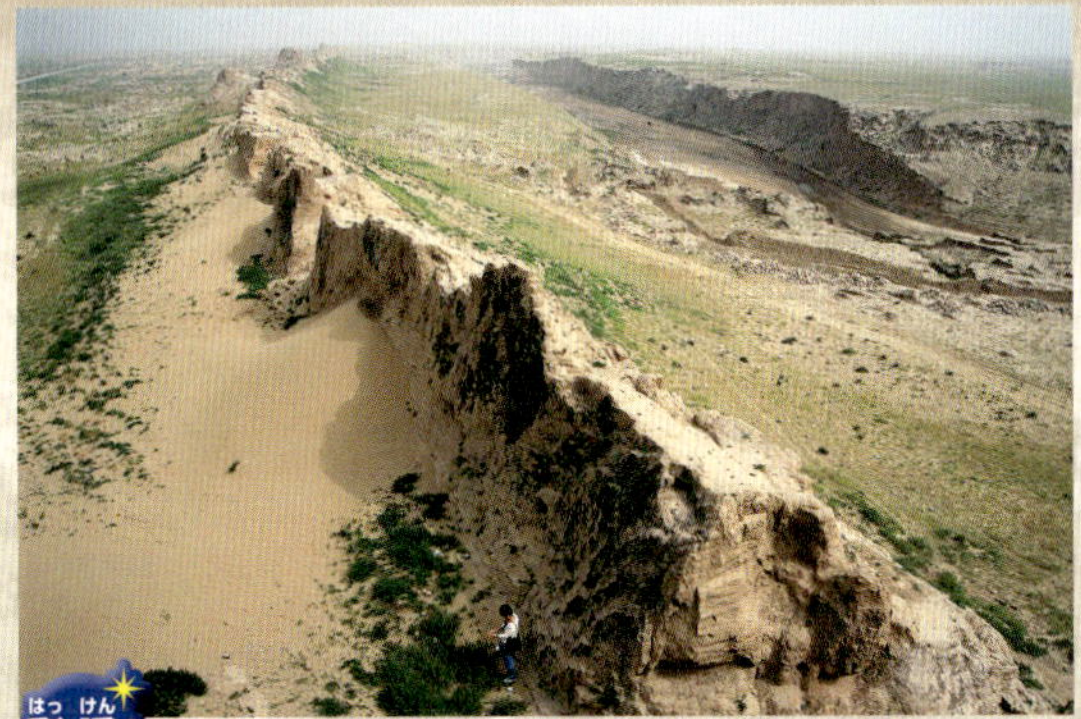

発見《はっけん》!

万里《ばんり》の長城《ちょうじょう》

始皇帝《しこうてい》が、北方の異民族《いみんぞく》の侵入《しんにゅう》を防《ふせ》ぐために修築《しゅうちく》した。土を突《つ》き固《かた》めて築《きず》き、騎馬《きば》が乗り越《こ》えられないほどの高さだった。現在《げんざい》の長城《ちょうじょう》は、15世紀《せいき》の明《みん》の時代に建造《けんぞう》されたもの(中国《ちゅうごく》)。

焚書《ふんしょ》を提案《ていあん》する李斯《りし》

李斯《りし》は、医学・占《うらな》い・農業関係以外《かんけいいがい》の民間《みんかん》の書物をすべて焼《や》く「焚書《ふんしょ》」をするよう始皇帝《しこうてい》に提案《ていあん》した。

ビジュアル資料《しりょう》

焚書坑儒《ふんしょこうじゅ》 始皇帝《しこうてい》は、焚書《ふんしょ》だけでなく、秦《しん》の政治《せいじ》を悪く言う数百人の儒学者《じゅがくしゃ》を生き埋《う》めにして殺《ころ》した(坑儒《こうじゅ》)。

強制的《きょうせいてき》な土木工事で民衆《みんしゅう》の生活を苦しめる

始皇帝《しこうてい》は中国《ちゅうごく》全土を36の郡《ぐん》に分け、その下に県を置《お》いた。郡《ぐん》と県には、首都の咸陽《かんよう》から役人が派遣《はけん》された。これは各地《かくち》で王が生まれないようにするためであった。始《し》皇帝《こうてい》の命令《めいれい》は、役人を通じて全土に伝《つた》えられた。咸陽《かんよう》には軍事《ぐんじ》や政《せい》治《じ》を担当《たんとう》する役職《やくしょく》を置《お》いて権力《けんりょく》を集中させた。

始皇帝《しこうてい》は、法律家《ほうりつか》の李斯《りし》を丞《じょう》相《しょう》（皇帝《こうてい》をたすける最高職《さいこうしょく》）に任《にん》命《めい》して、法律《ほうりつ》を守るように厳《きび》しく取りしまらせた。李斯《りし》は始皇帝《しこうてい》や秦《しん》の政治《せいじ》を批判《ひはん》する書物を焼《や》きはらい、儒学者《じゅがくしゃ》を生き埋《う》めにした。

また始皇帝《しこうてい》は、北方の遊牧民《ゆうぼくみん》の侵入《しんにゅう》を防《ふせ》ぐため、「万里《ばんり》の長城《ちょうじょう》」と呼《よ》ばれる防壁《ぼうへき》を修築《しゅうちく》した。また、生きているうちに巨大《きょだい》な墓《はか》「始皇《しこう》帝陵《ていりょう》」の建造《けんぞう》を開始し、その近く

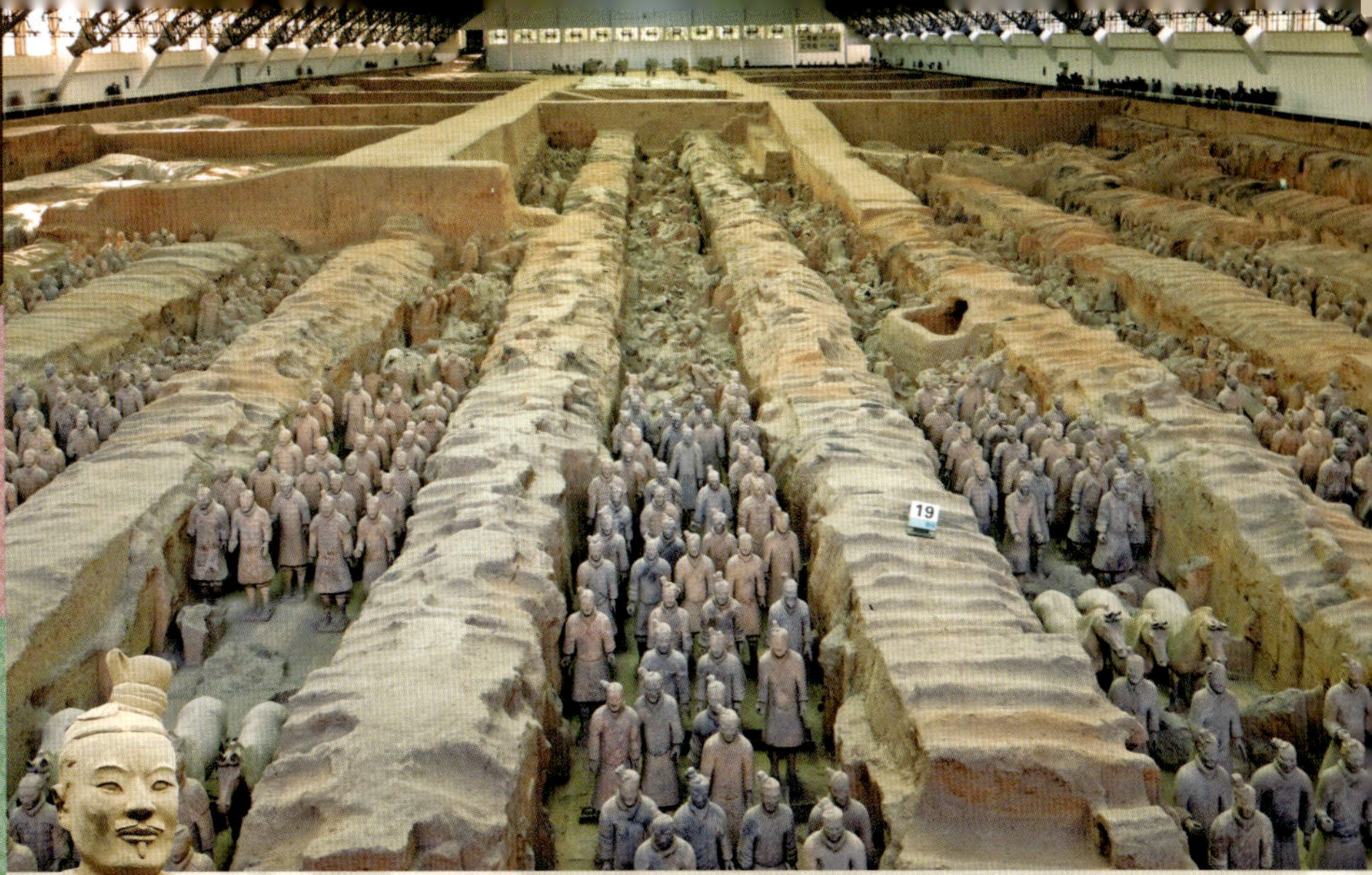

発見《はっけん》!
兵馬俑《へいばよう》 始皇帝陵《しこうていりょう》の近くに埋《う》められた兵士《へいし》や馬の焼《や》き物の人形。すべて等身大で、兵士《へいし》は約《やく》8000体、馬は約《やく》600体が整然《せいぜん》と並《なら》べられていた(中国《ちゅうごく》)。

発見《はっけん》!
始皇帝陵《しこうていりょう》
始皇帝《しこうてい》が生きているときから建設《けんせつ》が進められた巨大《きょだい》な墓《はか》(中国《ちゅうごく》)。

に大量《たいりょう》の兵士《へいし》と馬の人形を埋《う》めさせた。民衆《みんしゅう》は、こうした土木事業に強制的《きょうせいてき》にかり出され、不満《ふまん》を高めていった。そのため始皇帝《しこうてい》の死後、各地《かくち》で反乱《はんらん》が起きた。

なるほどエピソード

始皇帝《しこうてい》の死を隠《かく》して権力《けんりょく》をにぎった!?

始皇帝《しこうてい》は、5回目の巡幸《じゅんこう》(各地《かくち》を見て回ること)の途中《とちゅう》で病死した。臣下《しんか》の趙高《ちょうこう》は、始皇帝《しこうてい》の死を隠《かく》したまま巡幸《じゅんこう》を続《つづ》けた。趙《ちょう》高《こう》は有能《ゆうのう》だった始皇帝《しこうてい》の長男を自殺《じさつ》に追いこみ、自分の言いなりになる胡亥《こがい》(始皇帝《しこうてい》の末《すえ》っ子)を強引に2世皇帝《こうてい》にした。

前202年

垓《がい》下《か》の戦《たたか》い

合戦《かっせん》場所

勝　戦力《せんりょく》　約《やく》40万人

劉邦《りゅうほう》

漢《かん》(劉《りゅう》邦《ほう》)軍《ぐん》

VS

楚《そ》(項《こう》羽《う》)軍《ぐん》

項羽《こうう》

負　戦力《せんりょく》　約《やく》10万人

追いつめられた項羽《こうう》は敵軍《てきぐん》から故郷《こきょう》の歌を聞く

始皇帝《しこうてい》の死後、各地《かくち》で秦《しん》に対する反乱《はんらん》が起きた。反乱軍《はんらんぐん》のうち楚《そ》（中国《ちゅうごく》南部）の名門出身の項羽《こうう》が率《ひき》いる反乱軍《はんらんぐん》は、秦《しん》の主力軍《しゅりょくぐん》を撃破《げきは》した。庶民《しょみん》出身の劉邦《りゅうほう》が率《ひき》いる反乱軍《はんらんぐん》は、首都の咸陽《かんよう》に攻《せ》めこんだ。こうして秦《しん》は、中国統一《ちゅうごくとういつ》後、わずか15年でほろぼされた。

秦《しん》の滅亡《めつぼう》後《ご》、項羽《こうう》と劉邦《りゅうほう》は対立を深め、戦争《せんそう》に発展《はってん》した。項羽軍《こううぐん》は何度も劉邦軍《りゅうほうぐん》を撃破《げきは》したが、項《こう》羽《う》の性格《せいかく》は乱暴《らんぼう》だったため、各地《かくち》で反乱《はんらん》が起きた。一方の劉邦《りゅうほう》は各《かく》地《ち》で味方を集め、垓下《がいか》に項羽軍《こううぐん》を

項羽《こうう》(前232〜前202)

楚《そ》の国の出身で、始皇帝《しこうてい》の死後、反乱《はんらん》を起こした。秦《しん》の滅亡後《めつぼうご》、劉《りゅう》邦《ほう》と対立し、戦《たたか》いを開始したが、垓下《がいか》の戦《たたか》いに敗《やぶ》れて自害《じがい》した。

劉邦軍《りゅうほうぐん》に包囲《ほうい》された項羽《こうう》

垓下《がいか》で劉邦軍《りゅうほうぐん》に包囲《ほうい》された項《こう》羽は、劉邦軍《りゅうほうぐん》の陣地《じんち》から、故《こ》郷《きょう》の楚《そ》の歌が歌われるのを聞いた。項羽《こうう》は、「劉邦軍《りゅうほうぐん》はすでに楚《そ》を占領《せんりょう》し、楚《そ》の人びとを味方につけたのか」とおどろき、負けを覚悟《かくご》した(四面楚歌《しめんそか》)。

劉邦《りゅうほう》(前247〜前195)

農民《のうみん》出身で、始皇帝《しこうてい》の死後、秦《しん》の都・咸陽《かんよう》を攻《せ》め落とした。その後、項羽《こうう》を破《やぶ》って中国《ちゅうごく》を統一《とういつ》し、漢《かん》王朝(前漢《ぜんかん》)を開いた。

追いつめた。完全《かんぜん》に包囲《ほうい》された項《こう》羽《う》は、故郷《こきょう》の楚《そ》の兵《へい》も劉邦軍《りゅうほうぐん》に加《くわ》わったことを知ると、敗北《はいぼく》を覚《かく》悟《ご》し、劉邦軍《りゅうほうぐん》に突撃《とつげき》して自害《じがい》した。項羽《こうう》を破《やぶ》った劉邦《りゅうほう》は、中国《ちゅうごく》を統一《とういつ》し、漢《かん》(前漢《ぜんかん》)を開いた。

なるほどエピソード

劉邦《りゅうほう》は始皇帝《しこうてい》にあこがれていた!?

若《わか》い頃《ころ》の劉邦《りゅうほう》は、中国《ちゅうごく》全土を巡幸《じゅんこう》する始皇帝《しこうてい》の行列を見て、「男として生まれたからには、あのようになってみたいなあ」と感心したという。一方の項羽《こうう》は、始《し》皇帝《こうてい》の行列を見て「あいつに取って代わってやる」と言ったそうだ。

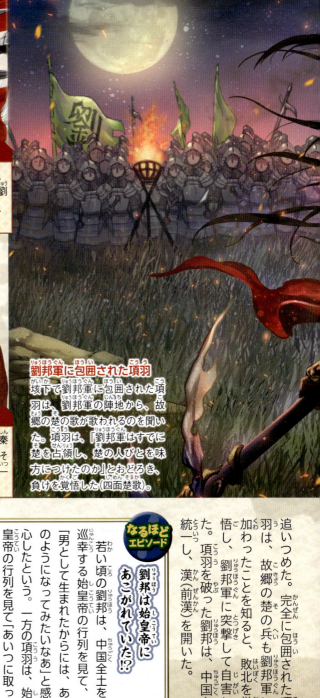

208年

赤《せき》壁《へき》の戦《たたか》い

勝 戦力《せんりょく》 4万人以上《いじょう》？

孫権《そんけん》

劉備《りゅうび》

孫権《そんけん》・劉備軍《りゅうびぐん》

VS

曹操軍《そうそうぐん》

曹操《そうそう》

負 戦力《せんりょく》 約《やく》10万人

曹操《そうそう》の中国統一《ちゅうごくとういつ》の夢《ゆめ》を孫権《そんけん》と劉備《りゅうび》が打《う》ち砕《くだ》く

劉邦《りゅうほう》が開いた漢《かん》(前漢《ぜんかん》)は、紀元《きげん》8年にほろぼされたが、劉邦《りゅうほう》の子孫《しそん》・劉秀《りゅうしゅう》(光武帝《こうぶてい》)が漢《かん》として復活《ふっかつ》させた(後漢《ごかん》)。

184年、後漢《ごかん》で反乱《はんらん》が起きると、中国各地《ちゅうごくかくち》で有力者が勢力《せいりょく》を争《あらそ》うようになった。その中で、曹操《そうそう》は皇帝《こうてい》を味方につけて勢力《せいりょく》を広げた。対立者を倒《たお》して中国《ちゅうごく》北部を支配《しはい》した曹操《そうそう》は、中国統一《ちゅうごくとういつ》を目指して、呉《ご》(中国《ちゅうごく》南部)へ軍《ぐん》を進めた。呉《ご》の支配者《しはいしゃ》・孫権《そんけん》は、荊州《けいしゅう》(現在《げんざい》の湖北省《こほくしょう》)の劉備《りゅうび》から、曹操《そうそう》との決戦《けっせん》をすすめられ、赤壁《せきへき》で曹《そう》

曹操《そうそう》(155～220)

後漢《ごかん》の武将《ぶしょう》。黄巾《こうきん》の乱《らん》後《ご》に権《けん》力《りょく》をにぎり、中国《ちゅうごく》北部を支配《しはい》下に置《お》いた。中国統一《ちゅうごくとういつ》を目指したが、赤壁《せきへき》の戦《たたか》いに破《やぶ》れた。

赤壁《せきへき》の戦《たたか》い

孫権軍《そんけんぐん》は枯《か》れ草《くさ》を積《つ》んだ船に火を放ち、曹操軍《そうそうぐん》の船団《せんだん》に突撃《とつげき》させた。炎《ほのお》は次つぎと船に燃《も》え移《うつ》り、一面は火の海になった。

三国《さんごく》時代の中国《ちゅうごく》

後漢《ごかん》の滅亡後《めつぼうご》、曹丕《そうひ》(曹操《そうそう》の子)が魏《ぎ》を、孫権《そんけん》が呉《ご》を、劉備《りゅうび》が蜀《しょく》を建国《けんこく》し、勢力《せいりょく》を争《あらそ》った。

操《そう》の大軍《たいぐん》を撃破《げきは》した。この敗戦《はいせん》で曹操《そうそう》の勢力《せいりょく》は弱まり、孫権《そんけん》と劉《りゅう》備《び》は勢力《せいりょく》を広げた。その後、後漢《ごかん》は滅亡《めつぼう》し、曹丕《そうひ》(曹操《そうそう》の子)の魏《ぎ》、劉備《りゅうび》の蜀《しょく》、孫権《そんけん》の呉《ご》の3国が勢《せい》力《りょく》を争《あらそ》う三国《さんごく》時代がはじまった。

その頃《ころ》日本は?

卑弥呼《ひみこ》が邪馬台国《やまたいこく》を治《おさ》めていた!!

三国《さんごく》時代の頃《ころ》、日本では女王・卑弥呼《ひみこ》が邪馬台国《やまたいこく》を治《おさ》めていた。中国《ちゅうごく》の歴史書《れきししょ》『三国志《さんごくし》』の「魏志倭《ぎしわ》人伝《じんでん》」には、邪馬台国《やまたいこく》についての記事がある。それによると、卑弥《ひみ》呼《こ》は魏《ぎ》に使者を送り、「親魏倭王《しんぎわおう》」の称号《しょうごう》や金印《きんいん》を授《さず》かったそうだ。

前1250年頃《ごろ》

トロイア戦争《せんそう》

勝 戦力《せんりょく》 不明《ふめい》

アガメムノン

ギリシャ軍《ぐん》

VS

トロイア軍《ぐん》

パリス

負 戦力《せんりょく》 不明《ふめい》

東地中海《ひがしちちゅうかい》で栄《さか》えた王国どうしの戦争《せんそう》

紀元前《きげんぜん》3000年頃《ごろ》、東地中海《ひがしちちゅうかい》のエーゲ海一帯《いったい》で、エーゲ文明が誕生《たんじょう》した。その後、ギリシャに住むギリシャ人たちは、各地《かくち》に王国をつくった。同じ時期、トロイア（トルコ）でも王国が栄《さか》えていた。ギリシャ人たちは周辺国《しゅうへんこく》を次つぎと侵略《しんりゃく》し、トロイアにも勢力《せいりょく》をのばそうとした。

ギリシャ神話には、トロイアの王子パリスが、ギリシャの王妃《おうひ》へレネを連《つ》れ去ったため、ヘレネの夫《おっと》の兄アガメムノンの率《ひき》いるギリシャ軍《ぐん》がトロイアに攻《せ》めこみ、

トロイアの木馬(復元《ふくげん》)

トルコ西部のトロイア遺跡《いせき》には、「トロイアの木馬」が復元《ふくげん》されている。

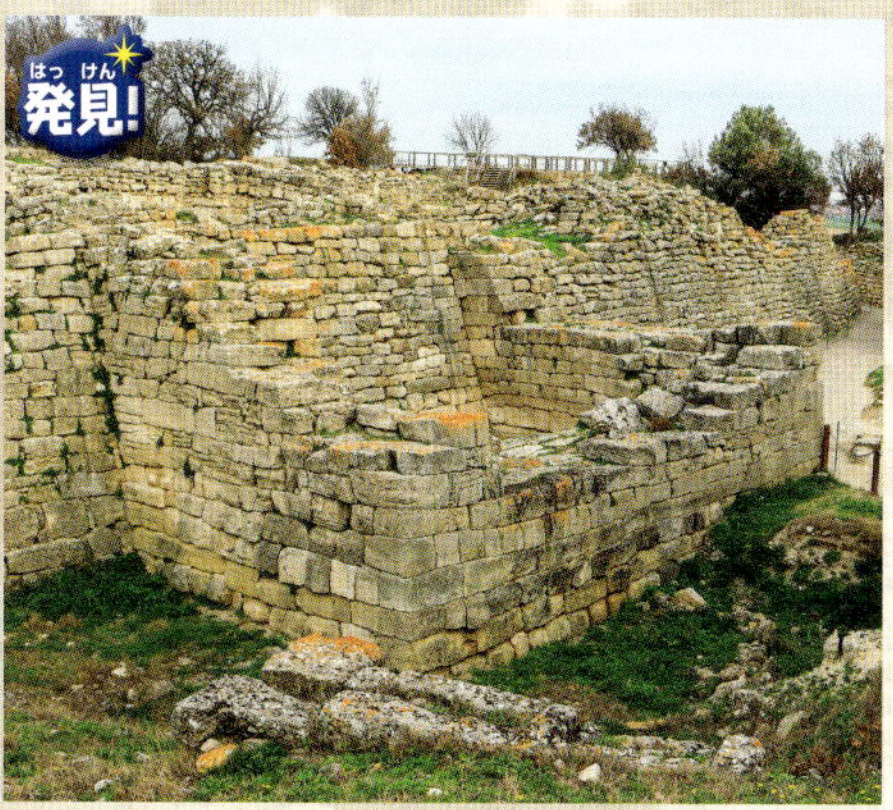

トロイア遺跡《いせき》

考古学者シュリーマンが発掘《はっくつ》した遺跡《いせき》。写真はトロイアの城門《じょうもん》と城壁《じょうへき》の一部とされる(トルコ)。

トロイアの木馬

ギリシャ軍《ぐん》は、巨大《きょだい》な木馬をつくって、その中に兵《へい》をひそませ、トロイア(トロイ)の城門《じょうもん》の前に残《のこ》した。ギリシャ軍《ぐん》が撤退《てったい》したと思ったトロイア軍《ぐん》は木馬を城内《じょうない》に運びこんだが、隠《かく》れていた兵《へい》に城門《じょうもん》を開けられ、敗北《はいぼく》した。

トロイア軍《ぐん》は木馬を戦利品《せんりひん》と思って城内《じょうない》に運びこみ、宴会《えんかい》を開いた。

木馬をトロイア城内《じょうない》に侵入《しんにゅう》させて落城《らくじょう》させたという話がある。

19世紀末《せいきまつ》、シュリーマンがトロイア遺跡《いせき》を発掘《はっくつ》したことで、トロイア戦争《せんそう》は神話ではなく、歴史的《れきしてき》事実と考えられるようになった。

なるほどエピソード

少年の頃《ころ》に抱《いだ》いた夢《ゆめ》を実現《じつげん》させた!?

ドイツで生まれたシュリーマンは、少年の頃《ころ》にトロイア戦争《せんそう》の物語を読み、感動した。当時、トロイア戦争《せんそう》は神話だと考えられていたが、シュリーマンは本当だと信《しん》じ、実業家として得《え》た財産《ざいさん》をもとにトロイア遺跡《いせき》の発掘《はっくつ》を開始。51歳《さい》でトロイア遺跡《いせき》を発見した。

シュリーマン
(1822〜1890)

ダビデがイスラエル王になる

イスラエル王になるダビデ
古代イスラエル王・サウルの死後、第2代の王となったダビデは、イスラエル全域《ぜんいき》を征服《せいふく》し、エルサレムを首都に定めた。

全イスラエルを統一《とういつ》して エルサレムを首都にする

紀元前《きげんぜん》1000年頃《ごろ》、地中海東《ちちゅうかいとう》岸一帯《がんいったい》のパレスチナ地方に、唯一《ゆいいつ》神《しん》ヤハウェ(➡P84)を信仰《しんこう》するヘブライ人(後のユダヤ人)の国家「イスラエル王国」が誕生《たんじょう》した。しかし、周辺《しゅうへん》の民族《みんぞく》との戦《たたか》いが続《つづ》いていた。初代《しょだい》王サウルに仕えていたダビデは、敵対《てきたい》するペリシテ人との戦《たたか》いで活躍《かつやく》し、人びとの人気を集めた。その後、サウルがペリシテ軍《ぐん》に敗《やぶ》れて戦死《せんし》すると、ダビデは第2代の王に選《えら》ばれた。

ダビデは、南のユダ地方と北のイスラエル地方を支配下《しはいか》に置《お》き、全イスラエルを統一《とういつ》した。さらに周辺《しゅうへん》の民族《みんぞく》との戦《たたか》いにも勝利《しょうり》。

発見《はっけん》!

ダビデの塔《とう》

エルサレムの城壁《じょうへき》にある塔《とう》。ダビデが塔《とう》を築《きず》いたという伝説《でんせつ》に由来するが、実際《じっさい》は紀元前《きげんぜん》1世紀頃《せいきごろ》に建設《けんせつ》された。

ソロモン
(前961頃《ごろ》〜前922頃《ごろ》)

ダビデの子で、古代イスラエル第3代の王。周辺国《しゅうへんこく》との貿易《ぼうえき》によって国を繁栄《はんえい》させた。

ビジュアル資料《しりょう》

ダビデ像《ぞう》

ミケランジェロ(➡P152)が制作《せいさく》したダビデ像《ぞう》。ダビデがペリシテ人の最強戦士《さいきょうせんし》・ゴリアテとの戦《たたか》いに挑《いど》む姿《すがた》を表現《ひょうげん》している。

首都をエルサレムに定め、ヤハウェ信仰《しんこう》の中心地にした。

ダビデの死後、第3代の王となったソロモンは、周辺国《しゅうへんこく》と積極的《せっきょくてき》に貿易《ぼうえき》をおこない、王国に過去最大《かこさいだい》の繁栄《はんえい》をもたらした。

なるほどエピソード

イスラエル人は住む場所をうばわれた!?

ソロモンの死後、古代イスラエルはイスラエル王国とユダ王国に分裂《ぶんれつ》し、イスラエル王国は滅亡《めつぼう》。さらに紀元前《きげんぜん》586年、ユダ王国も新《しん》バビロニアにほろぼされ、*ヘブライ人はバビロン(イラク)に強制的《きょうせいてき》に移住《いじゅう》させられた。

*バビロンに移住《いじゅう》させられた後、ユダヤ人と呼《よ》ばれるようになった。

前800年頃《ごろ》

ギリシャにポリスが誕《たん》生《じょう》する

アゴラに集まるアテネ市民《しみん》

ギリシャの代表的《だいひょうてき》なポリス（都市国家）だったアテネには、アゴラと呼《よ》ばれる広場があり、市民《しみん》が集会や市場を開いたり、裁判《さいばん》をおこなったりした。

ギリシャの各《かく》ポリスは独立《どくりつ》国家だった

古代ギリシャでは、エーゲ文明がほろびた後、紀元前《きげんぜん》800年頃《ごろ》より、各地《かくち》にポリス（都市国家）が誕生《たんじょう》した。ポリスは、アクロポリスと呼《よ》ばれる丘《おか》を中心に築《きず》かれた都市で、それぞれが独立《どくりつ》した国家だった。アクロポリスは防衛《ぼうえい》の拠点《きょてん》であると同時に、神聖《しんせい》な場所として神殿《しんでん》が建《た》てられた。ふもとのアゴラ（広場）では、市場や集会などが開かれ、市民《しみん》はさかんに議《ぎ》論《ろん》をおこなった。市民《しみん》は奴隷《どれい》をもち、農業で暮《く》らしていた。

ポリスはギリシャ全土に1000以上《いじょう》あったが、特《とく》に有力だったのは、アテネとスパルタだっ

アテネのアゴラ

アクロポリスのふもとにある広場で、神殿《しんでん》や役所などに囲《かこ》まれていた(ギリシャ)。

パルテノン神殿《しんでん》

アテネのアクロポリスと呼《よ》ばれる丘《おか》の上にある神殿《しんでん》で、アテネの守護神《しゅごしん》アテナをまつっている(ギリシャ)。

ペリクレス
(前495頃《ごろ》～前429頃《ごろ》)

古代アテネの政治家《せいじか》・武将《ぶしょう》。アテネの民主《みんしゅ》政治《せいじ》を確立《かくりつ》。ペルシアの侵攻《しんこう》に備《そな》えるためポリスどうしの軍事同盟《ぐんじどうめい》を結《むす》んだ。

デルフォイ

ギリシャ中部にあった都市国家で、ここにあるアポロン神殿《しんでん》は全ギリシャ人から信仰《しんこう》された。

た。アテネでは、18歳《さい》以上《いじょう》の男性《だんせい》市民《しみん》全員が民会《みんかい》に参加《さんか》し、民主的《みんしゅてき》な政治《せいじ》をおこなっていた。スパルタでは貴族《きぞく》が中心となって政治《せいじ》をおこない、男性市民《だんせいしみん》は幼《おさな》い頃《ころ》より厳《きび》しい軍事訓練《ぐんじくんれん》を受けた。

なるほどエピソード

スパルタの男の子は裸《はだか》で暮《く》らしていた!?

軍事力《ぐんじりょく》の強化を目指していたスパルタでは、男の子は7歳《さい》で軍隊《ぐんたい》に入って共同《きょうどう》生活を開始し、厳《きび》しい訓練《くんれん》を受けた。12歳《さい》になると服を着ることを禁止《きんし》され、このため皮膚《ひふ》はとてもかたかったそうだ。この生活は30歳《さい》まで続《つづ》いた。

知っておどろき！歴史《れきし》！

古代ギリシャの哲学者《てつがくしゃ》たち!!

論理的《ろんりてき》な考え方を大切にする古代ギリシャでは、世界を合理的《ごうりてき》に説明《せつめい》しようとする哲学者《てつがくしゃ》たちが数多く生まれた。

ソクラテス
プラトン
アリストテレス
ピタゴラス

『アテネの学堂《がくどう》』

ルネサンスの時期にイタリアで活躍《かつやく》した画家ラファエロ（➡P155）の作品で、古代ギリシャの哲学者《てつがくしゃ》たちが集まった場面を想像《そうぞう》してえがいたもの。

万物の根源《こんげん》は数である！自然界《しぜんかい》のできごとは、すべて数学で説明《せつめい》できる！
万物の根源《こんげん》は水である！すべての物は水から生まれ、水になって消えてゆく！

ピタゴラス（前570頃《ごろ》～前496頃《ごろ》）

数学や政治《せいじ》、哲学《てつがく》、宗教《しゅうきょう》などにくわしく、教団《きょうだん》を組織《そしき》して多くの弟子を教えた。*ピタゴラスの定理を発見した。

タレス（前624頃《ごろ》～前546頃《ごろ》）

古代ギリシャ初期《しょき》の哲学者《てつがくしゃ》で、哲学《てつがく》の祖《そ》とされる。天文学をつくり出し、ピラミッドの高さを計算で求《もと》めた。

*直角三角形の直角をはさむ２辺《へん》でつくった正方形の面積《めんせき》の合計は、斜辺《しゃへん》でつくった正方形の面積《めんせき》に等しいという定理。

ソフィストVSソクラテス

古代ギリシャ人は議論《ぎろん》が好きだった。
私《わたし》の考えはこうだ!
いやいや、こういう考え方もあるぞ!
このため、議論《ぎろん》のテクニックを教える職業《しょくぎょう》があった。
議論《ぎろん》での勝ち方を教えましょう!
彼《かれ》らはソフィストと呼《よ》ばれた。
ソフィストは、相手を言い負かすことが上手だった。
さっき言ったのと、ちがうじゃないか!
ぐっ…
ソクラテスはソフィストを激《はげ》しく批判《ひはん》した。
相手を言い負かしても、真理《しんり》には近づけないぞ!
ぐっ…

無知《むち》の知《ち》(自分には知らないことがあると、知ること)が大切だ!

ソクラテス(前469頃《ごろ》~前399)

アテネ出身で、アポロン神殿《しんでん》の巫女《みこ》から「ソクラテス以上《いじょう》に賢《かしこ》い者はいない」というお告《つ》げを受けた。「無知《むち》の知《ち》」の大切さに気づき、人びとと対話をくり返したが、反感を買い、死刑《しけい》になった。

世界はイデア(真理《しんり》)と現実《げんじつ》世界のふたつに分かれている!

プラトン(前427頃《ごろ》~前347)

ソクラテスの弟子で、ソクラテスの死後、その教えを広めた。イデア論《ろん》を主張《しゅちょう》し、現《げん》実《じつ》世界をイデア(真理《しんり》)に近づけるべきと唱《とな》えた。

地上の物質《ぶっしつ》は、水、土、火、空気の4つから成《な》り立っている!

アリストテレス(前384~前322)

マケドニア(ギリシャ)出身で、アテネに学校を開き、政《せい》治《じ》や文学、倫理学《りんりがく》、物理学、博物学《はくぶつがく》など、あらゆる分野の学問を研究した。古代で最大《さいだい》の学問体系《たいけい》を完成《かんせい》させ、「万学の祖《そ》」と呼《よ》ばれる。

ビジュアル資料《しりょう》

アリストテレスはアレクサンドロス大王(➡P58)の家庭教師《きょうし》だった。

知っておどろき!歴史《れきし》!

古代オリンピックは裸《はだか》で競《きそ》った!?

古代オリンピックのスタジアム

古代ギリシャの都市オリンピアにあった競技場《きょうぎじょう》。結婚《けっこん》した女性《じょせい》は観戦《かんせん》できなかった。

壺《つぼ》にかかれた古代のレスリング

ビジュアル資料《しりょう》

レスリングのほかに、競争《きょうそう》やパンクラチオンなど、さまざまな競技《きょうぎ》をえがいた古代ギリシャの壺《つぼ》が発見されている。

古代オリンピックの特徴《とくちょう》

- 聖火《せいか》リレーはなし
- 参加者《さんかしゃ》は男性《だんせい》だけ
- 個人種目《こじんしゅもく》だけ。団体種目《だんたいしゅもく》なし
- 勝者《しょうしゃ》に与《あた》えられるのはオリーブの枝《えだ》(メダルなし)。2位《い》以《い》下《か》は敗者《はいしゃ》として退場《たいじょう》

格闘技《かくとうぎ》で競《きそ》い合った優秀《ゆうしゅう》な兵士《へいし》たち

古代ギリシャでは、各地《かくち》のポリスが独立《どくりつ》し、統一《とういつ》国家はつくられなかったが、共通《きょうつう》の言語や宗教《しゅうきょう》をもち、4年に一度、各《かく》ポリスの代表者が参加《さんか》する「オリンピア祭典《さいてん》競技《きょうぎ》(古代オリンピック)」が開かれた。

古代オリンピックの目的《もくてき》は神をたたえることで、宗教祭典《しゅうきょうさいてん》だった。競技種目《きょうぎしゅもく》はレスリングやボクシングなどの格闘技《かくとうぎ》が中心で、これは兵士《へいし》としての優秀《ゆうしゅう》さを競《きそ》うためだった。また選手《せんしゅ》は全員が裸《はだか》だった。これは反則《はんそく》を防《ふせ》ぐためや、美しい肉体を神に見せるためだったと考えられる。

古代オリンピックのおもな競技種目《きょうぎしゅもく》

ペンタスロン（5種競技《しゅきょうぎ》）

円盤投《えんばんな》げからはじまり、幅《はば》とび、やり投げ、短距離走《たんきょりそう》、レスリングの5種目《しゅもく》をひとりがおこなう。

競走《きょうそう》

初期《しょき》は、スタジアムを１周《しゅう》（約《やく》200m）する短距離走《たんきょりそう》だけだったが、しだいに２周《しゅう》したり、長距離《ちょうきょり》（約《やく》５km）種目《しゅもく》も登場した。

パンクラチオン

素手《すで》ならどんな攻撃《こうげき》をしてもよい格闘技《かくとうぎ》。ただし、目つぶしと、かみつきは禁止《きんし》だった。

レスリング

立ったまま相手と組み合い、投げ飛《と》ばすか、相手の背中《せなか》や尻《しり》、ひじ、ひざなどを地面に着ければ勝ちになった。

戦車競争《せんしゃきょうそう》

４頭立ての戦車《せんしゃ》で、スタジアムを48周《しゅう》する。衝突《しょうとつ》などにより、ゴールするだけでも難《むずか》しかった。

ボクシング

基本的《きほんてき》には現在《げんざい》のボクシングと同じだったが、時間制限《せいげん》や休けいはなく、体重制限《せいげん》もなかった。

古代ギリシャのボクサーの像《ぞう》。

ペルシア戦《せん》争《そう》

ギリシャ軍《ぐん》
ペルシア軍《ぐん》

テルモピレーの戦《たたか》い
侵攻《しんこう》する数万のペルシア軍《ぐん》を、スパルタを中心とするギリシャ連合軍約《れんごうぐんやく》7000人がテルモピレー(ギリシャ)で迎《むか》えうった戦《たたか》い。スパルタの兵士《へいし》は勇《ゆう》かんに戦《たたか》ったが、全滅《ぜんめつ》した。

ビジュアル資料《しりょう》 ギリシャ軍《ぐん》の重装歩兵《じゅうそうほへい》

ギリシャ軍《ぐん》の歩兵《ほへい》は、兜《かぶと》をかぶり、すね当てをして、円形の盾《たて》をもつ重装備《じゅうそうび》で戦《たたか》った。戦《たたか》い方は、大人数による集団戦法《しゅうだんせんぽう》だった。

合戦《かっせん》場所
テルモピレー
サラミス(ギリシャ)

ペルシア軍《ぐん》の侵攻《しんこう》をギリシャ軍《ぐん》が撃退《げきたい》する

紀元前《きげんぜん》500年、西アジアで勢《せい》力《りょく》を広げるアケメネス朝ペルシアと、アテネが対立し、戦争《せんそう》がはじまった。ペルシア軍《ぐん》はギリシャに支援《しえん》されたイオニア地方(トルコ)の反乱《はんらん》をしずめた後、アテネを攻《せ》めたが、アテネ軍《ぐん》は戦《たたか》いに勝利《しょうり》し、ペルシア軍《ぐん》を撃退《げきたい》した。

紀元前《きげんぜん》480年、ペルシア王のクセルクセス1世は大軍《たいぐん》を率《ひき》いてギリシャ侵攻《しんこう》を開始した。ギリシャ軍《ぐん》は、テルモピレーの戦《たたか》いで敗《やぶ》れたが、サラミスの海戦《かいせん》で勝利《しょうり》し、再《ふたた》びペルシア軍《ぐん》を撃退《げきたい》した。

勝 戦力《せんりょく》 数万人?

ペリクレス

ギリシャ連合軍《れんごうぐん》

VS

ペルシア軍《ぐん》

クセルクセス1世

負 戦力《せんりょく》 30万人?

ビジュアル資料《しりょう》

サラミスの海戦《かいせん》

ギリシャのサラミス島の沖《おき》で、アテネ海軍《かいぐん》を中心とするギリシャ艦隊《かんたい》が、ペルシア艦隊《かんたい》をサラミス湾《わん》に誘《さそ》いこみ、三段櫂船《さんだんかいせん》で効果的《こうかてき》に攻撃《こうげき》して大勝利《しょうり》した。

ビジュアル資料《しりょう》

三段櫂船《さんだんかいせん》の想像図《そうぞうず》

ギリシャ艦隊《かんたい》の主力船。櫂《かい》の漕《こ》ぎ手を上下3段《だん》に配置《はいち》したため、高速で進めた。サラミスの海戦《かいせん》では、貧《まず》しい市民《しみん》も漕《こ》ぎ手として参戦《さんせん》した。

ビジュアル資料《しりょう》

スパルタの兵士《へいし》

スパルタの兵士《へいし》は、ギリシャ軍《ぐん》で最強《さいきょう》といわれた。

なるほどエピソード

ポリスどうしの争《あらそ》いでギリシャが衰退《すいたい》した!?

ペルシア戦争後《せんそうご》、アテネとスパルタの対立が激《はげ》しくなり、紀《き》元前《げんぜん》431年、戦争《せんそう》になった(ペロポネソス戦争《せんそう》)。この戦争《せんそう》は27年間も続《つづ》き、スパルタが勝利《しょうり》したが、農地は荒《あ》れ果《は》て、ギリシャ全土がおとろえた。

前333年

イッソスの戦《たたか》い

攻撃《こうげき》を命じる
アレクサンドロス大王
アレクサンドロス大王は騎兵部《きへいぶ》隊《たい》に側面攻撃《そくめんこうげき》を命じて、自らペルシア軍《ぐん》の中央に突撃《とつげき》した。

勝 戦力《せんりょく》 約《やく》4万人?

アレクサンドロス大王

マケドニア軍《ぐん》

VS

ペルシア軍《ぐん》

ダレイオス3世

負 戦力《せんりょく》 約《やく》10万人?

アレクサンドロス大王がペルシアを滅亡《めつぼう》させる

紀元前《きげんぜん》7世紀《せいき》、ポリスをつくらなかったギリシャ人が、ギリシャ北部にマケドニア王国を建国《けんこく》した。紀元前《きげんぜん》３３８年、マケドニア王国は、スパルタ以外《いがい》の全ギリシャのポリスを支配下《しはいか》に置《お》いた。

その後、マケドニア国王となったアレクサンドロス大王は、ギリシャに対立するアケメネス朝ペルシアを倒《たお》すため、遠征《えんせい》を開始し、紀元前《きげんぜん》３３３年、イッソス(トルコ)でダレイオス3世の率《ひき》いるペルシア軍《ぐん》を撃破《げきは》した。

アレクサンドロス大王は、エジ

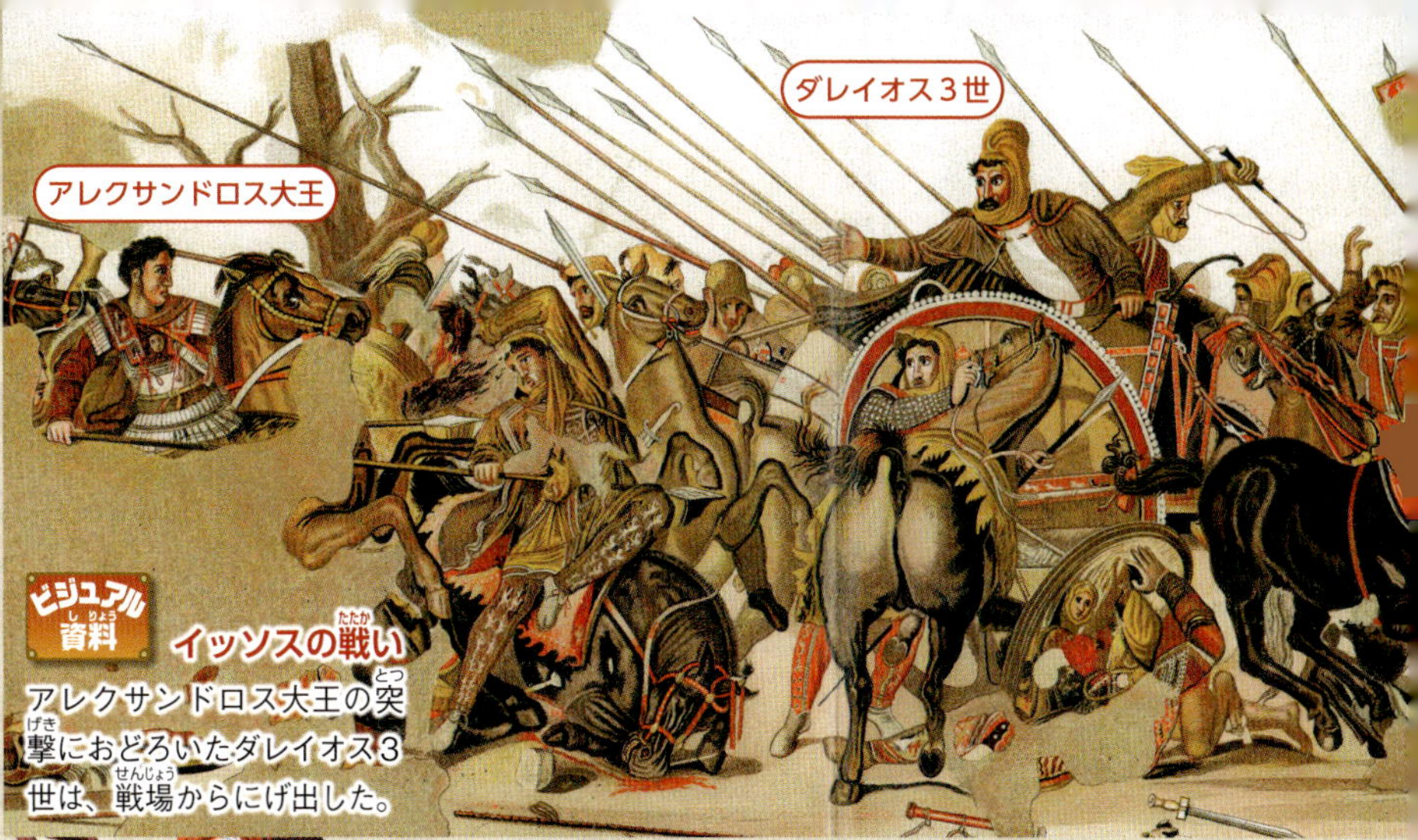

ビジュアル資料《しりょう》

イッソスの戦《たたか》い

アレクサンドロス大王の突《とつ》撃《げき》におどろいたダレイオス3世は、戦場《せんじょう》からにげ出した。

アレクサンドロス大王
(前356〜前323)

マケドニアの国王で、遠征軍《えんせいぐん》を率《ひき》いてペルシアを破《やぶ》り、エジプトからインド北西部にまでおよぶ大帝国《だいていこく》を築《きず》いた。

ビジュアル資料《しりょう》

ファランクス戦法《せんぽう》

重装《じゅうそう》歩兵《ほへい》が集団《しゅうだん》で密集《みっしゅう》して攻撃《こうげき》する隊形《たいけい》をファランクスという。アレクサンドロス大王は、マケドニア軍《ぐん》に約《やく》6mの長い槍《やり》を持たせてファランクス戦法《せんぽう》で戦《たたか》った。

プトを征服《せいふく》した後、ペルシアを攻《せ》めほろぼし、インド北西部まで軍《ぐん》を進め、大帝国《だいていこく》を築《きず》いた。しかし間もなく病死し、その直後から、部下の将軍《しょうぐん》たちによる争《あらそ》いが起こり、大帝国《だいていこく》は分裂《ぶんれつ》した。

なるほどエピソード

東西の文化が融合《ゆうごう》して新文化が誕生《たんじょう》した⁉

アレクサンドロス大王の遠征《えんせい》によって、ギリシャの文化とオリエント(西アジア一帯《いったい》)の文化が結《むす》びつき、ヘレニズム文化が誕生《たんじょう》した。ヘレニズム文化の美術《びじゅつ》は、ラオコーン像《ぞう》のように、写実的《しゃじつてき》で感情的《かんじょうてき》な表現《ひょうげん》が特徴《とくちょう》である。

 ラオコーン像《ぞう》(バチカン市国)。

ポエニ戦《せん》争《そう》（第二次）

勝 戦力《せんりょく》 不明《ふめい》

スキピオ

ローマ軍《ぐん》

VS

カルタゴ軍《ぐん》

ハンニバル

負 戦力《せんりょく》 不明《ふめい》

ハンニバルがローマを危機《きき》におとしいれる

紀元前《きげんぜん》753年、イタリア半島中部に住み着いたラテン人が都市国家「ローマ」を建国《けんこく》した。勢力拡《せいりょくかく》大《だい》を続《つづ》けるローマは、北アフリカの都市国家カルタゴ（現在《げんざい》のチュニジア）との対立が深まると、紀《き》元前《げんぜん》241年、シチリア島（イタリア）でカルタゴ軍《ぐん》を破《やぶ》った（第一次ポエニ戦争《せんそう》）。

ハンニバル将軍《しょうぐん》の率《ひき》いるカルタゴ軍《ぐん》は、イベリア半島を占領《せんりょう》した後、紀元前《きげんぜん》218年、アルプス山《さん》脈《みゃく》を越《こ》えて、ローマ領《りょう》に攻《せ》めこみ、反撃《はんげき》。カンネーでローマ軍《ぐん》を

ハンニバルのおもな侵攻路《しんこうろ》

アルプス山脈《さんみゃく》
カンネー
ローマ
イベリア半島
カルタゴ
カルタゴノウァ
シチリア島
ザマ

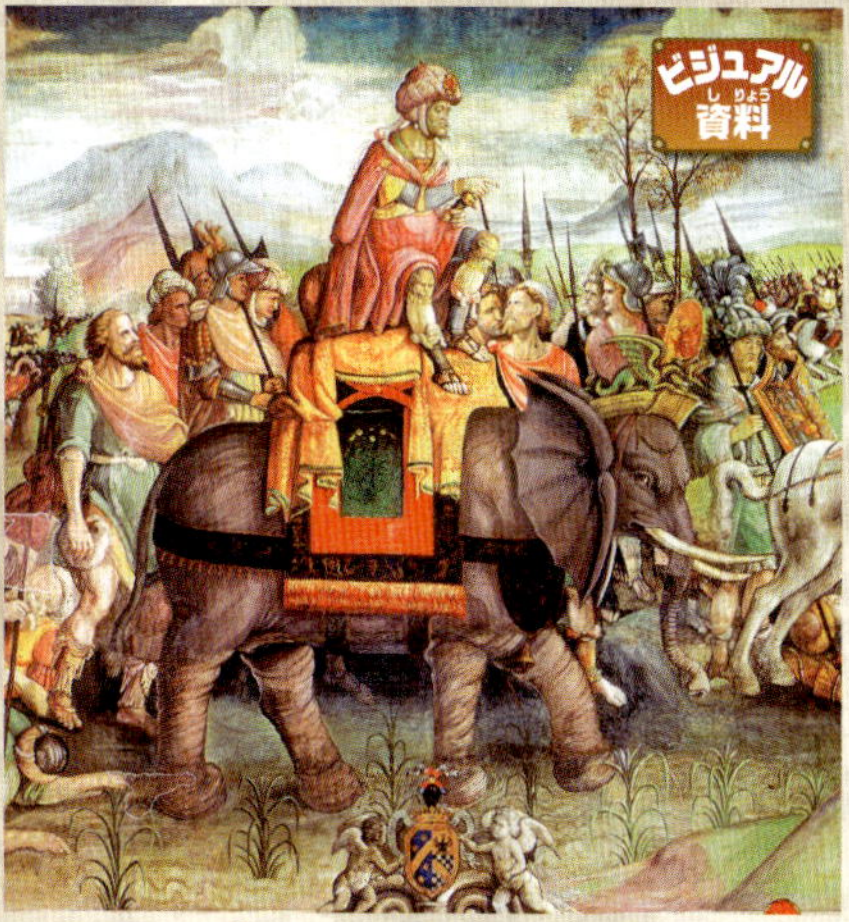
ビジュアル資料《しりょう》

アルプスを越《こ》えるハンニバル

ハンニバルはローマを攻《せ》めるため、４万人の兵《へい》士《し》と37頭の戦象《せんぞう》を率《ひき》いてアルプス山脈《さんみゃく》を越《こ》えた。

ザマの戦《たたか》い

ローマ軍《ぐん》の将軍《しょうぐん》スキピオがカルタゴに侵《しん》攻《こう》したため、ハンニバルはカルタゴにもどった。両軍《りょうぐん》はザマで対陣《たいじん》し、ハンニバルは戦象《せんぞう》を突撃《とつげき》させたが、スキピオの作《さく》戦《せん》ではさみうちにされて敗北《はいぼく》した。

撃破《げきは》した。ローマ軍《ぐん》は危機《きき》におちいったが、スキピオ将軍《しょうぐん》はカルタゴを直接攻撃《ちょくせつこうげき》するため、アフリカに上陸《じょうりく》した。ハンニバルはカルタゴにもどり、ザマでローマ軍《ぐん》を迎《むか》えうったが、敗北《はいぼく》した。

なるほどエピソード

狼《おおかみ》に育てられた双子《ふたご》がローマを建国《けんこく》した!?

神話によると、ローマの建国《けんこく》に関《かか》わったのは軍神《ぐんしん》の子・ロムルスとレムスの双子《ふたご》の兄弟という。ふたりは狼《おおかみ》に育てられ、それぞれ国を築《きず》いたが対立。ロムルスがレムスを倒《たお》し、ローマを建国《けんこく》した。

狼《おおかみ》に育てられるロムルスとレムスの像《ぞう》。ローマはロムルスの名に由来するという（イタリア）。

第1回三頭《さんとう》政治《せいじ》がはじまる

三頭政治《さんとうせいじ》をおこなう3人

カエサル、クラッスス、ポンペイウスの3人は、元老院《げんろういん》に対抗《たいこう》するため、周囲《しゅうい》に内緒《ないしょ》で協力関係《きょうりょくかんけい》を築《きず》いた。

実力者3人がローマの社会的混乱《しゃかいてきこんらん》をしずめる

都市国家「ローマ」は紀元前《きげんぜん》509年に、貴族《きぞく》を中心とする共和《きょうわ》政《せい》(君主がいない国家)となった。最高職《さいこうしょく》の執政官《しっせいかん》は、貴族《きぞく》から選《えら》ばれたが、政治《せいじ》の実権《じっけん》は貴族《きぞく》の会《かい》議《ぎ》「元老院《げんろういん》」がにぎっていた。

ローマはポエニ戦争後《せんそうご》も周辺国《しゅうへんこく》への侵略《しんりゃく》を続《つづ》けていたが、長期間の戦争《せんそう》により農地は荒《あ》れ果《は》て、貧《ひん》富《ぷ》の差《さ》が拡大《かくだい》し、貴族《きぞく》と平民《へいみん》の対立が深まった。さらに剣闘士《けんとうし》(⬇P74)が反乱《はんらん》を起こすなど、社会が混乱《こんらん》した。しかし元老院《げんろういん》には、混乱《こんらん》をしずめる力はなかった。

こうした中、武力《ぶりょく》によって社会を安定させたのが、有力者のカエ

ビジュアル資料《しりょう》 **元老院《げんろういん》** 共和政《きょうわせい》(君主のいない国家)の古代ローマでは、元老院《げんろういん》と呼《よ》ばれる会議《かいぎ》が権力《けんりょく》をにぎっていた。元老院《げんろういん》の議員《ぎいん》は、貴族《きぞく》が中心だったが、裕福《ゆうふく》な平民《へいみん》も選《えら》ばれた。

戦死《せんし》するクラッスス

紀元前《きげんぜん》53年、クラッススはパルティア(古代イランの王朝)に遠征《えんせい》中、戦死《せんし》した。

カエサル
(前100〜前44)

古代ローマの政治《せいじ》家《か》。名門出身で、第1回三頭政治《さんとうせいじ》を開始し、ガリア(現在《げんざい》のフランス一帯《いったい》)を征《せい》服《ふく》した。

サル、ポンペイウス、クラッススだった。3人は元老院《げんろういん》と対抗《たいこう》するため、秘密《ひみつ》の同盟《どうめい》を結《むす》んだ(第1回三頭政治《さんとうせいじ》)。しかしガリア戦争《せんそう》(➡P66)の最中《さいちゅう》に、クラッススが戦死《せんし》し、三頭政治《さんとうせいじ》は崩壊《ほうかい》した。

なるほどエピソード

娘《むすめ》ユリアの死により三頭政治《さんとうせいじ》が崩《くず》れた!?

カエサルは、三頭政治《さんとうせいじ》の結《むす》びつきを固《かた》くするため、娘《むすめ》ユリアとポンペイウスを結婚《けっこん》させた。ふたりは仲《なか》がよく、ユリアは女の子を出《しゅっ》産《さん》したが、その直後に病死した。これ以降《いこう》、カエサルとポンペイウスの仲《なか》が悪くなったといわれる。

紀《き》元《げん》前《ぜん》49年、古代ローマの将《しょう》軍《ぐん》カエサルは*ガリアの敵対勢力《てきたいせいりょく》をほぼ制圧《せいあつ》。
ガリア
ローマ
イタリア半島
ローマ市民《しみん》の人気を集めた。
ユリウス・カエサル
しかしカエサルを恐《おそ》れたポンペイウスや元老院《げんろういん》（最高機関《さいこうきかん》）の議員《ぎいん》らはカエサルに軍《ぐん》の解散命令《かいさんめいれい》を出した。
カエサルからローマを守《まも》れ
そうだ
ポンペイウス
それを知ったカエサルはガリアから軍《ぐん》を率《ひき》いてローマ国境《こっきょう》へ向かった。
このルビコン川を越《こ》えてローマに進軍《しんぐん》すれば…
我《われ》らは反乱軍《はんらんぐん》となる
ザァァァァァァ…
我《われ》われは全員カエサル様とともに戦《たたか》う覚悟《かくご》です
カエサル様
我《わ》が軍《ぐん》を守るにはこれしか残《のこ》された道はない…
しかし…
ご決断《けつだん》を！

…よし
進むぞ
オオオ
神の奇《き》跡《せき》を信《しん》じて
我《われ》らの敵《てき》を倒《たお》す！
賽《さい》は投げられた！

前52年

アレシアの戦《たたか》い

逆茂木《さかもぎ》は先端《せんたん》をとがらせた木の枝《えだ》を組み合わせた柵《さく》。ガリア兵《へい》が近づけないよう、堀《ほり》の近くに設《もう》けられた。

勝 戦力《せんりょく》 5万人?

カエサル

ローマ軍《ぐん》

VS

ガリア軍《ぐん》

ウェルキンゲトリクス

負 戦力《せんりょく》 8万人?

カエサルはローマ軍《ぐん》を率《ひき》いてガリアを征服《せいふく》する

三頭政治《さんとうせいじ》がはじまって2年後、カエサルはガリア(現在《げんざい》のフランス一帯《いったい》)を征服《せいふく》するため、遠征軍《えんせいぐん》を率《ひき》いてローマを出発した。カエサルはガリアの部族たちを次つぎと撃破《げきは》していった。

ガリア遠征《えんせい》の開始から7年目、ガリアの部族たちは結束《けっそく》し、ウェルキンゲトリクスを指導者《しどうしゃ》にしてカエサルに戦《たたか》いをしかけた。激戦《げきせん》の末《すえ》、カエサルはアレシア(フランス)に立てこもったガリア軍《ぐん》を降伏《こうふく》させた。これによりガリアはローマの領土《りょうど》になった。

ローマ軍《ぐん》
土塁《どるい》
高さは約《やく》4mあった。
合戦《かっせん》場所
アレシア
(フランス)

アレシアの戦《たたか》い

カエサルは、ガリア軍《ぐん》の重要《じゅうよう》都市アレシアの周囲《しゅうい》に土塁《どるい》を築《きず》いて包囲《ほうい》し、堀《ほり》をつくって水を引き入れた。さらに土塁《どるい》の各所《かくしょ》には見張台《みはりだい》を築《きず》いてアレシアを完全《かんぜん》に包囲《ほうい》し、兵糧《ひょうろう》攻《ぜ》め(食料《しょくりょう》を断《た》つ作戦《さくせん》)を開始した。

なるほどエピソード

ガリア戦争《せんそう》の記録《きろく》を書き残《のこ》していた!?

カエサルは、ガリア戦争《せんそう》での記録《きろく》を『ガリア戦記《せんき》』として書き残《のこ》した。目的《もくてき》は元老院《げんろういん》に戦争《せんそう》の報告《ほうこく》をするためのものだったといわれる。読みやすく、わかりやすい文章は、ラテン語(古代ローマの共通語《きょうつうご》)の手本とされた。

発見《はっけん》!

ウェルキンゲトリクス像《ぞう》

アレシア古戦場《こせんじょう》に立つ像《ぞう》。ウェルキンゲトリクスは降伏後《こうふくご》、処刑《しょけい》された。

前49年

ローマ内《ない》戦《せん》がはじまる

カエサルは元《げん》老《ろう》院《いん》派《は》を倒《たお》して権《けん》力《りょく》をにぎる

ガリア遠《えん》征《せい》を成《せい》功《こう》させたカエサルは、絶《ぜっ》大《だい》な人気を得《え》た。カエサルの権《けん》力《りょく》拡《かく》大《だい》を止めるため、元老《げんろう》院《いん》はポンペイウスを味方に引き入れ、執《しっ》政《せい》官《かん》(最《さい》高《こう》職《しょく》)に任《にん》命《めい》し、ガリアにいたカエサルに軍《ぐん》隊《たい》を解《かい》散《さん》して、ローマにもどるように命《めい》令《れい》した。命令に従《したが》えば、ローマで殺《ころ》されると感じたカエサルは、軍《ぐん》隊《たい》を連《つ》れてローマに向かい、ローマ国《こっ》境《きょう》を流れるルビコン川についた。軍《ぐん》隊《たい》を率《ひき》いてローマに侵《しん》入《にゅう》することは禁《きん》止《し》されていたが、カエサルはローマに進《しん》撃《げき》した。ポンペイウスは敗《やぶ》れてギリシャにのがれ、さらにエジプトま

クレオパトラ(前69～前30)

古代エジプト、プトレマイオス朝の最《さい》後《ご》の女王。ポンペイウスを追ってエジプトに来たカエサルの恋人《こいびと》になった。

終身独裁官《しゅうしんどくさいかん》になるカエサル

元老院派《げんろういんは》を倒《たお》したカエサルは、終身独裁官《しゅうしんどくさいかん》となり、ローマの権力《けんりょく》をすべてにぎった。

ビジュアル資料《しりょう》

暗殺《あんさつ》されるカエサル

暗殺団《あんさつだん》には部下のブルータスも加《くわ》わっていた。このため、カエサルは「ブルータス、お前もか」と叫《さけ》んだという。

ルビコン川を渡《わた》るカエサル

ポンペイウスとの戦《たたか》いを決意したカエサルは、軍勢《ぐんぜい》を率《ひき》いたままガリアとの境界《きょうかい》を流れるルビコン川を渡《わた》り、ローマへ進《しん》撃《げき》した。このときカエサルは、「賽《さい》(サイコロ)は投げられた」と叫《さけ》んだといわれる。

でにげたが、暗殺《あんさつ》された。

ポンペイウスを追ってエジプトにやってきたカエサルは、女王クレオパトラを恋人《こいびと》にした。クレオパトラはカエサルの力を借《か》りて権《けん》力《りょく》を強めた。対抗《たいこう》する元老院《げんろういん》派《は》を武力《ぶりょく》で倒《たお》し、ローマに帰ったカエサルは、市民《しみん》から熱狂的《ねっきょうてき》に迎《むか》えられ、終身独裁官《しゅうしんどくさいかん》(無期限《むきげん》の最高職《さいこうしょく》)になった。絶対的《ぜったいてき》な権力《けんりょく》をにぎるカエサルを恐《おそ》れた元老院《げんろういん》は、暗殺《あんさつ》団《だん》を組織《そしき》し、カエサルを殺《ころ》した。

ローマ帝《てい》国《こく》が誕《たん》生《じょう》する

ローマ皇帝《こうてい》となるオクタビアヌス

紀元前《きげんぜん》27年、オクタビアヌスは元老院《げんろういん》からアウグストゥス（尊《とうと》い者）の称号《しょうごう》を与《あた》えられ、事実上のローマ皇帝《こうてい》になった。

アントニウスを倒《たお》してローマの権力《けんりょく》を独占《どくせん》する

カエサル暗殺後《あんさつご》、カエサルの部下だったアントニウスとレピドゥス、カエサルの養子《ようし》オクタビアヌスの3人が同盟《どうめい》を結《むす》び、政治《せいじ》をおこなった（第2回三頭政治《さんとうせいじ》）。やがてオクタビアヌスはレピドゥスを引退《いんたい》に追いこみ、アントニウスと対立。紀元前《きげんぜん》31年、オクタビアヌスは、エジプト女王クレオパトラと恋人関係《こいびとかんけい》になったアントニウスを、アクティウムの海戦《かいせん》で撃破《げきは》した。敗《やぶ》れたアントニウスとクレオパトラは自殺《じさつ》し、エジプトはローマの領土《りょうど》になった。

ローマにもどったオクタビアヌスは、元老院《げんろういん》からアウグストゥス

ビジュアル資料《しりょう》

アクティウムの海戦《かいせん》 オクタビアヌスは、アクティウム(ギリシャ)の沖《おき》でアントニウスとクレオパトラの連合軍《れんごうぐん》を破《やぶ》った。

オクタビアヌス
(前63～14)

ローマの初代皇帝《しょだいこうてい》。カエサルの死後、アントニウス、レピドゥスと第2回三頭《さんとう》政治《せいじ》を組織《そしき》した。アントニウスを倒《たお》した後、ローマの独裁《どくさい》者《しゃ》となった。

自殺《じさつ》するクレオパトラ

エジプトに追いつめられたクレオパトラは、毒蛇《どくへび》に自分をかませて自殺《じさつ》したという。

(尊《とうと》い者)という称号《しょうごう》を与《あた》えられ、ローマの最高権力者《さいこうけんりょくしゃ》となった。オクタビアヌスは自らを「第一の市《し》民《みん》」と称《しょう》したが、事実上は皇帝《こうてい》だった。以後《いご》、ローマは皇帝《こうてい》が支《し》配《はい》する「ローマ帝国《ていこく》」となった。

なるほどエピソード

オクタビアヌスの才能《さいのう》は見抜《みぬ》かれた!?

カエサルの親戚《しんせき》として生まれたオクタビアヌスは、幼《おさな》い頃《ころ》から病弱で、性格《せいかく》もおとなしかった。しかしカエサルはオクタビアヌスの才能《さいのう》を見抜《みぬ》いていた。カエサルの遺言書《ゆいごんしょ》には18歳《さい》のオクタビアヌスが後継者《こうけいしゃ》に指名されていた。

79年

ベズビオ火山が噴火《ふんか》する

噴火《ふんか》からにげるポンペイ市民《しみん》

ベズビオ火山のふもとにあった都市「ポンペイ」には約《やく》２万人が暮《く》らしていたが、噴火《ふんか》によって約《やく》2000人がにげ遅《おく》れて死亡《しぼう》した。

高温高速の火砕流《かさいりゅう》がポンペイを飲みこんだ

ローマ帝国《ていこく》の都市ポンペイは、豊《ゆた》かなローマ人たちが過《す》ごす別荘《べっそう》地《ち》・保養地《ほようち》で、約《やく》2万人の人たちが生活していた。紀元《きげん》79年、ポンペイの北西約《やく》10㎞に位置《いち》するベズビオ火山が、突然《とつぜん》、大噴火《だいふんか》を起こした。＊火砕流《かさいりゅう》が、時速１００㎞を超《こ》える速度でポンペイに迫《せま》り、街全体《まちぜんたい》をおおった。約《やく》２０００人が犠牲《ぎせい》となり、ポンペイは大量《たいりょう》の火山灰《かざんばい》で埋《う》まってしまった。18世紀《せいき》にポンペイでは、発掘《はっくつ》により商店や壁画《へきが》、広場、公衆浴場《こうしゅうよくじょう》などの遺跡《いせき》が見つかり、古代ローマ時代の都市生活を伝《つた》える貴重《きちょう》な資料《しりょう》となっている。

＊高温の火山灰《かざんばい》や火山岩が水蒸気《すいじょうき》と混《ま》ざり、斜面《しゃめん》を流れ下りる現象《げんしょう》。

ベズビオ火山とポンペイ遺跡《いせき》

ベズビオ火山の噴火《ふんか》によって、大量《たいりょう》の火山灰《かざんばい》や火山岩《かざんがん》がポンペイに流れこみ、街全体《まちぜんたい》が埋《う》まってしまった。1748年にポンペイ遺跡《いせき》の発掘《はっくつ》がはじまった。

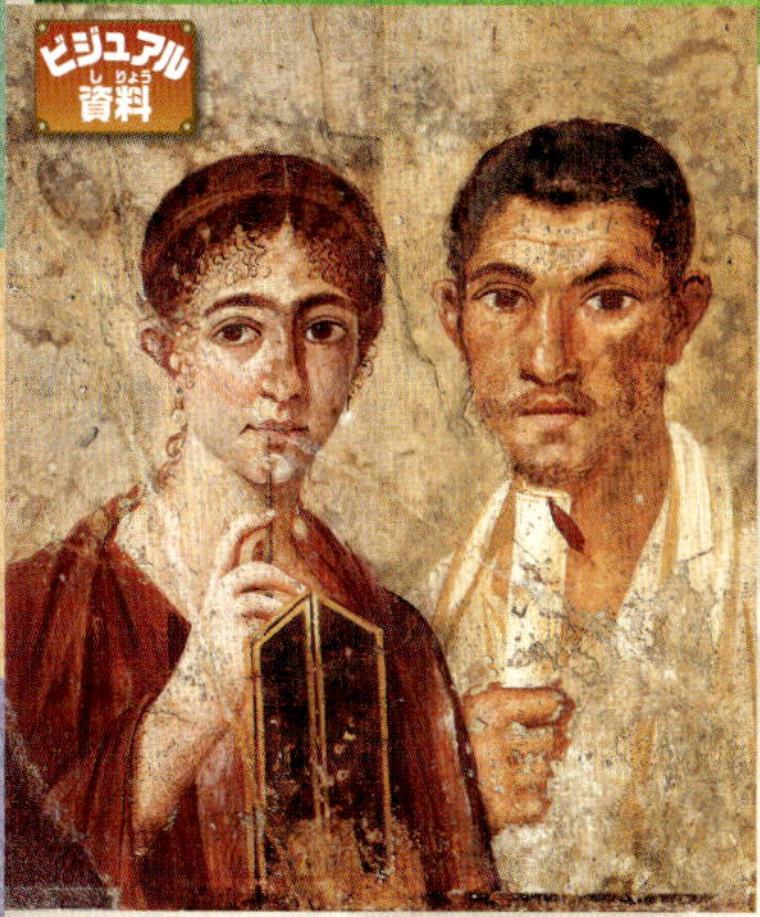

壁画《へきが》にえがかれた夫婦《ふうふ》

ポンペイ遺跡《いせき》で見つかった壁画《へきが》で、夫《おっと》は巻物《まきもの》、妻《つま》はペンを持っている。

居酒屋跡《いざかやあと》

ポンペイ遺跡《いせき》から発掘《はっくつ》された居酒屋《いざかや》のカウンターには、ワインの壺《つぼ》をはめこむ穴《あな》があった。

なるほどエピソード

噴火《ふんか》に巻《ま》きこまれた博物学者《はくぶつがく》がいた!?

ローマの博物学者《はくぶつがくしゃ》で軍人《ぐんじん》だったプリニウスは、ベズビオ火山が噴火《ふんか》したとき、艦隊《かんたい》の司令官《しれいかん》としてポンペイ近くのナポリ湾《わん》にいた。人びとを救《すく》うため、プリニウスはポンペイに向かったが、火山ガスを吸《す》って命を落とした。

噴火《ふんか》の様子（想像図《そうぞうず》）

ベズビオ火山の噴火《ふんか》により、大量《たいりょう》の噴石《ふんせき》や火山灰《かざんばい》が降《ふ》り注いだ。

コロッセウムが完《かん》成《せい》する

コロッセウムで闘《たたか》う剣闘士《けんとうし》
古代ローマでは、市民《しみん》の娯楽《ごらく》のため、コロッセウムで剣闘士《けんとうし》や猛獣《もうじゅう》たちを闘《たたか》わせて見世物《みせもの》にした。

ローマの権力者《けんりょくしゃ》に利用《りよう》された剣闘士《けんとうし》たち

古代ローマでは、権力者《けんりょくしゃ》は剣闘《けんとう》士《し》の試合《しあい》を開いて、市民《しみん》を無料《むりょう》で招待《しょうたい》した。これは、ローマ市《し》民《みん》に娯楽《ごらく》を与《あた》えて、政治《せいじ》に不満《ふまん》をもたせないことが目的《もくてき》だった。

紀元《きげん》72年、ローマ皇帝《こうてい》ウェスパシアヌスは、コロッセウム（円形《えんけい》闘技場《とうぎじょう》）の建設《けんせつ》を開始した。8年の歳月《さいげつ》をかけ完成《かんせい》したコロッセウムは、約《やく》5万人を収容《しゅうよう》できるほど巨大《きょだい》な施設《しせつ》だった。完成後《かんせいご》には100日間にわたって、剣闘士《けんとうし》の試合《しあい》や、剣闘士《けんとうし》と猛獣《もうじゅう》を戦《たたか》わせる見世物《みせもの》がおこなわれた。

その後、闘技会《とうぎかい》はキリスト教会から批判《ひはん》され、人気がなくなった。

発見《はっけん》!

コロッセウム

ローマ(イタリア)に残《のこ》る円形闘《えんけいとう》技場《ぎじょう》で、幅《はば》は最大《さいだい》で約《やく》188m、高さは約《やく》49m。観客席《かんきゃくせき》は４階建《だ》てで、約《やく》５万人を収容《しゅうよう》できた。地下の空間から剣闘士《けんとうし》や猛獣《もうじゅう》がつり上げられ、闘技場《とうぎじょう》に登場した。

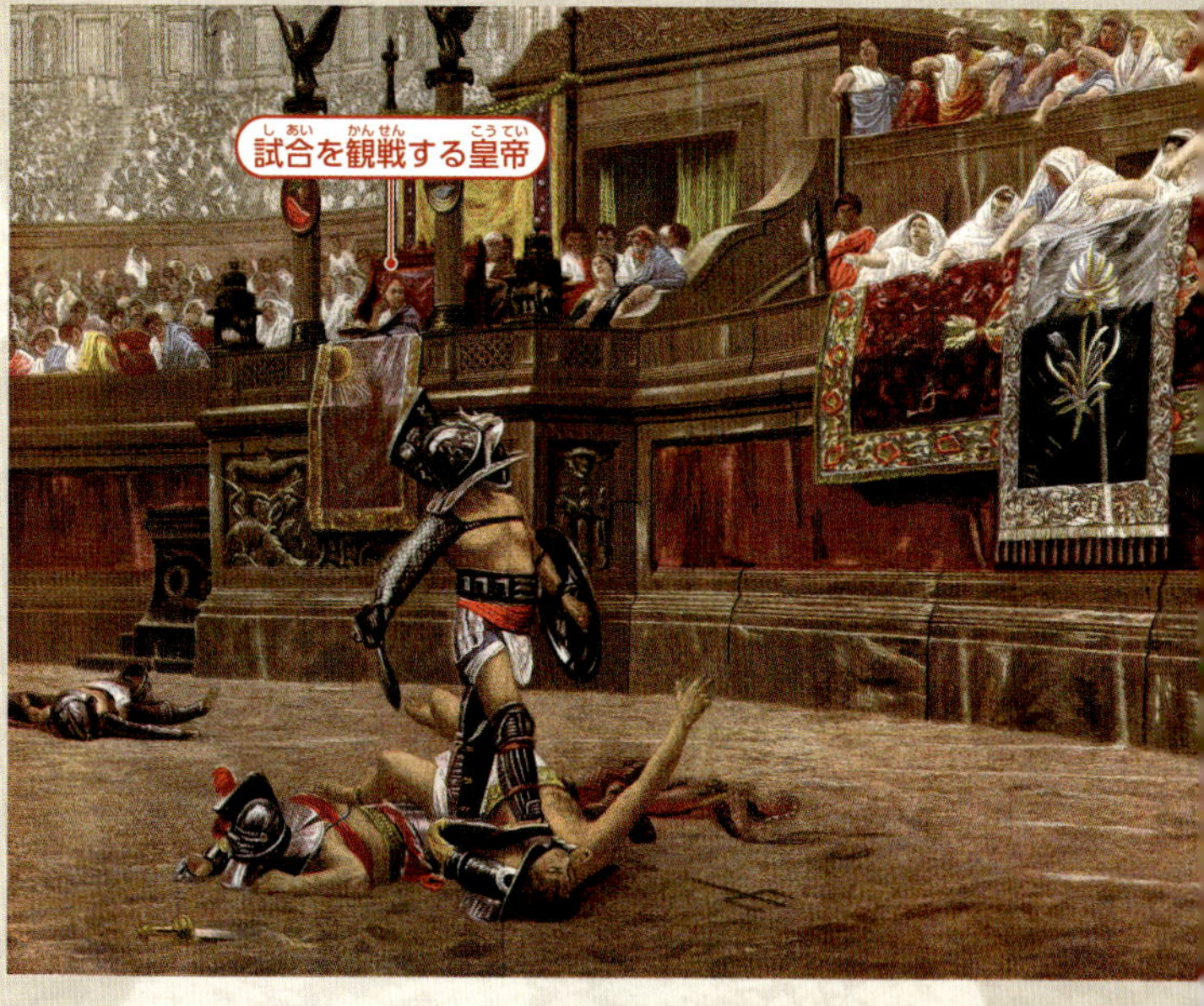

ビジュアル資料《しりょう》

敗《やぶ》れた剣闘士《けんとうし》に死を要求《ようきゅう》する観客《かんきゃく》

試合終了後《しあいしゅうりょうご》、観客《かんきゃく》が敗《やぶ》れた剣闘士《けんとうし》をたすけたいときは親指を上に向け、殺《ころ》したいときは親指を下に向けた。

なるほどエピソード

剣闘士《けんとうし》たちが反乱《はんらん》を起こした!?

紀元前《きげんぜん》73年、剣闘士《けんとうし》のスパルタクスは、仲間《なかま》と一緒《いっしょ》に反乱《はんらん》を起こした。各地《かくち》の奴隷《どれい》たちも反乱軍《はんらんぐん》に加《くわ》わったため、反乱軍《はんらんぐん》は数万人の勢力《せいりょく》になり、ローマ軍団《ぐんだん》を何度も撃破《げきは》した。しかしクラッススとポンペイウスの軍勢《ぐんぜい》に敗《やぶ》れた。

ビジュアル資料《しりょう》

剣闘士《けんとうし》のモザイク画

剣闘士《けんとうし》の試合《しあい》は、ローマ帝国内《ていこくない》の各《かく》都市で開かれた(キプロス)。

超《ちょう》ビジュアル！歴《れき》史《し》新聞

第2号

発行所：ローマ新聞社

古代ローマ人の生活はぜいたくだった!?

世界史上《せかいしじょう》、最《もっと》も裕福《ゆうふく》だったという古代ローマ人の暮《く》らしぶりを見てみよう。

ローマ皇帝《こうてい》の想像図《そうぞうず》。

お金がなくても暮《く》らしていけた!?

古代ローマの権力者《けんりょくしゃ》は、市民《しみん》に毎日無料《むりょう》でパンを与《あた》えたため、市民《しみん》はお金がなくても生活できた。これは権力者《けんりょくしゃ》が市民《しみん》に政治《せいじ》への不《ふ》満《まん》をもたせないようにするためだったという。

公衆浴場《こうしゅうよくじょう》は10円で遊び放題だった!?

古代ローマの公衆浴場《こうしゅうよくじょう》は、巨大《きょだい》な施設《しせつ》で、レストランや図書館、ジム、お店なども入ったレジャー施設《しせつ》だった。入場料《にゅうじょうりょう》を10円程度《ていど》払《はら》えば、料理《りょうり》も最低《さいてい》6皿食べられたそうだ。

カラカラ帝《てい》が築《きず》いたカラカラ浴場《よくじょう》の想像図《そうぞうず》。

裕福《ゆうふく》な女性《じょせい》のメイクは3時間!?

裕福《ゆうふく》な家庭の女性《じょせい》は、朝の化粧《けしょう》に3時間以上《いじょう》かけていた。化粧《けしょう》は数人の奴隷《どれい》が手《て》伝《つだ》うほどで、浴室《よくしつ》は化粧《けしょう》品《ひん》であふれかえっていた。白い肌《はだ》がおしゃれの基本《きほん》とされ、フェイスパックや牛《ぎゅう》乳風呂《にゅうぶろ》も利用《りよう》した。

市民《しみん》の多くは高層《こうそう》住宅《じゅうたく》に住んでいた!?

ローマ帝国《ていこく》時代、ローマの人口は100万人を超《こ》えていた。このため住宅《じゅうたく》が不《ふ》足《そく》し、ほとんどの人はインスラと呼《よ》ばれる高層《こうそう》アパートに住んでいた。インスラの多くは6、7階《かい》建《だ》てで、全体で40人以上《いじょう》が住んでいた。家賃《やちん》は上の階になるほど安かったそうだ。

ローマに残《のこ》るインスラの遺跡《いせき》(イタリア)。

寝《ね》っ転がってだらだら食事した!?

古代ローマ人は宴会《えんかい》のとき寝《ね》そべって、料理《りょうり》を手づかみで食べていた。食事用の使い捨《す》ての服を着て、汚《よご》れた手は服でふいていた。宴会《えんかい》は深夜まで続《つづ》き、満腹《まんぷく》で食べられなくなったら、鳥の羽を口に入れてわざと吐《は》き、次の料理《りょうり》を食べ続《つづ》ける者もいたそうだ。

史上最強《しじょうさいきょう》のぜいたく家!!
古代ローマの料理《りょうり》研究家アピキウスは、並外《なみはず》れてぜいたくだった。
さあ、食べるぞ!
毎回、食事は超豪華《ちょうごうか》だった。
おいしい食べ物の噂《うわさ》を聞くと…
おいしいエビがある!?
行って確《たし》かめよう!
と、旅に出るほどだった。
アピキウスが料理《りょうり》に使ったお金は、現在《げんざい》の数百億円《おくえん》にのぼったという。
もぐもぐ
貴重《きちょう》なこしょうを、たっぷり使おう!
しかし、貯金《ちょきん》が10億円程度《おくえんていど》まで減《へ》ったとき…
もう、ぜいたくはできない…
貧乏《びんぼう》になるくらいなら、死んだ方がましだ…
と、自殺《じさつ》してしまった。

ぜいたくな生活は奴隷《どれい》が支《ささ》えた!!

ローマ市民《しみん》のぜいたくな暮《く》らしを支《ささ》えていたのは、奴隷《どれい》たちだった。奴隷《どれい》はローマ帝国《ていこく》に支配《しはい》されていた国の人びとで、厳《きび》しい労《ろう》働《どう》をさせられた。

働《はたら》く奴隷《どれい》たちをえがいた絵。

イエスが処《しょ》刑《けい》される

十字架《じゅうじか》を背負《せお》うイエス

反逆者《はんぎゃくしゃ》として捕《と》らえられたイエスは、死刑《しけい》を命じられ、自分を磔《はりつけ》にするための十字架《じゅうじか》を背負《せお》って刑場《けいじょう》に向かった。

イエスの弟子たちがキリスト教を布教《ふきょう》する

紀元《きげん》30年頃《ごろ》、ローマ帝国《ていこく》の支配《しはい》下に置《お》かれていたパレスチナ（地《ち》中海東岸一帯《ちゅうかいとうがんいったい》）には、ユダヤ教（➡P84）を信仰《しんこう》するユダヤ人が多く住んでいた。パレスチナ出身のイエスは、貧《まず》しい人びとを救《すく》おうとしないユダヤ教を批判《ひはん》し、「人は神の前では平等で、神の愛《あい》によってだれでも救《すく》われる」と説《と》き、多くの弟子や信者《しんじゃ》を集めた。

その後、イエスは弟子たちと一《いっ》緒《しょ》に、パレスチナの中心都市エルサレムに入ったが、イエスを嫌《きら》うユダヤ教の指導者《しどうしゃ》たちに捕《と》らえられ、＊ローマ総督《そうとく》から反逆者《はんぎゃくしゃ》として死刑《しけい》を命じられた。イエスは

＊ローマ帝国《ていこく》から派遣《はけん》された地方長官《ちょうかん》。

十字架《じゅうじか》にかけられるイエス

イエスは手足に釘《くぎ》を打ちこまれて十字架《じゅうじか》にかけられた。死の直前、「神よ、なぜ私《わたし》をお見捨《みす》てになったのですか」と叫《さけ》んだという。

イエス・キリスト(前4頃《ごろ》?〜30頃《ごろ》?)

パレスチナ出身で、「人は罪深《つみぶか》いが、神の愛《あい》によって救《すく》われる」と説《と》いた。ユダヤ教を批判《ひはん》したため、ユダヤ教指導者《しどうしゃ》らに捕《と》らえられ、その後、処刑《しょけい》された。

聖墳墓《せいふんぼ》教会

イエスの墓《はか》とされる場所に建《た》つ教会で、エルサレム(イスラエル)にある。イエスが十字架《じゅうじか》にかけられたのも、この場所だったとされる。

ビジュアル資料《しりょう》

復活《ふっかつ》するイエス

イエスは墓《はか》に埋《う》められてから3日後に復活《ふっかつ》し、弟子たちに会った後、天に昇《のぼ》ったという。

十字架《じゅうじか》を背負《せお》わされ、刑場《けいじょう》「ゴルゴダの丘《おか》」で十字架《じゅうじか》にかけられ、亡《な》くなった。

しかしイエスは復活《ふっかつ》し、弟子たちの前に現《あらわ》れたという。弟子たちは、「イエスは神から遣《つか》わされた者で、キリスト(救世主《きゅうせいしゅ》)である」と信《しん》じ、イエスの教え(キリスト教)を広めはじめた。

313年

キリスト教が公認《こうにん》される

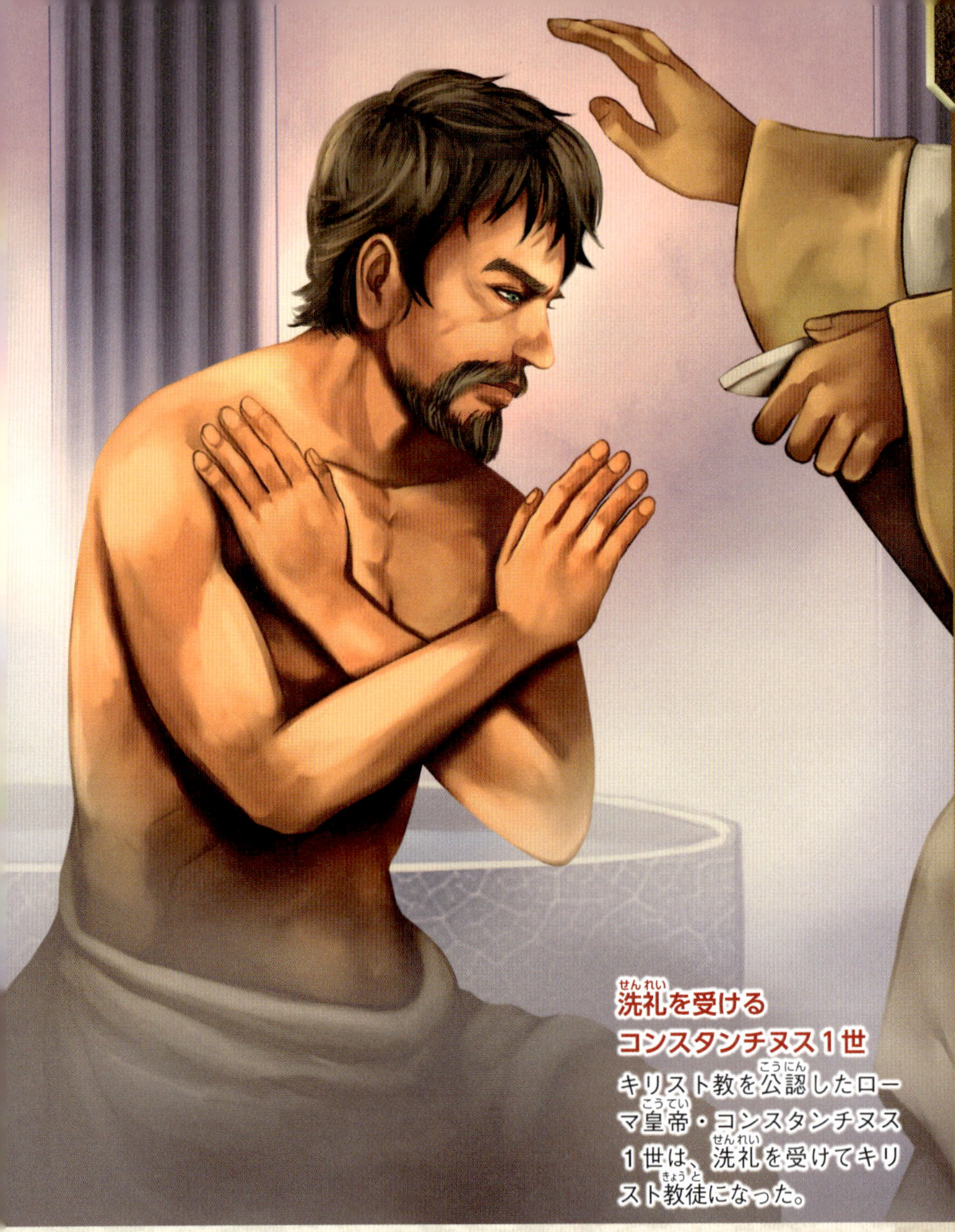

洗礼《せんれい》を受ける
コンスタンチヌス1世
キリスト教を公認《こうにん》したローマ皇帝《こうてい》・コンスタンチヌス1世は、洗礼《せんれい》を受けてキリスト教徒《きょうと》になった。

迫害《はくがい》・弾圧《だんあつ》の中で布教《ふきょう》活動が続《つ》けられた

イエスの弟子たちは、ローマ帝《てい》国《こく》内で布教《ふきょう》活動を開始したが、キリスト教の信者《しんじゃ》たちは、反乱《はんらん》を起こす危険《きけん》な集団《しゅうだん》とされ、捕《と》らえられたり、殺《ころ》されたりした。こうした迫害《はくがい》を受けながらも、信者《しんじゃ》たちは、イエスの教えを『聖書《せいしょ》(新約《しんやく》聖書《せいしょ》)』にまとめ、教会(キリスト教信者《しんじゃ》の集団《しゅうだん》)を整え、布教《ふきょう》活動を続《つづ》けていった。

こうした努力《どりょく》の結果《けっか》、313年、ローマ皇帝《こうてい》コンスタンチヌス1世が出したミラノ勅令《ちょくれい》によってキリスト教は公認《こうにん》され、その後、ローマ帝国《ていこく》の国教となり、さらに発展《はってん》した。

カタコンベ

地下にあるキリスト教徒《きょうと》の墓《ぼ》地《ち》。迫害時《はくがいじ》には、礼拝所《れいはいしょ》としても使われた(イタリア)。

パウロ(前10?〜65?)

ユダヤ教の信者《しんじゃ》だったが、キリスト教を信《しん》じるようになり、地中海沿岸地域《ちちゅうかいえんがんちいき》で布《ふ》教《きょう》活動を続《つづ》けた。

ペテロ(?〜64)

イエスの最初《さいしょ》の弟子。イエスの死後、キリスト教の布《ふ》教《きょう》活動を続《つづ》けたが、ローマ皇帝《こうてい》ネロに殺《ころ》された。

ミラノ勅令《ちょくれい》の公布《こうふ》

ミラノ勅令《ちょくれい》により、ローマ帝国内《ていこくない》でキリスト教を信《しん》じる自由が認《みと》められた。

コンスタンチヌス1世 (272〜337)

古代ローマの皇帝《こうてい》。分裂《ぶんれつ》していたローマ帝国《ていこく》を統《とう》一《いつ》し、コンスタンチノープル(現在《げんざい》のトルコのイスタンブール)に都を移《うつ》した。また、313年、ミラノ勅令《ちょくれい》を出し、キリスト教を公認《こうにん》した。

ウソ!ホント!? キリスト教徒《きょうと》を猛獣《もうじゅう》におそわせた!?

キリスト教徒《きょうと》が迫害《はくがい》されていた時期、コロッセウムではライオンなどの猛獣《もうじゅう》にキリスト教徒《きょうと》をおそわせるという処刑《しょけい》がおこなわれていた。この残酷《ざんこく》な見世物《みせもの》は、ローマ市民《しみん》に大好評《だいこうひょう》だったといわれる。

ふたつの『聖書《せいしょ》』

旧約聖書《きゅうやくせいしょ》

ユダヤ教・キリスト教の聖典《せいてん》。旧約《きゅうやく》(神がイスラエルの民《たみ》に与《あた》えた契約《けいやく》)を記している。

新約聖書《しんやくせいしょ》

キリスト教の聖典《せいてん》。新約《しんやく》(イエスが人間に与《あた》えた契《けい》約《やく》)を記している。

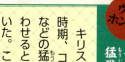

610年頃《ごろ》

イスラム教が誕生《たんじょう》する

神の言葉を授《さず》かるムハンマド

*ムハンマドは、メッカ(サウジアラビア)の山中で瞑想《めいそう》しているとき、大天使ガブリエルから神の言葉を授《さず》かり、イスラム教を開いた。

*ムハンマドの顔は、イスラム教の偶像崇拝禁止《ぐうぞうすうはいきんし》の教えにより隠《かく》されている。

メッカのムハンマドが唯一《ゆいいつ》神の言葉を授《さず》かる

6世紀《せいき》、アラビア半島の都市メッカは、国際的《こくさいてき》な貿易《ぼうえき》の中継《ちゅうけい》地《ち》として大きな利益《りえき》を上げていた。このため大商人は裕福《ゆうふく》になったが、貧《まず》しい人たちとの格差《かくさ》が広がっていた。メッカで生まれた商人ムハンマドは、610年頃《ごろ》、唯《ゆい》一《いつ》神アッラーの言葉を授《さず》かった。

この言葉に従《したが》い、ムハンマドは偶《ぐう》像《ぞう》(信仰《しんこう》の対象《たいしょう》となる像《ぞう》)を崇拝《すうはい》する宗教《しゅうきょう》を否定《ひてい》し、「アッラーを唯《ゆい》一《いつ》神として絶対的《ぜったいてき》に信仰《しんこう》するべき」とする「イスラム教」を開いた。

ムハンマドは富《とみ》を独占《どくせん》する大商人を批判《ひはん》したため、迫害《はくがい》を受けて北方の都市メディナに移住《いじゅう》した。630年、ムハンマドはメッカを征服《せいふく》し、カーバ神殿《しんでん》をイスラム教の聖殿《せいでん》に定めた。また、ムハンマドが神から授《さず》かった言葉は『コーラン』にまとめられ、イスラム教の聖典《せいてん》となった。

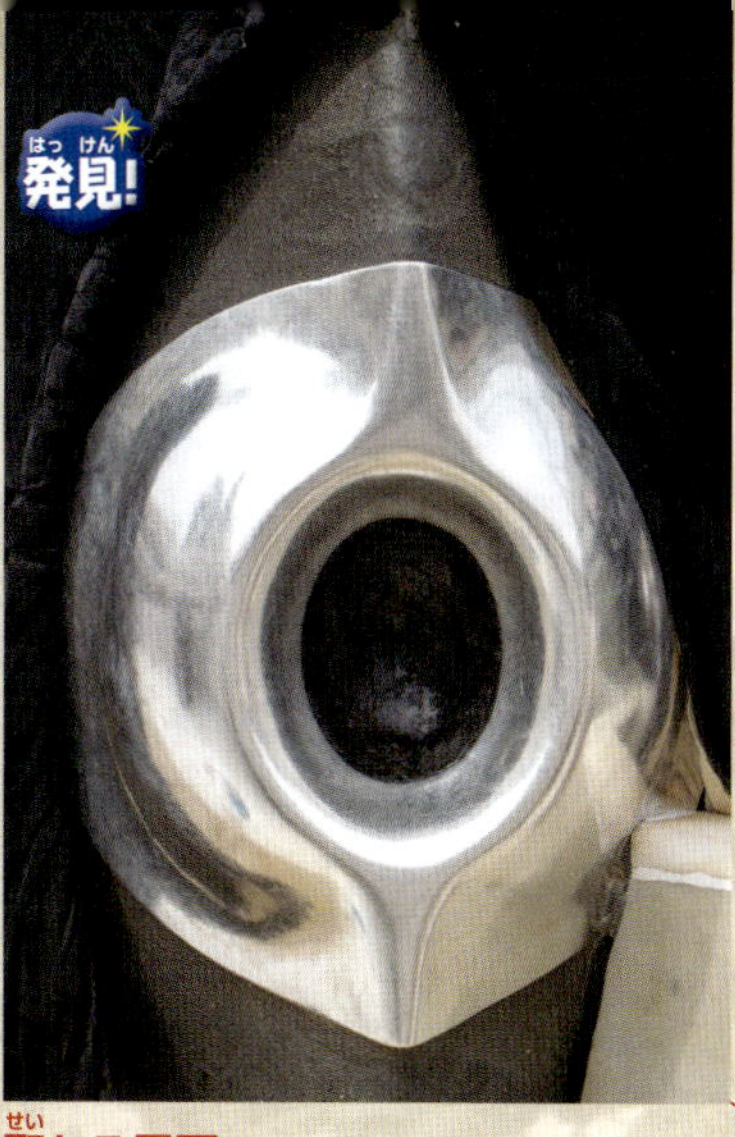

聖《せい》なる黒石

カーバ神殿《しんでん》の南東の角に埋《う》めこまれていて、カーバ神殿《しんでん》の周《まわ》りを歩いた信者《しんじゃ》が口づけする。

カーバ神殿《しんでん》

メッカにあるイスラム教の最高《さいこう》の神殿《しんでん》「カーバ神殿《しんでん》」には、大巡礼《じゅんれい》の時期(イスラム暦《れき》の第12月)に、約《やく》200万人の信者《しんじゃ》が巡礼《じゅんれい》に訪《おとず》れる。イスラム教徒《きょうと》は毎日、カーバ神殿《しんでん》のあるメッカに向かって礼拝《れいはい》する。

ビジュアル資料《しりょう》

『コーラン』

イスラム教の聖典《せいてん》。唯一《ゆいいつ》神アッラーの言葉がまとめられている。

ビジュアル資料《しりょう》

イスラム教徒《きょうと》の女性《じょせい》

イスラム教徒《きょうと》の女性《じょせい》は、ヒジャブと呼《よ》ばれるスカーフを頭にかぶる。これは『コーラン』の中に、「女性《じょせい》の美しい部分を隠《かく》すように」という意味のことが書かれているためである。

これが聖地《せいち》エルサレムだ!!

ビジュアル
資料《しりょう》

嘆《なげ》きの壁《かべ》で祈《いの》るユダヤ教徒《きょうと》。

嘆《なげ》きの壁《かべ》
ローマ帝国《ていこく》時代にユダヤ人が建《た》てた神殿《じんでん》の外壁《がいへき》で、現在《げんざい》まで残《のこ》っている部分。ユダヤ教《きょう》徒《と》が祈《いの》りを捧《ささ》げる聖地《せいち》。

エルサレム旧市街《きゅうしがい》

ユダヤ教、キリスト教、イスラム教の聖地《せいち》であるエルサレム(パレスチナ)の中心部には、四方を城《じょう》壁《へき》で囲《かこ》まれた旧市街《きゅうしがい》があり、岩のドームや嘆《なげ》きの壁《かべ》などがある。

旧市街《きゅうしがい》に集中する3つの宗教《しゅうきょう》の聖地《せいち》

パレスチナ地方の都市エルサレムはユダヤ教、キリスト教、イスラム教の共通《きょうつう》の聖地《せいち》で、3つの宗教《しゅうきょう》の神も同じ唯一神《ゆいいつしん》だ。

城壁《じょうへき》で囲《かこ》まれたエルサレムの旧市街《きゅうしがい》には、黄金の丸屋根をもつ「岩のドーム」が建《た》つ。この建《たて》物《もの》内にある岩からムハンマドは天に昇《のぼ》ったとされる。その近くにある「嘆《なげ》きの壁《かべ》」は、ユダヤ人が築《きず》いた神殿《しんでん》の外壁《がいへき》である。また、イエスが十字架《じゅうじか》を背負《せお》って歩いた「十字架《じゅうじか》の道」も旧市街《きゅうしがい》の中にある。

この聖地《せいち》をめぐって、宗教間《しゅうきょうかん》の争《あらそ》いが今も続《つづ》いている。

ビジュアル資料《しりょう》

ユダヤ人の神殿《しんでん》

紀元前《きげんぜん》515年頃《ごろ》、バビロンに捕《と》らわれていたユダヤ人が、エルサレムにもどって建《た》てた神殿《しんでん》。紀元《きげん》70年、ローマ軍《ぐん》の攻撃《こうげき》で崩《ほう》壊《かい》し、「嘆《なげ》きの壁《かべ》」だけが残《のこ》った。

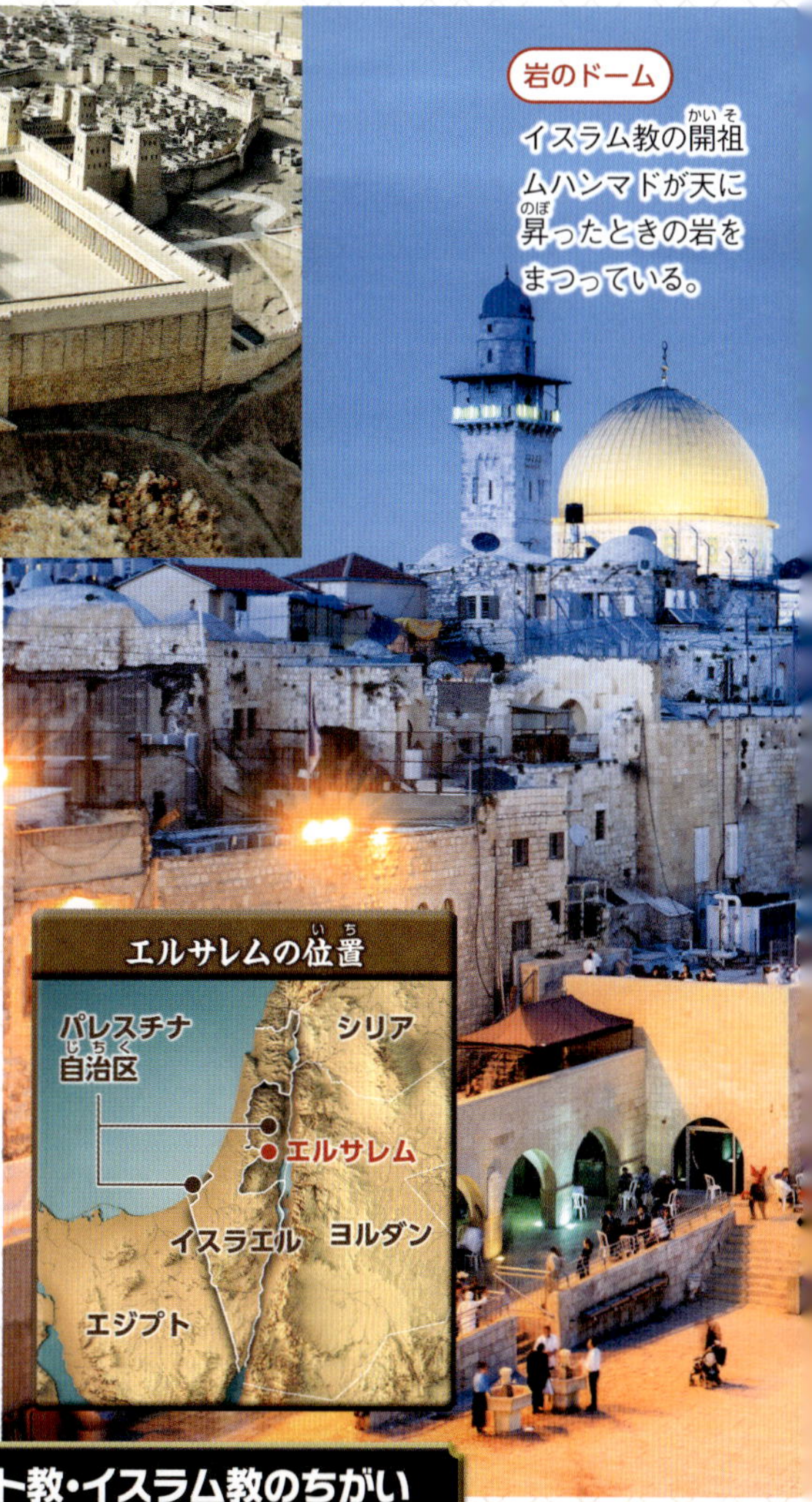
エルサレムの位置《いち》
パレスチナ自治区《じちく》
シリア
エルサレム
イスラエル
ヨルダン
エジプト

岩のドーム

イスラム教の開祖《かいそ》ムハンマドが天に昇《のぼ》ったときの岩をまつっている。

発見《はっけん》!

十字架《じゅうじか》の道

イエス・キリストが、処刑前《しょけいまえ》に十字架《じゅうじか》をかついで歩いた道で、エルサレム旧市街《きゅうしがい》にある。キリスト教徒《きょうと》は、この道をたどって祈《いの》りを捧《ささ》げる。

ユダヤ教・キリスト教・イスラム教のちがい

	聖典《せいてん》	神	創始者《そうししゃ》	特徴《とくちょう》
ユダヤ教	『タナハ』 (キリスト教では『旧《きゅう》約聖書《やくせいしょ》』と呼《よ》ばれるもの)	ヤハウェ	モーセなど	・神《かみ》から伝《つた》えられた戒律《かいりつ》(掟《おきて》)を厳しく守る ・パレスチナは神から約束《やくそく》された地と信《しん》じる
キリスト教	『新約聖書《しんやくせいしょ》』 『旧約聖書《きゅうやくせいしょ》』	ゴッド (ヤハウェと同じ)	イエス・キリスト	・イエスを救世主《きゅうせいしゅ》(キリスト)と信《しん》じる
イスラム教	『コーラン』 (『新約聖書《しんやくせいしょ》』『旧約《きゅうやく》聖書《せいしょ》』との共通点《きょうつうてん》が多い)	アッラー (ヤハウェと同じ)	ムハンマド	・アッラーを唯一絶対《ゆいいつぜったい》の神として信《しん》じる ・偶像崇拝《ぐうぞうすうはい》を禁止《きんし》する

世界
おもしろコラム

世界に残《のこ》る巨《きょ》石《せき》遺《い》跡《せき》!!

世界には巨大《きょだい》な石を使った遺跡《いせき》が残《のこ》されている。有名な巨石《きょせき》遺跡《いせき》を紹介《しょうかい》しよう！

ストーンヘンジ

(イギリス)

4000年以上《いじょう》前に築《きず》かれた巨石建造物《きょせきけんぞうぶつ》で、巨石《きょせき》は円形に配置《はいち》されている。建造方法《けんぞうほうほう》は、現在《げんざい》も謎《なぞ》である。

太陽のピラミッド

(メキシコ)

約《やく》2000年前、メキシコの古代都市テオティワカンに築《きず》かれたピラミッドで、高さは約《やく》65m。テオティワカンは6世《せい》紀《き》に突然《とつぜん》ほろびた。

鹿《しか》石《いし》

(モンゴル)

約《やく》3000～2000年前に、アジア各地《かくち》に立てられた石《せき》碑《ひ》。表面の模様《もよう》には、鹿《しか》が多く刻《きざ》まれ、遊牧民《ゆうぼくみん》がつくったと考えられている。

モアイ像《ぞう》

(チリ)

南太平洋のイースター島にある巨石人像《きょせきじんぞう》で、約《やく》1000体が存在《そんざい》している。集落の守り神として、7世紀《せいき》頃《ごろ》から建造《けんぞう》がはじまったとされる。全長は4mくらいのものが多いが、最大《さいだい》のものは9mに達《たつ》する。

2章

中世

755年

安《あん》史《し》の乱《らん》が起こる

(➡P94)

629年

玄奘《げんじょう》がインドへ出発する(➡P92)

527年

ユスティニアヌスが即位《そくい》する(➡P106)

750年

イスラム帝国《ていこく》が成立《せいりつ》する(➡P102)

8世紀《せいき》の世界

800年

カールの戴冠《たいかん》(➡P108)

※この世界地図では8世紀《せいき》に起きていないできごとも紹介《しょうかい》しています。

煬帝《よう だい》が隋《ずい》の皇帝《こう てい》になる

隋《ずい》の2代皇帝《こうてい》になる煬帝《ようだい》

隋《ずい》の初代皇帝《しょだいこうてい》・文帝《ぶんてい》の子だった煬帝《ようだい》は、父の死後、兄を殺《ころ》して2代皇帝《こうてい》になった。煬帝《ようだい》が父を暗殺《あんさつ》したという説《せつ》もある。

土木工事と遠征《えんせい》により各地《かくち》で反乱《はんらん》が起きる

三国《さんごく》時代の後、晋《しん》が中国《ちゅうごく》を統一《とういつ》したが、316年に滅亡《めつぼう》した。その後、中国《ちゅうごく》は多くの国が各地《かくち》を支《し》配《はい》する分裂状態《ぶんれつじょうたい》が続《つづ》いた。そんな中、隋《ずい》を建国《けんこく》した文帝《ぶんてい》は、589年、中国《ちゅうごく》を統一《とういつ》した。文帝《ぶんてい》は政《せい》治《じ》・軍事制度《ぐんじせいど》を整え、優秀《ゆうしゅう》な人材《じんざい》を出世させる試験《しけん》「科挙《かきょ》」（➡P100）をはじめた。

文帝《ぶんてい》の病死後、子の煬帝《ようだい》が2代皇帝《こうてい》になった。煬帝《ようだい》は民衆《みんしゅう》を強制《きょうせい》的《てき》に大運河《だいうんが》の建設《けんせつ》にかり出し、周《しゅう》辺国《へんこく》へ何度も遠征《えんせい》した。煬帝《ようだい》の政《せい》治《じ》に苦しむ人びとは各地《かくち》で反乱《はんらん》を起こし、隋《ずい》は中国統一《ちゅうごくとういつ》からわずか29年でほろびた。

ビジュアル資料《しりょう》

大運河《だいうんが》

大運河《だいうんが》で巨大《きょだい》な船に乗る煬帝《ようだい》をえがいた絵。煬帝《ようだい》が築《きず》いた運河《うんが》は、全長2500kmにもおよび、数百万の人びとが強制労働《きょうせいろうどう》させられた。

煬帝《ようだい》(569～618)

隋《ずい》の２代皇帝《こうてい》。暴君《ぼうくん》として知られ、大運河《だいうんが》の建設《けんせつ》や、朝鮮《ちょうせん》半島への遠征《えんせい》により人びとを苦しめた。

臣下《しんか》に殺《ころ》される煬帝《ようだい》

人びとを苦しめる煬帝《ようだい》に対し、各地《かくち》で反乱《はんらん》が起きた。最後《さいご》は臣下《しんか》に見放され、殺《ころ》された。

その頃《ころ》日本は？

聖徳太子《しょうとくたいし》が煬帝《ようだい》に使者を送った!?

607年、日本の聖徳太子《しょうとくたいし》は小《お》野妹子《ののいもこ》を使者に選《えら》び、隋《ずい》との交流を求《もと》めた。太子《たいし》の手紙には、「日がしずむ国（隋《ずい》）の天子（煬帝《ようだい》）にお手紙します」と書かれていたため、失礼《しつれい》だと感じた煬帝《ようだい》は激怒《げきど》。しかし妹子《いもこ》が上手に説明《せつめい》したため、煬《よう》帝《だい》は怒《いか》りをしずめ、日本との交流を許可《きょか》したという。

妹子《いもこ》は煬帝《ようだい》に、「日がしずむ国」とは、「隋《ずい》は日本の西にある」という意味だと説明《せつめい》した。

玄《げん》奘《じょう》がインドへ出発する

険《けわ》しい山道を進む玄奘《げんじょう》
インドで仏教《ぶっきょう》を学ぶ決意をした玄奘《げんじょう》は、国外へ出ることを禁止《きんし》されていたが、ひそかに唐《とう》を出発した。

仏教《ぶっきょう》を深く学ぶため 玄奘《げんじょう》がインドに旅立つ

６１８年、隋《ずい》が滅亡《めつぼう》した後、唐《とう》が建国《けんこく》された。唐《とう》の2代皇帝《こうてい》・太宗《たいそう》(李世民《りせいみん》)は、律《りつ》(刑法《けいほう》)と令《れい》(行政法《ぎょうせいほう》)という法律《ほうりつ》を整えて国を治《おさ》めた。また、人びとに土地を割《わ》り与《あた》えて、税《ぜい》や労働《ろうどう》、兵役《へいえき》を課《か》した。さらに周辺国《しゅうへんこく》を征服《せいふく》して領土《りょうど》を大きく広げた。

６２９年、唐《とう》の僧《そう》・玄奘《げんじょう》は、出国を禁止《きんし》する法律《ほうりつ》を破《やぶ》って、仏教《ぶっきょう》の誕生地《たんじょうち》であるインドに旅立った。インド各地《かくち》で仏教《ぶっきょう》を学んだ玄奘《げんじょう》は、出発から16年後、６００冊《さつ》以上《いじょう》の経典《きょうてん》や多くの仏像《ぶつぞう》を唐《とう》へ持ち帰った。玄奘《げんじょう》の働《はたら》きを高く評価《ひょうか》した太宗《たいそう》は、仏教《ぶっきょう》を保護《ほご》し、玄奘《げんじょう》

の活動を支《ささ》えた。これにより仏教《ぶっきょう》は中国《ちゅうごく》で大きく発展《はってん》した。

玄奘《げんじょう》(602～664)

唐《とう》の僧《そう》。三蔵法師《さんぞうほうし》の名で知られる。唐《とう》を出てインドで仏教《ぶっきょう》を学んだ後、16年後に帰国した。

発見《はっけん》!

ナーランダ僧院跡《そういんあと》

５世紀《せいき》から12世紀《せいき》にかけて栄《さか》えた仏教《ぶっきょう》の学問所。玄奘《げんじょう》はここで５年間、仏教《ぶっきょう》の研究に努《つと》めた(インド)。

発見《はっけん》!

大雁塔《だいがんとう》と玄奘像《げんじょうぞう》

大雁塔《だいがんとう》は玄奘《げんじょう》がインドから持ち帰った経典《きょうてん》や仏像《ぶつぞう》を保存《ほぞん》するために建《た》てられた(中国《ちゅうごく》)。

太宗《たいそう》(598～649)

唐《とう》の２代皇帝《こうてい》。国の制度《せいど》を整え、世の中を安定させた。帰国した玄《げん》奘《じょう》を認《みと》め、「三蔵《さんぞう》」の名を与《あた》えた。

その頃《ころ》日本は?

日本は唐《とう》・新羅軍《しらぎぐん》に白村江《はくすきのえ》で大敗《たいはい》した!!

663年、日本は親しかった国「百済《くだら》」をたすけるため、朝鮮《ちょうせん》半島に大軍《たいぐん》を送って、百済《くだら》の敵《てき》だった新羅《しらぎ》を倒《たお》そうとした。新羅《しらぎ》は唐《とう》にたすけを求《もと》め、唐《とう》は水軍《すいぐん》を派遣《はけん》した。日本水軍《すいぐん》は白村江《はくすきのえ》で唐水軍《とうすいぐん》と戦《たたか》ったが、大敗《たいはい》した。

唐水軍《とうすいぐん》は軍艦《ぐんかん》で日本水軍《すいぐん》の小型船《こがたせん》を撃破《げきは》した。

安《あん》史《し》の乱《らん》が起こる

長安《ちょうあん》から逃走《とうそう》する玄宗《げんそう》と楊貴妃《ようきひ》

安禄山《あんろくざん》の軍勢《ぐんぜい》が唐軍《とうぐん》を破《やぶ》ったことを知った玄宗《げんそう》は、楊貴妃《ようきひ》と一緒《いっしょ》に長安《ちょうあん》を脱出《だっしゅつ》し、蜀《しょく》(中国《ちゅうごく》西部)へにげた。

政治《せいじ》に興味《きょうみ》を失《うしな》った玄宗《げんそう》が反乱《はんらん》を招《まね》く

8世紀《せいき》に入ると、商業の発達《はったつ》などにより、農民《のうみん》の間に貧富《ひんぷ》の差《さ》が生まれ、兵士《へいし》が不足《ふそく》した。このため9代皇帝《こうてい》の玄宗《げんそう》は、金銭《きんせん》で兵士《へいし》をやとい、その兵士《へいし》を指揮《しき》する節《せつ》度使《どし》を新しく創設《そうせつ》し、国境《こっきょう》を守らせた。玄宗《げんそう》は、政治改革《せいじかいかく》を進め、唐《とう》の勢《いきお》いを回復《かいふく》させたが、やがて政治《せいじ》に興味《きょうみ》を失《うしな》い、60歳《さい》のとき、26歳《さい》の楊貴妃《ようきひ》と結婚《けっこん》し、遊んで暮《く》らすようになった。

楊貴妃《ようきひ》の一族は高い役職《やくしょく》につき、権力《けんりょく》をにぎったため、不満《ふまん》を高めた節度使《せつどし》の安禄山《あんろくざん》は、755年、反乱《はんらん》を起こした(安史《あんし》の乱《らん》)。

8年後、安史《あんし》の乱《らん》はしずめられ

玄宗《げんそう》(685〜762)

唐《とう》の9代皇帝《こうてい》。若《わか》い頃《ころ》はよい政治《せいじ》をおこない、世の中を安定させたが、晩年《ばんねん》、楊貴妃《ようきひ》と遊ぶことに熱中《ねっちゅう》し、安史《あんし》の乱《らん》を引き起こした。

安禄山《あんろくざん》(705〜757)

唐《とう》の武将《ぶしょう》。権力《けんりょく》をにぎった楊国忠《ようこくちゅう》(楊貴妃《ようきひ》の一族)と対立し、安史《あんし》の乱《らん》を起こした。唐軍《とうぐん》を破《やぶ》り、長安《ちょうあん》を占領《せんりょう》したが、次男に殺《ころ》された。

たが、唐《とう》の権力《けんりょく》は弱まり、有力な節度使《せつどし》が勢力《せいりょく》を広げていった。その結果《けっか》、907年、唐《とう》は節度使《せつどし》の朱全忠《しゅぜんちゅう》にほろぼされた。

その頃《ころ》日本は?

鑑真《がんじん》が唐《とう》から日本にやって来た!!

聖武天皇《しょうむてんのう》から日本に招《まね》かれた唐《とう》の高僧《こうそう》・鑑真《がんじん》は、危険《きけん》な旅と知りながら、海を渡《わた》って日本へ行くことを決意。しかし航海《こうかい》は失敗《しっぱい》の連《れん》続《ぞく》で、753年、6回目の航海《こうかい》でようやく日本にたどり着き、日本仏教《ぶっきょう》の発展《はってん》に尽《つ》くした。

日本に到着《とうちゃく》したとき、鑑真《がんじん》は目が見えなくなっていた。

唐《とう》の都「長安《ちょうあん》」は国際《こくさい》都市だった!?

外国の使者を迎《むか》える玄宗《げんそう》(模型《もけい》)

唐《とう》の都「長安《ちょうあん》」には、周辺《しゅうへん》の国ぐにから使者が訪《おとず》れ、貢《みつ》ぎ物を差《さ》し出した。唐《とう》の皇帝《こうてい》は、そのお返しに豪華《ごうか》な品物を贈《おく》り、周辺《しゅうへん》の国ぐにとよい関係《かんけい》を築《きず》いた。

ビジュアル資料《しりょう》

長安《ちょうあん》の宮殿《きゅうでん》(模型《もけい》)

城壁《じょうへき》で囲《かこ》まれた長安《ちょうあん》の内部には、豪華《ごうか》な宮殿《きゅうでん》が建《た》ち、約《やく》100万の人びとが暮《く》らしていた。

整備《せいび》された巨大《きょだい》な都に外国人が集まっていた

唐《とう》の都・長安《ちょうあん》は、南北約《やく》9km、東西約《やく》10kmの大きさで、周囲《しゅうい》を高さ約《やく》5mの城壁《じょうへき》に囲《かこ》まれていた。道路は碁盤《ごばん》の目のように整備《せいび》され、建物《たてもの》は整然《せいぜん》と建《た》ち並《なら》んでいた。長安《ちょうあん》の都市設計《せっけい》は、日本の平城京《へいじょうきょう》や平安京《へいあんきょう》をはじめ、東アジア諸国《しょこく》の首都建設《けんせつ》のモデルになった。

長安《ちょうあん》には、周辺国《しゅうへんこく》からの使節《しせつ》や留学生《りゅうがくせい》が集まり、文化の交流がさかんになった。優秀《ゆうしゅう》な人材《じんざい》は、唐《とう》の高級官僚《かんりょう》に取り立てられることもあった。

また唐《とう》は、中央アジアのオアシス都市を結《むす》ぶ*絹《きぬ》の道(シル

*中国特産《ちゅうごくとくさん》の絹《きぬ》が多く運ばれたので、この名がついた。

絹《きぬ》の道《みち》（シルクロード）の主要《しゅよう》ルート

紀元前《きげんぜん》2世紀頃《せいきごろ》より発展《はってん》した絹《きぬ》の道《みち》（シルクロード）は、東洋と西洋を結《むす》ぶ交通路。この地図上の道以外《いがい》にも、さまざまなルートがある。

ビジュアル資料《しりょう》 **ラクダに乗った中央アジアの商人像《ぞう》**

中央アジアの商人は、シルクロードを通って長安《ちょうあん》で活発に貿易《ぼうえき》をおこなっていた。

オアシス都市・敦煌《とんこう》

オアシス（砂漠《さばく》の中にある緑地）都市の敦煌《とんこう》は、シルクロードの重要《じゅうよう》な拠点《きょてん》として発達《はったつ》した（中国《ちゅうごく》）。

クロード）によって、中央・西アジアの商人たちと活発に貿易《ぼうえき》をおこなった。

　こうして長安《ちょうあん》は、東アジアの経済《けいざい》・文化の中心となり、巨大《きょだい》な国際《こくさい》都市として発展《はってん》した。

阿倍仲麻呂《あべのなかまろ》は唐《とう》で出世して帰国できなかった⁉

　奈良《なら》時代、阿倍仲麻呂《あべのなかまろ》は唐《とう》の文化や制度《せいど》を学ぶため、遣唐使《けんとうし》として海を渡《わた》った。秀才《しゅうさい》だった仲麻呂《なかまろ》は唐《とう》の皇帝《こうてい》に気に入られ、出世した。仲麻呂《なかまろ》は日本に帰りたいと願《ねが》いながらも、帰国を許《ゆる》してもらえず、唐《とう》で一生を終えた。

趙《ちょう》匡《きょう》胤《いん》が宋《そう》を建《けん》国《こく》する

にぎわう宋《そう》の都・開封《かいほう》
開封《かいほう》には街《まち》の中に壁《かべ》がなく、路上や橋の上でも商売ができ、飲食店は早朝や深夜でも営業《えいぎょう》できたので、にぎやかで栄《さか》えた。

都の開封《かいほう》を中心に経済《けいざい》と文化が発展《はってん》した

唐《とう》の滅亡後《めつぼうご》、中国《ちゅうごく》は小国に分かれていたが、趙匡胤《ちょうきょういん》が宋《そう》（北宋《ほくそう》）を建国《けんこく》し、後継者《こうけいしゃ》の太宗《たいそう》が９７９年に中国《ちゅうごく》を統一《とういつ》した。

宋《そう》の都・開封《かいほう》は、長安《ちょうあん》のように計画的《けいかくてき》につくった都市ではなく、市場や繁華街《はんかがい》が広がってできた開《かい》放的《ほうてき》な都市だった。開封《かいほう》を通る水路は、中国《ちゅうごく》全土とつながり、商業が活発におこなわれた。

宋《そう》では、優秀《ゆうしゅう》な人材《じんざい》を高級官僚《かんりょう》として採用《さいよう》するため、科挙《かきょ》（⬇P１００）の制度《せいど》を整備《せいび》し、武力《ぶりょく》ではなく、学問や文化をさかんにして、国を治《おさ》めようとした。しかし軍事力《ぐんじりょく》が弱まった宋《そう》は、１１２６

趙匡胤《ちょうきょういん》(927〜976)

宋《そう》の初代皇帝《しょだいこうてい》。唐《とう》の滅亡後《めつぼうご》、後周《こうしゅう》の武将《ぶしょう》だったが、宋《そう》を建《けん》国《こく》し、中国統一《ちゅうごくとういつ》を進めた。

連《つ》れ去られる皇帝《こうてい》・徽宗《きそう》

1126年、北方の王朝「金《きん》」が開封《かいほう》を攻《せ》め落とし、翌年《よくとし》、8代皇帝《こうてい》・徽宗《きそう》を連《つ》れ去った。宋《そう》は滅亡《めつぼう》し、徽宗《きそう》の子・高《こう》宗《そう》は南にのがれて「南宋《なんそう》」を建国《けんこく》した。

年、北方民族《みんぞく》の王朝「金《きん》」に開封《かいほう》を攻《せ》め落とされ、翌年《よくとし》、皇帝《こうてい》が連《つ》れ去られて滅亡《めつぼう》した。

その頃《ころ》日本は？

平清盛《たいらのきよもり》が日宋貿易《にっそうぼうえき》を本格的《ほんかくてき》に開始した!?

宋《そう》の建国後《けんこくご》、九州《きゅうしゅう》の商人たちは宋《そう》との貿易《ぼうえき》をはじめた。12世紀《せいき》後半、朝廷《ちょうてい》の権力《けんりょく》をにぎった平清《たいらのきよ》盛《もり》は、大輪田泊《おおわだのとまり》(現在《げんざい》の兵庫県《ひょうごけん》神《こう》戸《べ》港《こう》)という港を整備《せいび》し、本格的《ほんかくてき》な日宋貿易《にっそうぼうえき》を開始した。

日宋貿易《にっそうぼうえき》には、宋《そう》の船「宋船《そうせん》」が使われた。

超《ちょう》ビジュアル！

歴《れき》史《し》新聞

第3号

発行所：
マンダリン通信《つうしん》

科挙《かきょ》とはどんな試験《しけん》だったの？

世界史上《せかいしじょう》、最《もっと》も難《むずか》しい試験《しけん》といわれた科挙《かきょ》の内容《ないよう》とは？

19世紀《せいき》の清《しん》（中国《ちゅうごく》）の高級官僚《かんりょう》。

科挙《かきょ》は優秀《ゆうしゅう》な人材《じんざい》を集める試験《しけん》だった!!

科挙《かきょ》とは官僚《かんりょう》（役人）の採《さい》用《よう》試験《しけん》で、隋《ずい》の時代にはじまり、宋《そう》の時代に整備《せいび》され、清《しん》の時代まで続《つづ》いた。合格《ごうかく》すれば、庶民《しょみん》でも高い役職《やくしょく》につくことができた。

試験《しけん》は3日間、せまい空間で受けた!?

科挙《かきょ》を受ける受験生《じゅけんせい》は、すずりや墨《すみ》、筆《ふで》などのほかに、布団《ふとん》や食料品《しょくりょうひん》をもちこみ、壁《かべ》で仕切られたせまい空間で、3日間、試験《しけん》を受けた。食事や寝《ね》る時間は自由だった。

カンニングをする受験生《じゅけんせい》もいた!?

科挙《かきょ》の問題の多くは、*儒《じゅ》教《きょう》の古典《こてん》から出題された。カンニングのため、小さなメモを持ちこんだり、シャツにびっしり古典《こてん》を書き写したりする受験者《じゅけんしゃ》もいた。ばれると処罰《しょばつ》され、死刑《しけい》になることもあった。

科挙《かきょ》を再現《さいげん》したときの写真。

＊紀元前《きげんぜん》６世紀《せいき》に、孔子《こうし》が道徳《どうとく》や社会の理想を説《と》いた教えをもとにする考え方。

最終試験《さいしゅうしけん》は皇帝《こうてい》が自らおこなった!?

筆記試験《ひっきしけん》を突破《とっぱ》した者は、最後《さいご》に殿試《でんし》を受けた。殿試《でんし》は皇帝《こうてい》がおこなう面接《めんせつ》試験《しけん》で、最終的《さいしゅうてき》な順位《じゅんい》が決められ、順位《じゅんい》によって役職《やくしょく》が割《わ》り当てられた。殿試《でんし》で不合格《ふごうかく》になることはなかったが、筆記試験《ひっきしけん》が高得点《こうとくてん》でも、皇帝《こうてい》の気まぐれで高い順位《じゅんい》につけない者もいた。

受験者《じゅけんしゃ》
皇帝《こうてい》
科挙《かきょ》の最終試《さいしゅうし》験《けん》である「殿試《でんし》」の様子。

科挙《かきょ》で人生が狂《くる》った!?

科挙《かきょ》は約《やく》3000人にひとりしか合格《ごうかく》できなかった。
たくさん勉強したけど
受かる気がしない…
受かったときには、老人《ろうじん》になっている者も多かった。
よく受かったが…
この歳《とし》で役人がつとまるか…
問題は古典《こてん》から出されたので、新しい知識《ちしき》は必要《ひつよう》とされなかった。
西洋の学問をしたいが…
科挙《かきょ》には出ないのでやめておこう…
科挙《かきょ》に落ち続《つづ》けて、反乱《はんらん》を起こす者もいた。
科挙《かきょ》のせいで、人生が台なしだ！
皇帝《こうてい》にしかえししてやる！

科挙《かきょ》に合格《ごうかく》したら教養《きょうよう》をみがいた!?

宋《そう》の時代、科挙《かきょ》に合格《ごうかく》し、高い役職《やくしょく》についた官僚《かんりょう》は「士大夫《したいふ》」と呼《よ》ばれた。高い教養《きょうよう》を身につけることが求《もと》められた士大夫《したいふ》は、読書にはげんだ。また、書や絵などの芸術《げいじゅつ》に優《すぐ》れていることも評価《ひょうか》された。宋以降《そういこう》、元《げん》以外《いがい》のすべての王朝で、士大夫《したいふ》が政治《せいじ》の実権《じっけん》をにぎった。

イスラム帝《てい》国《こく》が成《せい》立《りつ》する

カリフの近衛隊《このえたい》

カリフを守る近衛隊《このえたい》をえがいた絵。イスラム軍《ぐん》の兵士《へいし》は遊牧民《ゆうぼくみん》が中心で、馬やラクダに乗っていた。旗《はた》には『コーラン』の言葉が書かれている。

イスラム教徒《きょうと》の平等を実現《じつげん》したアッバース朝

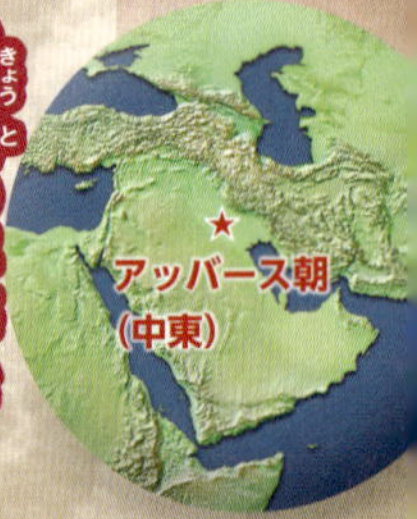

661年、西アジアにイスラム教徒《きょうと》による最初《さいしょ》の王朝「ウマイヤ朝」が成立《せいりつ》した。ウマイヤ朝ではカリフ（イスラム社会の最高《さいこう》指導《しどう》者《しゃ》）の地位《ちい》をウマイヤ家が独占《どくせん》し、アラブ人を支配《しはい》階級に置《お》き、アラブ人以外《いがい》はイスラム教徒《きょうと》でも厳《きび》しい税《ぜい》を課《か》した。しかし『コーラン』には、「すべての信者《しんじゃ》は平等」と説《と》かれているため、ウマイヤ朝に反発する人びとが現《あらわ》れた。彼《かれ》らと一緒《いっしょ》にウマイヤ朝を倒《たお》した*アブー・アルアッバースはカリフとなり、アッバース朝を開いた。

アッバース朝では、イスラム教の信者《しんじゃ》であれば、どの民族《みんぞく》でも平

*ムハンマドのおじの子孫《しそん》で、サッファーフとも呼《よ》ばれる。

発見《はっけん》!

ウマイヤモスク

現存《げんぞん》する最古《さいこ》のモスク(イスラム教の礼拝堂《れいはいどう》)で、705年頃《ごろ》にウマイヤ朝が建造《けんぞう》した(シリア)。

ビジュアル資料《しりょう》

ハールーン・アッラシードの水差《みずさし》

アッバース朝の5代カリフのハールーン・アッラシードがカール大帝《たいてい》(➡P108)に贈《おく》った水差《みずさし》。宝石《ほうせき》が散《ち》りばめられている。

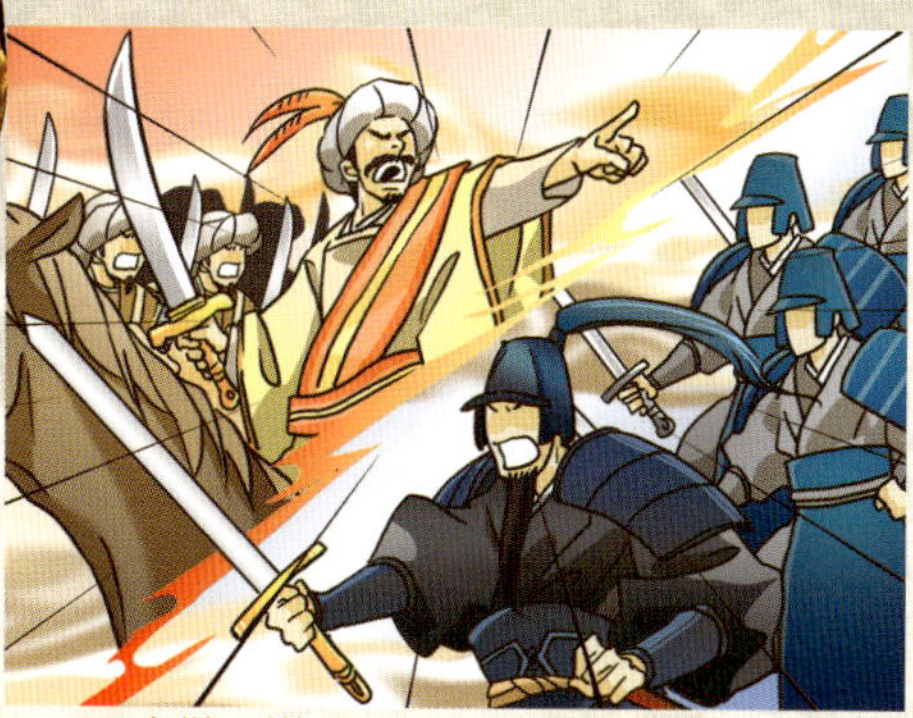

タラス河畔《かはん》の戦《たたか》い

751年、アッバース朝が唐《とう》(中国《ちゅうごく》)をタラス河畔《かはん》(キルギス)で破《やぶ》った戦《たたか》い。この戦《たたか》いによって紙のつくり方がイスラム世界に伝《つた》わった。

等にあつかわれるようになった。このためアッバース朝は「イスラム帝国《ていこく》」とも呼《よ》ばれる。

なるほどエピソード

スペインはイスラムの勢力《せいりょく》に支配《しはい》された!?

アッバース朝に敗《やぶ》れたウマイヤ家は、イベリア半島にのがれて、ウマイヤ朝を再建《さいけん》した。この王朝は、「後《こう》ウマイヤ朝」と呼《よ》ばれ、1031年まで続《つづ》いた。コルドバを首都に定めて西ヨーロッパのイスラム文化の中心地となった。

コルドバのモスク(スペイン)。

イスラム文明は世界最《さい》先《せん》端《たん》だった!?

天文台での研究

16世紀《せいき》のオスマン帝国《ていこく》の天文台の様子。さまざまな観測機器《かんそくきき》がえがかれている。

周辺《しゅうへん》文化を吸収《きゅうしゅう》して大きく発展《はってん》させる

9世紀《せいき》以降《いこう》、イスラム教徒《きょうと》はギリシャ語やインド語の書物をアラビア語に翻訳《ほんやく》し、実験《じっけん》や観《かん》測《そく》によって正確《せいかく》な知識《ちしき》を得《え》た。特《とく》に数学の分野では、数字(後のアラビア数字)と、十進法《じゅっしんほう》と、「0(ゼロ)」の考え方を取り入れて大きく発展《はってん》させた。

医学も外科手術《しゅじゅつ》をおこなうほど発達《はったつ》し、イブン・シーナーが書いた医学書は、後にヨーロッパで教科書として使われた。このほか、天文学や化学、地理学、哲学《てつがく》、文学などの分野で大きな成果《せいか》を上げ、世界の最先端《さいせんたん》の文化が築《きず》かれていた。

イブン・シーナー
(980～1037)

中央アジア出身の哲学者《てつがくしゃ》、医学者。幼《おさな》い頃《ころ》から天才と評価《ひょうか》され、各地で重要《じゅうよう》な役職《やくしょく》についていた。イスラム世界の最高《さいこう》の知識《ちしき》人《じん》として知られる。

『医学典範《いがくてんぱん》』による講義《こうぎ》

イブン・シーナーが書いた『医学典《いがくてん》範《ぱん》』は、17世紀《せいき》までヨーロッパで医学の教科書として使われた。

アラビア語の数字

アラビア数字はヨーロッパに伝《つた》わった後、現在《げんざい》の形(表の下)になった。

٠	١	٢	٣	٤
0	1	2	3	4
٥	٦	٧	٨	٩
5	6	7	8	9

イスラム教徒《きょうと》が広めたもの

チェス

インドで考案《こうあん》されたゲームだったが、イスラム教《きょう》徒《と》の間で人気になり、ヨーロッパに広まった。

コーヒー

イスラムの神秘主義者《しんぴしゅぎしゃ》が修行《しゅぎょう》中に寝《ね》ないよう、コーヒを飲みはじめ、それが広まった。

ビジュアル資料《しりょう》

アストロラーベ

天体観測用《かんそくよう》の機器《きき》。イスラム教徒《きょうと》は、1日5回の礼拝《れいはい》があるため、天体を観測《かんそく》して、時刻《じこく》を正確《せいかく》に知る必要《ひつよう》があった。このため、アストロラーベが発明された。

錬金術《れんきんじゅつ》

錬金術《れんきんじゅつ》とは安い金属《きんぞく》から貴重《きちょう》な金属《きんぞく》を取り出す技術《ぎじゅつ》で、イスラム世界で発達《はったつ》した。これにより、近代的《きんだいてき》な科学が発展《はってん》した。

「アラジンと魔法《まほう》のランプ」

「アラジンと魔法《まほう》のランプ」をはじめ、イスラム世界の物語を集めた『アラビアン・ナイト(千夜一夜物語)』は9世紀頃《せいきごろ》に成立《せいりつ》し、16世紀頃《せいきごろ》に現在《げんざい》の形にまとめられた。

527年

ユスティニアヌスが即《そく》位《い》する

東ローマ帝国皇帝《ていこくこうてい》になるユスティニアヌス

44歳《さい》で東ローマ帝国《ていこく》の皇帝《こうてい》となったユスティニアヌスは、北アフリカやイタリアに攻《せ》めこみ、領土《りょうど》を拡大《かくだい》した。

周辺国《しゅうへんこく》を攻《せ》めほろぼし地中海全域《ぜんいき》を支配《しはい》する

広大なローマ帝国《ていこく》は、395年、東西に分裂《ぶんれつ》した。約《やく》80年後、西ローマ帝国《ていこく》は滅亡《めつぼう》したが、東ローマ帝国《ていこく》(ビザンツ帝国《ていこく》)は、勢《せい》力《りょく》を保《たも》ち続《つづ》けた。東ローマ帝国《ていこく》では、ギリシャ正教と呼《よ》ばれるキリスト教の教派《きょうは》が信仰《しんこう》され、皇帝《こうてい》はギリシャ正教会を支配《しはい》する存在《そんざい》だった。また、首都コンスタンチノープルは、ヨーロッパ最大《さいだい》の貿《ぼう》易《えき》都市として繁栄《はんえい》した。

527年、皇帝《こうてい》になったユスティニアヌスは、北アフリカのバンダル王国や、イタリアの東ゴート王国を攻《せ》めほろぼし、地《ち》中海《ちゅうかい》のほぼ全域《ぜんいき》を支配《しはい》した。さらにロー

東ローマ帝国《ていこく》の領土《りょうど》

大西洋
フランク王国
ライン川
ドナウ川
黒海
ラベンナ
コンスタンチノープル
ローマ
東ローマ帝国《ていこく》
西ゴート王国
東ゴート王国
コルドバ
カルタゴ
シチリア
ダマスクス
エルサレム
地中海
バンダル王国
アレクサンドリア
ナイル川
紅海
ユスティニアヌス即位時《そくいじ》の帝国《ていこく》
ユスティニアヌスの征服地《せいふくち》
東ローマ帝国《ていこく》の最大領土《さいだいりょうど》

発見《はっけん》!

ハギア・ソフィア大聖堂《だいせいどう》

ユスティニアヌスがコンスタンチノープル(トルコ)に築《きず》いた大聖堂《だいせいどう》。

ユスティニアヌス
(483〜565)

農家出身だったが、東ローマ帝国《ていこく》の重臣《じゅうしん》だったおじの養子《ようし》になり、出世を重ねた。その後、皇帝《こうてい》になったおじの後を継《つ》いで即位《そくい》し、勢力《せいりょく》を拡大《かくだい》した。

マ帝国《ていこく》の法律《ほうりつ》を『ローマ法大全《ほうたいぜん》』としてまとめ、コンスタンチノープルに巨大《きょだい》なハギア・ソフィア大聖《だいせい》堂《どう》を築《きず》くなど、東ローマ帝国《ていこく》の最《さい》盛期《せいき》を築《きず》いた。

なるほどエピソード

西ローマ帝国《ていこく》は反乱《はんらん》で滅亡《めつぼう》した⁉

ゲルマン人(ゲルマン語を話す民族《みんぞく》)のオドアケルは、西ローマ帝国《ていこく》に仕える軍人《ぐんじん》だったが、476年に反乱《はんらん》を起こし、西ローマ皇帝《こうてい》を退位《たいい》させ、西ローマ帝国《ていこく》をほろぼした。オドアケルはイタリアを支配《しはい》したが、東ゴート王国に敗《やぶ》れ、暗殺《あんさつ》された。

800年

カールの戴《たい》冠《かん》

ローマ皇《こう》帝《てい》として戴《たい》冠《かん》されるカール大《たい》帝《てい》

カール大《たい》帝《てい》は教《きょう》皇《こう》レオ3世からローマ皇《こう》帝《てい》の帝《てい》冠《かん》を与《あた》えられ、西ローマ帝《てい》国《こく》の復《ふっ》活《かつ》を宣《せん》言《げん》した。

ローマ教会を中心とする西ヨーロッパが確《かく》立《りつ》する

西ヨーロッパでは、西ローマ帝《てい》国《こく》の滅《めつ》亡《ぼう》後《ご》、フランク王国が勢《せい》力《りょく》を広げた。これと同時期に、ローマ・カトリック教会は、教《きょう》皇《こう》(法《ほう》王《おう》)を指《し》導《どう》者《しゃ》として権《けん》力《りょく》を強めていた。教《きょう》皇《こう》に王として認《みと》めてもらったフランク国王ピピンは、756年、その礼としてイタリア北部を教《きょう》皇《こう》に寄《き》付《ふ》した。こうしてフランク王国とローマ教《きょう》皇《こう》は結《むす》びつきを強めた。

フランク国王を継《つ》いだピピンの子・カール大《たい》帝《てい》は、軍《ぐん》事《じ》遠《えん》征《せい》をくり返し、西ヨーロッパ一《いっ》帯《たい》に広大な領《りょう》土《ど》を手に入れた。教《きょう》皇《こう》レオ3世は、カール大《たい》帝《てい》に帝《てい》冠《かん》を与《あた》え

カール大帝《たいてい》(742~814)

フランク王国の国王。王位《おうい》につくと、軍事遠征《ぐんじえんせい》をくり返し、西ヨーロッパ一《いっ》帯《たい》に領土《りょうど》を拡大《かくだい》した。教皇《きょうこう》からローマ帝国《ていこく》の帝冠《ていかん》を与《あた》えられた。

アーヘン大聖堂《だいせいどう》

ドイツ西部の都市アーヘンに、カール大帝《たいてい》が建《た》てた大聖堂《だいせいどう》。805年に完成《かんせい》し、カール大帝《たいてい》の墓《はか》がある。

フランク王国の分裂《ぶんれつ》

カール大帝《たいてい》の死後、フランク王国では後継者争《こうけいしゃあらそ》いが起こり、３つの王国に分裂《ぶんれつ》した。これらはのちのフランス、ドイツ、イタリアに発展《はってん》した。

西フランク王国 ➡ フランス

イタリア王国 ➡ イタリア

東フランク王国 ➡ ドイツ

て、西ローマ帝国《ていこく》の復活《ふっかつ》を宣言《せんげん》した（カールの戴冠《たいかん》）。これ以降《いこう》、西ヨーロッパ世界はローマ・カトリック教会を中心に発展《はってん》し、ギリシャ正教を中心とする東ヨーロッパ世界と完全《かんぜん》に分裂《ぶんれつ》した。

なるほどエピソード

イスラム帝国《ていこく》から象《ぞう》を贈《おく》られた!?

カール大帝《たいてい》はめずらしい動物が好《す》きで、宮殿《きゅうでん》に動物園をつくっていた。交流していたアッバース朝（➡P102）のハールーン・アッラシードから象《ぞう》を贈《おく》られたカール大帝《たいてい》は、その象《ぞう》と一緒《いっしょ》に行進して、民衆《みんしゅう》をおどろかせたという。

カノッサの屈辱《くつじょく》

教皇《きょうこう》に許《ゆる》しを求《もと》める
ハインリヒ4世
カトリック教会から破門《はもん》されたハインリヒ4世は、カノッサ城《じょう》にいた教皇《きょうこう》グレゴリウス7世に謝《あやま》り、許《ゆる》してもらった。

皇帝《こうてい》を謝罪《しゃざい》させた教皇《きょうこう》が権威《けんい》をさらに高める

中世の西ヨーロッパでは、皇帝《こうてい》や国王などの大領主《だいりょうしゅ》が、家臣《かしん》に領地《りょうち》を与《あた》えるかわりに、家臣は主君に忠誠《ちゅうせい》を誓《ちか》い、戦争《せんそう》に参加《さんか》するという「封建《ほうけん》社会」だった。同じ時期、西ヨーロッパ全体にキリスト教の教会が建《た》てられ、勢力《せいりょく》をもつようになった。教会の勢力《せいりょく》を抑《おさ》えるため皇帝《こうてい》や国王は、自分の家臣《かしん》を教会の聖職者《せいしょくしゃ》に任命《にんめい》するようになった。

教皇《きょうこう》グレゴリウス7世は、聖《せい》職者《しょくしゃ》を任命《にんめい》する権利《けんり》を取りもどそうとした。しかし、*神聖《しんせい》ローマ帝国《ていこく》の皇帝《こうてい》ハインリヒ4世はこれを無視《むし》したため、破門《はもん》（カトリッ

＊962年に成立《せいりつ》したドイツ国家の名称《めいしょう》。

ハインリヒ4世(1050～1106)

神聖《しんせい》ローマ皇帝《こうてい》。教皇《きょうこう》グレゴリウス７世と対立し、破門《はもん》を宣告《せんこく》されると、教皇《きょうこう》に許《ゆる》しを求《もと》めるためカノッサ城《じょう》を訪《おとず》れ、謝《あやま》った。

カノッサ城《じょう》 ハインリヒ４世は、カノッサ城《じょう》に突然訪《とつぜんおとず》れて、教皇《きょうこう》をおどろかせた。

ビジュアル資料《しりょう》

カノッサ城《じょう》の外で待つハインリヒ４世

ハインリヒ４世は裸足《はだし》になり、修道士《しゅうどうし》(キリスト教の修行僧《しゅぎょうそう》)の服を着て、カノッサ城《じょう》の門の前で３日間、立ち尽《つ》くして許《ゆる》しを求《もと》めた。

ク教会からの追放)された。有力家臣《かしん》たちから、「破門《はもん》が解《と》かれないと皇帝《こうてい》とは認《みと》めない」と宣言《せんげん》されたハインリヒ４世は、イタリアのカノッサ城《じょう》にいた教皇《きょうこう》のもとを訪《おとず》れ、謝罪《しゃざい》し、許《ゆる》された。この「カノッサの屈辱《くつじょく》」により、教《きょう》皇《こう》の権威《けんい》はさらに高まった。

なるほどエピソード

ハインリヒ4世は教皇《きょうこう》に復讐《ふくしゅう》した!?

カノッサの屈辱後《くつじょくご》、ハインリヒ4世は国内の反対派《はんたいは》を抑《おさ》え、教会を味方につけた。そして1081年、軍《ぐん》を率《ひき》いてローマを包囲《ほうい》し、グレゴリウス7世を追放した。

教会の建《けん》築《ちく》様式は豪《ごう》華《か》になった!?

中世ヨーロッパの文化は、キリスト教を中心に発展《はってん》した。教会の建築《けんちく》様式も、技術《ぎじゅつ》の進歩によって大きく変化《へんか》し、豪華《ごうか》で装飾的《そうしょくてき》になっていった。

バシリカ様式

(4〜8世紀《せいき》)

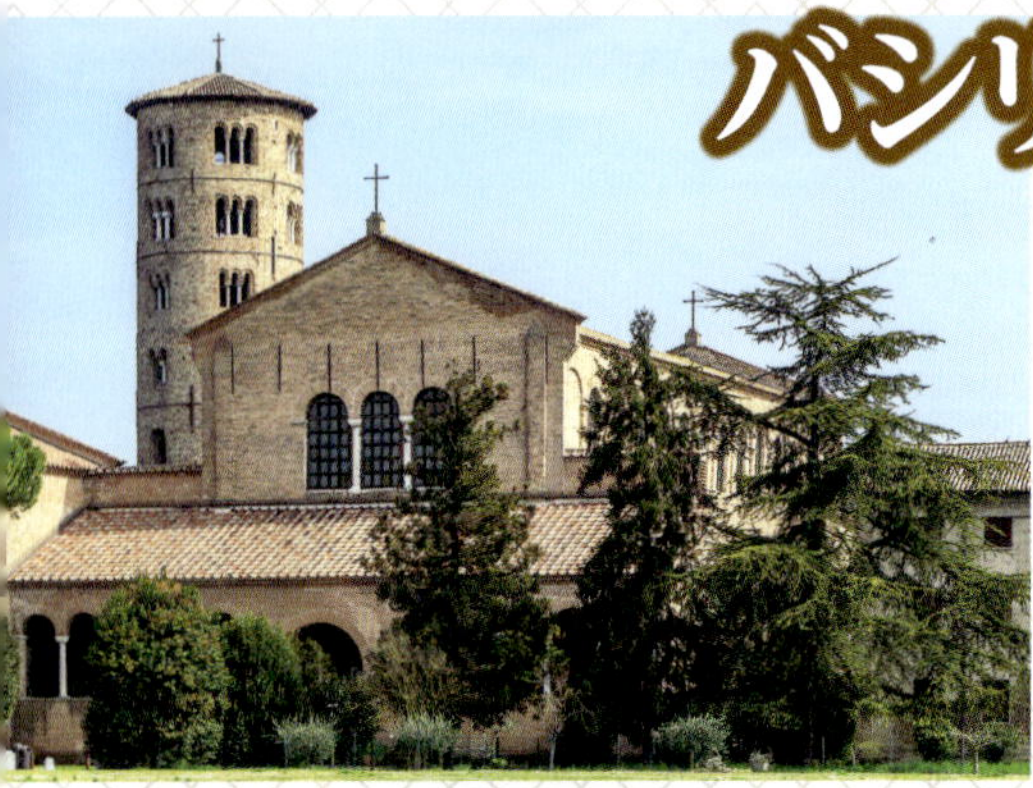

長方形の広間を柱が取り囲《かこ》む。古代ローマの公共建築物《こうきょうけんちくぶつ》の影響《えいきょう》を受けている。

代表例《だいひょうれい》

聖《せい》アポリナーレ・イン・クラッセ聖堂《せいどう》

ラベンナ(イタリア)にある、初期《しょき》のキリスト教建築《けんちく》を代表する教会で、549年に完成《かんせい》。建《た》てられた当時の姿《すがた》がほぼ残《のこ》されている。

ビザンツ様式

(4〜15世紀《せいき》)

東ローマ帝国《ていこく》(ビザンツ帝国《ていこく》)で発展《はってん》した様式で、円屋根《まるやね》(ドーム)とモザイク壁画《へきが》が特徴《とくちょう》。

代表例《だいひょうれい》

聖《せい》マルコ大聖堂《だいせいどう》

ベネチア(イタリア)に建《た》つ教会で、11世紀《せいき》から建築《けんちく》がはじまり、約《やく》400年かけて完成《かんせい》した。円屋根《まるやね》は5つある。

ロマネスク様式

(11〜12世紀《せいき》)

上から見ると十字架《じゅうじか》の形をしており、半円形のアーチや、城《しろ》のような太い柱、厚《あつ》い壁《かべ》、小さい窓《まど》などが特徴《とくちょう》。

代表例《だいひょうれい》 ピサ大聖堂《だいせいどう》

ピサ(イタリア)にある教会で、外壁《がいへき》に半円形のアーチが多く使われている。1063年に建築《けんちく》がはじまり、1272年に完成《かんせい》した。

ゴシック様式

(13〜15世紀《せいき》)

天井《てんじょう》が高く持ち上げられ、尖塔《せんとう》(先がとがった塔《とう》)がそびえる。薄《うす》い壁《かべ》や、細い柱、大きな窓《まど》にはめこまれたステンドグラスなどが特徴《とくちょう》。

代表例《だいひょうれい》 ケルン大聖堂《だいせいどう》

ケルン(ドイツ)にある教会。1248年に建築《けんちく》がはじまったが、財政難《ざいせいなん》で工事が中断《ちゅうだん》し、19世紀《せいき》に再開《さいかい》され、1880年に完成《かんせい》した。天高くそびえる尖塔《せんとう》が特徴《とくちょう》で、高さは約《やく》157mある。

1189年

第3回十字軍《じゅうじぐん》が遠征《えんせい》する

十字軍《じゅうじぐん》と戦《たたか》うサラディン

サラディンは、イギリスのリチャード1世の率《ひき》いる十字軍《じゅうじぐん》と戦《たたか》い、エルサレムを守った。

エルサレム回復《かいふく》を目指し7回も十字軍《じゅうじぐん》が送られる

11世紀《せいき》、イスラム王朝「セルジューク朝」が、キリスト教の聖《せい》地《ち》エルサレム(パレスチナ)を支配《しはい》下《か》に置《お》いた。教皇《きょうこう》はエルサレムの奪還《だっかん》を呼《よ》びかけ、これに応《おう》じた各《かく》地《ち》の領主《りょうしゅ》は十字軍《じゅうじぐん》を組織《そしき》した。十字軍《じゅうじぐん》はエルサレムを占領《せんりょう》し、エルサレム王国を建《た》てた。その後、イスラム軍《ぐん》が勢力《せいりょく》を回復《かいふく》したため、第2回十字軍《じゅうじぐん》が送られたが失敗《しっぱい》。エルサレムはアイユーブ朝のサラディンにうばわれた。

1189年、エルサレムを再《ふたた》び取りもどすため、イギリス王リチャード1世らの参加《さんか》する第3回十字軍《じゅうじぐん》が送られたが、エルサレム

サラディン(1138～1193)

イスラム王朝「アイユーブ朝」の創《そう》始者《ししゃ》。聖地《せいち》エルサレムをうばい返し、十字軍《じゅうじぐん》の攻撃《こうげき》から守り抜《ぬ》いた。

ビジュアル資料《しりょう》

第1回十字軍《じゅうじぐん》

1096年に遠征《えんせい》した第1回十字《じゅうじ》軍《ぐん》は、イスラム教徒《きょうと》に支配《しはい》されていたエルサレムを攻撃《こうげき》し、占領《せんりょう》した。

十字軍関連地図《じゅうじぐんかんれんちず》

※第4～7回十字軍時《じゅうじぐんじ》。
イングランド王国
ロンドン
パリ
神聖《しんせい》ローマ帝国《ていこく》
大西洋
フランス王国
ウィーン
ハンガリー王国
黒海
ポルトガル
カスティリャ
アラゴン
ローマ
コンスタンチノープル
コルドバ
グラナダ
東ローマ帝国《ていこく》
ルーム＝セルジューク朝
シチリア
ムワッヒド朝
地中海
エルサレム
アイユーブ朝
ローマ・カトリックの諸国《しょこく》
ギリシャ正教会の諸国《しょこく》
イスラムの諸国《しょこく》

リチャード1世(1157～1199)

イギリス国王。第3回十字軍《じゅうじぐん》を率《ひき》いてサラディンと戦《たたか》った。勇《ゆう》かんに戦《たたか》うため、「獅子《しし》心王《しんおう》」と呼《よ》ばれた。

はうばえなかった。

その後も、十字軍《じゅうじぐん》は合計で7回送られたが、エルサレムは奪還《だっかん》できなかった。しかし十字軍《じゅうじぐん》をきっかけに、最先端《さいせんたん》のイスラム文化が西ヨーロッパに伝《つた》わった。

なるほどエピソード

フリードリヒ2世がエルサレムを奪還《だっかん》!!

神聖《しんせい》ローマ帝国《ていこく》(ドイツ)のフリードリヒ2世は、第5回十字《じゅうじ》軍《ぐん》を率《ひき》いてエルサレムに向かった。フリードリヒ2世は戦《たたか》うことなく、イスラムの君主と交渉《こうしょう》してエルサレムを一時的《いちじてき》に取りもどした。

フリードリヒ2世
(1194～1250)

1206年

モンゴル帝国《ていこく》が建国《けんこく》される

「チンギス・ハン」を名乗るテムジン

モンゴルを統一《とういつ》したテムジンは、チンギス・ハン(光り輝《かがや》く王)と名乗り、モンゴル帝国《ていこく》を建国《けんこく》した。

強力な騎《き》馬《ば》軍《ぐん》団《だん》を率《ひき》いてモンゴル帝《てい》国《こく》を広げる

モンゴル高原の有力な部族出身のテムジンは、仲間《なかま》を増《ふ》やして勢力《せいりょく》を広げ、モンゴルを統一《とういつ》した。1206年、テムジンはチンギス・ハン（光り輝《かがや》く王）となり、モンゴル帝国《ていこく》を建国《けんこく》した。

その後、チンギス・ハンは、強力な騎《き》馬《ば》軍《ぐん》団《だん》を率《ひき》いて周辺国《しゅうへんこく》に遠征《えんせい》を開始した。西アジアのホラズムを倒《たお》して西北インドを制圧《せいあつ》し、中国《ちゅうごく》北部の「金《きん》」を圧倒《あっとう》。さらに中国《ちゅうごく》北西部の「西夏《せいか》」をほろぼした。さらに、自分の子どもたちをアジア各地《かくち》に派遣《はけん》して、その地を占領《せんりょう》させた。こうしてモンゴル帝国《ていこく》の領土《りょうど》は拡大《かくだい》を続《つづ》けた。

ビジュアル資料《しりょう》

王の位《くらい》につくテムジン

テムジンは、モンゴル高原の部族の指導者《しどうしゃ》たちを集めて、ハン(王)の地位《ちい》につき、モンゴル帝国《ていこく》を開いた。このときから「チンギス・ハン」と名乗った。

チンギス・ハン

チンギス・ハン(1162~1227)

モンゴル帝国《ていこく》の初代皇帝《しょだいこうてい》。遊牧民《ゆうぼくみん》を率《ひき》いてユーラシア大陸《たいりく》を征服《せいふく》し、モンゴル帝国《ていこく》の領土《りょうど》を広げた。

ビジュアル資料《しりょう》

モンゴルの戦士《せんし》

モンゴル軍《ぐん》の兵士《へいし》は、馬に乗ることが上手で、長距離《ちょうきょり》を短時間で移動《いどう》し、すばやく攻撃《こうげき》できた。

モンゴル帝国《ていこく》の最大領土《さいだいりょうど》

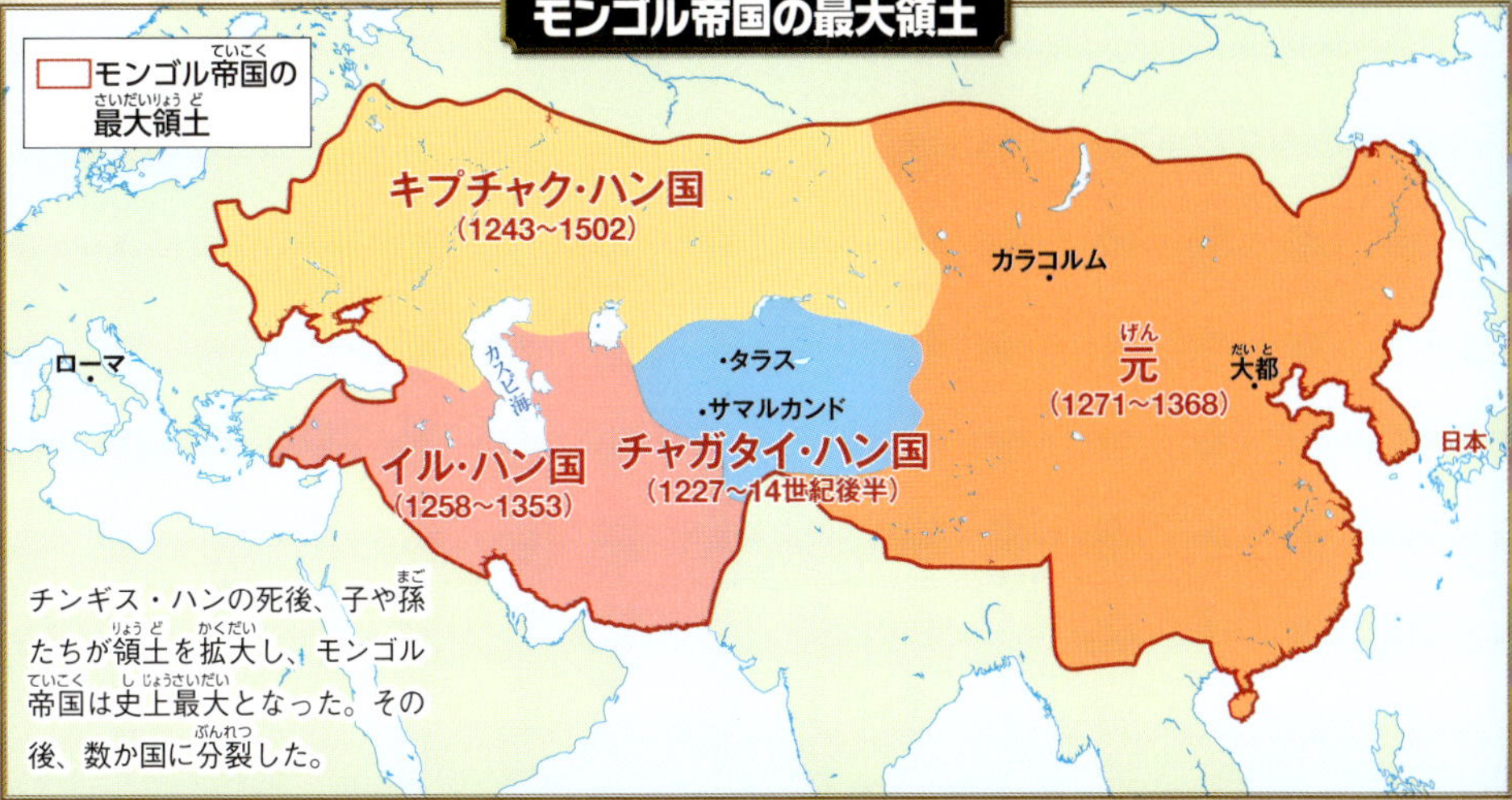
モンゴル帝国《ていこく》の最大領土《さいだいりょうど》
キプチャク・ハン国
(1243~1502)
カラコルム
ローマ
カスピ海
・タラス
・サマルカンド
元《げん》
(1271~1368)
大都《だいと》
日本
イル・ハン国
(1258~1353)
チャガタイ・ハン国
(1227~14世紀後半)

チンギス・ハンの死後、子や孫《まご》たちが領土《りょうど》を拡大《かくだい》し、モンゴル帝国《ていこく》は史上最大《しじょうさいだい》となった。その後、数か国に分裂《ぶんれつ》した。

1241年

ワールシュタットの戦《たたか》い

突撃《とつげき》するモンゴル軍《ぐん》の兵士《へいし》

モンゴル軍《ぐん》は、敵《てき》の主力部隊《ぶたい》を自軍《じぐん》の奥深《おくふか》くに誘《さそ》いこみ、左右から攻撃《こうげき》して大勝利《だいじょうり》した。

合戦場所《かっせんばしょ》

勝 戦力《せんりょく》 約《やく》3万人?

オゴタイ

モンゴル軍《ぐん》

VS

ドイツ・ポーランド軍《ぐん》

ヘンリク2世

負 戦力《せんりょく》 約《やく》3万人?

モンゴルの騎馬軍団《きばぐんだん》がヨーロッパに侵攻《しんこう》する

チンギス・ハンの死後、モンゴル帝国《ていこく》の2代皇帝《こうてい》となったオゴタイ・ハンは、中国《ちゅうごく》北部の「金《きん》」をほろぼした後、カラコルム（モンゴル）を都に定めた。オゴタイは、兄の子バトゥに命じて西北アジアを攻撃《こうげき》させた。圧倒的《あっとうてき》な勢《いきお》いで進撃《しんげき》を続《つづ》けるモンゴル軍《ぐん》は、各地《かくち》を征服《せいふく》し、1241年、東ヨーロッパに侵入《しんにゅう》し、レグニツァ（ポーランド）で、ドイツ・ポーランド連合軍《れんごうぐん》と激突《げきとつ》した。

モンゴル軍《ぐん》は、騎馬軍団《きばぐんだん》による集団戦法《しゅうだんせんぽう》で連合軍《れんごうぐん》を圧倒《あっとう》し、連合《れんごう》

ビジュアル資料《しりょう》

ワールシュタットの戦《たたか》い

大勝したモンゴル軍《ぐん》は、殺《ころ》した敵兵《てきへい》の耳を切り取って集めたという。戦場《せんじょう》はワールシュタット（死体の地）と呼《よ》ばれ、ヨーロッパ中がモンゴル軍《ぐん》を恐《おそ》れた。

オゴタイ・ハン
(1186~1241)

モンゴル帝国《ていこく》の２代皇帝《こうてい》。チンギス・ハンの三男。おだやかな性格《せいかく》で、一族をまとめた。兄の子・バトゥをヨーロッパ遠征《えんせい》に派遣《はけん》したが、その最中《さいちゅう》に病死した。

ビジュアル資料《しりょう》

戦死《せんし》するヘンリク２世

モンゴル軍《ぐん》の激《はげ》しい攻撃《こうげき》を受け、ヘンリク２世は戦死《せんし》した。

軍《ぐん》を指揮《しき》するヘンリク２世は戦死《せんし》した。この直後、オゴタイが急死したため、モンゴル軍《ぐん》は撤退《てったい》した。

その後もモンゴル帝国《ていこく》は拡大《かくだい》を続《つづ》けたが、内部争《あらそ》いなどにより、数か国に分裂《ぶんれつ》した。

なるほどエピソード

モンゴルは教皇《きょうこう》に服従《ふくじゅう》を求《もと》めた!?

モンゴル軍《ぐん》を恐《おそ》れたローマ教皇《きょうこう》は、情報《じょうほう》を得《え》るため修道士《しゅうどうし》カルピニをモンゴル帝国《ていこく》に派遣《はけん》した。カルピニは3代皇帝《こうてい》グユク・ハンに会い、教皇宛《きょうこうあて》の手紙を持ち帰った。それには、「モンゴル帝国《ていこく》に服従《ふくじゅう》するべき」と書かれていた。

1275年

マルコ・ポーロが元《げん》の都に着く

大都《だいと》に到着《とうちゃく》した
マルコ・ポーロ

マルコはベネチアを出発して3年半後、元《げん》の都「大都《だいと》」に到着《とうちゃく》し、皇帝《こうてい》フビライに会った。

イタリアの商人マルコが元《げん》の初代皇帝《しょだいこうてい》に会う

チンギス・ハンの孫《まご》フビライは、1260年、モンゴル帝国《ていこく》の5代皇帝《こうてい》になったが、西アジアを支配《しはい》する弟や親類《しんるい》たちと対立したため、自分の勢力《せいりょく》が強い中国《ちゅうごく》北部の支配《しはい》を固《かた》めた。その後、フビライは本拠地《ほんきょち》の大都《だいと》(北京《ペキン》)に都を建設《けんせつ》し、国名を「元《げん》」に変《へん》えた。元《げん》の初代皇帝《しょだいこうてい》となったフビライは、中国《ちゅうごく》南部を支配《しはい》する南宋《なんそう》をほろぼし、中国《ちゅうごく》を統一《とういつ》した。

元《げん》を含《ふく》むモンゴル帝国《ていこく》は交通路を整備《せいび》し、安全に通行できるようにしたため、東アジアと西洋の交流がさかんになり、火薬や木版印《もくはんいん》刷《さつ》などがヨーロッパに伝《つた》わった。

マルコ・ポーロ(1254〜1324)

ベネチア(イタリア)の商人で、父やおじと一緒《いっしょ》に元《げん》に向かい、フビライに仕えた。帰国後、『東方見聞録《とうほうけんぶんろく》』をまとめた。

ビジュアル資料《しりょう》

フビライに会うマルコ

マルコが父やおじと一緒《いっしょ》に元《げん》の皇帝《こうてい》フビライに会う場面。ヨーロッパの宮廷風《きゅうていふう》にえがかれている。

フビライ・ハン(1215〜1294)

モンゴル帝国《ていこく》の5代皇帝《こうてい》になった後、中国《ちゅうごく》へ勢力《せいりょく》を広げ、元《げん》を建国《けんこく》。南宋《なんそう》をほろぼして中国《ちゅうごく》を統一《とういつ》した。

旅の経験《けいけん》を話すマルコ

ベネチアに帰国後、捕虜《ほりょ》になったマルコは、同じろうやにいた作家に旅の経験《けいけん》を話し、記《き》録《ろく》させた。これが後に『東方見聞録《とうほうけんぶんろく》』となった。

そんな中、イタリア商人マルコ・ポーロは大都《だいと》を訪《おとず》れ、フビライに仕えた。マルコが自分の経験《けいけん》をまとめた『東方見聞録《とうほうけんぶんろく》』は、15世紀《せいき》に大航海《だいこうかい》時代(➡P166)がはじまるきっかけのひとつになった。

その頃《ころ》日本は?

フビライが送りこんだ元《げん》の大軍《たいぐん》と戦《たたか》った!!

フビライは1274年《ねん》、大軍《たいぐん》を日本に送りこんだ。日本軍《にほんぐん》を火薬兵器《へいき》や集団戦法《しゅうだんせんぽう》で苦戦《くせん》させたが、暴風雨《ぼうふうう》により撤退《てったい》した(文永《ぶんえい》の役《えき》)。7年後、大軍《たいぐん》で再《ふたた》び攻《せ》めこませたが、このときも暴風雨《ぼうふうう》により撤退《てったい》した(弘安《こうあん》の役《えき》)。

文永《ぶんえい》の役《えき》で元軍《げんぐん》に火薬兵《へい》器《き》で攻撃《こうげき》される日本軍《にほんぐん》。

1420年

永《えい》楽《らく》帝《てい》が紫《し》禁《きん》城《じょう》を完《かん》成《せい》させる

紫禁城《しきんじょう》に入る永楽帝《えいらくてい》

北京《ペキン》に都を移《うつ》した永楽帝《えいらくてい》は、十数年の歳月《さいげつ》をかけて紫禁城《しきんじょう》を完成《かんせい》させた。

明《みん》の3代皇帝《こうてい》・永楽帝《えいらくてい》が北京《ペキン》に宮城《きゅうじょう》を築《きず》く

14世紀《せいき》、元《げん》は内部争《あらそ》いなどにより勢力《せいりょく》がおとろえ、各地《かくち》で反乱《はんらん》が起きた。１３６８年、明《みん》を建国《けんこく》した朱元璋《しゅげんしょう》は、元《げん》への侵攻《しんこう》を開始した。元《げん》は大都《だいと》を捨《す》てて、モンゴル高原に敗走《はいそう》した。朱元璋《しゅげんしょう》は南京《ナンキン》を首都に定め、中国《ちゅうごく》を統一《とういつ》した。

朱元璋《しゅげんしょう》の死後、2代皇帝《こうてい》になった建文帝《けんぶんてい》(朱元璋《しゅげんしょう》の孫《まご》)は、各地《かくち》を支配《しはい》していた親類《しんるい》を次つぎと追放していった。追いつめられた永楽《えいらく》帝《てい》(朱元璋《しゅげんしょう》の子)は反乱《はんらん》を起こし、建文帝《けんぶんてい》を破《やぶ》って南京《ナンキン》を占領《せんりょう》し、3代皇帝《こうてい》になった。永楽帝《えいらくてい》は、積極《せっきょく》的《てき》に周辺国《しゅうへんこく》に侵攻《しんこう》し、領土《りょうど》を大きく広げた。また、永楽帝《えいらくてい》は首都を

発見《はっけん》!

紫禁城《しきんじょう》

永楽帝《えいらくてい》が北京《ペキン》（中国《ちゅうごく》）に建《た》てた宮城《きゅうじょう》。南北は961m、東西は753mあり、周囲《しゅうい》は城壁《じょうへき》で囲《かこ》まれている。

永楽帝《えいらくてい》
(1360～1424)

朱元璋《しゅげんしょう》の子。反乱《はんらん》を起こして明《みん》の３代皇《こう》帝《てい》となった。首都を南京《ナンキン》から北京《ペキン》に移《うつ》し、明《みん》を大きく発展《はってん》させた。

朱元璋《しゅげんしょう》
(1328～1398)

貧《まず》しい農民《のうみん》の出身で、反乱軍《はんらんぐん》を率《ひき》いて明《みん》の初代皇帝《しょだいこうてい》となり、洪武帝《こうぶてい》と名乗った。独裁政治《どくさいせいじ》をおこなった。

北京《ペキン》に移《うつ》し、宮城《きゅうじょう》（皇帝《こうてい》の住居《じゅうきょ》）として紫禁城《しきんじょう》の建設《けんせつ》を開始し、1420年に完成《かんせい》させた。

その頃《ころ》日本は？

足利義満《あしかがよしみつ》は永楽帝《えいらくてい》に貿易《ぼうえき》を求《もと》めた!?

室町幕府《むろまちばくふ》の3代将軍《しょうぐん》・足利義満《あしかがよしみつ》は、明《みん》との貿易《ぼうえき》を求《もと》めて使節《しせつ》を派《は》遣《けん》した。永楽帝《えいらくてい》は義満《よしみつ》を「日本国王」として認《みと》め、貿易《ぼうえき》を許可《きょか》した。この日明貿易《にちみんぼうえき》では、日本は刀や扇《おうぎ》などを輸出《ゆしゅつ》し、永楽通宝《えいらくつうほう》（銅《どう》銭《せん》）や陶磁器《とうじき》などを輸入《ゆにゅう》した。

朝鮮国《ちょうせんこく》が建国《けんこく》される

「朝鮮《ちょうせん》」の建国《けんこく》を宣言《せんげん》する李成桂《りせいけい》
高麗《こうらい》の武将《ぶしょう》だった李成桂《りせいけい》は、反乱《はんらん》を起こして王位《おうい》につき、翌年《よくとし》、国名を「朝鮮《ちょうせん》」とした。

李成桂《りせいけい》が高麗《こうらい》を倒《たお》して儒教《じゅきょう》中心の国家を開く

936年、高麗《こうらい》が朝鮮《ちょうせん》半島を歴史上《れきしじょう》はじめて統一《とういつ》した。しかし13世紀《せいき》に元《げん》の支配《しはい》下に置《お》かれ、元《げん》が日本を攻《せ》めた文永《ぶんえい》・弘安《こうあん》の役《えき》では、元軍《げんぐん》に協力《きょうりょく》させられた。さらに、沿岸部《えんがんぶ》が倭寇《わこう》(日本人を中心とする海賊《かいぞく》)におそわれ、高麗《こうらい》の国力はおとろえた。高麗《こうらい》の武《ぶ》将《しょう》・李成桂《りせいけい》は倭寇《わこう》との戦《たたか》いで活《かつ》躍《やく》し、その功績《こうせき》で重臣《じゅうしん》となった。

1388年、元《げん》を倒《たお》した明《みん》が満《まん》州《しゅう》(中国《ちゅうごく》東北部)を占領《せんりょう》すると、李《り》成桂《せいけい》は、高麗王《こうらいおう》から明《みん》と戦《たたか》うように命令《めいれい》された。李成桂《りせいけい》は遠征軍《えんせいぐん》を率《ひき》いて北に向かったが、鴨緑江《おうりょくこう》まで進んだところで全軍《ぜんぐん》を引き返

発《はっ》見《けん》! **景福宮《けいふくきゅう》** 都を漢城《かんじょう》(ソウル)に定めた李成桂《りせいけい》が1394年に築《きず》いた王宮。1592年の壬申倭乱《じんしんわらん》(➡P188)で消失《しょうしつ》したが、1865年に再建《さいけん》された。

李成桂《りせいけい》
(1335〜1408)

朝鮮国《ちょうせんこく》の創始者《そうししゃ》。太祖《たいそ》とも呼《よ》ばれる。高麗《こうらい》の武将《ぶしょう》で、倭寇《わこう》を撃退《げきたい》して人気を高めた。高麗王《こうらいおう》を追放して王位《おうい》につき、国名を「朝鮮《ちょうせん》」とした。

威化島回軍《いかとうかいぐん》

高麗王《こうらいおう》から明《みん》を攻《せ》めるように命令《めいれい》された李成桂《りせいけい》は、国境沿《こっきょうぞ》いの鴨緑江《おうりょくこう》の中洲《なかす》・威化島《いかとう》まで進んだところで軍《ぐん》を引き返し、反乱《はんらん》を起こした。

し、高麗王《こうらいおう》を追放し、実権《じっけん》をにぎった。

1392年、李成桂《りせいけい》は国王となり、国名を「朝鮮《ちょうせん》」とした。また漢《かん》城《じょう》(ソウル)に都を定めて景福宮《けいふくきゅう》を築《きず》き、*儒教《じゅきょう》を国教に定めた。

なるほどエピソード

ハングルは国王がつくった文字!?

朝鮮国《ちょうせんこく》の4代王・世宗《せいそう》は、漢字が読めない庶民《しょみん》でも文字を読み書きできるよう、学者たちを集めてハングルをつくり、1446年に発表した。世宗《せいそう》は朝鮮国《ちょうせんこく》における最高《さいこう》の王として評価《ひょうか》され、「世宗大王《せいそうだいおう》」と呼《よ》ばれている。

世宗像《せいそうぞう》の下にハングルで「世宗大王《せいそうだいおう》」と書かれている(韓国《かんこく》)。

*紀元前《きげんぜん》500年頃《ごろ》、中国《ちゅうごく》の孔子《こうし》が説《と》いた教えで、個人《こじん》の道徳《どうとく》と社会の理想を重視《じゅうし》した。

1339年

百年《ひゃくねん》戦争《せんそう》がはじまる

フランス軍《ぐん》を破《やぶ》った エドワード黒太子《こくたいし》

ポワティエの戦《たたか》いで、イギリス軍《ぐん》のエドワード黒《こく》太子《たいし》は、4倍の兵力《へいりょく》をもつフランス軍《ぐん》を撃破《げきは》した。

イギリスに侵攻《しんこう》されたフランスが敗北《はいぼく》を重ねる

14世紀《せいき》、イギリスとフランスは、フランドル地方（フランス北部～オランダ南部）の支配《しはい》をめぐって対立を続《つづ》けていた。1339年、イギリス国王エドワード3世は、母がフランス王家出身だったことから、「自分にもフランス王を継《つ》ぐ権利《けんり》がある」と主張《しゅちょう》し、フランスに侵攻《しんこう》を開始した。この戦《たたか》いは1453年まで続《つづ》き、百年《ひゃくねん》戦争《せんそう》と呼《よ》ばれる。

エドワード3世は長弓隊《ちょうきゅうたい》を率《ひき》いてクレシーの戦《たたか》いで勝利《しょうり》し、以後《いご》の戦《たたか》いを有利《ゆうり》に進めた。エドワード黒太子《こくたいし》（エドワード3世の子）は、ポワティエの戦《たたか》いでフランス

フランス軍《ぐん》
イギリス軍《ぐん》
弩弓《どきゅう》
機械《きかい》じかけの弓。威力《いりょく》は強かったが、発射《はっしゃ》までに時間がかかった。
長弓《ちょうきゅう》

ビジュアル資料《しりょう》

クレシーの戦《たたか》い

1346年、フランス北部のクレシーで、約《やく》1万2000人のイギリス軍《ぐん》が約《やく》3万人のフランス軍《ぐん》を撃破《げきは》した戦《たたか》い。イギリス軍《ぐん》は長弓隊《ちょうきゅうたい》がフランス軍《ぐん》の弩弓隊《どきゅうたい》を圧倒《あっとう》した。

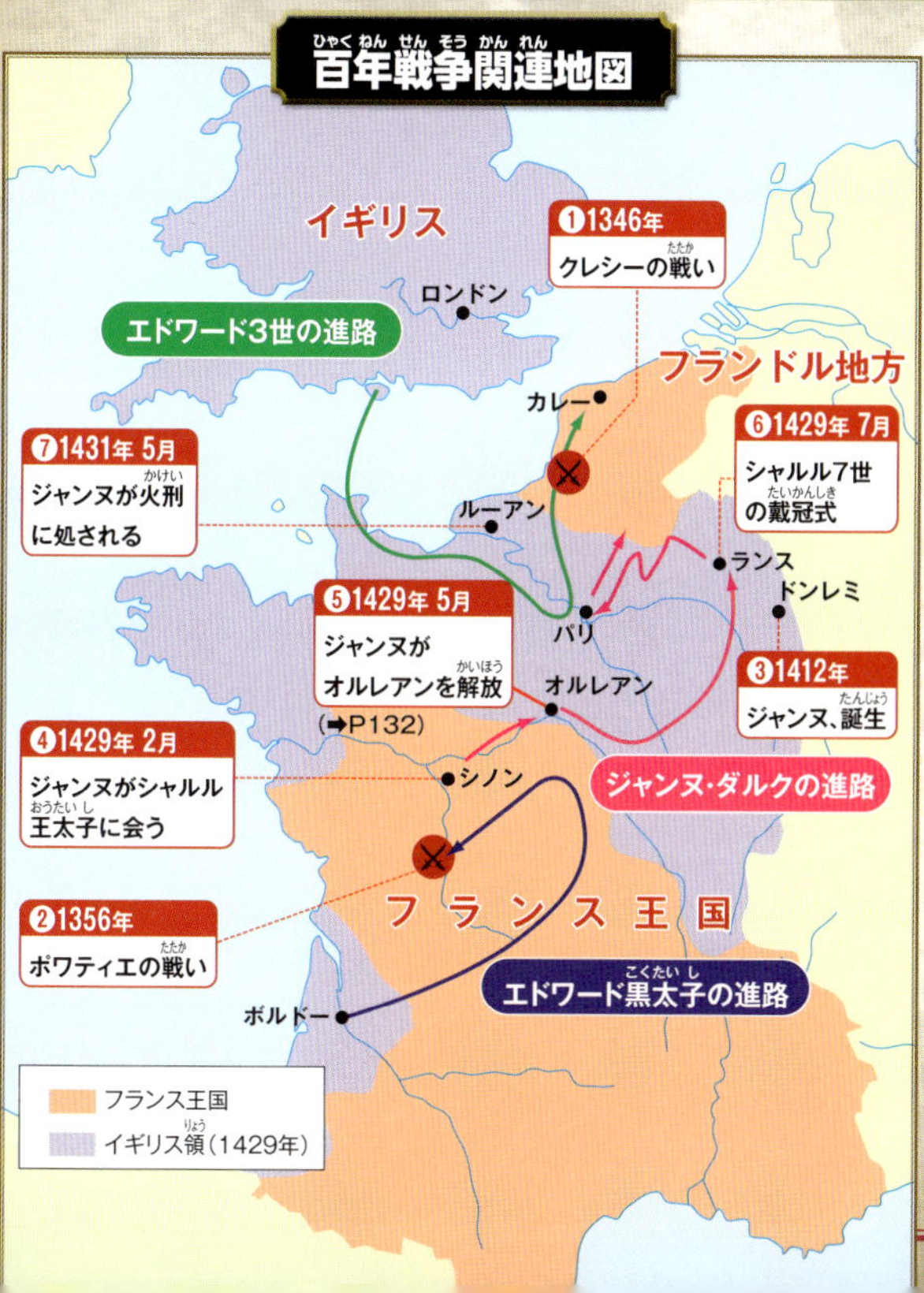
百《ひゃく》年《ねん》戦《せん》争《そう》関《かん》連《れん》地図
イギリス
ロンドン
①1346年 クレシーの戦《たたか》い
エドワード3世の進路
フランドル地方
カレー
⑥1429年 7月 シャルル7世の戴冠式《たいかんしき》
⑦1431年 5月 ジャンヌが火刑《かけい》に処される
ルーアン
ランス
ドンレミ
パリ
⑤1429年 5月 ジャンヌがオルレアンを解放《かいほう》
(➡P132)
オルレアン
③1412年 ジャンヌ、誕生《たんじょう》
④1429年 2月 ジャンヌがシャルル王太子《おうたいし》に会う
シノン
ジャンヌ・ダルクの進路
②1356年 ポワティエの戦《たたか》い
フランス王国
エドワード黒太子《こくたいし》の進路
ボルドー
フランス王国
イギリス領《りょう》(1429年)

軍《ぐん》を撃破《げきは》し、フランス北部・南西部はイギリス領《りょう》となった。さらにフランス国内ではペスト(➡P208)が流行したり、農民《のうみん》が反乱《はんらん》を起こしたりして、国土は荒《あ》れ果《は》てていた。フランス王国は、崩壊《ほうかい》寸前《すんぜん》にまで追いつめられた。

百年戦争《ひゃくねんせんそう》の最中《さいちゅう》の1429年、イギリス軍《ぐん》はフランス北部を占領《せんりょう》し、主要《しゅよう》都市オルレアンを包囲《ほうい》した。
イギリス
オルレアン
シノン
イギリス領《りょう》
フランス王国
この頃《ころ》イギリスに王位《おうい》をうばわれたフランスのシャルル王太子《おうたいし》はシノンにいた。
フランス シノン城《じょう》
私《わたし》がシャルル 王太子《おうたいし》だ
神の声を私《わたし》に 伝《つた》えたいという 娘《むすめ》はお前か？
はい
ジャンヌと 申します
神の声は私《わたし》に オルレアンを救《すく》い 王太子様《おうたいしさま》を フランス王にせよと 命じられました
その声に従《したが》い 王太子様《おうたいしさま》に会いに 参《まい》りました
ですが…

あなたは王太子様《おうたいしさま》ではありません
何を言う！
私《わたし》が王太子《おうたいし》だ！
王太子様《おうたいしさま》とはじめてお会いするのになぜそんなことを！
キョロ
キョロ
!
わかるのです
この方はちがいます
そこにいらしたのですね
ザワ
ザワ

気高き…
シャルル王太子《おうたいし》様《さま》
…いかにも
お前がイギリスからの暗殺者《あんさつしゃ》で私《わたし》を殺《ころ》すかもしれぬと言われ
身代わりを立てた
暗殺者《あんさつしゃ》なら身代わりを殺《ころ》すだろうが
神の使いなら身代わりと気づくはずだからな

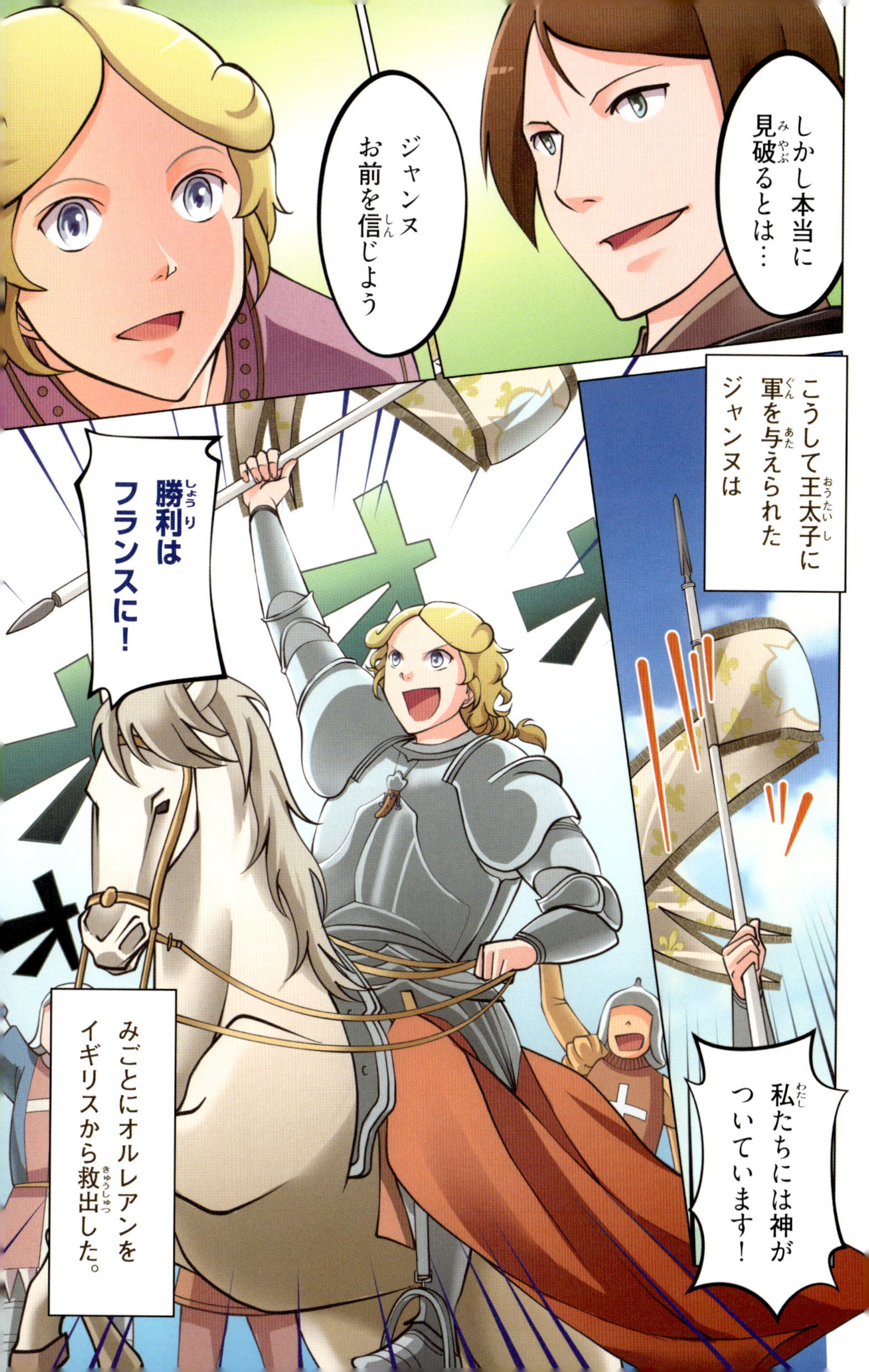
しかし本当に見破《みやぶ》るとは…
ジャンヌ お前を信《しん》じよう
こうして王太子《おうたいし》に軍《ぐん》を与《あた》えられたジャンヌは
勝利《しょうり》はフランスに！
オオオオ
私《わたし》たちには神がついています！
みごとにオルレアンをイギリスから救出《きゅうしゅつ》した。

1429年

オルレアンが解放《かいほう》される

イギリス軍《ぐん》と戦《たたか》うジャンヌ・ダルク

ジャンヌ・ダルクは、フランスの重要《じゅうよう》都市オルレアンを包囲《ほうい》するイギリス軍《ぐん》に攻撃《こうげき》をしかけて勝利《しょうり》した。

神を信《しん》じる少女がフランスの危機《きき》を救《すく》う

百年戦争《ひゃくねんせんそう》でフランスが危機《きき》におちいっているとき、ドンレミ村の農家に生まれた少女ジャンヌ・ダルクは、「イギリス軍《ぐん》を追いはらい、シャルル王太子《おうたいし》(王の後継者《こうけいしゃ》)を王にせよ」という神の声を聞いた。ジャンヌはシノン城《じょう》を訪《おとず》れて王太子《おうたいし》に会い、神の声を伝《つた》えた。

王太子《おうたいし》の信頼《しんらい》を得《え》たジャンヌは、男性兵士《だんせいへいし》のような甲冑《かっちゅう》を着て、与《あた》えられた数千の軍勢《ぐんぜい》を率《ひき》いて、フランスの重要《じゅうよう》都市オルレアンを包囲《ほうい》するイギリス軍《ぐん》を撃破《げきは》した。続《つづ》いてジャンヌは、シャルル王太子《おうたいし》と一緒《いっしょ》にランスに進撃《しんげき》し、王太子《おうたいし》をフランス王シャルル

ジャンヌ・ダルク(1412～1431)

フランスの農家に生まれ、シャルル王太子《おうたいし》(後のシャルル7世)から与《あた》えられた軍勢《ぐんぜい》でイギリス軍《ぐん》に勝利《しょうり》し、オルレアンを解放《かいほう》した。

ジャンヌ・ダルク像《ぞう》
ジャンヌが解放《かいほう》したオルレアンに立っている。

7世として正式に即位《そくい》させた。

ジャンヌの活躍《かつやく》で勢《いきお》いを取りもどしたフランス軍《ぐん》は、各地《かくち》でイギリス軍《ぐん》を破《やぶ》り、百年戦争《ひゃくねんせんそう》に勝《しょう》利《り》した。しかしジャンヌはイギリス軍《ぐん》に捕《と》らえられ、処刑《しょけい》された。

なるほどエピソード

ジャンヌは魔女《まじょ》として処刑《しょけい》された⁉

オルレアンを解放《かいほう》したジャンヌは、シャルル7世に反対する勢力《せいりょく》に捕《と》らえられ、イギリス軍《ぐん》に引き渡《わた》された。イギリス軍《ぐん》はジャンヌを宗教裁判《しゅうきょうさいばん》にかけ、魔女《まじょ》(悪魔《あくま》と通じた者)という判決《はんけつ》を下し、火あぶりにして殺《ころ》した。

処刑《しょけい》されるジャンヌ。

1370年

チムール帝《てい》国《こく》が建《けん》国《こく》される

遠征軍《えんせいぐん》を率《ひき》いるチムール
33歳《さい》でチムール帝国《ていこく》を建国《けんこく》したチムールは、周辺《しゅうへん》の国ぐにを攻撃《こうげき》し、領土《りょうど》を広げていった。

モンゴル帝国《ていこく》の崩壊後《ほうかいご》に巨大《きょだい》な帝国《ていこく》を築《きず》く

14世紀中頃《せいきなかごろ》、中央アジアのチャガタイ・ハン国(モンゴル帝国《ていこく》の一部)が東西に分裂《ぶんれつ》した。西チャガタイ・ハン国出身のチムールは、国が混乱《こんらん》する中で勢力《せいりょく》をのばし、1370年、チムール帝国《ていこく》を建国《けんこく》した。チムールは、イル・ハン国(1353年に滅亡《めつぼう》)があった西アジアを支配下《しはいか》に置《お》き、北方のキプチャク・ハン国にも侵攻《しんこう》した。さらにオスマン帝国《ていこく》(トルコ)軍《ぐん》を破《やぶ》り、広大な領土《りょうど》を手に入れた。モンゴル帝国《ていこく》の再建《さいけん》を目指すチムールは、元《げん》を倒《たお》した明《みん》をほろぼそうとして遠征《えんせい》に向かったが、その途中《とちゅう》で病死した。

ビジュアル資料《しりょう》
西アジアに侵攻《しんこう》するチムール

西アジアへの侵攻《しんこう》を続《つづ》けるチムールは、1402年、カトリック修道会《しゅうどうかい》「聖《せい》ヨハネ騎士団《きしだん》」が守るスミルナ(トルコ)を激《はげ》しく攻撃《こうげき》し、占領《せんりょう》した。

チムール(1336～1405)

チムール帝国《ていこく》の創始者《そうししゃ》。モンゴル系《けい》の貴族《きぞく》として生まれ、中央アジアのチャガタイ・ハン国が混乱《こんらん》する中で勢力《せいりょく》を広げ、チムール帝国《ていこく》を建国《けんこく》。周辺国《しゅうへんこく》を次つぎ征服《せいふく》した。

発見《はっけん》!
サマルカンド

チムール帝国《ていこく》の首都に定められたサマルカンド(ウズベキスタン)には、美しい青色の建築《けんちく》が数多く建《た》てられ、「青の都」と呼《よ》ばれる。

チムール帝国《ていこく》の首都に定められたサマルカンド(ウズベキスタン)には、西アジアからイスラム文化が伝《つた》わり、壮大《そうだい》なモスク(イスラム教の礼拝堂《れいはいどう》)や学校が建設《けんせつ》され、大きく発展《はってん》した。

なるほどエピソード
チムールの子孫《しそん》がムガル帝国《ていこく》を建国《けんこく》!?

チムール帝国《ていこく》は、内乱《ないらん》や外国の侵略《しんりゃく》により、わずか137年で滅亡《めつぼう》した。その後、1526年、チムールの子孫《しそん》であるバーブルが、インドでムガル帝国《ていこく》を建国《けんこく》した。ムガルとはペルシア語でモンゴルという意味である。

バーブル(1483～1530)

総攻撃《そうこうげき》を命じるメフメト2世

オスマン帝国《ていこく》のメフメト2世は、コンスタンチノープルを包囲《ほうい》した後、総攻撃《そうこうげき》をしかけた。

1453年

東ローマ帝《てい》国《こく》が滅《めつ》亡《ぼう》する

コンスタンチノープルを総攻撃《そうこうげき》で陥落《かんらく》させる

1299年、トルコ人が小アジア(トルコ)にオスマン帝国《ていこく》を建国《けんこく》し、東ローマ帝国《ていこく》(ビザンツ帝国《ていこく》)へ侵攻《しんこう》を開始した。敗北《はいぼく》を重ねた東ローマ帝国《ていこく》は、領土《りょうど》を次つぎとオスマン帝国《ていこく》にうばわれ、勢《せい》力《りょく》を失《うしな》っていった。

第7代スルタン(イスラム王朝の君主)メフメト2世は軍隊《ぐんたい》を整《せい》備《び》し、1453年、約《やく》10万人の大《たい》軍《ぐん》と大艦隊《だいかんたい》を率《ひき》いて、東ローマ帝《てい》国《こく》の首都コンスタンチノープルを包囲《ほうい》した。オスマン軍《ぐん》は、強力な大砲《たいほう》で「テオドシウスの城壁《じょうへき》」を破壊《はかい》し、総攻撃《そうこうげき》を加《くわ》えて陥落《かんらく》させ、東ローマ帝国《ていこく》をほろぼした。

メフメト2世(1432〜1481)

オスマン帝国《ていこく》の７代スルタン。コンスタンチノープルを攻《せ》め落とし、東ローマ帝国《ていこく》をほろぼした。その後、バルカン半島に侵攻《しんこう》して領土《りょうど》を拡大《かくだい》した。

ビジュアル資料《しりょう》

コンスタンチノープルに入城《にゅうじょう》するメフメト２世

コンスタンチノープルを落としたメフメト２世は、都市名をイスタンブールと改《あらた》め、オスマン帝国《ていこく》の首都にした。

発見《はっけん》!

テオドシウスの城壁《じょうへき》

コンスタンチノープルを守るため周《しゅう》囲《い》に築《きず》かれた城壁《じょうへき》。防御力《ぼうぎょりょく》が高く、数かずの敵《てき》を追い払《はら》ったが、オスマン帝国軍《ていこくぐん》の砲撃《ほうげき》で破《やぶ》られた。

その後メフメト2世は、コンスタンチノープルを「イスタンブール」と都市名を改《あらた》め、オスマン帝《てい》国《こく》の首都にした。さらに周辺国《しゅうへんこく》への侵略《しんりゃく》を続《つづ》け、バルカン半島や黒海沿岸《こっかいえんがん》にまで領土《りょうど》を広げた。

ウソ! ホント!?

70隻《せき》の艦隊《かんたい》をひと晩《ばん》で山越《やまご》えさせた!?

メフメト2世はコンスタンチノープルを攻撃中《こうげきちゅう》、油を塗《ぬ》った木の道をつくり、ひと晩《ばん》で70隻《せき》の艦《かん》隊《たい》を山越《やまご》えさせ、敵《てき》の間近に艦隊《かんたい》を移動《いどう》させた。この作戦《さくせん》により、コンスタンチノープルは海からの補給《ほきゅう》が断《た》たれ、戦意《せんい》も失《うしな》った。

1492年

グラナダが陥《かん》落《らく》する

グラナダを攻撃《こうげき》する
フェルナンド2世

レコンキスタを進めるスペイン王国のフェルナンド2世は、グラナダ王国の首都グラナダを陥落《かんらく》させた。

約《やく》800年をかけてイベリア半島を回復《かいふく》する

ヨーロッパ南西部のイベリア半島は、キリスト教徒《きょうと》が支配《しはい》していたが、8世紀《せいき》、イスラム教徒《きょうと》に侵《しん》入《にゅう》され、大部分を占領《せんりょう》された。半島北部に追いやられたキリスト教《きょう》徒《と》は、イスラム教徒《きょうと》から領地《りょうち》をうばい返すことを目指し、「レコンキスタ(国土回復《かいふく》運動)」を開始した。その結果《けっか》、12世紀《せいき》までにイベリア半島の北半分を回復《かいふく》し、ポルトガル、カスティリャ、アラゴンの3王国を建《た》てた。

カスティリャのイサベル1世と、アラゴンのフェルナンド2世の結婚《けっこん》により、１４７９年、スペイン王国が誕生《たんじょう》。ふたりは協力《きょうりょく》

ビジュアル資料《しりょう》 **グラナダの陥落《かんらく》** スペイン軍《ぐん》の激《はげ》しい攻撃《こうげき》により、グラナダ王国のムハンマド12世はアルハンブラ宮殿《きゅうでん》を明け渡《わた》し、イベリア半島からにげ出した。

発見《はっけん》!

アルハンブラ宮殿《きゅうでん》 グラナダ王国の王宮として、14世《せい》紀《き》に約《やく》60年をかけて建造《けんぞう》された。

フェルナンド2世(1452～1516)

アラゴン王。カスティリャ王国のイサベル1世と結婚《けっこん》し、両王国を統一《とういつ》してスペイン王国にした。グラナダ王国をほろぼし、レコンキスタを達成《たっせい》した。

してレコンキスタを進め、1492年、ついにイスラム教徒《きょうと》の最《さい》後《ご》の拠点《きょてん》グラナダを陥落《かんらく》させた。

なるほどエピソード

イサベルの結婚《けっこん》でスペインが誕生《たんじょう》した⁉

カスティリャのイサベル1世は、国王だった兄からポルトガルの王子との結婚《けっこん》を命じられた。しかしイサベル1世はアラゴンと同《どう》盟《めい》すべきだと考え、フェルナンド2世と連絡《れんらく》を取りはじめた。親しくなったふたりは周囲《しゅうい》に内緒《ないしょ》で結《けっ》婚《こん》した。その後、王位《おうい》についたふたりは両国を統一《とういつ》し、スペイン王国が誕生《たんじょう》した。

1514年

チャルディラーンの戦《たたか》い

鉄砲《てっぽう》と大砲《たいほう》で攻撃《こうげき》するオスマン軍《ぐん》

オスマン軍《ぐん》は、鉄砲《てっぽう》と大砲《たいほう》を上手に使ってサファビー軍《ぐん》の騎馬軍団《きばぐんだん》を撃破《げきは》した。

鉄砲《てっぽう》と大砲《たいほう》の重要性《じゅうようせい》が確認《かくにん》された合戦《かっせん》

1501年、イスマーイール1世が、中央アジアにイスラム王朝「サファビー朝」を建国《けんこく》した。一方、西アジアではオスマン帝国《ていこく》が勢力《せいりょく》の拡大《かくだい》を続《つづ》けていた。サファビー朝が小アジア(トルコ)に侵攻《しんこう》したため、両国の対立は深まり、1514年、両軍《りょうぐん》は*チャルディラーン草原で激突《げきとつ》した。

鉄砲《てっぽう》・大砲《たいほう》を装備《そうび》した歩兵《ほへい》が主力のオスマン軍《ぐん》は、騎馬軍団《きばぐんだん》が主力のサファビー軍《ぐん》を撃破《げきは》した。敗《やぶ》れたサファビー朝は、その後、軍《ぐん》隊《たい》の主力を砲兵《ほうへい》・銃兵《じゅうへい》に変更《へんこう》した。

*現在《げんざい》のトルコとイランの国境地帯《こっきょうちたい》に広がる草原。

勝 戦力《せんりょく》 約《やく》20万人?

セリム1世

オスマン軍《ぐん》

VS

サファビー軍《ぐん》

イスマーイール1世

負 戦力《せんりょく》 約《やく》4万人?

ビジュアル資料《しりょう》

チャルディラーンの戦《たたか》い

サファビー軍《ぐん》は、西アジアで最《さい》強《きょう》といわれる騎馬軍団《きばぐんだん》で、オスマン軍《ぐん》を激《はげ》しく攻撃《こうげき》してきた。しかし、オスマン軍《ぐん》は鉄砲《てっぽう》と大《たい》砲《ほう》で騎馬軍団《きばぐんだん》をうち倒《たお》して大勝した。イスマーイール１世は、かろうじて戦場《せんじょう》からのがれた。

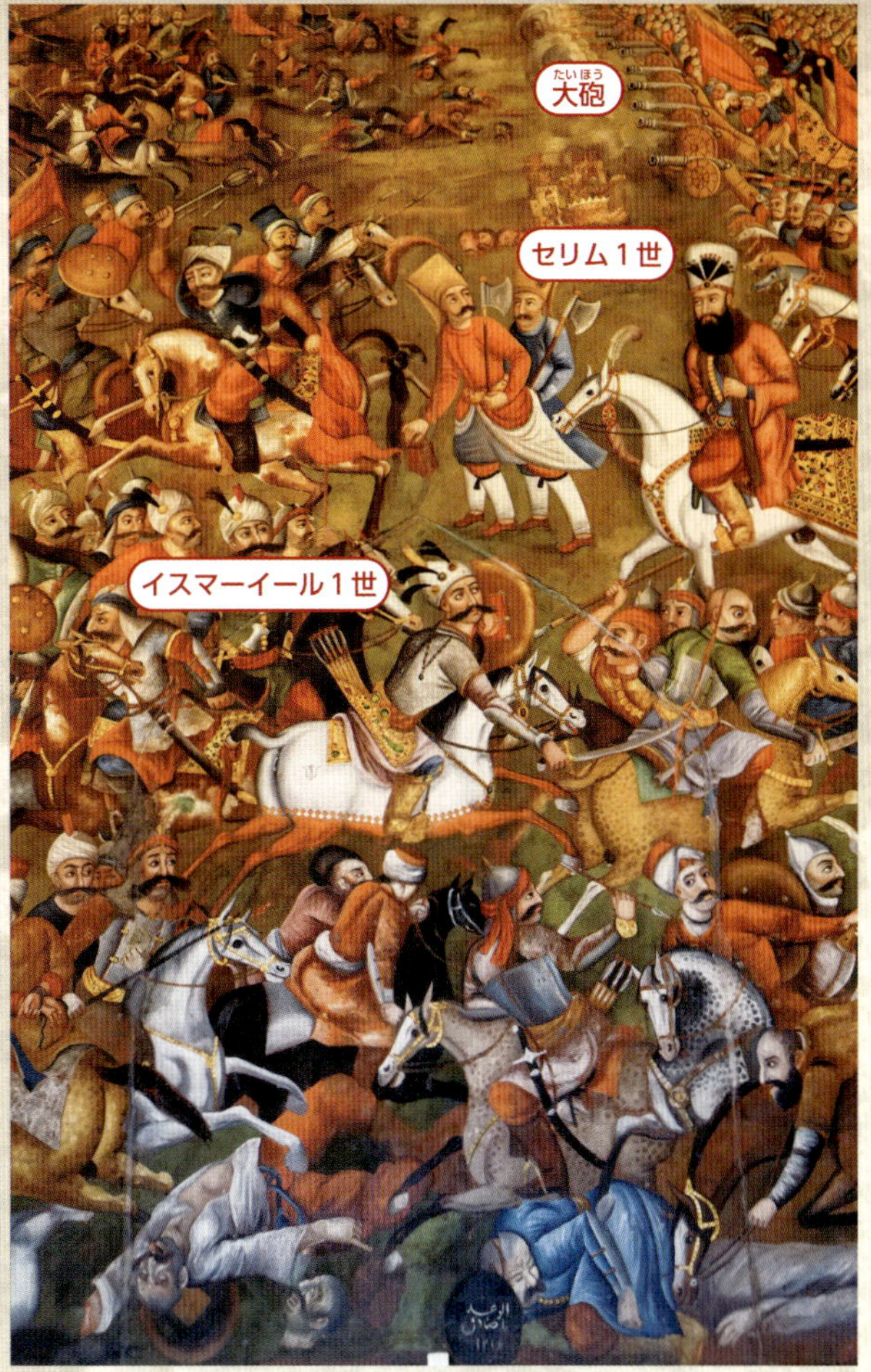
大砲《たいほう》
セリム１世
イスマーイール１世

その頃《ころ》日本は？

織田信長《おだのぶなが》の鉄砲隊《てっぽうたい》が武田騎馬隊《たけだきばたい》を破《やぶ》る!!

チャルディラーンの戦《たたか》いから29年後、日本に鉄砲《てっぽう》が伝《つた》わった。戦国武将《せんごくぶしょう》・織田信長《おだのぶなが》は、鉄砲《てっぽう》をいち早く取り入れ、１５７５年の長篠《ながしの》の戦《たたか》いにおいて、当時最強《さいきょう》といわれた武田騎馬隊《たけだきばたい》を撃破《げきは》した。これ以降《いこう》、鉄砲《てっぽう》は日本の合戦《かっせん》の主力兵器《へいき》になった。

長篠《ながしの》の戦《たたか》いでの信長《のぶなが》。

オスマン帝国《ていこく》とサファビー朝《ちょう》の領土《りょうど》

ウィーン包囲《ほうい》
(➡P156)
ウィーン
フランス王国
ハンガリー
スペイン王国
イスタンブール
プレベザの海戦《かいせん》(1538年)
(➡P157)
チャルディラーンの戦《たたか》い
オスマン帝国《ていこく》
サファビー朝
イスファハーン
地中海
カイロ
エジプト
メディナ
メッカ
16～17世紀《せいき》にかけてオスマン帝国《ていこく》とサファビー朝は、広大な領土《りょうど》を支配《しはい》した。

知ってておどろき！歴史《れきし》！

西洋甲冑《かっちゅう》の種類《しゅるい》と歴史《れきし》!!

15世紀《せいき》前半

面頬《めんぼお》
上下に開閉《かいへい》できる。

槍掛《やりかけ》
槍《やり》を構《かま》えるときの支《ささ》え。

ミラノ式甲冑《かっちゅう》
全身を金属板《きんぞくばん》で覆《おお》うタイプの甲《かっ》冑《ちゅう》で、イタリア北部のミラノで生産《せいさん》された。右肩《みぎかた》と左肩《ひだりかた》の形にちがいがある。胴《どう》は上下に分かれており、ベルトで留《と》める。総重量《そうじゅうりょう》は30kg近くあった。

13～14世紀《せいき》

樽型兜《たるがたかぶと》
樽《たる》やバケツをひっくり返したような形で、見える範囲《はんい》が狭《せま》かった。

鎖鎧《くさりよろい》
小さな鎖《くさり》を編《あ》んでつくった鎧《よろい》。

盾《たて》

樽型兜《たるがたかぶと》・鎖鎧《くさりよろい》
十字軍《じゅうじぐん》の兵士《へいし》たちが着用した甲《かっ》冑《ちゅう》。打撃《だげき》に弱く、防御力《ぼうぎょりょく》が低《ひく》かったので、盾《たて》が必要《ひつよう》だった。

わずか100年余《あま》りで消えた金属板《きんぞくばん》製《せい》の甲冑《かっちゅう》

中世、十字軍《じゅうじぐん》の兵士《へいし》たちは鎖《くさり》鎧《よろい》や樽型兜《たるがたかぶと》で戦《たたか》ったが、槍《やり》や矢による攻撃《こうげき》に弱かった。やがて鎖鎧《くさりよろい》に金属板《きんぞくばん》を組み合わせる甲《かっ》冑《ちゅう》が登場し、15世紀《せいき》前半、ミラノ（イタリア）で本格的《ほんかくてき》な金属板《きんぞくばん》製《せい》の甲冑《かっちゅう》が誕生《たんじょう》した。この「ミラノ式甲冑《かっちゅう》」は、すぐにヨーロッパ中に広まり、ドイツでは薄《うす》い金属板《きんぞくばん》を使った甲冑《かっちゅう》が生産《せいさん》された。しかし、16世紀《せいき》には鉄《てっ》砲《ぽう》が主力兵器《へいき》となり、銃弾《じゅうだん》を防《ふせ》ぐための簡単《かんたん》な甲冑《かっちゅう》が大量生産《たいりょうせいさん》されるようになると、高価《こうか》で手間のかかる金属板製《きんぞくばんせい》の甲冑《かっちゅう》は生《せい》産《さん》されなくなった。

1535年頃《ころ》

胸当《むねあて》

胴《どう》を守る部分で、中央が高くなっている。

1515年頃《ころ》

首鎧《くびよろい》

首鎧《くびよろい》(首の部分)は、兜《かぶと》とすき間なくつながっている。

マクシミリアン式甲冑《かっちゅう》

神聖《しんせい》ローマ帝国《ていこく》(ドイツ)の皇帝《こうてい》・マクシミリアン１世(1459～1519)の時代に、ミラノ式甲冑《かっちゅう》を手本に開発した甲冑《かっちゅう》。薄《うす》い金属板《きんぞくばん》にひだを打ち出して、強度を高めた。このため総重量《そうじゅうりょう》は約《やく》20kgと軽くなった。

ルネサンス式甲冑《かっちゅう》

銃弾《じゅうだん》から身を守るため、胴《どう》が厚《あつ》くなり、胸当《むねあて》の中心が高くなっている。その分、腕《うで》や足の部品を減《へ》らして軽くしている。実戦用《じっせんよう》のほかに、競技《きょうぎ》用《よう》の華《はな》やかな甲冑《かっちゅう》も製作《せいさく》された。

マクシミリアン式甲冑《かっちゅう》を着て馬に乗るマクシミリアン１世。

世界おもしろコラム

動物裁《さい》判《ばん》がおこなわれていた!?

豚《ぶた》の裁判《さいばん》　1457年にフランス東部の村でおこなわれた動物裁判《さいばん》の様子。人間の子を突《つ》き飛《と》ばして殺《ころ》した罪《つみ》で母豚《ははぶた》と子豚《こぶた》が裁判《さいばん》にかけられ、母豚《ははぶた》は死罪《しざい》となったが、子豚《こぶた》は証拠《しょうこ》がないとして無罪《むざい》となった。

人間に危害《きがい》を加《くわ》えた動物や虫たちが裁《さば》かれた

12〜18世紀頃《せいきごろ》、ヨーロッパでは、動物や昆虫《こんちゅう》たちが裁判《さいばん》にかけられていた。人間に危害《きがい》を加《くわ》えたり、農地を荒《あ》らしたりした動物や虫たちは、逮捕《たいほ》されると被告《ひこく》として裁判所《さいばんしょ》に出頭《しゅっとう》を命じられた。人間の場合と同じように検察官《けんさつかん》が被告《ひこく》(動物)の罪《つみ》を明らかにし、弁護士《べんごし》による弁護《べんご》がおこなわれた後、裁判官《さいばんかん》が判決《はんけつ》を下した。

これはキリスト教では、「罪《つみ》を犯《おか》したのならば、人間でも動物でも裁《さば》かなければならない」と考えられていたためという。

動物裁判《さいばん》の例《れい》

被告《ひこく》 農地を荒《あ》らした毛虫とネズミ

判決《はんけつ》 毛虫とネズミを裁判所《さいばんしょ》に呼《よ》び出したが現《あらわ》れなかったため、破門《はもん》(カトリック教会からの追放)となった。

被告《ひこく》 農地を荒《あ》らしたモグラ

判決《はんけつ》 「モグラは害虫《がいちゅう》も食べている」と弁護《べんご》され、モグラは農地を安全に通行できる権利《けんり》を与《あた》えられた。

被告《ひこく》 農地を荒《あ》らした甲虫《こうちゅう》

判決《はんけつ》 甲虫《こうちゅう》は裁判《さいばん》を欠席《けっせき》したが許《ゆる》され、別《べつ》の土地を与《あた》えられた。

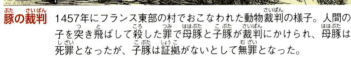

3章 近世

1558年

エリザベス１世が即位《そくい》する

（➡P180）

1592年

壬辰《じんしん》・丁酉《ていゆう》倭乱《わらん》

（➡P188）

1529年

スレイマン１世のウィーン包囲《ほうい》

（➡P156）

1420年

永楽帝《えいらくてい》が紫禁城《しきんじょう》を完成《かんせい》させる

（➡P122）

16世《せい》紀《き》の世界

太平洋
メキシコ湾
テノチティトラン
アステカ王国
カリブ海
大西洋
アマゾン川
インカ帝国《ていこく》
クスコ

1682年

ベルサイユ宮殿《きゅうでん》が完成《かんせい》する(➡P198)

1492年

アメリカ大陸《たいりく》が発見される(➡P166)

1521年

アステカ王国が滅亡《めつぼう》する(➡P170)

1533年

インカ帝国《ていこく》が滅亡《めつぼう》する(➡P174)

※この世界地図では16世紀《せいき》に起きていないできごとも紹介《しょうかい》しています。

1505年 フィレンツェ（イタリア）
「こんなダビデ像《ぞう》は見たことがない！新しいフィレンツェの象徴《しょうちょう》だ！」って大評判《だいひょうばん》ですよ
さすがミケランジェロ先生！
ミケランジェロ
おだてても何も出ないぞ
やっぱりすごいなぁ
ラファエロ
本当ですって それに聞きましたよ 五百人広間の件《けん》！

レオナルド・ダ・ビンチ
ミケランジェロ
今、最《もっと》も才能《さいのう》のある画家のレオナルドとミケランジェロが五百人広間で壁画《へきが》をかく！
これぞ夢《ゆめ》の対決！フィレンツェの誇《ほこ》り！
それなんだがな…
実はこっそり見に行ったんだ
レオナルドの下絵…
僕《ぼく》はこれから見せてもらいに行くのです
じゃあ見てこい
くやしいがあれに勝てる気はしねえ

ラファエロ君
見に来たのか
レオナルド・ダ・ビンチ
レオナルド先生!
この下絵
すごいです!
ありがとう
色の作業は
明日からだよ

スッ
先生…あの絵は？
ああ、それは訳《わけ》あって引き取り手がなくなってね…
カタ‥
肖像《しょうぞう》画《が》なのに正面も真横も向いていない
こんなの見たことがない…
それに…なんて…美しいんだ
これはまだ完成《かんせい》ではないよ
え？そうなんですか
死ぬまでに完成《かんせい》できるといいが…
結局《けっきょく》五百人広間の絵はふたりとも完成《かんせい》できなかった。
しかし、同じ頃《ころ》にかかれた、この「モナ・リザ」は後に世界で最《もっと》も有名な絵画のひとつになった。

1512年

システィーナ礼拝堂《れいはいどう》天井画《てんじょうが》が完成《かんせい》

システィーナ礼拝堂《れいはいどう》の天井画《てんじょうが》をえがくミケランジェロ
ミケランジェロは、不安定《ふあんてい》な足場で、天井《てんじょう》を見上げる姿勢《しせい》で1日に何時間もえがき続《つづ》けた。

人間の個性《こせい》を重視《じゅうし》したルネサンスがはじまる

中世のヨーロッパは、キリスト教の影響《えいきょう》を強く受けていたが、14世紀《せいき》になると、神や教会ではなく、人間の個性《こせい》や自由を重視《じゅうし》した古代ギリシャ・ローマ文化を再生《さいせい》させようとする文化運動がはじまった。これをルネサンス(再生《さいせい》)といい、貿易《ぼうえき》で繁栄《はんえい》していたイタリアの都市フィレンツェを中心に広まった。

1512年、ルネサンスを代表する芸術家《げいじゅつか》ミケランジェロが完成《かんせい》させたシスティーナ礼拝堂《れいはいどう》の天井《てんじょう》画《が》には、神や聖人《せいじん》たちが、人間らしい肉体をもった姿《すがた》で、生き生きとえがかれている。

ビジュアル資料《しりょう》

システィーナ礼拝堂《れいはいどう》の内部

天井画《てんじょうが》は、『旧約聖書《きゅうやくせいしょ》』の「創世記《そうせいき》」の場面がえがかれ、完成《かんせい》までに4年かかった。祭壇《さいだん》の奥《おく》にある壁画《へきが》「最後《さいご》の審判《しんぱん》」も、ミケランジェロの作品。

ミケランジェロ
(1475～1564)

ルネサンスを代表する芸術家《げいじゅつか》。絵画だけでなく、彫刻《ちょうこく》や建築《けんちく》の分野でも優《すぐ》れた作品を残《のこ》した。

ウソ!ホント!?

天井画《てんじょうが》の制作時《せいさくじ》に現場《げんば》からにげ出した!?

ミケランジェロは、天井画《てんじょうが》の制《せい》作《さく》に乗り気ではなかったが、教皇《きょうこう》から強引に頼《たの》まれた。教皇《きょうこう》がフランスと戦争《せんそう》をはじめると、ミケランジェロはそのすきにローマからにげ出した。しかし戦争《せんそう》が終わると、ローマに呼《よ》びもどされた。

システィーナ礼拝堂《れいはいどう》
ローマ教皇《きょうこう》のバチカン宮殿《きゅうでん》にある礼拝堂《れいはいどう》。1481年に完成《かんせい》した(バチカン市国)。

知っておどろき!
歴史《れきし》!

これがルネサンス芸《げい》術《じゅつ》だ!!

「白貂《しろてん》を抱《だ》く貴夫人《きふじん》」

レオナルド・ダ・ビンチの作品。女性《じょせい》の表情《ひょうじょう》は生きているようで、手の表現《ひょうげん》は細かい。

リアルで細かい人体表現《ひょうげん》

解剖学的《かいぼうがくてき》に正確《せいかく》な人体が表現《ひょうげん》された。服や道具なども、油絵具で細かい表現《ひょうげん》が可能《かのう》になった。

レオナルド・ダ・ビンチ
(1452～1519)

ルネサンスを代表する天才芸術家《げいじゅつか》。「モナ・リザ」などの傑作《けっさく》を残《のこ》した。

ルネサンス以前《いぜん》の絵画

「栄光《えいこう》のキリスト」

1123年に制作《せいさく》されたスペインのサン・クレメンテ聖堂《せいどう》の壁画《へきが》で、作者は不明《ふめい》。イエス・キリストは平面的《へいめんてき》にえがかれ、神聖《しんせい》さが表現《ひょうげん》されている。

ルネサンス初期《しょき》の名作「ビーナスの誕生《たんじょう》」(部分)。ボッティチェリの作品。

人間らしさを追求《ついきゅう》して世界をリアルに表現《ひょうげん》した

ルネサンス以前《いぜん》、神や聖人《せいじん》は、人間を超《こ》えた神聖《しんせい》な存在《そんざい》であることを示《しめ》すため、形式的《けいしきてき》にえがかれていた。

しかし、人間の個性《こせい》を重視《じゅうし》するルネサンスがはじまると、人間だけでなく神や聖人《せいじん》も解剖学《かいぼうがく》に基《もと》づいて人間らしくえがかれるようになった。また遠近法《えんきんほう》や構図《こうず》なども工夫《くふう》され、人間や空間をリアルに表現《ひょうげん》できるようになった。

「最後《さいご》の晩餐《ばんさん》」

レオナルド・ダ・ビンチの壁画《へきが》。イエスが処刑《しょけい》される前日、弟子たちとの食事中に、「この中に私《わたし》を裏切《うらぎ》る者がいる」と告《つ》げる場面。イエスを裏切《うらぎ》っているユダがおどろく様子が劇的《げきてき》にえがかれている。線遠《せんえん》近法《きんほう》の消失点《しょうしつてん》は、イエスのこめかみにある。

奥行《おくゆ》きを出す遠近法《えんきんほう》

画面に奥行《おくゆ》きを出すため、さまざまな遠近法《えんきんほう》が発明された。画面の奥《おく》に向かうすべての線を1点(消失点《しょうしつてん》)に集める「線遠近法《せんえんきんほう》」がよく使われた。

「牧場《ぼくじょう》の聖母《せいぼ》」

ラファエロの作品。幼《おさな》いイエス・キリスト(中央)と、聖母《せいぼ》マリア、十字架《じゅうじか》を持つ洗礼《せんれい》者ヨハネが、三角形に収《おさ》まる構図《こうず》でえがかれている。

調和のとれた構図《こうず》

三角形や円など、絵画を見ている人が「調和している」「安定している」と感じやすい構図《こうず》が使われた。

ラファエロ(1483~1520)

ルネサンスを代表する天才画家で、数多くの「聖母子《せいぼし》像《ぞう》」をえがいた。

1529年

スレイマン1世のウィーン包囲《ほうい》

ウィーンを包囲《ほうい》するスレイマン1世

オスマン帝国《ていこく》のスルタン・スレイマン1世は、約《やく》12万人の大軍《たいぐん》でウィーンを包囲《ほうい》した。

オスマン帝国《ていこく》が地中海《ちちゅうかい》の大部分を支配下《しはいか》に置《お》く

1453年に東ローマ帝国《ていこく》をほろぼしたオスマン帝国《ていこく》は、エジプトを攻《せ》め取るなど、勢力《せいりょく》の拡大《かくだい》を続《つづ》けていた。10代スルタン(イスラム王朝の君主)となったスレイマン1世は、サファビー朝から南イラクを攻《せ》め取り、北アフリカを支配下《しはいか》に置《お》いた。さらにヨーロッパに攻《せ》めこみ、ハンガリーを征服《せいふく》した後、1529年、神聖《しんせい》ローマ帝国《ていこく》のウィーン(オーストリア)を約《やく》12万人の大軍《たいぐん》で包囲《ほうい》した。食料《しょくりょう》不足《ぶそく》などによって、このウィーン包囲《ほうい》は失敗《しっぱい》したが、ヨーロッパの人びとを恐怖《きょうふ》におとしいれた。

さらにスレイマン1世は、地中《ちちゅう》

ビジュアル資料《しりょう》

ウィーン包囲《ほうい》

オスマン軍《ぐん》は、約《やく》300門《もん》の大砲《たいほう》でウィーンを攻撃《こうげき》したが、食料不足《しょくりょうぶそく》などにより約《やく》1か月後に撤退《てったい》した。

発見《はっけん》!

スレイマンモスク

スレイマン1世がイスタンブール(トルコ)に建《た》てた巨大《きょだい》なモスク。

スレイマン1世
(1494～1566)

オスマン帝国《ていこく》の10代スルタン。46年の在位《ざいい》中に13回の遠征《えんせい》をおこない、西アジアから北アフリカに及《およ》ぶ広大な領土《りょうど》を得《え》た。国内では法律《ほうりつ》を整え、「立法者《りっぽうしゃ》」と呼《よ》ばれた。

海《かい》の支配《しはい》を目指し、1538年、オスマン艦隊《かんたい》を派遣《はけん》し、プレベザの海戦《かいせん》でスペイン・ベネチア連合《れんごう》艦隊《かんたい》を撃破《げきは》した。これによりオスマン帝国《ていこく》は、東地中海《ひがしちちゅうかい》の大部分を支配下《しはいか》に置《お》いた。

なるほどエピソード

奴隷《どれい》から皇后《こうごう》になった女性《じょせい》がいた⁉

ハーレム(スルタンの恋人《こいびと》たちの部屋)で働《はたら》く女奴隷《おんなどれい》だったロクセラーナは、年老《としお》いたスレイマン1世に愛《あい》され、皇后《こうごう》になった。ロクセラーナは、自分の子セリム2世を後継者《こうけいしゃ》にするため、ライバルを罠《わな》にかけておとしいれた。

1571年

レパントの海戦《かいせん》

レパントの海戦《かいせん》
スペイン・ローマ教皇《きょうこう》・ベネチアの連合艦《れんごうかん》隊《たい》が、レパント湾《わん》の入り口でオスマン艦隊《かんたい》を撃破《げきは》した海戦《かいせん》。ガレー船が主力となった海戦《かいせん》としては、最後《さいご》のものになった。

オスマン帝国《ていこく》の勢力《せいりょく》は敗戦後《はいせんご》も保《たも》たれた

スレイマン1世の死後、11代スルタン(イスラム王朝の君主)となったセリム2世は、地中海全域《ちちゅうかいぜんいき》を征服《せいふく》するため、東地中海《ひがしちちゅうかい》のキプロス島にオスマン艦隊《かんたい》を派遣《はけん》し、占領《せんりょう》した。これ以上《いじょう》の進撃《しんげき》を防《ふせ》ぐため、ローマ教皇《きょうこう》は、スペイン国王フェリペ2世(➡P184)や、ベネチア共和国《きょうわこく》などに呼《よ》びかけ、連合艦隊《れんごうかんたい》を結成《けっせい》。連合艦隊《れんごうかんたい》はレパント湾《わん》(ギリシャ)の入り口で、オスマン艦隊《かんたい》を撃破《げきは》した。

この戦《たたか》いは西ヨーロッパ諸国《しょこく》にとって、オスマン帝国《ていこく》に勝利《しょうり》した

勝 戦力《せんりょく》 ガレー船208隻《せき》?

フェリペ2世

スペイン・教皇《きょうこう》・ベネチア軍《ぐん》

VS

オスマン軍《ぐん》

セリム2世

負 戦力《せんりょく》 ガレー船230隻《せき》?

ガレー船

古代から18世紀《せいき》まで、おもに地中海で用いられた軍用船《ぐんようせん》。50〜200本のオールを使って漕《こ》いで進む。1〜3本のマストを備《そな》え、前方の衝角《しょうかく》を敵船《てきせん》に激突《げきとつ》させて攻撃《こうげき》した。

レパント

ギリシャ西部にある港町で、オスマン軍《ぐん》の重要《じゅうよう》な拠点《きょてん》だった。

最初《さいしょ》の戦《たたか》いになったが、キプロス島をうばい返すことはできず、オスマン帝国《ていこく》の勢力《せいりょく》を抑《おさ》えられなかった。敗戦後《はいせんご》、半年で再建《さいけん》されたオスマン艦隊《かんたい》は17世紀末《せいきまつ》まで、東地中海《ひがしちちゅうかい》を自由に動き回った。

なるほどエピソード

オスマン軍《ぐん》を支《ささ》えたイケメン集団《しゅうだん》がいた!?

オスマン帝国《ていこく》は、バルカン半島を占領《せんりょう》すると、キリスト教徒《きょうと》の少年たちを集めて、イスラム教に改宗《かいしゅう》させ、歩兵軍団《ほへいぐんだん》にした。この軍団《ぐんだん》はイェニチェリと呼《よ》ばれ、オスマン軍《ぐん》の主力となった。優秀《ゆうしゅう》な美男子の集団《しゅうだん》だったといわれる。

1517年

宗《しゅう》教《きょう》改《かい》革《かく》がはじまる

「95か条《じょう》の意見書」を示《しめ》すルター

ルターはウィッテンベルク城《じょう》教会の門に、「95か条《じょう》の意見書」を張《は》り出し、ローマ教皇《きょうこう》の贖宥状販売《しょくゆうじょうはんばい》を批判《ひはん》した。

カトリック教会を批判《ひはん》して『聖書《せいしょ》』の大切さを訴《うった》える

十字軍《じゅうじぐん》の失敗《しっぱい》などにより、カトリック教会の権威《けんい》は落ち、国王などから寄付《きふ》が集まらなくなった。16世紀《せいき》になると、教皇《きょうこう》は資金《しきん》を集めるため、贖宥状《しょくゆうじょう》(免罪符《めんざいふ》)の販《はん》売《ばい》をはじめた。贖宥状《しょくゆうじょう》を買えば、過去《かこ》に罪《つみ》を犯《おか》しても、ゆるされるとされた。

これに対し、ドイツの神学者《しんがくしゃ》ルターは、「『聖書《せいしょ》』を信《しん》じることによってのみ、人の魂《たましい》は救《すく》われる」と説《と》き、贖宥状《しょくゆうじょう》の販売《はんばい》を批判《ひはん》する「95か条《じょう》の意見書」を発表。こうして宗教改革《しゅうきょうかいかく》がはじまった。

ルターはカトリック教会からは破門《はもん》(追放)されたが、『新約聖書《しんやくせいしょ》』

ルターとザクセン選帝侯《せんていこう》

ザクセン選帝侯《せんていこう》(ドイツ北部の領主《りょうしゅ》)はルターの宗《しゅう》教改革《きょうかいかく》を支持《しじ》し、神聖《しんせい》ローマ皇帝《こうてい》から追放を命じられたルターをワルトブルク城《じょう》に保護《ほご》した。

マルチン・ルター(1483〜1546)

ドイツ出身の神学者《しんがくしゃ》・宗教改革者《しゅうきょうかいかくしゃ》。信仰《しんこう》の大切さを訴《うった》え、民衆《みんしゅう》がキリスト教を学べるように、『新約聖書《しんやくせいしょ》』をドイツ語に翻訳《ほんやく》した。

ワルトブルク城《じょう》

宗教改革《しゅうきょうかいかく》の混乱《こんらん》の中、ルターはこの城《しろ》にかくれ、『新約聖書《しんやくせいしょ》』をドイツ語に翻訳《ほんやく》した(ドイツ)。

贖宥状《しょくゆうじょう》を売る教皇《きょうこう》

ローマ教皇《きょうこう》は信者《しんじゃ》に贖宥状《しょくゆうじょう》を売って、資金《しきん》を集めた。

のドイツ語版《ばん》を作成《さくせい》し、民衆《みんしゅう》が神の教えを直接《ちょくせつ》学べるようにした。ルターの考えを支持《しじ》するキリスト教徒《きょうと》たちは、プロテスタント(新教徒《しんきょうと》)と呼《よ》ばれ、ヨーロッパ中に広がっていった。

なるほどエピソード

印刷技術《いんさつぎじゅつ》の発達《はったつ》で宗教改革《しゅうきょうかいかく》が進んだ!?

1440年頃《ごろ》、グーテンベルクが印刷機《いんさつき》を発明し、大量《たいりょう》の印《いん》刷物《さつぶつ》を生産《せいさん》できるようになった。ルターのドイツ語版《ばん》『新約聖《しんやくせい》書《しょ》』は、グーテンベルク印刷機《いんさつき》のおかげで安く買えるようになり、宗教改革《しゅうきょうかいかく》が大きく進展《しんてん》した。

グーテンベルク印刷機《いんさつき》で印刷《いんさつ》した『聖書《せいしょ》』。カラーの部分は、後から手で書き入れたもの。

イギリス国《こっ》教《きょう》会《かい》が成《せい》立《りつ》する

離婚《りこん》問題をきっかけにカトリックから独立《どくりつ》する

イギリスでは、国王ヘンリー8世が、ルターの宗教改革《しゅうきょうかいかく》に反対し、ローマ教皇《きょうこう》から「信仰《しんこう》の擁護《ようご》者《しゃ》」と称《たた》えられていた。その後、ヘンリー8世は、スペイン王家出身の王妃《おうひ》キャサリンと離婚《りこん》して、侍女《じじょ》(世話役の女性《じょせい》)アン・ブーリンと結婚《けっこん》しようとしたが、教皇《きょうこう》は離婚《りこん》を認《みと》めなかった。教皇《きょうこう》と対立したヘンリー8世は、王妃《おうひ》と強引に離婚《りこん》した後、アン・ブーリンと結婚《けっこん》した。1534年には、国王至上法《こくおうしじょうほう》(首長法《しゅちょうほう》)を制定《せいてい》して、「国王は、イギリス国内の教会(国《こっ》教会《きょうかい》)の首長《しゅちょう》(代表者)である」と宣《せん》言《げん》した。これによりイギリス国教《こっきょう》

ヘンリー8世(1491~1547)

イギリス国王。アン・ブーリンと結婚《けっこん》するため、イギリス国教会《こっきょうかい》を設立《せつりつ》し、カトリック教会から独立《どくりつ》した。

カンタベリー大聖堂《だいせいどう》

イギリス国教会《こっきょうかい》で最高位《さいこうい》の教会で、大主教《だいしゅきょう》(最高位《さいこうい》の聖職者《せいしょくしゃ》)が置《お》かれた(イギリス)。

アン・ブーリンと結婚《けっこん》したヘンリー8世

ヘンリー8世は、ローマ教皇《きょうこう》から許可《きょか》を得《え》ずに王妃《おうひ》キャサリンと離婚《りこん》して、アン・ブーリンと結婚《けっこん》した。

会《かい》が成立《せいりつ》し、カトリック教会から完全《かんぜん》に独立《どくりつ》した。

さらにヘンリー8世は、カトリック教会と協力関係《きょうりょくかんけい》にあった国内の修道院《しゅうどういん》(修道士《しゅうどうし》・修道女《しゅうどうじょ》が共同《きょうどう》生活する場所)を解散《かいさん》させ、広大な領地《りょうち》や財産《ざいさん》を取り上げた。

なるほどエピソード

ヘンリー8世は結婚《けっこん》と離婚《りこん》をくり返した!?

ヘンリー8世は、結婚《けっこん》3年後、アン・ブーリンを浮気《うわき》したとして処刑《しょけい》した。その後も結婚《けっこん》と離婚《りこん》をくり返し、5人目の王妃《おうひ》も浮気《うわき》の罪《つみ》で処刑《しょけい》。6人目の王妃《おうひ》と結婚《けっこん》した後、病死した。

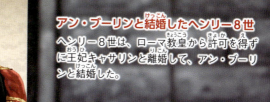

1562年

ユグノー戦《せん》争《そう》がはじまる

ユグノー殺害《さつがい》を指示《しじ》するカトリーヌ・ド・メディシス
幼《おさな》くして即位《そくい》したシャルル9世の母として実権《じっけん》をにぎったカトリーヌは、ユグノー（新教徒《しんきょうと》）の虐殺《ぎゃくさつ》を指示《しじ》したといわれる。

フランス国内で起《お》きた激《はげ》しい宗教戦争《しゅうきょうせんそう》

ドイツで宗教改革《しゅうきょうかいかく》がはじまると、フランス国内にも*ユグノーと呼《よ》ばれる新教徒《しんきょうと》が勢力《せいりょく》を広げた。規律《きりつ》にとても厳《きび》しいユグノーは、カトリックと対立した。またフランス国王はユグノーの活動を抑《おさ》えたので、フランス国内のカトリックとユグノーの対立がさらに深まった。１５６２年、カトリックによるユグノー虐殺事件《ぎゃくさつじけん》をきっかけに、ユグノー戦争《せんそう》がはじまった。

この内乱《ないらん》は、30年以上《いじょう》も続《つづ》いたが、ユグノーだった国王アンリ4世がカトリックに改宗《かいしゅう》し、ユグノーに信仰《しんこう》の自由を与《あた》えたことで、ようやく終わった。

＊フランスのプロテスタントのうち、カルバン派《は》（厳格《げんかく》な一派《いっぱ》）をユグノーと呼《よ》ぶ。

サンバルテルミの虐殺《ぎゃくさつ》

1572年のサンバルテルミの祝日《しゅくじつ》に、パリに集まっていたユグノーを、カトリック派《は》が皆殺《みなごろ》しにした事件《じけん》。死者は3000人以上《いじょう》といわれる。アンリ４世は捕《つか》まったが、後に脱出《だっしゅつ》し、ユグノーを率《ひき》いて戦《たた》った。

パリに入るアンリ４世

ユグノー戦争《せんそう》が続《つづ》く中、国王になったアンリ４世はパリに入った後、ユグノーに信仰《しんこう》の自由を認《みと》め、戦争《せんそう》を終わらせた。

カトリーヌ・ド・メディシス
(1519～1589)

イタリアのメディチ家出身で、フランス王アンリ２世の王妃《おうひ》になった。アンリ２世の死後、10歳《さい》で即位《そくい》した息子のシャルル９世の摂政《せっしょう》(国王をたすける役職《やくしょく》)となり、ユグノーの勢力《せいりょく》を抑《おさ》えようとした。

1492年

アメリカ大《たい》陸《りく》が発見される

島へ上陸《じょうりく》するコロンブス
72日間の航海《こうかい》の末《すえ》、島に到着《とうちゃく》したコロンブスは、「聖《せい》なる救《きゅう》世主《せいしゅ》」という意味のサン・サルバドル島と名づけた。

アジアの香辛料《こうしんりょう》を目指し新しい航路《こうろ》が開拓《かいたく》される

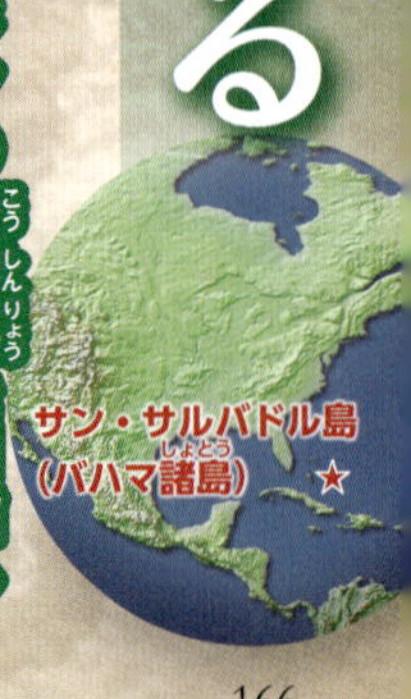

中世、インドや東南《とうなん》アジアで栽《さい》培《ばい》される香辛料《こうしんりょう》はイスラム商人が仲介《ちゅうかい》していたため、ヨーロッパでは高価《こうか》だった。また西アジアはオスマン帝国《ていこく》が支配《しはい》していたため、ヨーロッパ人は、陸路《りくろ》を通ってアジアと貿易《ぼうえき》できなかった。

ルネサンスの時期、ヨーロッパでは航海術《こうかいじゅつ》が発達《はったつ》し、大西洋に船で乗り出せるようになった。スペインやポルトガルは、アジアと直《ちょく》接《せつ》貿易《ぼうえき》するため、新しい航路《こうろ》の開《かい》拓《たく》をはじめた。こうして15世紀《せいき》後半、大航海《だいこうかい》時代がはじまった。

スペインの援助《えんじょ》を受けたコロンブスは、１４９２年、大西洋を横《おう》

コロンブス
(1451?～1506)

イタリア出身の航海者《こうかいしゃ》。スペイン女王イサベル１世の援助《えんじょ》を受けて大西洋を横断《おうだん》する航海《こうかい》に出て、アメリカ大陸《たいりく》を発見。合計４回の航海《こうかい》をおこなった。

ビジュアル資料《しりょう》
サンタ・マリア号
ニーニャ号
ピンタ号

コロンブスの船団《せんだん》

コロンブスは約《やく》90人の乗組員とともに、３隻《せき》の船でスペインから出港した。

ビジュアル資料《しりょう》

船団《せんだん》を発見する先住民《せんじゅうみん》

サン・サルバドル島の先住民《せんじゅうみん》は、到着《とうちゃく》したコロンブスたちを手厚《てあつ》くもてなした。しかしコロンブスは先住民《せんじゅうみん》たちの財宝《ざいほう》をうばい、数人を連《つ》れ去った。

断《だん》して、バハマ諸島《しょとう》のサン・サルバドル島に到達《とうたつ》した。コロンブスはインドに到達《とうたつ》したと考え、先住《せんじゅう》民《みん》を「インディオ」と呼《よ》んだが、実《じっ》際《さい》は、ヨーロッパ人の知らなかったアメリカ大陸《たいりく》近海の島だった。

なるほどエピソード

コロンブスは先住民《せんじゅうみん》にとって殺人者《さつじんしゃ》だった⁉

新大陸《しんたいりく》発見の翌年《よくとし》、コロンブスは2回目の航海《こうかい》に出発した。コロンブスは行き着いた島で、次つぎと無抵抗《むていこう》の先住民《せんじゅうみん》たちを皆殺《みなごろ》しにしていき、財宝《ざいほう》をうばい取った。また先住民《せんじゅうみん》たちを捕《と》らえて、奴隷《どれい》としてスペインに送った。

大《だい》航《こう》海《かい》時代の航《こう》海《かい》者《しゃ》たち!!

ヨーロッパ人たちが新航路《こうろ》の開拓《かいたく》を続《つづ》ける

コロンブス
ベスプッチ
マゼラン
ディアス
ガマ
カブラル
ドレーク
カボット
日本
ドレーク
(➡P185)
アステカ王国
リピン
太　平　洋

マゼラン
(1480頃《ごろ》〜1521)

スペイン艦隊《かんたい》を率《ひき》いて地球一周《いっしゅう》の航海《こうかい》に出たが、フィリピン諸島《しょとう》で原住民《げんじゅうみん》に殺《ころ》された。生き残《のこ》った部下が地球一周《いっしゅう》を実現《じつげん》させた。

キャラック船の構造《こうぞう》

大航海時代《だいこうかい》に活躍《かつやく》したキャラック船は、3〜4本のマストを備《そな》えた大型船《おおがたせん》で、大量《たいりょう》の貨物《かもつ》を積《つ》みこめた。

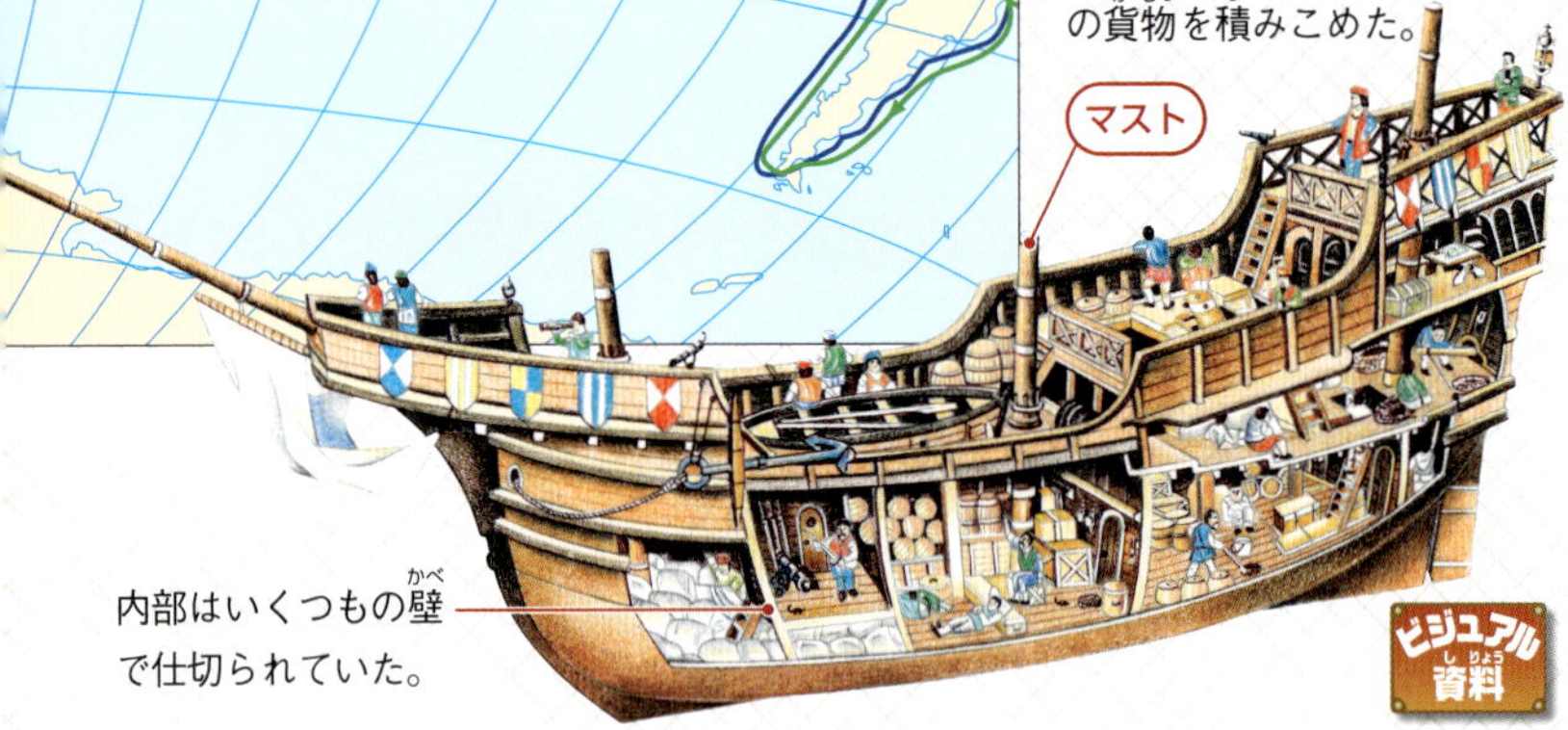
マスト
ビジュアル資料《しりょう》

内部はいくつもの壁《かべ》で仕切られていた。

大航海時代《だいこうかい》は、1488年にポルトガルのディアスが、アフリカ南端《なんたん》の喜望峰《きぼうほう》に到達《とうたつ》したことで本格的《ほんかくてき》にはじまった。その10年後には、ポルトガルのバスコ・ダ・ガマが、喜望峰《きぼうほう》を回ってインドに到達《とうたつ》し、インド航路《こうろ》を発見した。これ以降《いこう》、ポルトガルはアジアとの貿易《ぼうえき》を積極的《せっきょくてき》に開始した。

スペインはコロンブスの航海《こうかい》を援助《えんじょ》したほか、マゼラン一行を派遣《はけん》し、1522年に世界最《さい》初《しょ》の地球一周《いっしゅう》を成功《せいこう》させた。

このほかにも、カボットやカブラル、ベスプッチらが新航路《こうろ》を次つぎと開拓《かいたく》していった。

航海者《こうかいしゃ》たちの航路《こうろ》

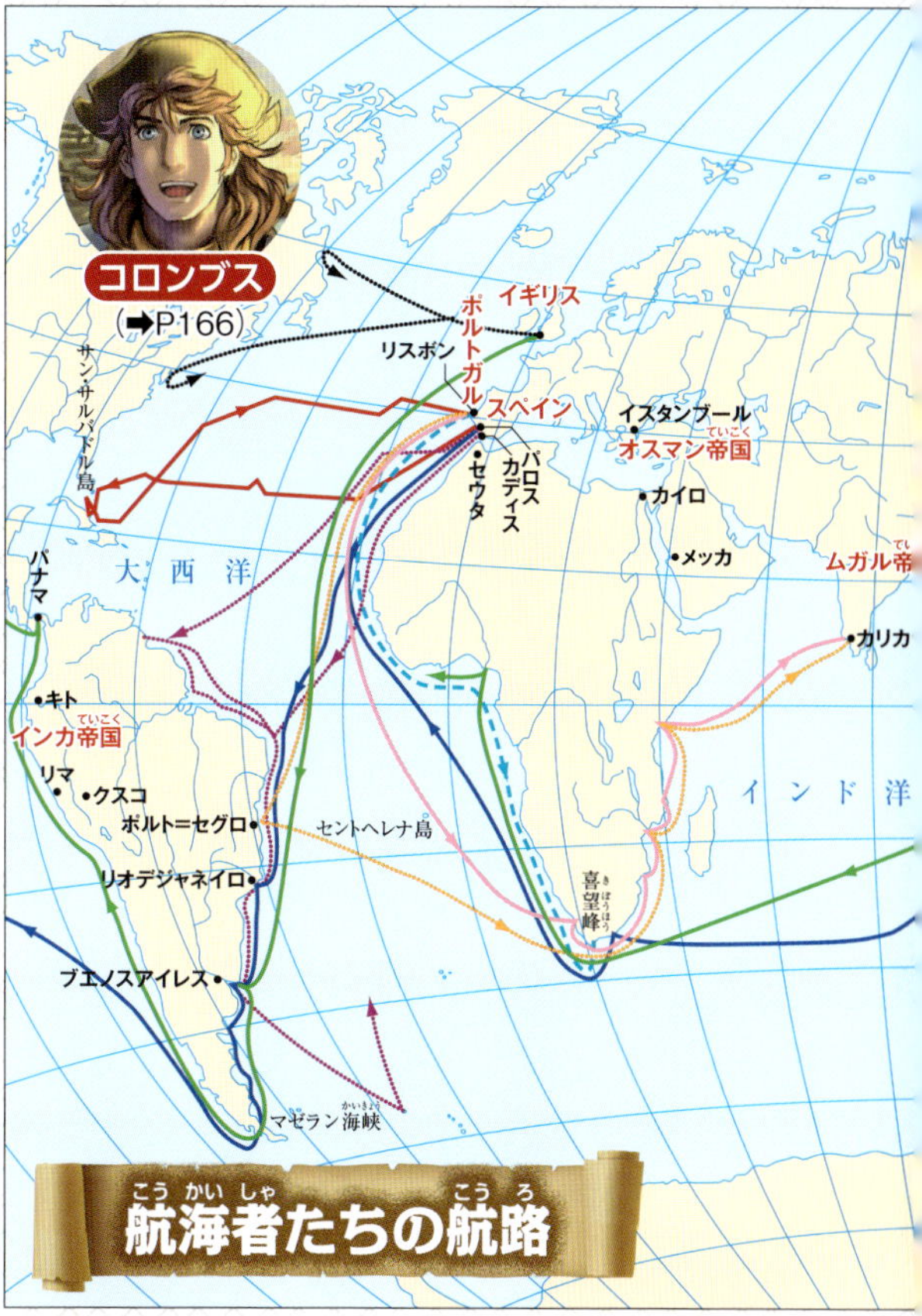

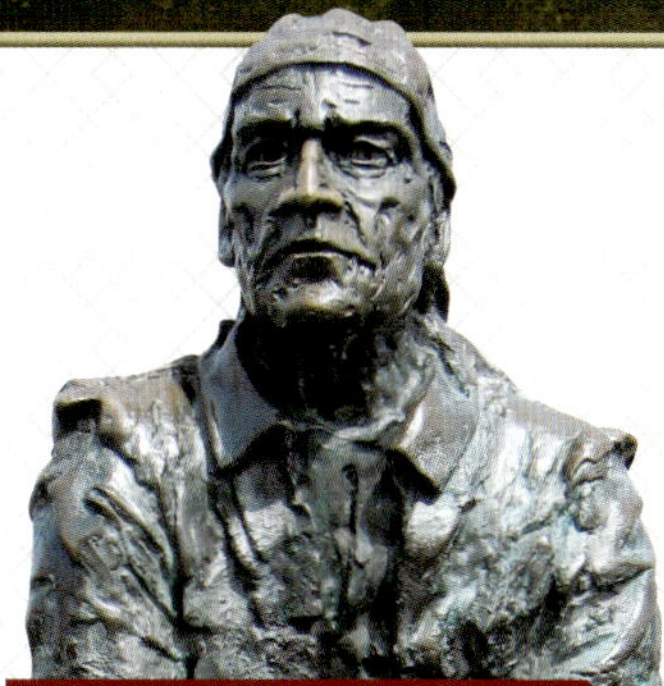

カボット(1450?〜1498)

イタリア出身。インドを目指してイギリスを出発し、大西洋を横断《おうだん》して北アメリカ大陸《たいりく》へ到達《とうたつ》した。

ディアス(1450?〜1500)

ポルトガル出身。アフリカ大陸南《たいりくなん》端《たん》に到達《とうたつ》し、岬《みさき》を発見。この岬《みさき》は後に「喜望峰《きぼうほう》」と名づけられた。

ベスプッチ
(1454〜1512)

イタリア出身。南米大陸《なんべいたいりく》を探検《たんけん》し、コロンブスが到達《とうたつ》したのはアジアではなく、新大陸《たいりく》だと発表した。

カブラル
(1467頃《ごろ》〜1520)

ポルトガル出身。インドに出発したが、暴風雨《ぼうふうう》のためブラジルに到着《とうちゃく》し、ポルトガル領《りょう》として宣言《せんげん》。

バスコ・ダ・ガマ
(1460頃《ごろ》〜1524)

ポルトガル出身。アフリカ大陸南端《たいりくなんたん》の喜望峰《きぼうほう》を回ってインドに到着《とうちゃく》し、インド航路《こうろ》を発見した。

アステカ王国が滅《めつ》亡《ぼう》する

テノチティトランに進撃《しんげき》するコルテス

コルテスは、約《やく》5万人の軍勢《ぐんぜい》でアステカ王国の首都テノチティトランを包囲《ほうい》し、総攻撃《そうこうげき》をしかけた。

征《せい》服《ふく》者《しゃ》コルテスがメキシコを征《せい》服《ふく》する

大航海《だいこうかい》時代、アメリカ大陸《たいりく》のメキシコ一帯《いったい》にはアステカ王国が独《どく》自《じ》の文明を開いていた。アメリカ大陸《たいりく》の征服《せいふく》を目指すスペインは、コルテスをコンキスタドール（征《せい》服《ふく》者《しゃ》）としてアステカ王国に送りこんだ。コルテスは約《やく》500人の兵《へい》を率《ひき》いて進撃《しんげき》した。

アステカ王国の皇帝《こうてい》モクテスマ2世は、コルテスを神と勘《かん》ちがいし、首都テノチティトランに迎《むか》え入れた。しかしモクテスマ2世は民衆《みんしゅう》の怒《いか》りを買って殺《ころ》され、アステカ軍《ぐん》はコルテスたちを攻撃《こうげき》した。コルテスらは撤退《てったい》したが、翌《よく》年《とし》、反アステカ勢力《せいりょく》を味方につけ

コルテス
(1485～1547)

スペイン出身の征《せい》服者《ふくしゃ》。軍勢《ぐんぜい》を率《ひき》いてアステカ王国をほろぼし、メキシコ総督《そうとく》になった。

ビジュアル資料《しりょう》

コルテスを迎《むか》えるモクテスマ2世

1519年、アステカ国王のモクテスマ2世は、コルテスを「白い神」と勘《かん》ちがいし、都に迎《むか》え入れた。

ビジュアル資料《しりょう》

反撃《はんげき》するコルテス軍《ぐん》 攻撃《こうげき》を受けたコルテス軍《ぐん》は、テノチティトランから脱出《だっしゅつ》した。アステカ軍《ぐん》は追撃《ついげき》したが、コルテス軍《ぐん》は迎《むか》えうち、脱出《だっしゅつ》に成功《せいこう》した。

て、約《やく》5万人の大軍《たいぐん》でテノチティトランを攻《せ》め、アステカ王国をほろぼした。その後、スペインはメキシコを植民地《しょくみんち》(ほかの国に支配《しはい》された地域《ちいき》)にし、先住民《せんじゅうみん》を鉱山《こうざん》や農園で強制的《きょうせいてき》に働《はたら》かせた。

なるほどエピソード

アステカ人は感染症《かんせんしょう》で滅亡《めつぼう》に追いこまれた⁉

アステカ王国を侵略《しんりゃく》したスペイン人は、それまでアメリカ大陸《たいりく》には存在《そんざい》しなかった感染症《かんせんしょう》を持ちこんだ。アステカ人は、その感染症《かんせんしょう》に対する*免疫《めんえき》がなかったので、病気は急速に広まり、100年間で2000万人以上《いじょう》が病死した。

＊病原菌《びょうげんきん》やウイルスを攻撃《こうげき》して体を守るしくみ。

知っておどろき!歴史《れきし》!

アステカ王国の都は湖にあった!?

テンプロ・マヨール
巨大《きょだい》な神殿《しんでん》の中心にそびえる大ピラミットは、高さが約《やく》30mあり、頂上《ちょうじょう》部は赤色と青色に塗《ぬ》られていた。
モクテスマ2世
ジャガー戦士《せんし》
ジャガーの毛皮をまとった、アステカ王国の最高位《さいこうい》の戦士《せんし》。
コルテス
関連《かんれん》地図
テノチティトラン
(メキシコ)

アステカ人が湖の小島に街《まち》を築《きず》いたのがはじまり

アステカ王国は14世紀《せいき》前半に、アステカ人がメキシコ中部のテスココ湖の小島に移《うつ》り住み、テノチティトランの街《まち》を築《きず》いたのがはじまりとされる。アステカ王国は、15世紀中頃《せいきなかごろ》に周《しゅう》辺国《へんこく》を征服《せいふく》して発展《はってん》し、首都テノチティトランには壮大《そうだい》な神殿《しんでん》やピラミッドなどが建設《けんせつ》され、人口は30万人に達《たっ》したという。

テノチティトランは周囲《しゅうい》を湖に囲《かこ》まれていたため、防御力《ぼうぎょりょく》が高かったが、スペインの征服《せいふく》者《しゃ》・コルテスは大軍《たいぐん》で包囲《ほうい》した後、食料《しょくりょう》や水の補給路《ほきゅうろ》を断《た》ち、滅亡《めつぼう》に追いこんだ。

発見《はっけん》!

テンプロ・マヨール遺跡《いせき》

テノチティトランの中心にあった神殿遺跡《しんでんいせき》。現在《げんざい》のメキシコの首都・メキシコシティから発掘《はっくつ》された。

テノチティトランでコルテスを迎《むか》えるモクテスマ2世

アステカ国王のモクテスマ2世は、白人のコルテスを白い神「ケツァルコアトル」と勘《かん》ちがいし、首都テノチティトランに迎《むか》え入れた。

ビジュアル資料《しりょう》

テノチティトランの市場(想像図《そうぞうず》)

テノチティトランの人口は約《やく》30万人に達《たっ》したといわれ、大量《たいりょう》に集まった商品は市場で売買された。

ビジュアル資料《しりょう》

テノチティトランの全景《ぜんけい》

湖の上に浮《う》かぶような都市だったテノチティトランは、数本の木の橋がかけられていた。戦争《せんそう》のときは、敵《てき》が侵入《しんにゅう》できないよう、木の橋を切り落とした。

1533年

インカ帝《てい》国《こく》が滅《めつ》亡《ぼう》する

インカ帝国《ていこく》を征服《せいふく》するピサロ
ピサロは銃《じゅう》や大砲《たいほう》を使い、わずか30分で2000人以上《いじょう》のインカ軍兵士《ぐんへいし》を殺害《さつがい》した。

インカ皇帝《こうてい》アタワルパを約束《やくそく》を破《やぶ》って処刑《しょけい》する

アメリカ大陸《たいりく》への侵略《しんりゃく》を続《つづ》けるスペインは、アステカ王国をほろぼした後、南アメリカのインカ帝国《ていこく》へ、コンキスタドール(征服《せいふく》者《しゃ》)のピサロを送りこんだ。

ピサロが率《ひき》いた兵《へい》は、わずか180人ほどだったが、銃《じゅう》などの最新兵器《さいしんへいき》でインカ軍《ぐん》を撃破《げきは》し、首都のクスコに進撃《しんげき》した。ピサロは、インカ皇帝《こうてい》アタワルパを生け捕《ど》りにし、「金銀を差《さ》し出せば命をたすける」と約束《やくそく》し、大量《たいりょう》の金銀を受け取った。しかし、この約《や》束《そく》を破《やぶ》って、アタワルパを処刑《しょけい》した。ピサロはさらに首都クスコを破壊《はかい》してインカ帝国《ていこく》をほろぼした。

ビジュアル資料《しりょう》

インカ帝国《ていこく》へ進撃《しんげき》するピサロ

ピサロは約《やく》180人の兵《へい》を率《ひき》いてインカ帝国《ていこく》に攻《せ》めこんだ。銃《じゅう》を装備《そうび》するピサロ軍《ぐん》は、約《やく》2万人のインカ軍《ぐん》を撃破《げきは》し、首都クスコに入った。ピサロは多くの先住民《せんじゅうみん》を虐殺《ぎゃくさつ》したことで知られる。

ビジュアル資料《しりょう》

アタワルパの処刑《しょけい》

ピサロは皇帝《こうてい》アタワルパを捕《と》らえた後、「金銀を差《さ》し出せば命をたすける」という約束《やくそく》を破《やぶ》り、処刑《しょけい》した。

ピサロ
(1478頃《ごろ》〜1541)

スペイン出身の征服《せいふく》者《しゃ》。スペイン国王の援助《えんじょ》を受けてインカ帝国《ていこく》に攻《せ》めこんだ。皇帝《こうてい》アタワルパを処刑《しょけい》し、インカ帝《てい》国《こく》をほろぼした。

後、新しい首都リマを建設《けんせつ》した。

ピサロは勝手にアタワルパを処《しょ》刑《けい》したことでスペインの支持《しじ》を失《うしな》い、反対派《はんたいは》に暗殺《あんさつ》された。しかし、インカ帝国《ていこく》のあった地域《ちいき》はスペインの植民地《しょくみんち》となった。

なるほどエピソード

ピサロを許《ゆる》せなかった宣教師《せんきょうし》がいた!?

スペインの*宣教師《せんきょうし》ラス・カサスは、スペイン人がアメリカ大《たい》陸《りく》の先住民《せんじゅうみん》を奴隷《どれい》として扱《あつか》っていることを記録《きろく》に残《のこ》した。ピサロのことは、「札《ふだ》つきの無法者《むほうもの》」と呼《よ》び、ピサロによる破壊《はかい》と虐《ぎゃく》殺《さつ》をスペイン王に報告《ほうこく》した。

*キリスト教を広めるために外国に派遣《はけん》される人。

インカ帝《てい》国《こく》の都市は山上にあった!?

インティワタナ
マチュピチュの最《もっと》も高い場所にある石。日時計と考えられている。
大広間
宗教《しゅうきょう》儀式《ぎしき》をおこなう場所と考えられている。
関連《かんれん》地図
マチュピチュ
(ペルー)

山の斜面《しゃめん》に段《だん》だん畑を築《きず》いて農業を営《いとな》んだ

インカ帝国《ていこく》では、標高約《ひょうこうやく》3400mの首都クスコや、標高約《ひょうこうやく》2400mのマチュピチュなど、多くの都市が標高《ひょうこう》の高いアンデス高地に築《きず》かれた。これは海岸近くの平野は面積《めんせき》が狭《せま》く、農業に適《てき》さない乾燥地帯《かんそうちたい》だったためだといわれる。

高地に築《きず》かれた都市の近くには、斜面《しゃめん》を切り開いて段《だん》だん畑が築《きず》かれ、優《すぐ》れた石の加工技術《かこうぎじゅつ》によって土砂崩《どしゃくず》れを防《ふせ》ぐ石垣《いしがき》が設《もう》けられた。段《だん》だん畑ではジャガイモやトウモロコシが栽培《さいばい》され、農業用水は石の水路によって遠くから引かれていた。

発見《はっけん》!

現在《げんざい》のマチュピチュ

優《すぐ》れた石の加工技術《かこうぎじゅつ》によってつくられた水路や道路、石垣《いしがき》などが残《のこ》されている。

畑
斜面《しゃめん》に石垣《いしがき》を築《きず》き、段《だん》だん畑にしてある。

マチュピチュの想像図《そうぞうず》

マチュピチュは、インカ帝《てい》国《こく》の時代に、標高約《ひょうこうやく》2400mの山上に築《きず》かれた都市。崖《がけ》に囲《かこ》まれていたため、スペイン人に発見されなかった。

ビジュアル資料《しりょう》

インカ帝国《ていこく》の都「クスコ」

クスコの標高《ひょうこう》は約《やく》3400mで、マチュピチュより標高《ひょうこう》の高い場所にある。インカ帝国《ていこく》の時代、都市全体が石垣《いしがき》で囲《かこ》まれ、人口は約《やく》20万人だったという。

ウソ!ホント!?

マチュピチュは別《べつ》の都市だと思われた!?

1911年、アメリカ人考古学者ビンガムはマチュピチュを発見した。しかしビンガムはこの遺跡《いせき》を、インカ帝国最後《ていこくさいご》の都市ビルカバンバだと信《しん》じていた。後にビンガムは、映画《えいが》『インディ・ジョーンズ』のモデルとなった。

ビンガム
(1875～1956)

発見《はっけん》!

太陽の神殿《しんでん》

半円形の建物《たてもの》で、窓《まど》からは冬《とう》至《じ》や夏至《げし》の朝日が正確《せいかく》に差《さ》しこむように設計《せっけい》されている。

奴《ど》隷《れい》貿《ぼう》易《えき》はこんなにひどかった!!

黒人奴隷《どれい》たちは、鎖《くさり》でつながれた状《じょう》態《たい》で運ばれた。

奴隷船《どれいせん》で運ばれる奴隷《どれい》たち

ヨーロッパ人によって、アフリカ大陸《たいりく》で捕《と》らえられた黒人たちは、奴隷船《どれいせん》でアメリカ大陸《たいりく》に運ばれて労働《ろうどう》させられた。

労働力《ろうどうりょく》を確保《かくほ》するため アフリカ黒人を連行《れんこう》した

　スペインはアメリカ大陸《たいりく》を植《しょく》民地《みんち》にして、先住民《せんじゅうみん》を強制的《きょうせいてき》に労働《ろうどう》させていたが、厳《きび》しい労働《ろうどう》や感染症《かんせんしょう》などで先住民《せんじゅうみん》の人口が減《へ》ると、アフリカ大陸《たいりく》で捕《つか》まえた黒人を奴隷《どれい》として働《はたら》かせるようになった。やがて、他のヨーロッパの国ぐにも、同じように奴隷《どれい》を連行《れんこう》して、アメリカ大陸《たいりく》の農園などで働《はたら》かせた。

　奴隷《どれい》たちは、奴隷船《どれいせん》にすき間のないほどつめこまれ、航海《こうかい》の途中《とちゅう》に多くが病死した。アメリカ大陸《たいりく》に運ばれた黒人奴隷《どれい》の数は、19世紀《せいき》までに1000万人以上《いじょう》になると推定《すいてい》されている。

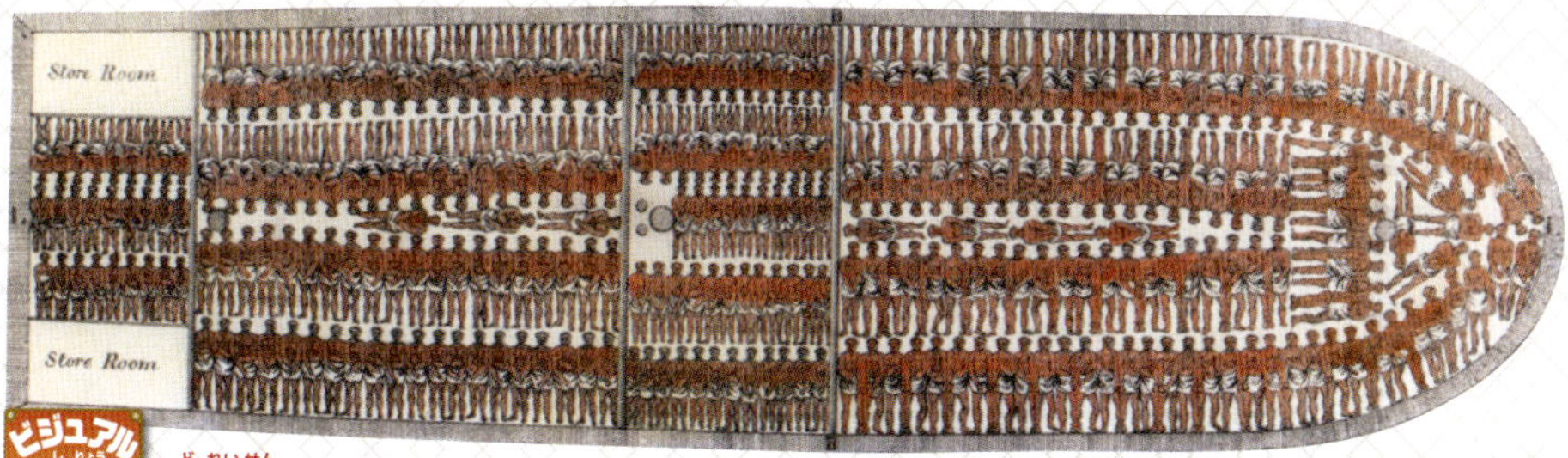

ビジュアル資料《しりょう》

奴隷船《どれいせん》の内部

奴隷《どれい》たちは、奴隷船《どれいせん》の甲板《かんぱん》の下につめこまれ、約《やく》2か月の間、ほとんど身動きできず、5〜6人にひとりが輸送中《ゆそうちゅう》に病死した。

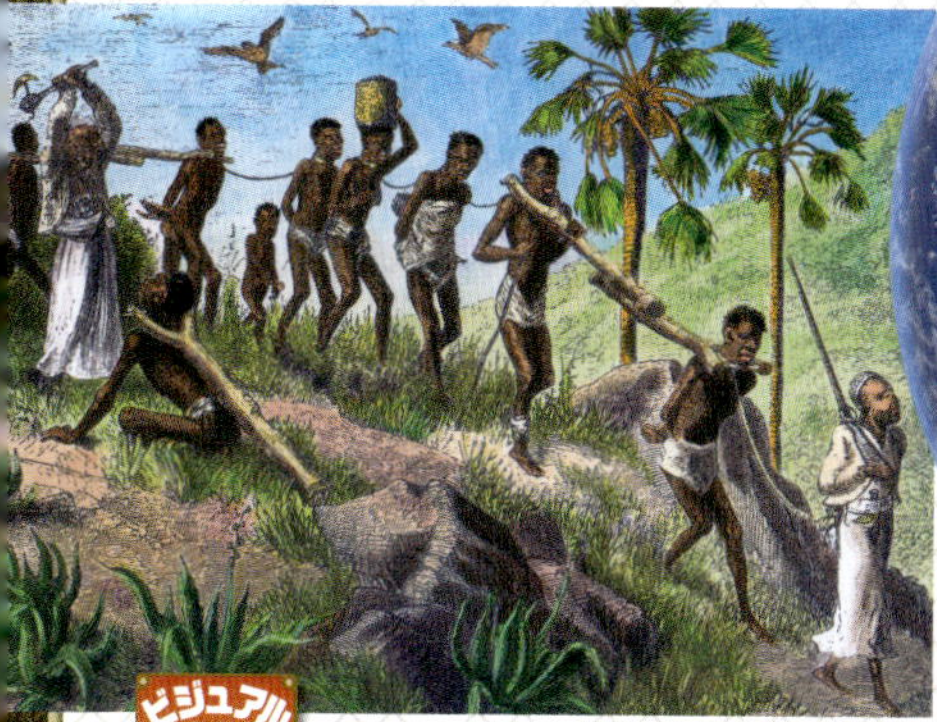

ビジュアル資料《しりょう》

奴隷狩《どれいが》り

アフリカの権力者《けんりょくしゃ》たちは、黒人を捕《と》らえてヨーロッパ人に売り、銃《じゅう》などと交換《こうかん》した。

三角貿易《さんかくぼうえき》

奴隷船《どれいせん》は銃《じゅう》やガラスなどを積《つ》んでヨーロッパの港を出発し、西アフリカで積《つ》み荷と奴隷《どれい》を交換《こうかん》し、アメリカ大陸《たいりく》に運んで奴隷《どれい》を売った。そこで砂糖《さとう》や綿花《めんか》を積《つ》んでヨーロッパにもどった。この貿易《ぼうえき》は、輸送船《ゆそうせん》の航路《こうろ》から三角貿易《さんかくぼうえき》と呼《よ》ばれた。

ウィルバーフォース
(1759〜1833)

ウソ! ホント!?

奴隷解放《どれいかいほう》のために立ち上がった政治家《せいじか》!!

イギリスの議員《ぎいん》だったウィルバーフォースは、奴隷貿易《どれいぼうえき》に反対する運動を約《やく》20年間続《つづ》け、奴隷貿易廃止法《どれいぼうえきはいしほう》を成立《せいりつ》させた。そして死後すぐに、イギリス国内《こくない》の奴隷《どれい》が廃止《はいし》された。

ビジュアル資料《しりょう》

罰《ばつ》を与《あた》えられる少女

裸《はだか》で踊《おど》ることを拒否《きょひ》した奴隷《どれい》の少女は、縄《なわ》でつり下げられ、鞭《むち》で打たれた。

1558年

エリザベス1世が即《そく》位《い》する

イギリス女王になる
エリザベス1世

姉のメアリー1世の死後、エリザベス1世は25歳《さい》で女王になり、その後、約《やく》44年間、イギリスを治《おさ》めた。

家族や親《しん》類《るい》関《かん》係《けい》で幼《おさな》い頃《ころ》から苦《く》労《ろう》した女王

エリザベス1世は、ヘンリー8世とアン・ブーリンの娘《むすめ》として生まれた。しかし3歳《さい》のとき、父が母を処刑《しょけい》した。その後、姉のメアリー1世(キャサリンの娘《むすめ》)が国王になったが、メアリーは、自分の母が離婚《りこん》される原因《げんいん》をつくったアン・ブーリンと、その娘《むすめ》エリザベス1世をにくんでいた。このためエリザベス1世は、ロンドン塔《とう》に閉《と》じこめられた。

メアリー1世は、カトリックを復活《ふっかつ》させ、イギリス国教徒《こっきょうと》を弾圧《だんあつ》し、世の中は混乱《こんらん》した。メアリー1世の死後、イギリス国王となったエリザベス1世は、イギリス国《こっ》

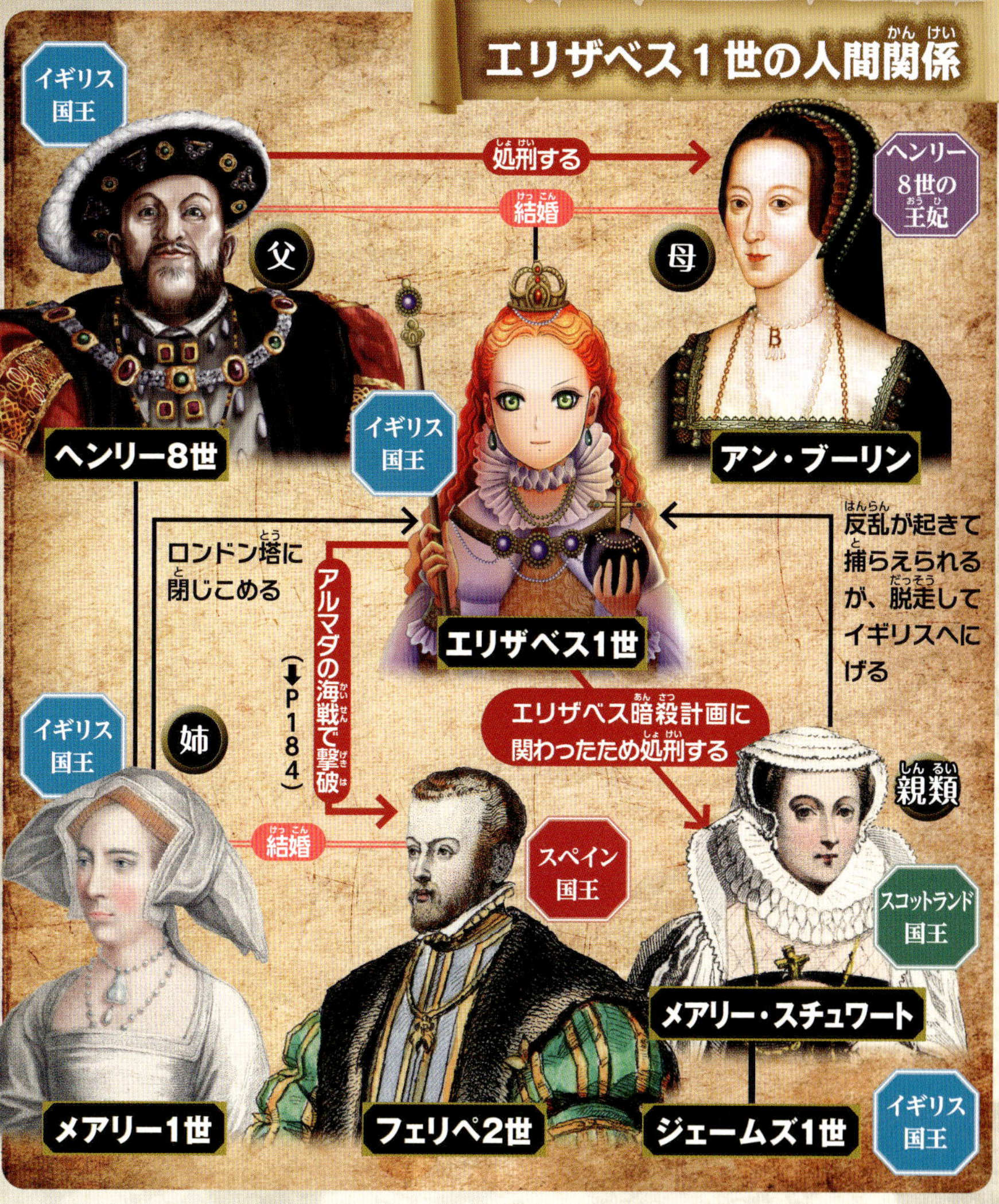
エリザベス１世の人間関係《かんけい》
イギリス国王
ヘンリー8世
父
処刑《しょけい》する
結婚《けっこん》
母
ヘンリー8世の王妃《おうひ》
アン・ブーリン
イギリス国王
エリザベス1世
ロンドン塔《とう》に閉《と》じこめる
アルマダの海戦《かいせん》で撃破《げきは》
（➡P184）
反乱《はんらん》が起きて捕《と》らえられるが、脱走《だっそう》してイギリスへにげる
エリザベス暗殺《あんさつ》計画に関わったため処刑《しょけい》する
イギリス国王
姉
結婚《けっこん》
スペイン国王
親類《しんるい》
スコットランド国王
メアリー・スチュワート
メアリー1世
フェリペ2世
ジェームズ1世
イギリス国王

教会《きょうかい》を確立《かくりつ》し、国内を安定させた。その後、親類《しんるい》のスコットランド国王メアリー・スチュワートがイギリスへにげてきたが、カトリックだったため、自分の暗殺《あんさつ》計画に関《かか》わったとして処刑《しょけい》した。

なるほどエピソード

エリザベス朝に活躍《かつやく》したシェイクスピア!!

*エリザベス朝では、芸術《げいじゅつ》や文学が栄《さか》え、演劇《えんげき》が多く上演《じょうえん》された。この時期に活躍《かつやく》したのが劇《げき》作家《さっか》のシェイクスピアで、『ロミオとジュリエット』や『ハムレット』など、現在《げんざい》でも上演《じょうえん》される有名作品を次つぎと発表した。

シェイクスピア
（1564〜1616）

＊エリザベス１世が国を治《おさ》めていた期間。

オランダが独立《どくりつ》を宣言《せんげん》する

戦《たたか》いを指揮《しき》するオラニエ公ウィレム
1574年、オランダ独立戦争《どくりつせんそう》で最大《さいだい》の激戦《げきせん》になったライデンの戦《たたか》いで、オラニエ公は堤《てい》防《ぼう》を破壊《はかい》して、スペイン軍《ぐん》を撤退《てったい》させた。

スペインからの独立《どくりつ》を目指して戦《たたか》いを挑《いど》む

大航海《だいこうかい》時代に入ると、貿易《ぼうえき》の中心地は地中海《ちちゅうかい》から大西洋やインド洋に移《うつ》った。当時、オランダはスペイン領《りょう》だったが、自治権《じちけん》(自分たちで政治《せいじ》ができる権利《けんり》)をもち、貿易《ぼうえき》で繁栄《はんえい》していた。また、プロテスタントが多かった。これに対し、スペイン国王フェリペ2世は、オランダの自治権《じちけん》をうばい、プロテスタントを弾圧《だんあつ》した。1568年、オランダは独立《どくりつ》を求《もと》め、スペインに戦《たたか》いを挑《いど》んだ。

激《はげ》しい戦《たたか》いが続《つづ》く中、1581年にオランダは独立《どくりつ》を宣言《せんげん》し、オラニエ公ウィレムが初代総督《しょだいそうとく》になった。しかしスペインは独立《どくりつ》を

ビジュアル資料《しりょう》

17世紀《せいき》のアムステルダム港

アムステルダム（オランダ）は、世界の貿易《ぼうえき》・金融《きんゆう》の中心地として繁栄《はんえい》した。

発見《はっけん》!

東インド会社の帆船《はんせん》（復元《ふくげん》）

1602年にオランダで設立《せつりつ》された東インド会社は、ジャワ島（インドネシア）を拠点《きょてん》に、アジアとの貿易《ぼうえき》を独占《どくせん》した。

オラニエ公ウィレム
(1533～1584)

オランダ独立戦争《どくりつせんそう》の指導者《しどうしゃ》で、スペインとの戦《たたか》いを勝利《しょうり》に導《みちび》いた。オランダ連邦共和国《れんぽうきょうわこく》の初代《しょだい》総督《そうとく》となったが、暗殺《あんさつ》された。

認《みと》めず、ウィレムは暗殺《あんさつ》された。指導者《しどうしゃ》を失《うしな》ったオランダはイギリスにたすけを求《もと》め、これに応《おう》じたイギリスはオランダの独立《どくりつ》を支《し》援《えん》した。オランダは独立戦争中《どくりつせんそうちゅう》も貿易《ぼうえき》で国力を強めていった。

ウソ!ホント!? チューリップの球根《きゅうこん》が年収《ねんしゅう》より高かった!?

経済《けいざい》が繁栄《はんえい》していた17世紀《せいき》前半のオランダでは、チューリップの球根《きゅうこん》の値段《ねだん》が異常《いじょう》に高くなり、1個《こ》の値段《ねだん》が、職人《しょくにん》の年収《ねんしゅう》の10倍以《い》上《じょう》になるものまで現《あらわ》れた。しかし突然《とつぜん》、球根《きゅうこん》の値段《ねだん》は下がり、オランダ経済《けいざい》は大混乱《だいこんらん》した。

1588年

アルマダの海戦《かいせん》

アルマダの海戦《かいせん》
イギリス艦隊《かんたい》は、すばやく動ける小型船《こがたせん》から砲撃《ほうげき》を加《くわ》え、スペインの無敵艦隊《むてきかんたい》（アルマダ）を撃破《げきは》した。

勝 戦力《せんりょく》 約《やく》230隻《せき》

エリザベス1世

イギリス軍《ぐん》

VS

スペイン軍《ぐん》

フェリペ2世

負 戦力《せんりょく》 約《やく》130隻《せき》

スペインの無敵艦隊《むてきかんたい》がイギリス艦隊《かんたい》に敗北《はいぼく》する

イギリスのエリザベス1世は、ドレークに命じて、私拿捕船《しだほせん》（国家が認《みと》めた海賊船《かいぞくせん》）でスペインの貨物船《かもつせん》をおそわせていた。また、スペインからの独立《どくりつ》を目指すオランダを支援《しえん》した。怒《おこ》ったスペインのフェリペ2世は、イギリスへの攻撃《こうげき》を決意し、当時、世界最強《さいきょう》の艦隊《かんたい》と呼《よ》ばれた「無敵艦隊《むてきかんたい》（アルマダ）」を送りこんだ。

無敵艦隊《むてきかんたい》はイギリスに上陸《じょうりく》しようとしたが、ドーバー海峡《かいきょう》でイギリス海軍《かいぐん》とぶつかり、小型船《こがたせん》による攻撃《こうげき》で大敗《たいはい》した。さらに帰国途《と》

ビジュアル資料《しりょう》

勝利《しょうり》したエリザベス１世

アルマダの海戦後《かいせんご》のエリザベス１世の肖像画《しょうぞうが》。背後《はいご》にはアルマダの海戦《かいせん》の場面がえがかれている。

発見《はっけん》！

ドレーク像《ぞう》

イギリス艦隊《かんたい》を率《ひき》いた副《ふく》司令官《しれいかん》は、海賊《かいぞく》出身のドレークだった。ドレークは、エリザベス１世の許《きょ》可《か》を得《え》て、スペインの貨物船《かもつせん》をおそい、財宝《ざいほう》などをうばっていた（イギリス）。

中《ちゅう》に嵐《あらし》にあい、大損害《だいそんがい》が出た。

この結果《けっか》、大西洋の支配権《しはいけん》はスペインに代わって、イギリスがにぎった。この敗戦《はいせん》以降《いこう》、スペインは勢力《せいりょく》を失《うしな》い、オランダは１６０９年、独立《どくりつ》を勝ち取った。

なるほどエピソード

エリザベスは演説《えんぜつ》で兵士《へいし》を勇気《ゆうき》づけた!?

アルマダの海戦《かいせん》の最中《さいちゅう》、エリザベス1世は、首都ロンドンを流れるテムズ川を守る兵《へい》たちのもとを訪《おとず》れ、「私《わたし》は女性《じょせい》で体は弱いけれど、イギリス国王の魂《たましい》をもっている。自ら剣《けん》を持って戦《たたか》う」と演《えん》説《ぜつ》し、兵士《へいし》たちを勇気《ゆうき》づけた。

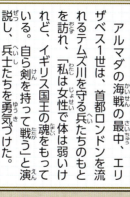

日本とヨーロッパの出会い!!

種子島時尭《たねがしまときたか》(1528〜1579)

戦国《せんごく》時代の種子島《たねがしま》(鹿児島《かごしま》県《けん》)の領主《りょうしゅ》。1543年、種子島《たねがしま》に漂着《ひょうちゃく》したポルトガル人から鉄砲《てっぽう》を2丁購入《こうにゅう》し、つくり方を職人《しょくにん》に研究させた。

ザビエル(1506〜1552)

スペインの宣教師《せんきょうし》。イエズス会(カトリック修道士《しゅうどうし》の団体《だんたい》)を設立《せつりつ》した後、日本に上陸《じょうりく》して戦国大名《せんごくだいみょう》に会い、キリスト教を日本に伝《つた》えた。

南蛮人《なんばんじん》から鉄砲《てっぽう》やキリスト教が伝《つた》わる

大航海《だいこうかい》時代、スペインやポルトガルはアジアとの貿易《ぼうえき》を開始した。１５４３年、ポルトガル人が種子島《たねがしま》(鹿児島県《かごしまけん》)に流れ着き、鉄砲《てっぽう》を伝《つた》えた。当時の日本は戦国《せんごく》時代だったので、鉄砲《てっぽう》は一気に広まった。また、１５４９年にはザビエルが日本にキリスト教を伝《つた》えた。

その後、ヨーロッパ人の商人たちは続《ぞく》ぞくと日本を訪《おとず》れ、積《せっ》極《きょく》的《てき》に貿易《ぼうえき》をおこない、ヨーロッパの品物が輸入《ゆにゅう》された。ポルトガル人やスペイン人は南蛮《なんばん》人《じん》と呼《よ》ばれたため、この貿易《ぼうえき》は南蛮貿易《なんばんぼうえき》という。

長崎歴史文化博物館所蔵

日本に到着《とうちゃく》した南蛮船《なんばんせん》

ヨーロッパの貿易船《ぼうえきせん》は南蛮船《なんばんせん》と呼《よ》ばれた。この絵は、南蛮船《なんばんせん》から荷物を小舟《こぶね》に乗せて、陸揚《りくあ》げしている場面。

地球儀《ちきゅうぎ》を見る織田信長《おだのぶなが》

ヨーロッパに強い関心《かんしん》をもっていた戦国武将《せんごくぶしょう》の織田信長《おだのぶなが》は、宣教師《せんきょうし》から地球儀《ちきゅうぎ》を贈《おく》られた。

長崎歴史文化博物館所蔵

長崎《ながさき》の出島《でじま》

1613年、キリスト教を禁止《きんし》した江戸幕府《えどばくふ》は、外国との交流を制限《せいげん》し、1634年、長崎《ながさき》に人工の島「出島《でじま》」を築《きず》いた。出島《でじま》ではキリスト教を広めないオランダと、清《しん》(中国《ちゅうごく》)と貿易《ぼうえき》したが、それ以外《いがい》の国との貿易《ぼうえき》は禁止《きんし》した。

天正《てんしょう》遣欧《けんおう》少年《しょうねん》使《し》節《せつ》

1582年、キリスト教を信《しん》じる九州《きゅうしゅう》の戦国大名《せんごくだいみょう》たちは、ローマ教皇《きょうこう》のもとに4人の少年を派遣《はけん》した。

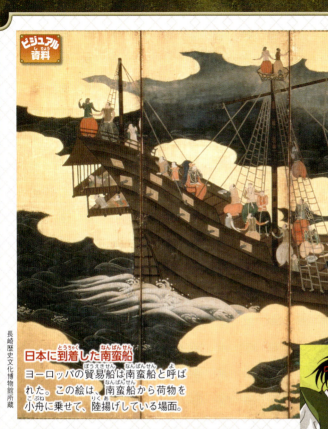

壬辰《じんしん》・丁酉倭乱《ていゆうわらん》

壬辰《じんしん》・丁酉倭乱関連地図《ていゆうわらんかんれんちず》

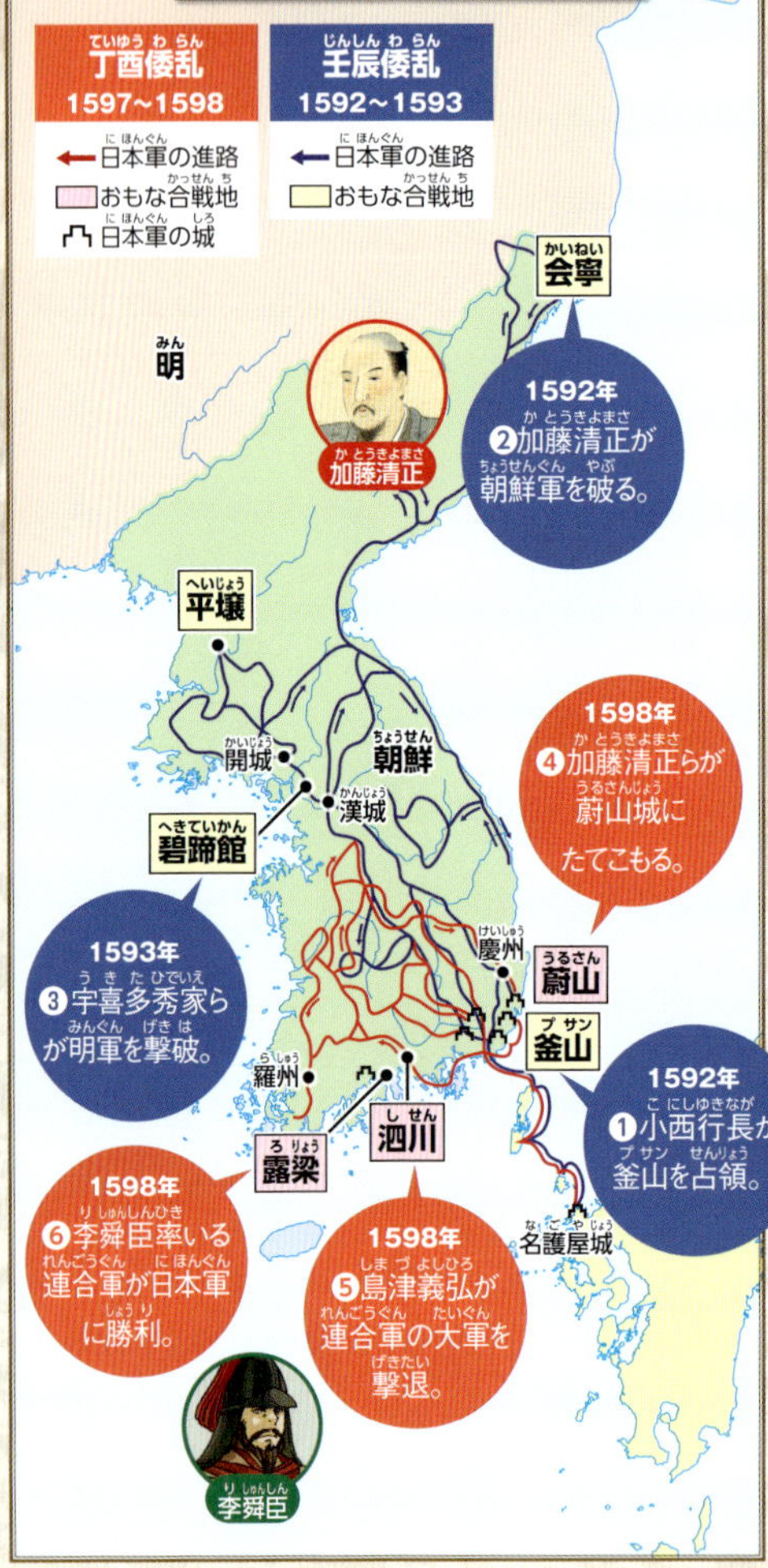
丁酉倭乱《ていゆうわらん》
1597~1598
日本軍《にほんぐん》の進路
おもな合戦地《かっせんち》
日本軍《にほんぐん》の城《しろ》
壬辰倭乱《じんしんわらん》
1592~1593
日本軍《にほんぐん》の進路
おもな合戦地《かっせんち》
明《みん》
会寧《かいねい》
加藤清正《かとうきよまさ》
1592年 ❷加藤清正《かとうきよまさ》が朝鮮軍《ちょうせんぐん》を破《やぶ》る。
平壌《へいじょう》
開城《かいじょう》
朝鮮《ちょうせん》
漢城《かんじょう》
碧蹄館《へきていかん》
1598年 ❹加藤清正《かとうきよまさ》らが蔚山城《うるさんじょう》にたてこもる。
1593年 ❸宇喜多秀家《うきたひでいえ》らが明軍《みんぐん》を撃破《げきは》。
慶州《けいしゅう》
蔚山《うるさん》
釜山《プサン》
羅州《らしゅう》
泗川《しせん》
露梁《ろりょう》
1592年 ❶小西行長《こにしゆきなが》が釜山《プサン》を占領《せんりょう》。
名護屋城《なごやじょう》
1598年 ❻李舜臣《りしゅんしん》率《ひき》いる連合軍《れんごうぐん》が日本軍《にほんぐん》に勝利《しょうり》。
1598年 ❺島津義弘《しまづよしひろ》が連合軍《れんごうぐん》の大軍《たいぐん》を撃退《げきたい》。
李舜臣《りしゅんしん》

ビジュアル資料《しりょう》

釜山城《プサンじょう》
日本軍《にほんぐん》

釜山城《プサンじょう》を攻《せ》める日本軍《にほんぐん》（壬辰倭乱《じんしんわらん》）

1592年、朝鮮《ちょうせん》半島に上陸《じょうりく》した日本軍《にほんぐん》は、釜山城《プサンじょう》を攻《せ》め落とした。

李舜臣《りしゅんしん》(1545~1598)

朝鮮《ちょうせん》の武将《ぶしょう》。亀甲船《きっこうせん》（船の上部を厚《あつ》い板で覆《おお》った軍船《ぐんせん》）を建造《けんぞう》し、朝鮮水軍《ちょうせんすいぐん》を率《ひき》いて日本軍《にほんぐん》を苦しめた。

領土拡大《りょうどかくだい》をねらう秀吉《ひでよし》が朝鮮《ちょうせん》に大被害《だいひがい》をもたらす

戦国武将《せんごくぶしょう》・織田信長《おだのぶなが》は南蛮貿易《なんばんぼうえき》の利益《りえき》などで鉄砲《てっぽう》を大量《たいりょう》に装備《そうび》し、日本統一《とういつ》を進めた。信長《のぶなが》の後継者《こうけいしゃ》・豊臣秀吉《とよとみひでよし》は、日本を統一《とういつ》した後、明《みん》（中国《ちゅうごく》）の征服《せいふく》を目指して、朝鮮《ちょうせん》に約《やく》15万人の大軍《たいぐん》を送りこんだ。釜山《プサン》に上陸《じょうりく》し、圧倒的《あっとうてき》な勢《いきお》いで進撃《しんげき》した日本軍《にほんぐん》は、首都・漢城《かんじょう》（ソウル）を占領《せんりょう》したが、明《みん》の援軍《えんぐん》や、民衆《みんしゅう》が組織《そしき》した義兵《ぎへい》の抵抗《ていこう》により行きづまり、休戦《きゅうせん》して撤退《てったい》した（*壬辰倭乱《じんしんわらん》）。

1597年、秀吉《ひでよし》は再《ふたた》び朝鮮《ちょうせん》に出兵《しゅっぺい》したが、朝鮮《ちょうせん》の武将《ぶしょう》・李《り》

＊日本では、壬辰倭乱《じんしんわらん》は「文禄《ぶんろく》の役《えき》」、丁酉倭乱《ていゆうわらん》は「慶長《けいちょう》の役《えき》」という。

分	戦力《せんりょく》（壬辰倭乱《じんしんわらん》）	約《やく》25万人
	戦力《せんりょく》（丁酉倭乱《ていゆうわらん》）	数十万人

李舜臣《りしゅんしん》

明《みん》・朝鮮軍《ちょうせんぐん》

VS

日本軍《にほんぐん》

豊臣秀吉《とよとみひでよし》

分	戦力《せんりょく》（壬辰倭乱《じんしんわらん》）	約《やく》15万人
	戦力《せんりょく》（丁酉倭乱《ていゆうわらん》）	約《やく》14万人

明《みん》・朝鮮軍《ちょうせんぐん》
蔚山城《うるさんじょう》
加藤清正《かとうきよまさ》が戦《たたか》いの拠点《きょてん》として築《きず》いた日本式の城《しろ》。

蔚山城《うるさんじょう》の戦《たたか》い（丁酉倭乱《ていゆうわらん》）

加藤清正《かとうきよまさ》率《ひき》いる約《やく》1万人が立てこもる蔚山城《うるさんじょう》を、明《みん》・朝《ちょう》鮮軍約《せんぐんやく》6万人が包囲《ほうい》した戦《たたか》い。落城《らくじょう》の危機《きき》におちいったが、清正《きよまさ》は、かけつけた援軍《えんぐん》と一緒《いっしょ》に敵軍《てきぐん》を破《やぶ》った。

舜臣《しゅんしん》の活躍《かつやく》などで日本軍《にほんぐん》は、朝《ちょう》鮮《せん》半島南部で釘《くぎ》づけにされた。苦《く》戦《せん》が続《つづ》く中、秀吉《ひでよし》は病死し、日本《にほん》軍《ぐん》は撤退《てったい》した（*丁酉倭乱《ていゆうわらん》）。7年におよぶ戦乱《せんらん》によって朝鮮《ちょうせん》は荒《あ》れ果《は》て、人口は大きく減《へ》った。

なるほどエピソード

戦争《せんそう》によって両国の文化が交流した!?

現在《げんざい》、韓国料理《かんこくりょうり》に欠《か》かせない唐《とう》辛子《がらし》は、壬辰《じんしん》・丁酉倭乱《ていゆうわらん》のとき、加藤清正《かとうきよまさ》が朝鮮《ちょうせん》に持ちこんだのが起源《きげん》とされる。また九州《きゅうしゅう》の有田《ありた》焼《やき》、薩摩焼《さつまやき》などの焼《や》き物《もの》は、戦国《せんごく》武将《ぶしょう》が朝鮮《ちょうせん》の焼《や》き物師《ものし》を連行《れんこう》し、つくらせたのがはじまりである。

1609年

ガリレイが天体観《かん》測《そく》を開始

天体を観測《かんそく》するガリレイ

ガリレイは自分でつくった望遠鏡《ぼうえんきょう》で天体の観測《かんそく》を開始し、月にクレーター(くぼみ)があることを発見した。

観《かん》測《そく》結《けっ》果《か》から地《ち》動《どう》説《せつ》の正しさを確《かく》信《しん》する

16世紀《せいき》のヨーロッパにおいて、学問の世界ではキリスト教会の権威《けんい》が強かった。教会は、太陽や星などは地球を中心に回っているという「天動説《てんどうせつ》」を主張《しゅちょう》していた。ところが1543年、ポーランド出身の学者コペルニクスは、太陽を中心に地球が回っているという「地動説《ちどうせつ》」を発表した。教会は地動説《ちどうせつ》を激《はげ》しく非難《ひなん》した。

イタリア出身の学者ガリレイは、1609年、望遠鏡《ぼうえんきょう》を自分で製作《せいさく》し、天体観測《かんそく》をはじめた。観測《かんそく》の結果《けっか》、「地動説《ちどうせつ》」が正しいことを確信《かくしん》し、地動説《ちどうせつ》の解説《かいせつ》を『天文対話《てんもんたいわ》』に書いて出版《しゅっぱん》した。この

ビジュアル資料《しりょう》

ガリレイの望遠鏡《ぼうえんきょう》

ガリレイは、オランダの眼鏡職人《めがねしょくにん》が望遠鏡《ぼうえんきょう》を発明したことを知ると、倍率《ばいりつ》が14倍と20倍の望遠鏡《ぼうえんきょう》を自分でつくり、天体観測《かんそく》をはじめた。翌年《よくとし》には、木星に4つの衛星《えいせい》(惑星《わくせい》の周《まわ》りを公転する天体)を発見した。

ガリレオ・ガリレイ(1564~1642)

イタリア出身の物理学者・天文学者。落下《らっか》の法則《ほうそく》を発見した。また、天体観測《かんそく》により地動説《ちどうせつ》の正しさを確認《かくにん》した。

ビジュアル資料《しりょう》

宗教裁判《しゅうきょうさいばん》にかけられるガリレイ

宗教裁判《しゅうきょうさいばん》にかけられたガリレイは、地動説《ちどうせつ》を取り下げることを宣言《せんげん》させられたが、「それでも地球は動く」とつぶやいたとされる。

ためガリレイは、教会から異端者《いたんしゃ》(正統《せいとう》でない教えの信者《しんじゃ》)とされ、地動説《ちどうせつ》を取り下げるように強制《きょうせい》された。しかしその後に活躍《かつやく》した学者たちによって、地動説《ちどうせつ》の正しさは証明《しょうめい》された。

なるほどエピソード

レールの上に球を転がして実験《じっけん》した!?

ガリレイは*落下《らっか》の法則《ほうそく》を証明《しょうめい》するため、同じ大きさでちがう重さの2個《こ》の球を、ななめに置《お》いたレールの上で転がした。2個《こ》の球は同じ速度で転がったため、重さによって物体の落ちる速度が変《か》わらないことが証明《しょうめい》された。

*物体が落ちるとき、空気の抵抗《ていこう》がなければ、重さに関係《かんけい》なく、落ちる速度は等しいこと。

万有引力《ばんゆういんりょく》の法則《ほうそく》が発見される

万有引力《ばんゆういんりょく》の研究をするニュートン
大学の休暇中《きゅうかちゅう》、故郷《こきょう》に帰った22歳《さい》のニュートンは、研究に集中し、万有引《ばんゆういん》力《りょく》の法則《ほうそく》を発見した。

物理学者ニュートンが近代物理学の基礎《きそ》を築《きず》く

ガリレイが観測《かんそく》によって地動説《ちどうせつ》を主張《しゅちょう》するなど、17世紀《せいき》のヨーロッパでは、合理的《ごうりてき》な考え方に基《もと》づく自然《しぜん》科学が進歩した。

イギリスの物理学者ニュートンは、リンゴが木から落ちるのを見て、「リンゴは地面に落ちるのに、なぜ月は地球に落ちないのか」と考えたといわれ、このことから、「あらゆる物体は、お互《たが》いに引き合う力をもつ」という、万有引力《ばんゆういんりょく》の法《ほう》則《そく》（➡P193）を発見した。またニュートンは、太陽の光の分析《ぶんせき》をしたり、微分積分法《びぶんせきぶんほう》という新しい数学理論《りろん》を発見したりした。これらのニュートンの発見によって、

ビジュアル資料《しりょう》

スペクトルの実験《じっけん》

ニュートンは、太陽光をプリズム（透明《とうめい》な素材《そざい》でできた多面体）に通して分散《ぶんさん》させ、虹《にじ》色のスペクトル（光の帯《おび》）をつくり出した。これにより、太陽光は無《む》数《すう》の色の光が混《ま》ざったものであることがわかった。

ニュートン（1642〜1727）

イギリスの物理学者・天文学者。万有引《ばんゆういん》力《りょく》の法則《ほうそく》や光の分析《ぶんせき》、微分積分法《びぶんせきぶんほう》などを発見し、近代物理学の基礎《きそ》を築《きず》いた。

なぜ月は地球に落ちない？

万有引力《ばんゆういんりょく》とは、あらゆる物がもつ、互《たが》いに引き合う力のこと。このため地球上では物体は地面に落ちる。しかし月は地球に落ちず、軌道《きどう》を回っている。これは地球を回っている月に、飛《と》び出そうとする「遠心《えんしん》力《りょく》」が働《はたら》いているためである。

近代物理学の基礎《きそ》が築《きず》かれた。

近代自然《しぜん》科学の発展《はってん》により、合《ごう》理的《りてき》な考えが広まると、「国王だけが権力《けんりょく》をにぎるのは不自然《ふしぜん》で、民衆《みんしゅう》も政治《せいじ》に参加《さんか》するべき」という新しい考え方が生まれた。

ウソ！ホント!?

誰《だれ》もいない教室で授業《じゅぎょう》を続《つづ》けた!?

大学でのニュートンの講義《こうぎ》は、内容《ないよう》があまりにも難《むずか》しくて、学生には理解《りかい》ができなかった。このため、学生は教室から次つぎと出ていった。しかしニュートンは学生がひとりもいなくなっても、講義《こうぎ》を続《つづ》けていたという。

三《さん》十《じゅう》年《ねん》戦《せん》争《そう》がはじまる

宗教戦争《しゅうきょうせんそう》をきっかけに国際戦争《こくさいせんそう》へ発展《はってん》する

神聖《しんせい》ローマ帝国《ていこく》は諸侯《しょこう》(領地《りょうち》をもつ貴族《きぞく》)が治《おさ》める領邦《りょうほう》(小国家)で構成《こうせい》されていた。諸侯《しょこう》の中にはプロテスタントもいたが、神聖《しんせい》ローマ皇帝《こうてい》を独占《どくせん》するハプスブルク家(⬇P213)がプロテスタントを弾圧《だんあつ》したため、諸侯《しょこう》はカトリック派《は》とプロテスタント派《は》に分かれて戦《たたか》いをはじめた。

初期《しょき》は国内の戦争《せんそう》だったが、やがてフランス・スウェーデンなどがプロテスタント側《がわ》で参戦《さんせん》し、大規模《きぼ》な国際戦争《こくさいせんそう》となった(三十年《さんじゅうねん》戦争《せんそう》)。30年続《つづ》いたこの戦争《せんそう》は、フランスなどが勝利《しょうり》し、ウェストファリア条約《じょうやく》が結《むす》ばれた。敗《やぶ》れた

ワレンシュタイン(1583~1634)

ボヘミア(チェコ)の傭兵隊長《ようへいたいちょう》で、三十年戦争《さんじゅうねんせんそう》のときに神聖《しんせい》ローマ帝国軍《ていこくぐん》の総司令官《そうしれいかん》となった。デンマークを破《やぶ》ったが、グスタフ・アドルフ率《ひき》いるスウェーデンに敗《やぶ》れた。

ワイセンベルクの戦《たたか》い

1620年、三十年戦争《さんじゅうねんせんそう》の初期《しょき》に起きた大規模《きぼ》な戦《たたか》い。神聖《しんせい》ローマ帝国《ていこく》(ドイツ)のカトリック勢力《せいりょく》が、ボヘミア(チェコ)のワイセンベルクでプロテスタント勢力《せいりょく》を撃破《げきは》した。

グスタフ・アドルフ(1594~1632)

スウェーデン国王。スウェーデンの勢力《せいりょく》を拡大《かくだい》し、「北方の獅子《しし》」と呼《よ》ばれた。三十年戦争《さんじゅうねんせんそう》ではプロテスタントを支持《しじ》したが、ワレンシュタインとの戦《たたか》いで戦死《せんし》した。

17世紀中頃《せいきなかごろ》のヨーロッパ

ノルウェー王国
スウェーデン王国
スコットランド王国
北海
バルト海
ロシア帝国《ていこく》
デンマーク王国
イギリス王国
オランダ共和国《きょうわこく》
ロンドン
ブランデンブルク
プロイセン
ウェストファリア
ネーデルラント
ザクセン
大西洋
パリ
神聖《しんせい》ローマ帝国《ていこく》
プラハ
ボヘミア
ポーランド王国
バイエルン
ウィーン
ハンガリー王国
フランス王国
スイス
オーストリア
オスマン帝国《ていこく》
ベネチア共和国《きょうわこく》
ポルトガル王国
スペイン王国
ジェノバ共和国《きょうわこく》
教皇領《きょうこうりょう》
ローマ
黒海
サルデーニャ
ナポリ王国
地中海
神聖《しんせい》ローマ帝国《ていこく》の境界《きょうかい》
ハプスブルク家の領土《りょうど》(スペイン系)
ハプスブルク家の領土《りょうど》(オーストリア系)
*ホーエンツォレルン家(有力諸侯《しょこう》)の領土《りょうど》

＊後にプロイセン国王、さらにドイツ皇帝《こうてい》となった家系《かけい》。

ウェストファリア条約《じょうやく》は1648年、領邦《りょうほう》も加《くわ》えると66か国が参加《さんか》して結《むす》ばれた。

ハプスブルク家は勢力《せいりょく》を失《うしな》い、領邦《りょうほう》は独立《どくりつ》国家として認《みと》められた。

ピューリタン革命《かくめい》がはじまる

王党派《おうとうは》を攻撃《こうげき》するクロムウェル

内戦《ないせん》が起きると、クロムウェルはピューリタン(イギリスのプロテスタント)を鉄《てっ》騎《き》隊《たい》に組織《そしき》して戦《たたか》い、王党派《おうとうは》に勝利《しょうり》した。

国王と議会《ぎかい》が対立しふたつの革命《かくめい》が起きる

17世紀《せいき》のイギリスは、国王と議《ぎ》会《かい》が共同《きょうどう》で政治《せいじ》をおこなっていた。しかし国王チャールズ1世は、1629年に議会《ぎかい》を解散《かいさん》し、以後《いご》11年間、議会《ぎかい》を開かず、自ら政治《せいじ》をおこなった。このためチャールズ1世への不満《ふまん》が高まり、1642年、国王を中心とする王党派《おうとうは》と、クロムウェルを中心とする議《ぎ》会派《かいは》との間で内戦《ないせん》が起きた。勝《しょう》利《り》したクロムウェルはチャールズ1世を処刑《しょけい》し、*共和政《きょうわせい》を開始した(ピューリタン革命《かくめい》)。

しかしクロムウェルは独裁政治《どくさいせいじ》をおこなったため、国民《こくみん》の支持《しじ》を失《うしな》った。クロムウェルの死後、

*国家の代表者を国民《こくみん》の中から選《えら》ぶ政治体制《せいじたいせい》。

イギリス革命《かくめい》の流れ

❶ピューリタン革命《かくめい》(1642年)

国王チャールズ1世の政治《せいじ》に議会《ぎかい》が反抗《はんこう》し、内戦《ないせん》が起こる。クロムウェルの率《ひき》いる議会派《ぎかいは》が王党派《おうとうは》を破《やぶ》って勝利《しょうり》し、共和政《きょうわせい》を開始した。

処刑前《しょけいまえ》、子どもたちに別《わか》れを告《つ》げるチャールズ1世。

❷王政復古《おうせいふっこ》(1660年)

独裁政治《どくさいせいじ》をおこなったクロムウェルが死ぬと、国外にいたチャールズ2世(チャールズ1世の子)が国王として迎《むか》えられ、王政《おうせい》が復活《ふっかつ》した。

ロンドンに入るチャールズ2世。

❸名誉革命《めいよかくめい》(1688年)

チャールズ2世の死後、国王となったジェームズ2世は、自分勝手な政治《せいじ》をおこなった。そのため議会《ぎかい》はオランダから新国王ウィリアム3世を招《まね》いた。

ウィリアム3世は、妻《つま》のメアリ2世(ジェームズ2世の長女)と一緒《いっしょ》に国王になった。

クロムウェル(1599~1658)

ピューリタン革命《かくめい》の指導者《しどうしゃ》。議会派《ぎかいは》を率《ひき》いて王党派《おうとうは》を破《やぶ》り、チャールズ1世を処刑《しょけい》。その後は、独裁政治《どくさいせいじ》をおこなった。

チャールズ1世(1600~1649)

イギリス国王。議会《ぎかい》と対立したことで内戦《ないせん》を招《まね》いたが敗《やぶ》れ、クロムウェルに処刑《しょけい》された。

イギリスは王政《おうせい》にもどった(王政《おうせい》復古《ふっこ》)。しかし、国王は再《ふたた》び議会《ぎかい》を無視《むし》しようとしたので、議会《ぎかい》はオランダから新国王を迎《むか》えた(名《めい》誉《よ》革命《かくめい》)。こうしてイギリスでは、議会《ぎかい》が国王の権限《けんげん》を制限《せいげん》する体制《たいせい》が整った。この一連《いちれん》の革命《かくめい》を「イギリス革命《かくめい》」という。

1682年

ベルサイユ宮《きゅう》殿《でん》が完《かん》成《せい》する

ベルサイユ宮殿《きゅうでん》をながめるルイ14世

ルイ14世は、首都パリから約《やく》20km離《はな》れた場所に、約《やく》20年をかけてベルサイユ宮《きゅう》殿《でん》を完成《かんせい》させた。

勢《いきお》いに乗るフランスで絶《ぜっ》対《たい》的《てき》な権力《けんりょく》をふるう

三十年戦争《せんそう》の最中《さいちゅう》に、4歳《さい》でフランス国王になったルイ14世は、23歳《さい》より、自ら政治《せいじ》をおこなうようになり、「朕《ちん》(私《わたし》)は国家なり」と宣言《せんげん》し、強大な権力《けんりょく》をふるった。

ルイ14世は、工業や貿易《ぼうえき》の発展《はってん》に力を注ぐ一方、パリ郊外《こうがい》のベルサイユに豪華《ごうか》な宮殿《きゅうでん》の建設《けんせつ》を開始した。ベルサイユ宮殿《きゅうでん》には貴《き》族《ぞく》や芸術家《げいじゅつか》などが集められ、華《はな》やかな宮廷《きゅうてい》文化が栄《さか》えた。

領土《りょうど》の拡大《かくだい》にも熱心《ねっしん》だったルイ14世は、軍隊《ぐんたい》を強化し、侵略戦争《しんりゃくせんそう》をくり返したが、周辺国《しゅうへんこく》は同盟《どうめい》を結《むす》んで対抗《たいこう》したため、成功《せいこう》はしなかった。フランス国民《こくみん》は多額《たがく》の戦《せん》

ビジュアル資料《しりょう》

建設途中《けんせつとちゅう》のベルサイユ宮殿《きゅうでん》

ベルサイユ宮殿《きゅうでん》は、ルイ14世が権力《けんりょく》と経済力《けいざいりょく》を示《しめ》すために建設《けんせつ》した。豪華《ごうか》な建物《たてもの》と広大な庭園は、その後の宮殿《きゅうでん》のモデルになった。

発見《はっけん》!

噴水《ふんすい》庭園

ベルサイユ宮殿《きゅうでん》から10km離《はな》れたセーヌ川から水をくみ上げ、水道橋で運んだ水を噴《ふ》き上げている。

ルイ14世(1638~1715)

４歳《さい》でフランス国王になり、76歳《さい》まで王として国を治《おさ》めた。絶対的《ぜったいてき》な権力《けんりょく》をにぎり、「太陽王」と呼《よ》ばれた。ユグノーを弾圧《だんあつ》し、侵略戦争《しんりゃくせんそう》をくり返したが、成功《せいこう》しなかった。

争費用《そうひよう》をまかなうため、重い税金《ぜいきん》を課《か》せられ、不満《ふまん》を高めた。またルイ14世は*ユグノーを弾圧《だんあつ》したため、ユグノーが多かった商工業者が国外へにげて、国内の産業《さんぎょう》はおとろえた。

ウソ!ホント!?

ベルサイユ宮殿《きゅうでん》にはトイレがなかった!?

ベルサイユ宮殿《きゅうでん》には、王族や高級貴族《きぞく》用のトイレはあったが、それ以外《いがい》の人びとにはトイレはなく、陶器製《とうきせい》の「おまる」を使って、庭や廊下《ろうか》で用を足した。おまるの中身は、宮殿《きゅうでん》の敷地《しきち》内にそのまま捨《す》てていたそうだ。

*フランスのプロテスタントのうち、カルバン派《は》(厳格《げんかく》な一派《いっぱ》)をユグノーと呼《よ》ぶ。

康熙帝《こうきてい》が政治《せいじ》をはじめる

15歳《さい》で権力《けんりょく》をにぎった康熙帝《こうきてい》

清《しん》の4代皇帝《こうてい》・康熙帝《こうきてい》は15歳《さい》のとき、清《しん》の権力《けんりょく》を独占《どくせん》していた重臣《じゅうしん》を捕《と》らえて閉《と》じこめ、自ら政治《せいじ》をはじめた。

康熙帝《こうきてい》が中国《ちゅうごく》を統一《とういつ》し後継者《こうけいしゃ》が清《しん》を発展《はってん》させる

１６１６年、明《みん》(中国《ちゅうごく》)の時代に、満州《まんしゅう》(中国《ちゅうごく》東北部)に住む満《まん》州族《しゅうぞく》が清《しん》を建国《けんこく》した。清《しん》が勢力《せいりょく》を拡大《かくだい》する一方、明《みん》の政治《せいじ》は混乱《こんらん》し、１６４４年、反乱軍《はんらんぐん》にほろぼされた。

清軍《しんぐん》は反乱軍《はんらんぐん》を倒《たお》し、北京《ペキン》を都に定めて紫禁城《しきんじょう》に入り、中国《ちゅうごく》全土を支配《しはい》した。清《しん》は功績《こうせき》の大きかった呉三桂《ごさんけい》ら、3人の武将《ぶしょう》たちに、藩《はん》(半独立《はんどくりつ》国家)を与《あた》えた。

清《しん》の4代皇帝《こうてい》・康熙帝《こうきてい》は6歳《さい》で即位《そくい》した後、15歳《さい》のとき、権力《けんりょく》をにぎっていた重臣《じゅうしん》を捕《と》らえて、自ら政治《せいじ》を開始すると、三藩《さんぱん》の廃止《はいし》を決めた。これを知った呉三桂《ごさんけい》ら

乾隆帝《けんりゅうてい》(1711～1799)

康熙帝《こうきてい》の孫《まご》で、24歳《さい》で清《しん》の6代皇帝《こうてい》になり、60年間、中国《ちゅうごく》を支配《しはい》した。周辺国《しゅうへんこく》へ出兵《しゅっぺい》し、清《しん》の領土《りょうど》を中国史上《ちゅうごくしじょう》で最大《さいだい》にまで広げた。学問が盛《さか》んになるように努《つと》め、ヨーロッパの文化を積極的《せっきょくてき》に取り入れた。上の肖像画《しょうぞうが》はイタリア人画家がえがいたもの。

三藩《さんぱん》の乱《らん》

康熙帝《こうきてい》は、清建国《しんけんこく》の功労者《こうろうしゃ》が支配《しはい》する3つの藩《はん》(半独立《はんどくりつ》国家)を廃止《はいし》しようとした。このため反乱《はんらん》が起きたが、平定した。

紫禁城《しきんじょう》の玉座《ぎょくざ》

紫禁城《しきんじょう》・乾清宮《けんせいきゅう》の玉座《ぎょくざ》の上にかかげられた「正大光明」の額《がく》の後ろに、後継者《こうけいしゃ》を記した紙を入れた箱が隠《かく》し置《お》かれた。

は反乱《はんらん》を起こしたが、康熙帝《こうきてい》は8年におよぶ戦《たたか》いに勝利《しょうり》し、中国《ちゅうごく》全土を統一《とういつ》した。

康熙帝《こうきてい》に続《つづ》く雍正帝《ようせいてい》や乾隆帝《けんりゅうてい》はともに有能《ゆうのう》で、清《しん》の政治《せいじ》を安定させ、領土《りょうど》を大きく広げた。

なるほどエピソード

清《しん》に戦《たたか》いをいどんだ日本人ハーフがいた!?

明《みん》(中国《ちゅうごく》)の貿易商《ぼうえきしょう》の父と日本人の母との間に生まれた鄭成功《ていせいこう》(別名《べつめい》は国姓爺《こくせんや》)は、明《みん》を復活《ふっかつ》させるために、清《しん》と戦《たたか》い続《つづ》けた。鄭成功《ていせいこう》は、江戸《えど》時代の日本で*人《にん》形浄瑠璃《ぎょうじょうるり》『国姓爺合戦《こくせんやかっせん》』の主人公となり、人気を集めた。

『国姓爺合戦《こくせんやかっせん》』の場面をえがいた錦絵《にしきえ》。

*三味線《しゃみせん》の伴奏《ばんそう》で、人形が演《えん》じる日本独自《どくじ》の演劇《えんげき》。

1653年

タージ・マハルが完成《かんせい》する

タージ・マハル

ムガル帝国《ていこく》の5代皇帝《こうてい》シャー・ジャハーンが、亡《な》くなった王妃《おうひ》のために建設《けんせつ》した墓《はか》。中央の大ドームの高さは約《やく》58m。建物《たてもの》や庭園は左右がまったく同じ形につくられている。

タージ・マハルの建設《けんせつ》が国力をおとろえさせる

1526年、チムールの子孫《しそん》バーブルが、北インドにムガル帝《てい》国《こく》を建国《けんこく》した。3代皇帝《こうてい》アクバルは、ムガル帝国《ていこく》の勢力《せいりょく》を大きく広げ、対立していたヒンズー教徒《きょうと》とイスラム教徒《きょうと》が争《あらそ》わないように努《つと》め、社会を安定させた。

5代皇帝《こうてい》シャー・ジャハーンは、周辺国《しゅうへんこく》を征服《せいふく》して領地《りょうち》を広げ、財《ざい》政《せい》を豊《ゆた》かにした。しかし王妃《おうひ》ムムターズ・マハルが病死すると、その墓《はか》としてタージ・マハルの建設《けんせつ》を開始した。約《やく》20年の歳月《さいげつ》と巨額《きょがく》の費用《ひよう》をかけて完成《かんせい》したタージ・マハルは、インド建築《けんちく》の最高傑作《さいこうけっさく》のひとつとなったが、国力はおと

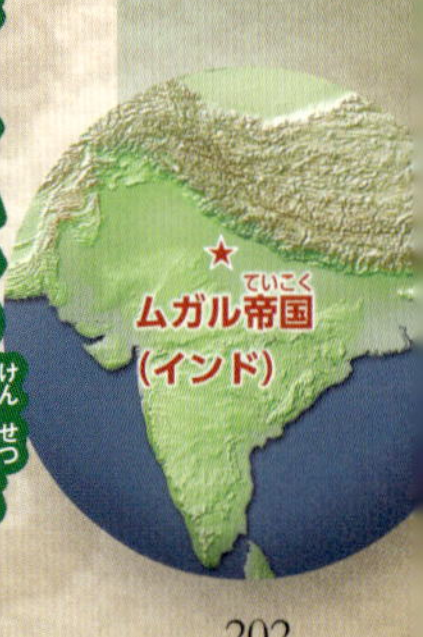

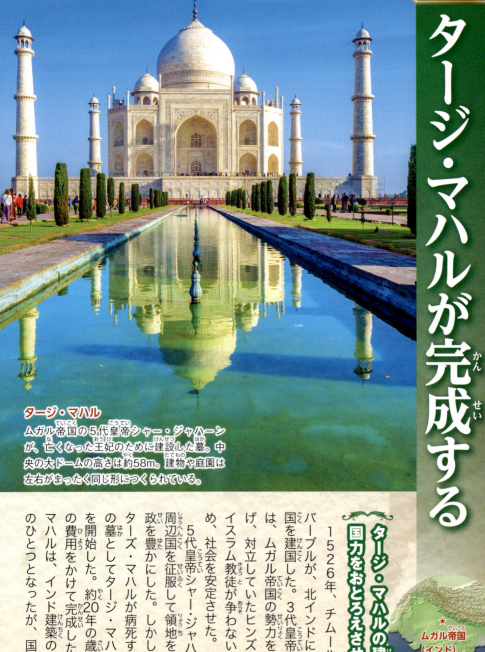

ろえた。

ムガル帝国《ていこく》の領土《りょうど》は、6代皇《こう》帝《てい》アウラングゼーブの時代に最大《さいだい》となったが、勢力《せいりょく》は弱まっていき、18世紀《せいき》にイギリスの侵略《しんりゃく》を受けることになった。

発見《はっけん》! 皇帝《こうてい》と王妃《おうひ》の石棺《せっかん》

タージ・マハルの内部には、シャー・ジャハーンの石棺《せっかん》(左)とムムターズ・マハルの石棺《せっかん》(右)が並《なら》べられている。

病死するムムターズ・マハル

夫《おっと》のシャー・ジャハーンとともに戦場《せんじょう》に向かったとき、14人目の子を産《う》み、38歳《さい》で亡《な》くなった。

閉《と》じこめられるシャー・ジャハーン

シャー・ジャハーンは、息子の6代皇帝《こうてい》アウラングゼーブによって、タージ・マハルが見えるアグラ城《じょう》に閉《と》じこめられた。

シャー・ジャハーン (1592〜1666)

ムガル帝国《ていこく》の5代皇《こう》帝《てい》。国内を安定させ、勢力《せいりょく》を拡大《かくだい》させた。病死した王妃《おうひ》のためにタージ・マハルを建設《けんせつ》し、国家の財政《ざいせい》を悪化させた。

なるほどエピソード

字を読めない皇帝《こうてい》が絵画を発達《はったつ》させた!?

ムガル帝国《ていこく》の3代皇帝《こうてい》アクバルは、優《すぐ》れた政治《せいじ》でムガル帝国《ていこく》を大発展《だいはってん》させた。アクバルは字の読み書きができなかったが、文化を大切にし、特《とく》に絵画を大切にした。このため、ムガル絵画と呼《よ》ばれる緻密《ちみつ》な絵画が発達《はったつ》した。

1682年

ピョートル1世が即《そく》位《い》する

初代《しょだい》ロシア皇帝《こうてい》になるピョートル1世

スウェーデンとの北方戦争《ほっぽうせんそう》に勝利《しょうり》したピョートル1世は、皇帝《こうてい》となり、ロシアは帝国《ていこく》となった。

北方《ほっぽう》戦争《せんそう》に勝利《しょうり》してバルト海の支配権《しはいけん》を得《え》る

1613年、ロシアにロマノフ朝が成立《せいりつ》した。1682年、ロマノフ朝5代ツァーリ(ロシア君主)にピョートル1世が選《えら》ばれた。

「ロシアの文化や制度《せいど》はヨーロッパに遅《おく》れている」と感じていたピョートル1世は、自らヨーロッパに留学《りゅうがく》して軍艦《ぐんかん》や武器《ぶき》をつくる技術《ぎじゅつ》などを学んだ。帰国すると産業《さんぎょう》や軍隊《ぐんたい》の改革《かいかく》を進めて、ロシアの近代化を進めた。また、シベリア(ロシア東部)へ領土《りょうど》の拡大《かくだい》を続《つづ》け、清《しん》(中国《ちゅうごく》)とネルチンスク条約《じょうやく》を結《むす》んで国境《こっきょう》を定め、清《しん》との貿易《ぼうえき》を開始した。

1700年、ピョートル1世

ビジュアル資料《しりょう》

ポルタバの戦《たたか》い 1709年、ピョートル１世の率《ひき》いるロシア軍《ぐん》が、ポルタバ(ウクライナ)で、スウェーデン軍《ぐん》を撃破《げきは》した戦《たたか》い。この勝利《しょうり》で、北方戦争《ほっぽうせんそう》におけるロシア軍《ぐん》の勝利《しょうり》が決定的《けっていてき》となった。

発見《はっけん》!

ピョートル１世像《ぞう》

ピョートル１世が北方戦争《ほっぽうせんそう》の最中《さいちゅう》に建設《けんせつ》した首都ペテルブルク(現在《げんざい》のサンクトペテルブルク)に立っている。偉大《いだい》な功績《こうせき》からピョートル１世は「大帝《たいてい》」と呼《よ》ばれる。

ピョートル1世
(1672～1725)

10歳《さい》でロシアのツァーリ(君主)となり、22歳《さい》で実権《じっけん》をにぎった。ヨーロッパを訪《おとず》れ、軍事《ぐんじ》や文化を学び、ロシアの近代化を進めた。北方戦争《ほっぽうせんそう》に勝利《しょうり》し、初代《しょだい》ロシア皇帝《こうてい》となった。

は、ポーランド・デンマークと同盟《どうめい》を結《むす》んで、スウェーデンに戦《たたか》いを挑《いど》んだ(北方戦争《ほっぽうせんそう》)。21年におよぶ北方戦争《せんそう》に勝利《しょうり》したピョートル1世は、自分を「皇帝《こうてい》」と称《しょう》し、ロシア帝国《ていこく》を成立《せいりつ》させた。これによりロシア帝国《ていこく》はバルト海の支配権《しはいけん》を確立《かくりつ》し、ヨーロッパから強国として認《みと》められた。

発見《はっけん》!

ペトロハブロフスク要塞《ようさい》

北方戦争《ほっぽうせんそう》の最中《さいちゅう》、スウェーデンの攻撃《こうげき》に備《そな》えるため、ペテルブルクに建設《けんせつ》された軍事施設《ぐんじしせつ》。

知っておどろき!歴史《れきし》!

ヨーロッパの美しい城《しろ》ベスト5!!

ヨーロッパにある数多くの城《しろ》の中から特《とく》に美しい5つの名城《めいじょう》を紹介《しょうかい》しよう。

ノイシュバンシュタイン城《じょう》(ドイツ)

ルートビッヒ２世が、作曲家ワーグナーの音楽の世界観《せかいかん》を表現《ひょうげん》するために建《た》てた城《じろ》。1886年に完成《かんせい》した。

No.1

築城者《ちくじょうしゃ》

ルートビッヒ2世(1845~1886)

バイエルン(ドイツ)王。ドイツ統一《とういつ》を目指すビスマルクに協力《きょうりょく》した。豪華《ごうか》な城《しろ》や宮殿《きゅうでん》を次つぎと建《た》てたが、ノイシュバンシュタイン城《じょう》の完成《かんせい》直後、事故死《じこし》した。

No.2

プラハ城《じょう》(チェコ)

チェコの首都プラハに建《た》つ城《しろ》で、９世紀中頃《せいきなかごろ》に建設《けんせつ》された。14世紀《せいき》、神聖《しんせい》ローマ帝国《ていこく》(ドイツ)の皇帝《こうてい》・カール４世によって、現在《げんざい》の姿《すがた》に改築《かいちく》された。世界で最《もっと》も大きな城《しろ》のひとつ。

改築者《かいちくしゃ》

カール4世(1316~1378)

神聖《しんせい》ローマ皇帝《こうてい》で、ボヘミア(チェコ)王。皇帝《こうてい》の選挙法《せんきょほう》を定め、プラハ大学をつくった。

No.3

改築者《かいちくしゃ》

アルカサル（スペイン）

古代ローマの城《しろ》が起源《きげん》で、12世紀《せいき》にアルフォンソ6世が改築《かいちく》した。ディズニー映画《えいが》『白雪姫《しらゆきひめ》』の城《しろ》のモデルとして知られる。

アルフォンソ6世(1040～1109)

カスティーリャ(スペイン)王。イスラム教徒《きょうと》からセゴビア(スペイン)をうばい、アルカサルを改築《かいちく》した。

No.4

シュノンソー城《じょう》（フランス）

改築者《かいちくしゃ》

16世紀《せいき》に築城《ちくじょう》され、2代目の城主《じょうしゅ》となったディアーヌ・ド・ポワチエがアーチ型《がた》の橋や庭園を築《きず》いた。

ディアーヌ・ド・ポワチエ(1499～1566)

フランス国王・アンリ2世の恋人《こいびと》で、絶世《ぜっせい》の美女。アンリ2世からシュノンソー城《じょう》を与《あた》えられた。

改築者《かいちくしゃ》

シャンボール城《じょう》（フランス）

フランソワ1世が狩猟用《しゅりょうよう》に建《た》てた城《しろ》。内部の二重らせん階段《かいだん》はレオナルド・ダ・ビンチの設計《せっけい》という。

フランソワ1世(1494～1547)

フランス国王。イタリア戦争《せんそう》に敗《やぶ》れて捕虜《ほりょ》になった。文化を保護《ほご》し、王権《おうけん》を強化した。

No.5

断崖《だんがい》絶壁《ぜっぺき》の上に建《た》っている城《しろ》がある!?

ウクライナには、黒海沿岸《えんがん》の断崖絶壁《だんがいぜっぺき》の上に「ツバメの巣《す》城《じょう》」が建《た》っている。1912年、ドイツ人貴族《きぞく》が、恋人《こいびと》のために建《た》てた。

番外編《ばんがいへん》

モンサンミッシェル（フランス）

海岸からつき出た岩山に建《た》つ修道院《しゅうどういん》。百《ひゃく》年戦争《ねんせんそう》では城《しろ》として使われた。

「死の舞踏《ぶとう》」 ペストが広まった中世のヨーロッパで流行した絵画で、骸骨《がいこつ》や死神で表現《ひょうげん》された「死」が、さまざまな職業《しょくぎょう》の人と踊《おど》りながら墓場《はかば》に向かう場面がえがかれる。

ペストの警告板《けいこくばん》
17世紀《せいき》にドイツの家の壁《かべ》にかかげられた絵で、ペストの流行を知らせている。

ペストを治療《ちりょう》する医師《いし》(再現《さいげん》)
医師《いし》は、ペストがうつらないように、くちばしのあるマスクをかぶって治療《ちりょう》した。くちばしの部分には、予防《よぼう》に効《き》くとされた香料《こうりょう》が入っていた。

世界
おもしろコラム

ヨーロッパを恐怖《きょうふ》させたペスト!!

すさまじい威力《いりょく》で広がった「黒死病《こくしびょう》」

ペストとは、ペスト菌《きん》に感染《かんせん》しておこる感染症《かんせんしょう》である。肌《はだ》が黒くなって死ぬことから黒死病《こくしびょう》とも呼《よ》ばれた。ヨーロッパでペストが最初《さいしょ》に大流行したのは6世紀《せいき》の東ローマ帝国《ていこく》で、人口が半分に減《へ》ったという。14世紀《せいき》にはヨーロッパ全人口の3割《わり》にあたる約《やく》2500万人が死んだとされる。その後も17～18世紀《せいき》にイギリスやフランスなどで大流行した。19世紀《せいき》には中国《ちゅうごく》とインドで大流行し、1000万人以《い》上《じょう》が亡《な》くなった。

現在《げんざい》は、抗生物質《こうせいぶっしつ》によって治《ち》療《りょう》が可能《かのう》になっている。

4章

近代

1871年
ドイツ帝国《ていこく》が誕生《たんじょう》する
(➡P262)
1917年
ロシア革命《かくめい》が起こる
(➡P288)
1900年
義和団事件《ぎわだんじけん》が起こる
(➡P268)
ロシア帝国《ていこく》
エニセイ川
レナ川
オビ川
ボルガ川
バイカル湖
ノルウェー王国
スウェーデン王国
イセン王国
マーク王国
ローマ帝国《ていこく》
ンダ
リス王国
ロンドン
パリ
フランス王国
スペイン王国
マドリード
スボン
ルトガル王国
ベルリン
ウィーン
ペテルブルク
ポーランド王国
ワルシャワ
ハンガリー王国
ローマ教皇領《きょうこうりょう》
ローマ
黒海
グルジア
イスタンブール
オスマン帝国《ていこく》
アラル海
アフシャール朝
シク王国
インダス川
ネパール
マラーター同盟《どうめい》
ビルマ
北京《ペキン》
朝鮮《ちょうせん》
日本
清《しん》
琉球《りゅうきゅう》
太平洋
タイ
安南《あんなん》
カンボジア
アラビア海
ベンガル湾
インド洋
モロッコ
ナポリ王国
シチリア王国
ボルヌ王国
ニジェール川
ナイル川
紅海
ベニン王国
エチオピア帝国《ていこく》
コンゴ川
1914年
第一次世界大戦《たいせん》がはじまる(➡P282)
1840年
アヘン戦争《せんそう》(➡P250)

18世紀《せいき》の世界

ニューヨーク
太平洋
メキシコ湾
メキシコシティ
カリブ海
クスコ

1851年

万国博覧会《ばんこくはくらんかい》が開かれる
（➡P244）

1775年

アメリカ独立戦争《どくりつせんそう》がはじまる（➡P214）

1861年

南北戦争《なんぼくせんそう》
（➡P256）

1789年

フランス革命《かくめい》がはじまる（➡P222）

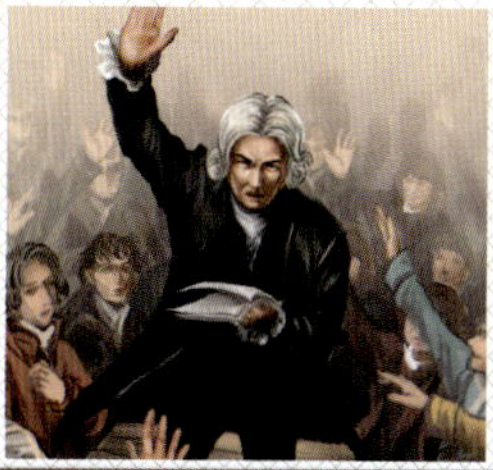

1804年

ナポレオンが皇帝《こうてい》になる（➡P228）

- ポルトガルの植民地《しょくみんち》
- スペインの植民地《しょくみんち》
- フランスの植民地《しょくみんち》
- イギリスの植民地《しょくみんち》
- オランダの植民地《しょくみんち》
- 神聖《しんせい》ローマ帝国《ていこく》
- 建国《けんこく》当時のアメリカ合衆国《がっしゅうこく》

※この世界地図では18世紀《せいき》に起きていないできごとも紹介《しょうかい》しています。

1740年

オーストリア継《けい》承《しょう》戦《せん》争《そう》

プロイセンとの戦争《せんそう》を決意するマリア・テレジア

プロイセン軍《ぐん》がシュレジエン地方(ポーランド)に侵攻《しんこう》したことを知ったマリア・テレジアは、反撃《はんげき》を命じた。

プロイセンが領土《りょうど》問題でオーストリアと争《あらそ》う

神聖《しんせい》ローマ皇帝《こうてい》の長女として、オーストリアに生まれたマリア・テレジアは、父の死後、ハプスブルグ家の広大な領土《りょうど》を相続《そうぞく》した。しかしプロイセン王国(ドイツ)のフリードリヒ2世は、「自分にも領土《りょうど》をゆずるべき」と主張《しゅちょう》し、1740年、フランスなどを味方につけ、資源《しげん》が豊富《ほうふ》なシュレジエン(ポーランド)を占領《せんりょう》した。

マリア・テレジアはイギリスやロシアを味方につけ、フリードリヒ2世と戦《たたか》った。このオーストリア継承戦争《けいしょうせんそう》は8年におよび、敗《やぶ》

戦力《せんりょく》 不明《ふめい》

マリア・テレジア

オーストリア・イギリス軍《ぐん》

VS

プロイセン・フランス軍《ぐん》

フリードリヒ2世

戦力《せんりょく》 不明《ふめい》

ビジュアル資料《しりょう》

フォントノワの戦《たたか》い オーストリア継承戦争《けいしょうせんそう》における戦《たたか》いのひとつで、1745年、フランス軍《ぐん》はフォントノワ(ベルギー)で、イギリス・オーストリア・オランダ連合軍《れんごうぐん》を破《やぶ》った。

マリア・テレジア(1717〜1780)

オーストリア大公《たいこう》。オーストリア継承戦争後《けいしょうせんそうご》に、ハプスブルク家の領地《りょうち》を受け継《つ》ぐことを認《みと》められた。

ハプスブルク家とは?

ハプスブルク家は、中世以降《いこう》、ヨーロッパに勢力《せいりょく》を誇《ほこ》った一族。1273年にルドルフ1世がハプスブルク家から神聖《しんせい》ローマ帝国《ていこく》(ドイツ)の皇帝《こうてい》に選《えら》ばれ、1438年以降《いこう》は、皇帝《こうてい》の地位《ちい》を独占《どくせん》した。他国との王族との結婚《けっこん》をくり返して勢力《せいりょく》を拡大《かくだい》し、1519年、ハプスブルク家のスペイン国王・カルロス1世が、神聖《しんせい》ローマ皇帝《こうてい》・カール5世として即位《そくい》してヨーロッパの広大な領域《りょういき》を支配《しはい》し、最盛期《さいせいき》を築《きず》いた。その後、オーストリア系《けい》とスペイン系《けい》に分裂《ぶんれつ》し、スペイン系《けい》は1700年に消滅《しょうめつ》した。

カール5世【カルロス1世】(1500〜1558)

16歳《さい》でスペイン王、19歳《さい》で神聖《しんせい》ローマ皇帝《こうてい》に即位《そくい》。宗教改革《しゅうきょうかいかく》に反対し、ルターを追放した。

れたマリア・テレジアはシュレジエンをゆずったが、それ以外《いがい》の領土《りょうど》の相続《そうぞく》は認《みと》められた。

その後、マリア・テレジアはシュレジエンを取りもどすため、軍事《ぐんじ》・政治《せいじ》の改革《かいかく》に取り組んで国力を高め、敵対《てきたい》していたフランスと同盟《どうめい》を結《むす》び、再《ふたた》び戦《たたか》いを挑《いど》んだ。フリードリヒ2世は苦戦《くせん》したが、シュレジエンを守り抜《ぬ》いた。

1775年

アメリカ独《どく》立《りつ》戦《せん》争《そう》がはじまる

植民地軍《しょくみんちぐん》を指揮《しき》する
ワシントン
植民地軍《しょくみんちぐん》の総司令官《そうしれいかん》ワシントンは、各地《かくち》でイギリス軍《ぐん》を破《やぶ》り、アメリカを独立《どくりつ》に導《みちび》いた。

北アメリカの植民地《しょくみんち》がイギリスから独立《どくりつ》する

18世紀《せいき》、北アメリカの東海岸には、イギリスからの移住者《いじゅうしゃ》がつくった13の植民地《しょくみんち》があった。植《しょく》民地《みんち》は本国のイギリスの命令《めいれい》を聞かなければならなかったが、植《しょく》民地《みんち》の人びとは、イギリス議会《ぎかい》に代表者を送れなかった。

18世紀《せいき》後半、イギリスはフランスとの戦争《せんそう》に必要《ひつよう》な費用《ひよう》を集めるため、議会《ぎかい》で植民地《しょくみんち》に新しい税《ぜい》をかけることを決めた。植民地《しょくみんち》は反発し、ボストン茶会事件《じけん》を引き起こしたが、イギリスはこれを弾圧《だんあつ》した。このため、植民地《しょくみんち》は1776年に独立戦争《どくりつせんそう》を開始し、独立宣言《どくりつせんげん》を発表した。

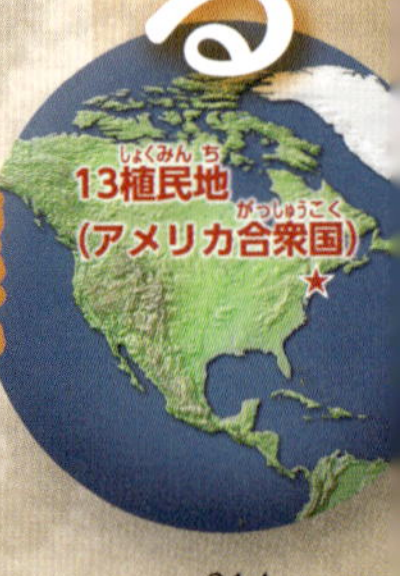

ビジュアル資料《しりょう》

ボストン茶会事件《じけん》

1773年、イギリスが茶の貿易《ぼうえき》を独占《どくせん》することに反対する植民地《しょくみんち》の人びとは、先住民《せんじゅうみん》の姿《すがた》をしてボストン港(アメリカ)のイギリス船をおそい、茶箱を海に投げ捨《す》てた。

ビジュアル資料《しりょう》

「アメリカ独立宣言《どくりつせんげん》」の採択《さいたく》

1776年、植民地《しょくみんち》の議会《ぎかい》において、イギリスからの独立《どくりつ》を宣言《せんげん》した文書が採択《さいたく》された。

ワシントン(1732~1799)

植民地《しょくみんち》の大農園主で、アメリカ独立戦争《どくりつせんそう》がはじまると、植民地軍《しょくみんちぐん》の総司令官《そうしれいかん》としてイギリス軍《ぐん》を破《やぶ》り、アメリカを独立《どくりつ》させた。アメリカ合衆国《がっしゅうこく》の初代大《しょだいだい》統領《とうりょう》に選《えら》ばれ、「建国《けんこく》の父」と呼《よ》ばれる。

ワシントンの率《ひき》いる植民地軍《しょくみんちぐん》は、フランスなどのたすけを得《え》て、独立戦争《どくりつせんそう》に勝利《しょうり》した。こうしてアメリカ合衆国《がっしゅうこく》が誕生《たんじょう》し、13の植民地《しょくみんち》はそれぞれ州となった。ワシントンは初代大統領《しょだいだいとうりょう》になった。

ウソ!ホント!?

イギリス人との友好《ゆうこう》に努《つと》めた先住民《せんじゅうみん》がいた!?

イギリス人は1607年からアメリカに植民地《しょくみんち》の建設《けんせつ》を開始した。最初《さいしょ》の入植者のひとりは、先《せん》住民《じゅうみん》に殺《ころ》されかけたが、族長の娘《むすめ》ポカホンタスに命を救《すく》われたという。ポカホンタスはイギリス人と結婚《けっこん》し、友好《ゆうこう》に努《つと》めたという。

世界を動かした女帝《じょてい》・女王たち!!

クレオパトラやエリザベス1世、マリア・テレジアなど、女帝《じょてい》・女王として活躍《かつやく》した女性《じょせい》たちがいる。世界の歴史《れきし》に登場した女性《じょせい》君主たちを紹介《しょうかい》しよう！

ゼノビア(240?～274以降《いこう》)

ローマ帝国《ていこく》に従《したが》っていた都市国家パルミラ(シリア)の支《し》配者《はいしゃ》オディナトゥスの妻《つま》。夫《おっと》が暗殺《あんさつ》されたため、幼《おさな》い子を後継者《こうけいしゃ》にして実権《じっけん》をにぎると、周辺国《しゅうへんこく》に侵攻《しんこう》して領土《りょうど》を広げ、自ら「女王」と名乗った。しかしローマ帝《てい》国《こく》の攻撃《こうげき》を受けて敗北《はいぼく》し、ローマへ連行《れんこう》された。このときゼノビアは自らを黄金の鎖《くさり》でしばったという。

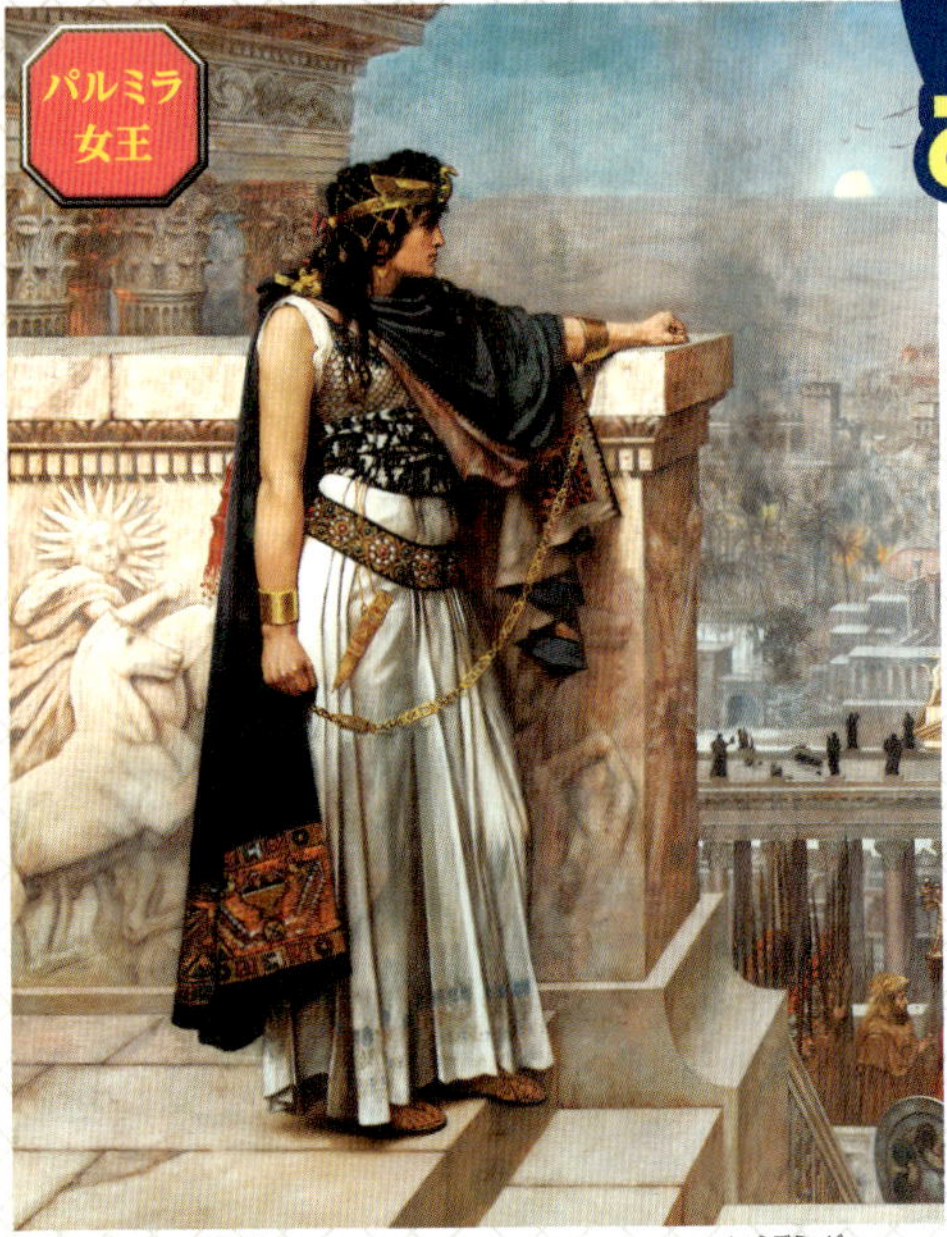

19世紀《せいき》に想像《そうぞう》でえがかれたゼノビア。肖像画《しょうぞうが》は残《のこ》っていないが、絶世《ぜっせい》の美人だったと伝《つた》えられる。

則天武后《そくてんぶこう》(624～705)

中国《ちゅうごく》の歴史《れきし》上、唯一《ゆいいつ》の女性皇帝《じょせいこうてい》。唐《とう》(中国《ちゅうごく》)の皇帝《こうてい》・高宗《こうそう》の妻《つま》だったが、高宗《こうそう》の死後、自分の子どもたちを皇《こう》帝《てい》にして権力《けんりょく》をにぎり、その後、自ら皇帝《こうてい》になった。優秀《ゆうしゅう》な人物を出世させ、仏教《ぶっきょう》や文化を保護《ほご》した。

イサベル1世(1451～1504)

カスティリャ王国(スペイン中部)の王女として生まれ、18歳《さい》のとき、アラゴン王子のフェルナンド2世と結婚《けっこん》。23歳《さい》でカスティリャ女王となり、夫《おっと》のアラゴン王国と統合《とうごう》してスペイン王国を誕生《たんじょう》させた。夫《おっと》とともにグラナダを攻《せ》め落とし、イベリア半島からイスラム勢力《せいりょく》を追い出した。また、コロンブスの航海《こうかい》を支援《しえん》した。

好《す》きだけど、結婚《けっこん》はダメ!?

エカテリーナ2世は無能《むのう》な夫《おっと》を追放《ついほう》してロシア皇帝《こうてい》になった。
これからは私《わたし》がロシアを治《おさ》めます!
その後、エカテリーナ2世は多くの男性《だんせい》とつき合った。
陛下《へいか》を愛《あい》しています
私《わたし》もよ…
恋人《こいびと》の中には結婚《けっこん》を望《のぞ》む者もいた。
結婚《けっこん》できたら、権力《けんりょく》をにぎれるぞ…!
愛《あい》しています…!
しかし、エカテリーナ2世は誰《だれ》とも結婚《けっこん》しなかった。
私《わたし》は誰《だれ》のものにもならないわ!
エカテリーナ2世は、生涯《しょうがい》、ロシアのために尽《つ》くした。

スウェーデン国王

クリスティーナ(1626~1689)

スウェーデン王グスタフ・アドルフの娘《むすめ》。父が三十年戦争《さんじゅうねんせんそう》で戦死《せんし》したため、6歳《さい》で女王となった。18歳《さい》で自ら政治《せいじ》をおこなうようになり、学問や文化を保護《ほご》した。哲学者《てつがくしゃ》デカルトを宮廷《きゅうてい》に招《まね》いたことでも知られる。

ロシア皇帝《こうてい》

エカテリーナ2世
(1729~1796)

ポーランド貴族《きぞく》の娘《むすめ》として生まれ、15歳《さい》でロシア帝国《ていこく》の皇太子《こうたいし》ピョートル3世と結婚《けっこん》した。その後、皇帝《こうてい》になったピョートル3世を追放《ついほう》し、自ら皇帝《こうてい》の位《くらい》についた。財政《ざいせい》の立て直しや法律《ほうりつ》の整備《せいび》に努《つと》め、ロシアの近代化を進めた。また、周辺国《しゅうへんこく》との戦争《せんそう》に勝利《しょうり》し、領土《りょうど》を大きく広げた。

日本の皇族《こうぞく》と結婚《けっこん》しかけたハワイ王女がいた!?

7代ハワイ国王カラカウアは、1881年に日本を訪《おとず》れた。カラカウアは明治天皇《めいじてんのう》に会い、親類《しんるい》のカイウラニと、皇族《こうぞく》の山階宮定麿王《やましなのみやさだまろおう》との結婚《けっこん》を提案《ていあん》したが、実現《じつげん》しなかった。

カイウラニ
(1875~1899)

ハワイ国王

リリウオカラニ
(1838~1917)

52歳《さい》のときハワイ国王になったが、2年後、ハワイに住むアメリカ人たちが反乱《はんらん》を起こし、強制的《きょうせいてき》に退位《たいい》させられた。ハワイ王国は滅亡《めつぼう》し、アメリカ領《りょう》にされた。

1789年
フランスの財政《ざいせい》は
悪化していた。
フランス
ベルサイユ宮殿《きゅうでん》
国民《こくみん》は「フランスに
お金がないのは
王妃様《おうひさま》がぜいたくを
したからだ」なんて
言っているんです
ひどい話
ですわ
そんな噂《うわさ》は
すぐにおさまるわ
王女
フランス王妃《おうひ》
マリー・アントワネット
王太子《おうたいし》
王妃様《おうひさま》！
一大事です
バスティーユ牢獄《ろうごく》が
襲撃《しゅうげき》されました！
革命《かくめい》です！

1789年7月
不満《ふまん》を高めた民衆《みんしゅう》は
武器《ぶき》を手に入れるため
バスティーユ牢獄《ろうごく》を襲撃《しゅうげき》。
フランス革命《かくめい》が
はじまった。
国王陛下《へいか》
宮殿《きゅうでん》は危険《きけん》です
避難《ひなん》してください
私《わたし》はここに残《のこ》る
フランス国王
ルイ16世
私《わたし》も陛下《へいか》とここに
残《のこ》ります
私《わたし》たちはだいじょうぶ
ですから、あなた方は
にげてください
王妃様《おうひさま》
どうかご無事《ぶじ》で
王妃様《おうひさま》…

だいじょうぶだ
こんな騒《さわ》ぎは
すぐに静《しず》まる
みんなすぐに
もどってくる
陛下《へいか》…
ところが…
国王をパリに
連《つ》れて行け！
ワァァァァ
パリだ！
どうなっている！
なぜ民衆《みんしゅう》が宮殿《きゅうでん》に
押《お》し寄《よ》せる！
彼《かれ》らは「国王は
パリに行け」と
叫《さけ》んでいます
革命《かくめい》の中心地
パリに国王を
住まわせて
革命軍《かくめいぐん》に
監視《かんし》させる
つもりなの
でしょう

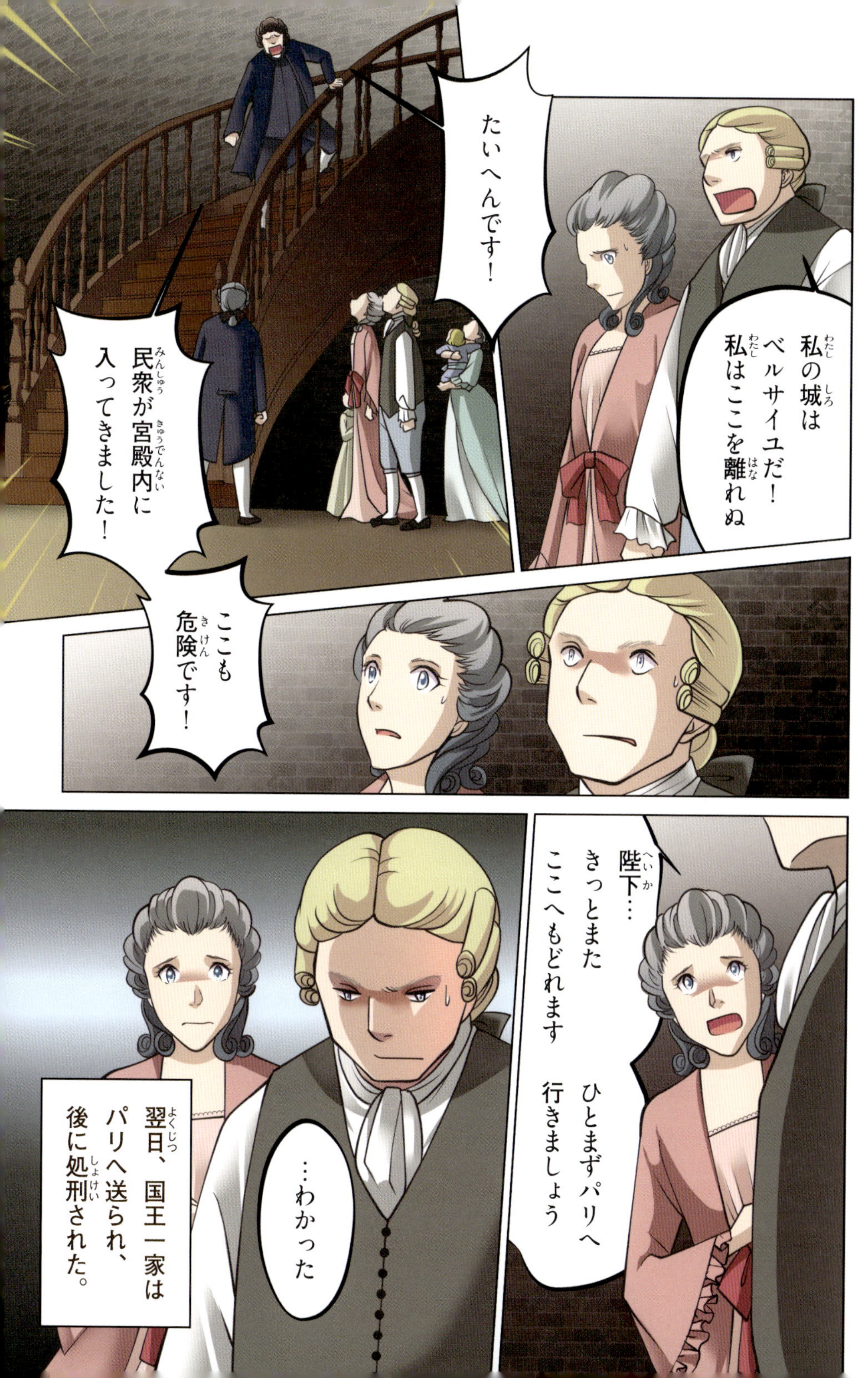
たいへんです!
民衆《みんしゅう》が宮殿内《きゅうでんない》に入ってきました!
私《わたし》の城《しろ》はベルサイユだ! 私《わたし》はここを離《はな》れぬ
ここも危険《きけん》です!
陛下《へいか》… きっとまたここへもどれます ひとまずパリへ行きましょう
…わかった
翌日《よくじつ》、国王一家はパリへ送られ、後に処刑《しょけい》された。

1789年

フランス革命《かくめい》がはじまる

球戯場《きゅうぎじょう》の誓《ちか》い

1789年6月、フランスの身分制《みぶんせい》議会《ぎかい》「三部会」を否定《ひてい》した第三身分（平民《へいみん》）の議員《ぎいん》たちは、国民議会《こくみんぎかい》を結成《けっせい》した後、ベルサイユ宮殿《きゅうでん》の球戯場《きゅうぎじょう》に集まり、「憲法《けんぽう》の制定《せいてい》まで解散《かいさん》しない」と誓《ちか》い合った。

不満《ふまん》を爆発《ばくはつ》させた平民《へいみん》がフランス革命《かくめい》を起こす

18世紀《せいき》、フランスの社会は第一身分（聖職者《せいしょくしゃ》）、第二身分（貴族《きぞく》）、第三身分（平民《へいみん》）で構成《こうせい》されていた。人口の90％以上《いじょう》を占《し》める第三身分は、第一・第二身分を支《ささ》えるため、重い税《ぜい》で苦しんでいた。

1789年、フランス国王ルイ16世は、3つの身分の議員《ぎいん》で構成《こうせい》される議会《ぎかい》「三部会」を開いたが、第一・第二身分と第三身分が対立した。第三身分の議員《ぎいん》たちは自分たちが国民《こくみん》の代表であることを示《しめ》すため、国民議会《こくみんぎかい》を結成《けっせい》し、憲法《けんぽう》の制定《せいてい》まで解散《かいさん》しないことを誓《ちか》ったが、国王や貴族《きぞく》は武力《ぶりょく》で国民《こくみん》議会《ぎかい》を弾圧《だんあつ》しようとした。不満《ふまん》を

ビジュアル資料《しりょう》

バスティーユ襲撃《しゅうげき》

1789年7月、パリの民衆《みんしゅう》は、王政《おうせい》を批判《ひはん》した人を収容《しゅうよう》するバスティーユ牢獄《ろうごく》を襲撃《しゅうげき》。この事件《じけん》により革命《かくめい》が本格的《ほんかくてき》にはじまった。

ビジュアル資料《しりょう》

サン・キュロット

サン・キュロットとは、貴族《きぞく》が着るキュロット(半ズボン)をはかない民衆《みんしゅう》のことで、革命《かくめい》を積極的《せっきょくてき》に進めた。

ベルサイユ行進

バスティーユ襲撃《しゅうげき》の3か月後、食料不足《しょくりょうぶそく》に苦しむパリ市民《しみん》たちは、女性《じょせい》を先頭にベルサイユ宮殿《きゅうでん》に向かい、国王一家をパリに連行《れんこう》した。

爆発《ばくはつ》させたパリの民衆《みんしゅう》は、バスティーユ牢獄《ろうごく》を襲撃《しゅうげき》した。国民《こくみん》議会《ぎかい》は貴族《きぞく》たちの特権《とっけん》を廃止《はいし》し、人間の自由や平等、国民主権《こくみんしゅけん》などを唱《とな》える「人権宣言《じんけんせんげん》」を発表した。

なるほどエピソード

王妃《おうひ》マリーは民衆《みんしゅう》に憎《にく》まれた!?

フランス王妃《おうひ》マリー・アントワネットは、一部の貴族《きぞく》から嫌《きら》われ、悪い噂《うわさ》を流された。噂《うわさ》を信《しん》じた民衆《みんしゅう》たちに、マリーは憎《にく》まれた。マリーは食料不足《しょくりょうぶそく》に苦しむ民衆《みんしゅう》に「パンがなければお菓子《かし》を食べればいい」と発言したことで知られるが、これも事実ではない。

1793年

ルイ16世が処《しょ》刑《けい》される

処刑《しょけい》されるルイ16世

ルイ16世は「私《わたし》の血が二度とフランスに流れないよう、私《わたし》は祈《いの》りを捧《ささ》げる」と言い残《のこ》し、ギロチン（断頭台《だんとうだい》）で処刑《しょけい》された。

信《しん》頼《らい》を失《うしな》った国王が革《かく》命《めい》勢《せい》力《りょく》に処《しょ》刑《けい》される

パリ市民《しみん》にベルサイユ宮殿《きゅうでん》からパリに連行《れんこう》されたルイ16世は、1791年6月、王妃《おうひ》マリー・アントワネットの実家のオーストリアへ逃亡《とうぼう》しようとしたが、国境付《こっきょうふ》近《きん》のバレンヌで捕《と》らえられた。この逃亡《とうぼう》事件《じけん》によりルイ16世は国民《こくみん》の信頼《しんらい》を失《うしな》った。

国民《こくみん》議会《ぎかい》の解散《かいさん》後、1792年に選挙《せんきょ》がおこなわれ、「国民公会《こくみんこうかい》」が成立《せいりつ》した。これにより王政《おうせい》は廃《はい》止《し》され、*共和政《きょうわせい》が実現《じつげん》した。国《こく》民公会《みんこうかい》の中では、急激《きゅうげき》な改革《かいかく》を目指すロベスピエールらの一派《いっぱ》が勢力《せいりょく》を強め、ルイ16世と王妃《おうひ》マリー・アントワネットをギロチン

＊国家の代表者を国民《こくみん》の中から選《えら》ぶ政治体制《せいじたいせい》。

ルイ16世
(1754〜1793)

15歳《さい》でマリー・アントワネットと結婚《けっこん》し、19歳《さい》でフランス国王となった。王政《おうせい》に反対する民衆《みんしゅう》を武力《ぶりょく》で抑《おさ》えようとしたためフランス革命《かくめい》を引き起こした。王妃《おうひ》マリーと国外に逃亡《とうぼう》しようとしたが捕《と》らえられ、処刑《しょけい》された。

バレンヌ逃亡事件《とうぼうじけん》

フランス革命《かくめい》がはじまると、ルイ16世は王妃《おうひ》マリーと一緒《いっしょ》にパリを脱出《だっしゅつ》したが、国境付近《こっきょうふきん》のバレンヌで捕《と》らえられた。

処刑場《しょけいじょう》へ向かうマリー・アントワネット

ルイ16世が処刑《しょけい》されてから約《やく》9か月後、王妃《おうひ》マリーもギロチンで処刑《しょけい》された。

処刑《しょけい》直前のルイ16世

ルイ16世はバレンヌ逃亡事件《とうぼうじけん》で国民《こくみん》の信頼《しんらい》を失《うしな》い、議員《ぎいん》の多数決で死刑《しけい》が決まった。

**処刑《しょけい》される
ロベスピエール**

国民公会《こくみんこうかい》から逮捕《たいほ》状《じょう》が出されたロベスピエールは、支持《しじ》者《しゃ》に反乱《はんらん》を呼《よ》びかけたが失敗《しっぱい》し、仲間《なかま》とともにギロチンで処刑《しょけい》された。

(断頭台《だんとうだい》)で処刑《しょけい》した。

強大な権力《けんりょく》をにぎったロベスピエールは、*徴兵制《ちょうへいせい》などの政策《せいさく》を取り入れる一方、反対《はんたい》派《は》を次つぎと処刑《しょけい》し、独裁的《どくさいてき》な政治《せいじ》をおこなった。このためロベスピエールは国民《こくみん》からの支持《しじ》を失《うしな》い、反対《はんたい》派《は》に捕《と》らえられて処刑《しょけい》された。

*国民《こくみん》を一定期間、強制的《きょうせいてき》に軍隊《ぐんたい》に入隊《にゅうたい》させる制度《せいど》。

革命後《かくめいご》、周辺国《しゅうへんこく》からの
攻撃《こうげき》を撃退《げきたい》した
軍人《ぐんじん》ナポレオンが
国民《こくみん》の支持《しじ》を受け、
フランスの指導者《しどうしゃ》に
なった。
ナポレオン・ボナパルト
1800年
勢力拡大《せいりょくかくだい》をねらう
ナポレオンは
イタリアへ侵攻《しんこう》。
アルプス山脈《さんみゃく》
フランス
イタリア
グラン・サン・ベルナール峠《とうげ》
グラン・サン・ベルナール峠《とうげ》近くの村
峠《とうげ》を越《こ》えるために必要《ひつよう》な食料《しょくりょう》などはここで調達《ちょうたつ》せよ
将軍様《しょうぐんさま》
本当に軍隊《ぐんたい》を連《つ》れて峠《とうげ》を越《こ》えるのですか？
お前は越《こ》えられぬと思うか？
だってあの峠《とうげ》は遭難《そうなん》する人が多いですから…

…なるほど
しかしな…
フランス語に「不可能《ふかのう》」という言葉はないのだ
どんな勝利《しょうり》も可能《かのう》にする！
それが私《わたし》の率《ひき》いる最強《さいきょう》のフランス軍《ぐん》だ！

ナポレオンが皇《こう》帝《てい》になる

フランス皇帝《こうてい》に即位《そくい》するナポレオン
フランス革命《かくめい》で成立《せいりつ》した政府《せいふ》を倒《たお》して独裁的《どくさいてき》な権力《けんりょく》をにぎったナポレオンは、1804年、皇帝《こうてい》となり、ナポレオン1世と名乗った。

革命後《かくめいご》の社会を安定させ圧倒的《あっとうてき》な支持《しじ》を受ける

ロベスピエールの処刑後《しょけいご》、国民《こくみん》公会《こうかい》は解散《かいさん》し、総裁政府《そうさいせいふ》が成立《せいりつ》した。しかし社会の混乱《こんらん》は続《つづ》き、国《こく》民《みん》は安定を求《もと》めるようになった。またフランス革命《かくめい》は、王政《おうせい》を廃止《はいし》するものだったため、王政《おうせい》を続《つづ》ける周辺国《しゅうへんこく》は革命《かくめい》が広がることを恐《おそ》れてフランスに攻撃《こうげき》を開始した。軍人《ぐんじん》ナポレオンは、これを撃《げき》退《たい》し、国民《こくみん》から人気を集めた。

1799年、ナポレオンは総裁《そうさい》政府《せいふ》を倒《たお》して、新しい政府《せいふ》をつくり、独裁権《どくさいけん》をにぎった。そして周辺国《しゅうへんこく》と講和《こうわ》して国を平和にし、商業や工業を盛《さか》んにして財政《ざいせい》を安定させた。さらに国民《こくみん》の自由

ビジュアル資料《しりょう》

アルプスを越《こ》えるナポレオン

1800年の第2回イタリア遠征《えんせい》で、白馬に乗ってアルプス山脈《さんみゃく》の峠《とうげ》を越《こ》えるナポレオンをえがいた絵。実際《じっさい》にはラバに乗って防寒着《ぼうかんぎ》に身を包《つつ》んでいた。

ビジュアル資料《しりょう》

戴冠式《たいかんしき》でのナポレオン

皇帝《こうてい》になる儀式《ぎしき》「戴冠式《たいかんしき》」での服装《ふくそう》は、古代ローマのカエサルをイメージしてつくらせた。

国民《こくみん》に支持《しじ》されるナポレオン

フランスを外国の侵《しん》略《りゃく》から守ったナポレオンは、国民《こくみん》から圧倒《あっとう》的《てき》に支持《じ》され、国民《こくみん》投票《とうひょう》で皇帝《こうてい》になった。

や平等、財産《ざいさん》などを守る法律《ほうりつ》「ナポレオン法典《ほうてん》」を公布《こうふ》し、フランス革命《かくめい》で国民《こくみん》が得《え》た権利《けんり》を守り、発展《はってん》させた。ナポレオンは、国民《こくみん》から圧倒的《あっとうてき》に支持《しじ》され、1804年、皇帝《こうてい》として即位《そくい》した。

ウソ! ホント!?

ベートーベンはナポレオンに怒《おこ》った!?

ドイツの作曲家ベートーベンは、「ナポレオンは自由のために戦《たたか》っている」と感じ、「*ボナパルト」という題名の交響曲《こうきょうきょく》を作曲した。しかしナポレオンが皇帝《こうてい》になったことを知って激怒《げきど》し、交響曲《こうきょうきょく》の題名を「英雄《えいゆう》」と変《か》えて発表した。

*ナポレオンの苗字《みょうじ》。

1805年

トラファルガーの海戦《かいせん》

海戦《かいせん》場所
イギリス
フランス
トラファルガー岬《みさき》
（スペイン）
フランス戦艦《せんかん》

トラファルガーの海戦《かいせん》
ネルソン提督《ていとく》の率《ひき》いるイギリス艦隊《かんたい》は、トラファルガー岬《みさき》の沖《おき》に現《あらわ》れたフランス・スペイン連合艦隊《れんごうかんたい》を撃《げき》破《は》。連合艦隊《れんごうかんたい》は5隻《せき》が撃沈《げきちん》された。

勝　戦力《せんりょく》　戦艦《せんかん》27隻《せき》

ネルソン

イギリス軍《ぐん》

VS

フランス・スペイン軍《ぐん》

ナポレオン

負　戦力《せんりょく》　戦艦《せんかん》33隻《せき》

ナポレオンの野望《やぼう》をネルソンが打ち砕《くだ》く

皇帝《こうてい》になったナポレオンは、地《ち》中海《ちゅうかい》・大西洋の支配権《しはいけん》をにぎり、イギリス本土へ上陸《じょうりく》しようと考えた。そしてフランス艦隊《かんたい》と、支《し》配下《はいか》にあったスペイン艦隊《かんたい》の連合《れんごう》艦隊《かんたい》を組織《そしき》し、出撃《しゅつげき》させた。

ネルソン提督《ていとく》の率《ひき》いるイギリス艦隊《かんたい》は、この動きをつかみ、スペイン南端《なんたん》のトラファルガー岬《みさき》の沖《おき》で待ち構《かま》えた。ネルソンは艦隊《かんたい》を2隊《たい》に分けて、連合艦隊《れんごうかんたい》の隊列《たいれつ》に突撃《とつげき》させた。この攻撃《こうげき》により、連合艦隊《れんごうかんたい》は33隻《せき》のうち23隻《せき》が撃《げき》沈《ちん》・捕獲《ほかく》されるという大被害《だいひがい》を出した。イギリス艦隊《かんたい》の被害《ひがい》は1隻《せき》もなかったが、ネルソンは銃弾《じゅうだん》を受けて戦死《せんし》した。この大敗《たいはい》により、ナポレオンのイギリス上陸《じょうりく》計画は実現不可能《じつげんふかのう》になった。

ネルソン
(1758～1805)

イギリスの提督《ていとく》(海軍《かいぐん》の総司令官《そうしれいかん》)。1798年、エジプトのアブキール湾《わん》の海戦《かいせん》でフランス海軍《かいぐん》を破《やぶ》った。トラファルガーの海戦《かいせん》の直前、「イギリスは船員それぞれが義務《ぎむ》を果《は》たすことを期待する」と兵士《へいし》に伝《つた》えたことで知られる。

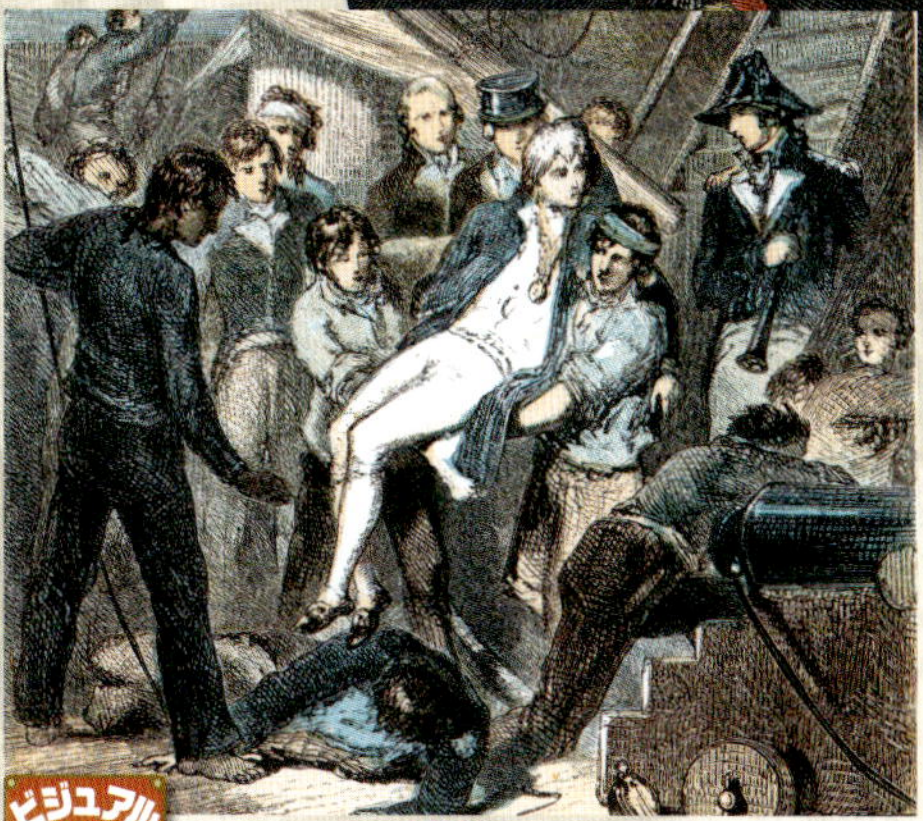

ビジュアル資料《しりょう》 **ネルソンの戦死《せんし》**

ビクトリー号に乗って、戦闘《せんとう》を指揮《しき》していたネルソンは、トラファルガーの海戦《かいせん》に大勝利《だいしょうり》したが、敵兵《てきへい》にうたれた。死の直前、ネルソンは「私《わたし》は義務《ぎむ》を果《は》たした」と語ったという。

発見《はっけん》! **トラファルガー広場**

イギリスのロンドンにある広場で、トラファルガーの海戦《かいせん》での勝利《しょうり》を記念《きねん》してつくられた。ネルソンはイギリス最大《さいだい》の英雄《えいゆう》とされている。

1805年

三《さん》帝《てい》会《かい》戦《せん》（アウステルリッツの戦《たたか》い）

勝 戦力《せんりょく》 約《やく》7万人

ナポレオン

フランス軍《ぐん》

VS

オーストリア・ロシア軍《ぐん》

フランツ1世

アレクサンドル1世

負 戦力《せんりょく》 約《やく》9万人

ナポレオンは優《すぐ》れた作《さく》戦《せん》で連《れん》合《ごう》軍《ぐん》を撃《げき》破《は》する

トラファルガーの海戦《かいせん》で敗《やぶ》れたナポレオンは、敵対《てきたい》するオーストリアやロシアを倒《たお》すため、フランス軍《ぐん》を東へ進ませた。オーストリアとロシアは連合軍《れんごうぐん》を結成《けっせい》し、両軍《りょうぐん》はアウステルリッツ（チェコ）で激突《げきとつ》した。

フランス軍《ぐん》の兵力《へいりょく》は連合軍《れんごうぐん》より少なかったが、ナポレオンは少数であることを敵《てき》に見せた後、わざと退却《たいきゃく》した。敵軍《てきぐん》は追撃《ついげき》してきたが、中央部は兵力《へいりょく》が手薄《てうす》になった。そのときナポレオンは敵軍《てきぐん》中央部へ突撃《とつげき》を命じ、「ただ一撃《いちげき》

ビジュアル資料《しりょう》

三帝会戦《さんていかいせん》の再現《さいげん》

アウステルリッツ(チェコ)では、毎年のように当時の戦闘《せんとう》の様子を再現《さいげん》するイベントが開かれている。

ナポレオンとフランツ１世の会見

戦《たたか》いに敗《やぶ》れたフランツ１世は、ナポレオンに講和《こうわ》を求《もと》めた。

フランス軍《ぐん》を率《ひき》いるナポレオン

ナポレオンは、わざとフランス軍《ぐん》を退却《たいきゃく》させ、追撃《ついげき》してきた連合軍《れんごうぐん》に反撃《はんげき》して勝利《しょうり》した。アウステルリッツの戦《たたか》いは、３人の皇帝《こうてい》が参加《さんか》したことから三帝会戦《さんていかいせん》と呼《よ》ばれる。

で、この戦争《せんそう》は終わる」と語ったという。その言葉どおり連合軍《れんごうぐん》は大混乱《だいこんらん》となり、敗北《はいぼく》。ロシア軍《ぐん》は撤退《てったい》し、オーストリアは領土《りょうど》の一部をゆずり、多額《たがく》の賠償金《ばいしょうきん》をはらうことでフランスと講和《こうわ》した。

なるほどエピソード

ナポレオンは死後に凱旋門《がいせんもん》をくぐった!?

パリのエトワール凱旋門《がいせんもん》は、アウステルリッツの戦《たたか》いの勝利《しょうり》を記念《きねん》して、１８０６年に建設《けんせつ》がはじめられ、ナポレオンの死から16年後に完成《かんせい》した。その４年後、ナポレオンは遺体《いたい》となってパリにもどり、凱旋門《がいせんもん》をくぐった。

エトワール凱旋門《がいせんもん》。

ウィーン会議《かいぎ》が開かれる

ウィーン会議《かいぎ》の議長《ぎちょう》をつとめるメッテルニヒ

オーストリアの外交官《がいこうかん》メッテルニヒは、ヨーロッパをフランス革命前《かくめいまえ》の状態《じょうたい》にもどすことを目的《もくてき》に、各国《かっこく》の指導者《しどうしゃ》を集めて国際会議《こくさいかいぎ》を開いた。

ヨーロッパ各国《かっこく》の代表が新しい秩序《ちつじょ》を話し合う

三帝会戦《さんていかいせん》後、ナポレオンはヨーロッパの大部分を支配《しはい》下《か》に置《お》いた。しかしロシア遠征《えんせい》の失敗《しっぱい》をきっかけにヨーロッパ各国《かっこく》が連合《れんごう》軍《ぐん》を結成《けっせい》し、ドイツ東部のライプツィヒでナポレオンを撃破《げきは》した。敗《やぶ》れたナポレオンは連合国《れんごうこく》により地中海《ちちゅうかい》のエルバ島に追放された。

１８１４年、オーストリア外交《がいこう》官《かん》のメッテルニヒは、新しい国境《こっきょう》などを決めるため、ヨーロッパ各国《かっこく》の代表をウィーンに集め、会議《かいぎ》を開いた。各国《かっこく》の利害《りがい》が対立して会議《かいぎ》は進まなかったが、ナポレオンがエルバ島を脱出《だっしゅつ》すると、急いで意見がまとめられた。

ビジュアル資料《しりょう》

ウィーン会議《かいぎ》

フランス代表タレーランや、イギリス代表カースルレー、プロイセン代表ハルデンベルクなどが集まったが、意見はまとまらなかった。

メッテルニヒ
カースルレー
タレーラン
ハルデンベルク

ビジュアル資料《しりょう》

セントヘレナ島のナポレオン

ワーテルローの戦《たたか》いに敗《やぶ》れたナポレオンは、南大西洋のセントヘレナ島に追放《ついほう》された。

ビジュアル資料《しりょう》

ワーテルローの戦《たたか》い

ウィーン会議《かいぎ》の最中《さいちゅう》、ナポレオンは追放《ついほう》されていたエルバ島（イタリア）を脱出《だっしゅつ》した。各国《かっこく》は急いでウィーン議定書《ぎていしょ》を結《むす》び、ワーテルロー（ベルギー）でナポレオン軍《ぐん》を破《やぶ》った。

ウィーン会議後《かいぎご》のヨーロッパ

ドイツ連邦境界《れんぼうきょうかい》
オーストリア帝国境界《ていこくきょうかい》
ウィーン議定書《ぎていしょ》で得《え》た領土《りょうど》
オーストリア
ロシア
プロイセン
オランダ
北海
スウェーデン王国
デンマーク王国
バルト海
イギリス
ロンドン
オランダ王国
プロイセン王国
ベルリン
ロシア帝国《ていこく》
ポーランド王国
大西洋
パリ
フランス王国
スイス
ウィーン
オーストリア帝国《ていこく》
ポルトガル王国
リスボン
マドリード
スペイン王国
エルバ島
コルシカ
教皇領《きょうこうりょう》
ローマ
サルデーニャ王国
黒海
両シチリア王国
地中海
オスマン帝国《ていこく》

超《ちょう》ビジュアル！歴《れき》史《し》新聞

第4号

発行所：クリーンタイムズ

ヨーロッパの大都市はかなり不潔《ふけつ》だった!?

中世～近世にかけてロンドンやパリなどは今より街《まち》が汚《よご》れていたそうだ。

糞尿《ふんにょう》を窓《まど》から投げ捨《す》てる女性《じょせい》。

窓《まど》から糞尿《ふんにょう》を投げ捨《す》てていた!?

ヨーロッパの大都市では、人口は増加《ぞうか》していったが、家の中にトイレがなく、下水道も整備《せいび》されていなかった。このため糞尿《ふんにょう》が窓《まど》から投げ捨《す》てられていた。通りを歩く人は、糞尿《ふんにょう》がかけられないように注意しなければならず、女性《じょせい》は日傘《ひがさ》で防《ふせ》いでいたという。

また、公衆《こうしゅう》トイレもなかったので、外出中は、男性《だんせい》だけでなく女性《じょせい》も庭や道《みち》端《ばた》で排泄《はいせつ》していた。このため、糞尿《ふんにょう》が町中にあふれていたそうだ。

立ったままでも排泄《はいせつ》できるよう、女性《じょせい》のスカート形は大きくふくらんでいた。日傘《ひがさ》は上から降《ふ》ってくる糞《ふん》尿《にょう》から身を守るものだったともいわれる。

街《まち》の道路は汚物《おぶつ》であふれていた!?

大都市の道路の中央には溝《みぞ》があり、川につながっていた。その溝《みぞ》に糞尿《ふんにょう》やごみなどを流すことになっていたが、すぐにいっぱいになるため、道路は汚物《おぶつ》であふれていた。このため感染症《かんせんしょう》なども広がりやすかった。

川の水がおそろしく汚《きたな》かった!?

道路から集められた大量《たいりょう》の汚物《おぶつ》は、大都市を流れる川に大量《たいりょう》に流れこんだ。産《さん》業革命《ぎょうかくめい》（➡P240）以降《いこう》は、有害《ゆうがい》な工場排水《はいすい》も川に流れこみ、ひどい悪臭《あくしゅう》が街《まち》中《なか》にただよっていた。しかし都市の住民《じゅうみん》は、生活用水として、しかたなく汚《よご》れた川の水を使っていた。

ロンドンのテムズ川は「1滴《てき》に100万匹《まんひき》の虫がいる」と言われるほど汚《お》染《せん》されていた。この絵は、「テムズ川には死神がいる」と政府《せいふ》を批判《ひはん》している。

お風呂《ふろ》やシャワーを浴《あ》びなかった!?

当時のヨーロッパ人は、風呂《ふろ》に入ると病気に感染《かんせん》しやすくなると信《しん》じていたため、風呂《ふろ》やシャワーをまったく利用《りよう》しなかった。香水《こうすい》が発達《はったつ》したのは、体臭《たいしゅう》などをごまかすためだったといわれる。また、街《まち》も汚物《おぶつ》で臭《くさ》かったので、香水《こうすい》を楽しむ文化が広まったという。

これは、いいアイデア!?

中世のヨーロッパの都市は、汚物《おぶつ》であふれていた。
これは何とかしないと…
そこで対策《たいさく》が考えられた。
豚《ぶた》に生ごみや糞尿《ふんにょう》を食べてもらうのだ！
おおっ！
フゴ
フゴ
豚《ぶた》は都市を歩き回り、汚物《おぶつ》を処理《しょり》していった。
ふゴゴ〜
フゴゴゴ
これで少しは街《まち》がきれいになるな！
しかし、暴《あば》れまわる豚《ぶた》もいたので、街《まち》は危険《きけん》になった。
ドドドド
たすけて！

日本では糞尿《ふんにょう》は高額《こうがく》商品だった!?

江戸《えど》時代、江戸《えど》など大都市では、作物の肥料《ひりょう》にするため、農民《のうみん》が庶民《しょみん》から糞尿《ふんにょう》を買っていた。その値段《ねだん》は、長屋の家賃《やちん》よりも高かった。

肥桶《こえおけ》（糞尿《ふんにょう》を入れる桶《おけ》）をかつぐ農民《のうみん》。

1830年

七《しち》月《がつ》革《かく》命《めい》が起こる

ルーブル宮殿《きゅうでん》をおそう革命軍《かくめいぐん》

議会《ぎかい》を解散《かいさん》した国王シャルル10世に対し、パリ市民《しみん》は反乱《はんらん》を起こし、市庁舎《しちょうしゃ》やルーブル宮殿《きゅうでん》を襲撃《しゅうげき》した。

国王の勝手な政治《せいじ》に民衆《みんしゅう》が立ち上がる

ナポレオンの追放後《ついほうご》、フランスではルイ18世が即位《そくい》し、王政《おうせい》が復《ふっ》活《かつ》した(ブルボン朝)。

その後を継《つ》いだシャルル10世は、貴族《きぞく》や聖職者《せいしょくしゃ》だけを大切にしたため、国民《こくみん》は不満《ふまん》を高めた。1830年、議会《ぎかい》を解散《かいさん》したシャルル10世に対し、市民《しみん》や労働者《ろうどうしゃ》たちが革命《かくめい》を起こした。シャルル10世は国外に逃亡《とうぼう》し、新国王に、自由を重視《じゅうし》するルイ・フィリップが迎《むか》えられた(七月革命《しちがつかくめい》)。しかしルイ・フィリップは裕福《ゆうふく》な国民《こくみん》しか政治《せいじ》に参加《さんか》させなかったので、1848年に再《ふた》び革命《かくめい》が起き、*共《きょう》和政《わせい》が実現《じつげん》した(二月革命《にがつかくめい》)。

＊国家の代表者を国民《こくみん》の中から選《えら》ぶ政治体制《せいじたいせい》。

ビジュアル資料《しりょう》

『民衆《みんしゅう》を導《みちび》く自由の女神』 ドラクロワの作品で、七月革命《しちがつかくめい》で戦《たたか》う民衆《みんしゅう》の姿《すがた》をえがいている。女神はフランスの三色旗《さんしょくき》(国旗《こっき》)をかかげている。

フランスの政治体制《せいじたいせい》の変化《へんか》

1814年 ブルボン朝

ナポレオンの追放後、ルイ18世が王になり、王政《おうせい》が復活《ふっかつ》した。

1830年 七月革命《しちがつかくめい》

市民革命《しみんかくめい》によりシャルル10世は国外へ逃亡《とうぼう》。新国王にルイ・フィリップが迎《むか》えられた。

1848年 二月革命《にがつかくめい》

ルイ・フィリップの政治《せいじ》に反対する市民《しみん》が革《かく》命《めい》を起こし、共和政府《きょうわせいふ》が成立《せいりつ》。政府《せいふ》で混乱《こんらん》が続《つづ》く中、ナポレオン３世(ナポレオンのおい)が実権《じっけん》をにぎり、大統領《だいとうりょう》になる。

ルイ・フィリップ(1773~1850)

フランス最後《さいご》の国王。王族出身で、七月革命《しちがつかくめい》の後、国王に迎《むか》えられた。民衆《みんしゅう》を政治《せいじ》に参加《さんか》させなかったため、二月革命《にがつかくめい》が起こった。

世界《せかい》初《はつ》の旅客《りょかく》鉄道が開通する

疾走《しっそう》するロケット号

スチーブンソンが製作《せいさく》したロケット号は、世界で最初《さいしょ》に乗客を乗せて営業《えいぎょう》した蒸気機関車《じょうききかんしゃ》で、最高時速《さいこう》は約《やく》46kmだった。

蒸気機関《じょうききかん》の発明により産業革命《さんぎょうかくめい》が発展《はってん》する

18世紀《せいき》、イギリスで綿織物《めんおりもの》を早く大量《たいりょう》に生産《せいさん》するため紡績機《ぼうせきき》(糸をつくる機械《きかい》)や機織機《はたおりき》(布《ぬの》を織《お》る機械《きかい》)が発明された。18世紀《せいき》後半にワットが蒸気機関《じょうききかん》(蒸気《じょうき》の力を利用《りよう》するモーター)を開発すると、生産力《せいさんりょく》は一気に向上。蒸気《じょうき》機関《きかん》は製鉄業《せいてつぎょう》や造船業《ぞうせんぎょう》、機械《きかい》工業などでも利用《りよう》され、産業《さんぎょう》は大発《だいはっ》展《てん》した。これを産業革命《さんぎょうかくめい》という。

イギリスの技術者《ぎじゅつしゃ》スチーブンソンは蒸気機関車《じょうききかんしゃ》をつくり、1830年、世界最初《さいしょ》の旅客《りょかく》鉄道を開通させた。アメリカではフルトンが蒸気船《じょうきせん》を開発し、交通や輸送《ゆそう》の分野も大きく発達《はったつ》した。

スチーブンソン
(1781～1848)

イギリスの技術者《ぎじゅつしゃ》。蒸《じょう》気《き》機《き》関車《かんしゃ》の研究を続《つづ》け、1825年にロコモーション号を製作《せいさく》し、世界最初《さいしょ》の実用的《じつようてき》な鉄道を開通させた。1829年、ロケット号を製作《せいさく》し、翌年《よくとし》、世界初《せかいはつ》の旅《りょ》客《かく》鉄道を開通させた。

鉄道と工場

イギリスの工場では、原材料《げんざいりょう》を鉄道で工場に運び入れ、大量《たいりょう》に工業製品《せいひん》を生産《せいさん》し、それを世界中に売りさばいた。

世界初《せかいはつ》の蒸気船《じょうきせん》

アメリカの発明家フルトンは、蒸気船《じょうきせん》を製作《せいさく》し、1807年から運行を開始した。

ワット
(1736～1819)

イギリスの発明家。蒸気《じょうき》の力を利用《りよう》したモーターを完成《かんせい》させ、産業革命《さんぎょうかくめい》を大きく発展《はってん》させた。

産《さん》業《ぎょう》革《かく》命《めい》で子どもが労《ろう》働《どう》者《しゃ》になった!?

炭鉱《たんこう》で働《はたら》く子どもたち

子どもたちは、狭《せま》く危険《きけん》な坑道《こうどう》に下ろされ、11〜12時間も働《はたら》かされていた。石炭の入った桶《おけ》は200kg以上《いじょう》にもなった。この絵は1850年頃《ごろ》のイギリスの炭鉱《たんこう》をえがいたもの。

厳《きび》しい環境《かんきょう》のもとで長時間働《はたら》かされる

産業革命《さんぎょうかくめい》が進んだイギリスでは、工場や土地、機械《きかい》をもつ資本家《しほんか》が、労働者《ろうどうしゃ》をやとって利益《りえき》を得《え》るという「資本主義《しほんしゅぎ》」が確立《かくりつ》した。

工場を経営《けいえい》する資本家《しほんか》は少しでも利益《りえき》を得《え》ようとして、労働《ろうどう》者《しゃ》を安い賃金《ちんぎん》でやとい、長時間働《はたら》かせた。工場の機械《きかい》は、職人《しょくにん》でなくても操作《そうさ》できたため、子どもや女性《じょせい》も労働者《ろうどうしゃ》としてやとわれた。また、工業の発展《はってん》で鉄や石炭などが大量《たいりょう》に必要《ひつよう》になり、貧《まず》しい子どもたちは、日光が届《とど》かない鉱山《こうざん》の坑道《こうどう》に下ろされ、長時間働《はたら》かされた。

紡績《ぼうせき》工場で働《はたら》く女の子

子どもは機械《きかい》の下にもぐりこめたので、多くの子どもたちが紡績《ぼうせき》工場で働《はたら》いていた。機械《きかい》にはさまれて指を失《うしな》う子も多かった。写真は1909年にアメリカの紡績《ぼうせき》工場で撮影《さつえい》されたもの。

鞭《むち》で打たれる子ども

少しでも休んだり、命令《めいれい》どおりにできなかったりした子どもは、容赦《ようしゃ》なく鞭《むち》で打たれた。

子どもたちも労働《ろうどう》運動に参加《さんか》した!?

1832年、労働者《ろうどうしゃ》を守る法《ほう》律《りつ》を求《もと》める集会がイギリスで開かれた。集会には工場で働《はたら》く多くの子どもたちも参加《さんか》した。翌年《よくとし》、工場法《こうじょうほう》が定められ、子どもの長時間労働《ろうどう》が禁止《きんし》された。

酔《よ》って幼児《ようじ》を落とす母親

労働者《ろうどうしゃ》たちは、強い酒を飲んで、ストレスを発散《はっさん》させた。悪酔《わるよ》いして、子どもの面倒《めんどう》を見ない親もいた。

1851年

万《ばん》国《こく》博《はく》覧《らん》会《かい》が開かれる

開会式に出席《しゅっせき》するビクトリア女王

イギリスのビクトリア女王は、万国博覧会《ばんこくはくらんかい》の開会式に出席《しゅっせき》し、開会を宣言《せんげん》した。

最先端《さいせんたん》の工業力を万博《ばんぱく》で世界中に示《しめ》す

19世紀《せいき》、産業革命《さんぎょうかくめい》に成功《せいこう》したイギリスは、大量生産《たいりょうせいさん》した高品質《こうひんしつ》の製品《せいひん》を輸出《ゆしゅつ》して繁栄《はんえい》し、「世界の工場」と呼《よ》ばれた。イギリスは安い原料《げんりょう》や、工業製品《せいひん》を販売《はんばい》するため、世界中に進出して植民地《しょくみんち》を広げた。イギリスの植民地《しょくみんち》の面積《めんせき》は20世紀初《せいきはじ》めには、本国の面《めん》積《せき》の約《やく》100倍に達《たっ》した。

ビクトリア女王がイギリスを治《おさ》めていた1851年、首都ロンドンで万国博覧会《ばんこくはくらんかい》が開かれた。来場者数は、600万人以上《いじょう》といわれ、イギリスは最先端《さいせんたん》の工業力を世界に示《しめ》した。

世界中から富《とみ》が集まるロンドン

ビクトリア・タワー
ビッグベン
発見《はっけん》!

国会議事堂《こっかいぎじどう》(ウエストミンスター宮殿《きゅうでん》)

ビクトリア女王の時代の大規模建築《だいきぼけんちく》。1860年までに大部分が完成《かんせい》した。

ビジュアル資料《しりょう》

万国博覧会《ばんこくはくらんかい》の開会式

博覧会《はくらんかい》の会場となった水晶宮《すいしょうきゅう》は、鉄とガラスでつくられた。建物《たてもの》の幅《はば》は約《やく》563m、奥行《おくゆ》きは約《やく》124mあり、内部はあざやかに彩《いろど》られていた。

ビジュアル資料《しりょう》
NESTLES FOOD

イングランド銀行

19世紀《せいき》、ロンドンは世界の金融《きんゆう》の中心となった。

ビクトリア女王(1819~1901)

18歳《さい》でイギリス女王となり、以後《いご》64年間、女王として国を治《おさ》めたが、政治《せいじ》は議会《ぎかい》に任《まか》せ、「君臨《くんりん》すれども統治《とうち》せず」というイギリスの政治体制《せいじたいせい》を守った。

は、世界の金融《きんゆう》の中心となり、国《こく》民《みん》の生活は豊《ゆた》かになった。政治《せいじ》も安定し、選挙《せんきょ》で選《えら》ばれた政党《せいとう》が政権《せいけん》を担当《たんとう》する「議会政党《ぎかいせいとう》政治《せいじ》」が成立《せいりつ》した。

なるほどエピソード

「ジェントルマン」が経済《けいざい》を動かした!?

「礼儀《れいぎ》正しい男性《だんせい》」という意味で使われる言葉「ジェントルマン(紳《しん》士《し》)」は、ジェントリ(イギリスの大地主)が起源《きげん》。19世紀中頃《せいきなかごろ》からは、金融《きんゆう》業者や政治家《せいじか》、法律《ほうりつ》家《か》、医師《いし》などの専門《せんもん》分野で活躍《かつやく》した。彼《かれ》らの独自《どくじ》のファッションは、現在《げんざい》も受け継《つ》がれている。

トップハット
フロック
コート
ステッキ

典型的《てんけいてき》なジェントルマンのファッション。

1848年

『共産党宣言《きょうさんとうせんげん》』が発表される

『共産党宣言《きょうさんとうせんげん》』の完成《かんせい》を喜《よろこ》ぶマルクスとエンゲルス

『共産党宣言《きょうさんとうせんげん》』は、全部で23ページの小冊子《しょうさっし》で、マルクスが親友のエンゲルスと一緒《いっしょ》にドイツ語で書き、ロンドンで出版《しゅっぱん》した。

資本主義《しほんしゅぎ》への批判《ひはん》から社会主義《しゅぎ》が生まれる

イギリスに続いて、ヨーロッパ各国《かっこく》でも産業革命《さんぎょうかくめい》が進んだ。これにより、資本家《しほんか》は豊《ゆた》かになったが、労働者《ろうどうしゃ》の賃金《ちんぎん》は安く、労働環境《ろうどうかんきょう》は厳《きび》しいままだった。このため労働者《ろうどうしゃ》たちは、自分たちの生活を守るため、労働組合《ろうどうくみあい》をつくって団結《だんけつ》した。

同じ時期、資本主義《しほんしゅぎ》を批判《ひはん》し、「工場や土地を社会で共有《きょうゆう》するべき」と唱《とな》える社会主義《しゅぎ》の考え方が生まれた。社会主義者《しゅぎしゃ》のマルクスは、友人のエンゲルスと協力《きょうりょく》し、１８４８年に『共産党宣言《きょうさんとうせんげん》』を出版《しゅっぱん》した。マルクスはこの本で、資本《しほん》主義《しゅぎ》は必《かなら》ずおとろえて、労働者《ろうどうしゃ》に

マルクス（1818〜1883）

ドイツの共産主義者《きょうさんしゅぎしゃ》。労働者《ろうどうしゃ》が革命《かくめい》を起こし、すべての財産《ざいさん》が共有《きょうゆう》される社会を目指すべきだと主張《しゅちょう》した。資本主義《しほんしゅぎ》の研究を続《つづ》け、『資本論《しほんろん》』1巻《かん》を出版《しゅっぱん》した。

よる政権《せいけん》が誕生《たんじょう》し、社会主義《しゅぎ》社会が実現《じつげん》されると主張《しゅちょう》した。その思想（共産主義《きょうさんしゅぎ》）は、ロシア革命《かくめい》（➡P288）に大きな影響《えいきょう》を与《あた》えた。

マルクス・エンゲルス像《ぞう》

エンゲルス（右）は、マルクス（左）の死後、『資本論《しほんろん》』の2巻《かん》・3巻《かん》を完成《かんせい》させた（ドイツ）。

社会主義《しゅぎ》の誕生《たんじょう》

❶ 資本主義《しほんしゅぎ》の確立《かくりつ》

資本主義《しほんしゅぎ》とは、資本家《しほんか》が工場を建《た》てて、労働者《ろうどうしゃ》をやとって生産《せいさん》させるしくみ。産業革命《さんぎょうかくめい》で確立《かくりつ》した。

⬇

❷ 貧富《ひんぷ》の差《さ》の拡大《かくだい》

資本家《しほんか》はどんどんもうかるが、労働者《ろうどうしゃ》は低《ひく》い賃金《ちんぎん》で、長時間働《はたら》かされ、苦しい生活が続《つづ》く。

⬇

❸ 社会主義《しゅぎ》の誕生《たんじょう》

資本家《しほんか》だけがもうかるしくみをなくすため、工場や土地を個人《こじん》のものではなく、社会のものにするべきという「社会主義《しゅぎ》」が誕生《たんじょう》した。

1859年

ダーウィンが進化《しんか》論《ろん》を発表する

『種《しゅ》の起源《きげん》』を書くダーウィン

イギリスの博物学《はくぶつがく》者ダーウィンは、進《しん》化《か》論《ろん》の考えをまとめた『種《しゅ》の起《き》源《げん》』を発表し、大きな反響《はんきょう》を呼《よ》んだ。

優《すぐ》れた研究や発明が社会を近代化させる

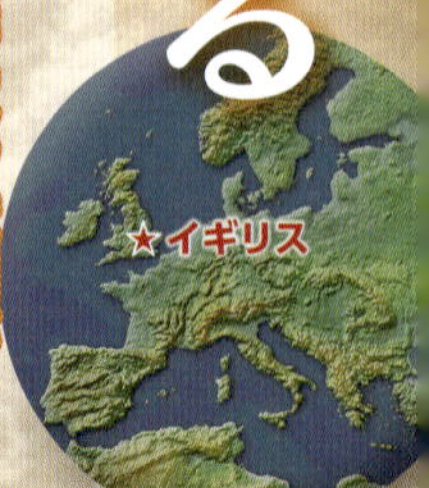

19世紀《せいき》のヨーロッパでは、フランス革命《かくめい》の影響《えいきょう》などで、市民《しみん》が学問を発展《はってん》させていくようになり、合理的《ごうりてき》な考え方が主流になった。

自然《しぜん》科学の分野では、イギリスの博物学《はくぶつがく》者ダーウィンが、南太平洋のガラパゴス諸島《しょとう》などでの調査《ちょうさ》から、「生物は長い時間をかけて変化《へんか》し、その中で自然環境《しぜんかんきょう》に最《もっと》も適合《てきごう》した種《しゅ》が生き残《のこ》る」という進《しん》化論《かろん》（自然選択説《しぜんせんたくせつ》）にたどり着き、その考えを『種《しゅ》の起源《きげん》』で発表した。『聖書《せいしょ》』には、「人間は神が創造《そうぞう》した」と記されているため、ダーウィンは『聖書《せいしょ》』を信《しん》じる人びとから激《はげ》しい抗議《こうぎ》を受けたが、「人間

19世紀《せいき》後半に活躍した科学者

ダーウィンをからかう絵

ダーウィンをチンパンジーに見立ててからかった絵。進化論《しんかろん》は「人間は神がつくった」とする宗教界《しゅうきょうかい》から反発を受けた。

ノーベル(1833~1896)

スウェーデンの化学者。爆薬《ばくやく》ニトログリセリンを安全に使えるようにしたダイナマイトを発明し、巨額《きょがく》の富《とみ》を得《え》た。亡《な》くなる前、社会に役立つ研究をした人に、自分の財産《ざいさん》から賞金《しょうきん》を与《あた》えるように言い残《のこ》したことで、ノーベル賞《しょう》が誕生《たんじょう》した。

マリー・キュリー(1867~1934)

ポーランド出身の科学者。フランスのパリ大学に入学し、物理学者ピエール・キュリーと結婚《けっこん》。ふたりは共同《きょうどう》で研究を続《つづ》け、放射性元素《ほうしゃせいげんそ》ポロニウムとラジウムを発見し、ノーベル物理学賞《ぶつりがくしょう》を受賞《じゅしょう》した。

ガラパゴス諸島《しょとう》

ダーウィンは、南太平洋のガラパゴス諸島《しょとう》などで生物を観察《かんさつ》し、進化論《しんかろん》を考えついた。

レントゲン(1845~1923)

ドイツの物理学者。人間の体の中を撮影《さつえい》できるX線《エックスせん》を発見し、医学や物理学の研究に役立てられた。この功績《こうせき》で、第1回ノーベル賞《しょう》を受賞《じゅしょう》した。

は特別《とくべつ》な生物ではない」と主張《しゅちょう》する進化論《しんかろん》は、生物学だけでなく社会全体に大きな影響《えいきょう》を与《あた》えた。

19世紀《せいき》後半には、ダイナマイトを発明したノーベルや、放射性元素《ほうしゃせいげんそ》を発見したキュリー夫妻《ふさい》、X線《エックスせん》を発見したレントゲン、白熱《はくねつ》電球を発明したエジソンなど、さまざまな分野で科学者が活躍《かつやく》し、社会の近代化が進んだ。

1840年

アヘン戦《せん》争《そう》

清《しん》のジャンク船に砲撃《ほうげき》するイギリス軍艦《ぐんかん》

中国《ちゅうごく》南部を流れる珠江《しゅこう》の河口付《かこうふ》近《きん》でおこなわれた戦《たたか》い。イギリス軍艦《ぐんかん》ネメシス号は、清《しん》のジャンク船を大砲《たいほう》で撃破《げきは》していった。

イギリスが清《しん》を攻《せ》めて香港《ほんこん》と賠償金《ばいしょうきん》を獲得《かくとく》する

18世紀《せいき》、イギリスは清《しん》(中国《ちゅうごく》)と貿易《ぼうえき》を開始した。イギリスは清《しん》からおもに中国茶《ちゅうごくちゃ》を輸入《ゆにゅう》し、銀で代金を払《はら》っていたが、19世紀《せいき》になると銀が不足《ふそく》した。そこでイギリスは、インドへ綿製品《めんせいひん》を輸出《ゆしゅつ》した後、インド産《さん》のアヘン(麻薬《まやく》の一《いっ》種《しゅ》)を、法《ほう》を破《やぶ》ってひそかに清《しん》に輸出《ゆしゅつ》した。アヘンは清《しん》に広がり、多くの中毒患者《ちゅうどくかんじゃ》を生み出し、イギリスは大きな利益《りえき》を得《え》た。

清《しん》の役人・林則徐《りんそくじょ》は、アヘンを厳《きび》しく取りしまり、アヘンの販売《はんばい》を禁止《きんし》した。これに対し、イギリ

勝 戦力《せんりょく》 約《やく》2万人?

パーマストン

イギリス軍《ぐん》

VS

清軍《しんぐん》

道光帝《どうこうてい》

負 戦力《せんりょく》 約《やく》20万人?

ビジュアル資料《しりょう》

アヘンを吸《す》う清《しん》の人びと

イギリスがひそかに持ちこんだアヘン(麻薬《まやく》)は、多くの中毒患者《ちゅうどくかんじゃ》を生んで、清《しん》の社会に大きな問題を引き起こした。

海戦《かいせん》場所
清《しん》(中国《ちゅうごく》)
珠江河口《しゅこうかこう》

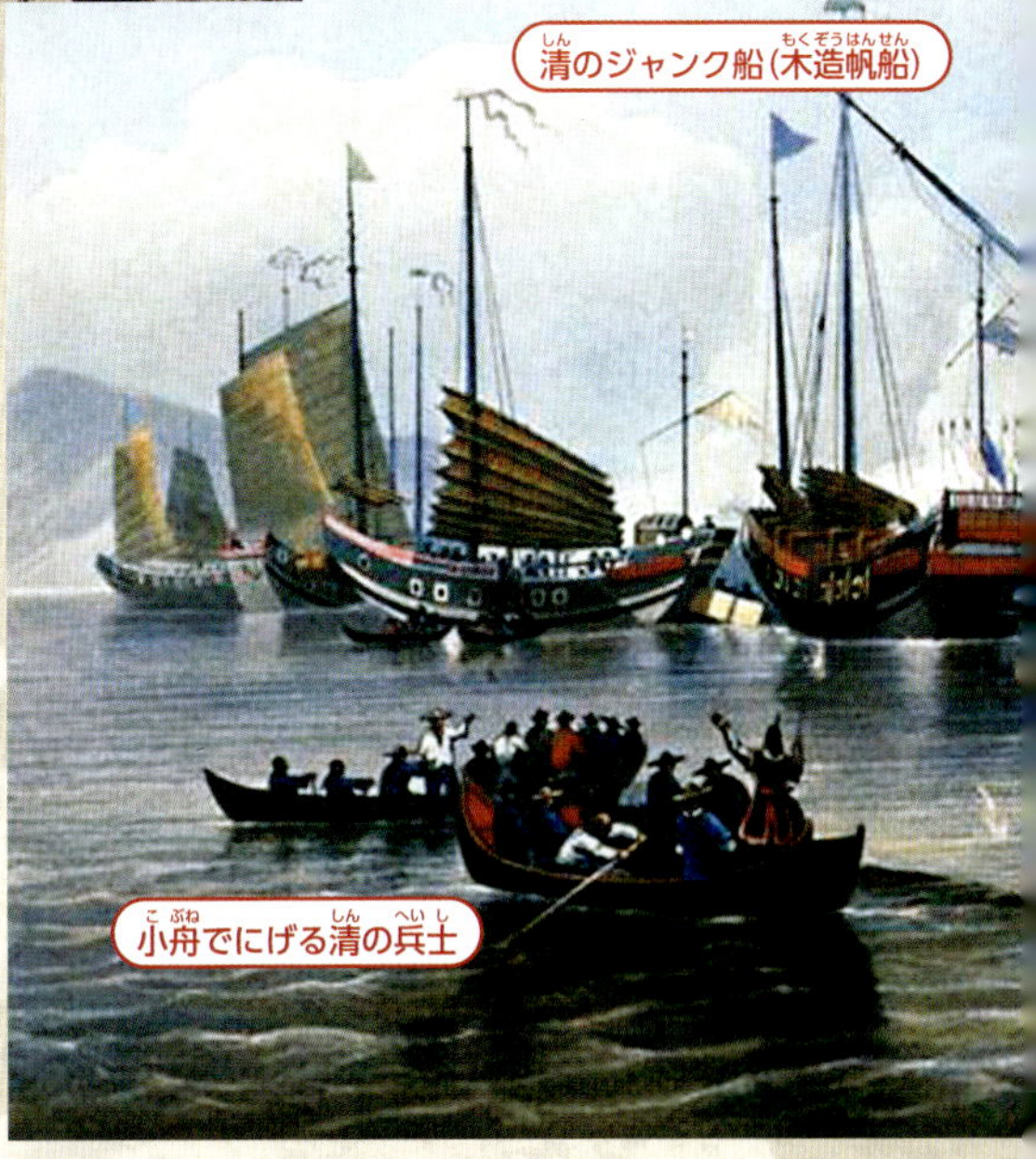
清《しん》のジャンク船(木造帆船《もくぞうはんせん》)
小舟《こぶね》でにげる清《しん》の兵士《へいし》

アヘンを禁止《きんし》する林則徐《りんそくじょ》

林則徐《りんそくじょ》はアヘンを厳《きび》しく取りしまったため、アヘン戦争《せんそう》が起こった。

スは海軍《かいぐん》を送りこんでアヘン戦争《せんそう》を引き起こし、最新兵器《さいしんへいき》で清軍《しんぐん》を撃破《げきは》した。イギリスは、清《しん》に不平等《ふびょうどう》な条約《じょうやく》を結《むす》ばせ、香港《ほんこん》(中国《ちゅうごく》)や賠償金《ばいしょうきん》を手に入れた。

その頃《ころ》日本は?

ペリーが来航《らいこう》して日本に開国を迫《せま》った!?

江戸《えど》時代、日本は外国との交流を制限《せいげん》する鎖国政策《さこくせいさく》をとっていたが、アヘン戦争《せんそう》で清《しん》が敗北《はいぼく》したことを知ると、西洋諸国《しょこく》と戦《たたか》って勝つことは困難《こんなん》だと理解《りかい》した。1853年、アメリカのペリーが蒸気船《じょうきせん》で来航《らいこう》して開国を要求《ようきゅう》すると、日本は開国を決意した。

ペリーの来航《らいこう》におどろく日本人。

1857年

インド大《だい》反《はん》乱《らん》が起こる

イギリスに対抗《たいこう》するが敗《やぶ》れて植民地《しょくみんち》にされる

19世紀《せいき》前半、インドはムガル帝《てい》国《こく》の領地《りょうち》だったが、実際《じっさい》は*イギリス東インド会社を通じて、イギリスが間接的《かんせつてき》に支配《しはい》していた。産《さん》業革命《ぎょうかくめい》によって「世界の工場」となったイギリスは大量《たいりょう》の綿織物《めんおりもの》をインドに輸出《ゆしゅつ》したため、伝統《でんとう》的《てき》なインドの綿織物業《めんおりものぎょう》はおとろえた。また、イギリスはインドから税《ぜい》を取り立てたため、インド人は不満《ふまん》を高めていた。

1857年、イギリス東インド会社にやとわれていたインド人兵《へい》士《し》「シパーヒー（セポイ）」が反乱《はんらん》を起こすと、領地《りょうち》をイギリスにうばわれた元国王や元貴族《もときぞく》たちも反乱《はんらん》

*1600年、エリザベス1世がインド・東南アジアと貿易《ぼうえき》をするために設立《せつりつ》した会社で、強大な武力《ぶりょく》を備《そな》えていた。

ビジュアル資料《しりょう》 **シパーヒー**

シパーヒー（セポイ）とは、イギリス東インド会社がやとった兵《へい》。約《やく》28万人のシパーヒーが、約《やく》5万人のイギリス兵《へい》に支配《しはい》されていた。

ビジュアル資料《しりょう》 **インド大反乱《だいはんらん》**

弾薬《だんやく》の包《つつ》み紙に宗教《しゅうきょう》で禁止《きんし》されている牛や豚《ぶた》の脂《あぶら》が使われているという噂《うわさ》を聞いたシパーヒーが、イギリスの支配《しはい》に対する不満《ふまん》を爆発《ばくはつ》させ、大反乱《だいはんらん》を起こした。

イギリス軍《ぐん》と戦《たたか》う
ラクシュミー・バーイー

ジャーンシー王国の王妃《おうひ》だったラクシュミー・バーイーは、国王の死後、国をイギリスにうばわれた。インド大反乱《だいはんらん》が起きると、これに加《くわ》わり、反乱軍《はんらんぐん》を指揮《しき》して、イギリス軍《ぐん》を苦しめた。

に加《くわ》わり、大反乱《だいはんらん》が発生した。シパーヒーは、ムガル皇帝《こうてい》を指導者《しどうしゃ》にして戦《たたか》ったが、最新兵器《さいしんへいき》を装備《そうび》するイギリス軍《ぐん》に敗北《はいぼく》。ムガル皇《こう》帝《てい》はインドから追放《ついほう》された。

勝利《しょうり》したイギリスは東インド会社を解散《かいさん》し、インドの直接支配《ちょくせつしはい》を開始した。ビクトリア女王は、インド帝国《ていこく》の皇帝《こうてい》として即位《そくい》し、イギリスの支配《しはい》するインド帝国《ていこく》が成立《せいりつ》した。

バハードゥル・シャー2世
(1775～1862)

ムガル帝国《ていこく》の最後《さいご》の皇帝《こうてい》。インド大反乱《だいはんらん》のときシパーヒーから指導者《しどうしゃ》にされたが、反《はん》乱《らん》がしずめられると皇《こう》帝《てい》の位《くらい》をうばわれ、ビルマ（ミャンマー）に追放された。

1853年

クリミア戦争《せんそう》

セバストーポリの戦《たたか》い

連合軍《れんごうぐん》は、要塞《ようさい》(防御的《ぼうぎょてき》な軍事施設《ぐんじしせつ》)に守られていたロシア艦隊《かんたい》の軍港《ぐんこう》・セバストーポリを攻撃《こうげき》した。戦《たたか》いは1年近く続《つづ》き、連合軍《れんごうぐん》が勝利《しょうり》したが、両軍《りょうぐん》で20万人以上《いじょう》の死者が出た。

セバストーポリ要塞《ようさい》

防壁《ぼうへき》や砲台《ほうだい》などが多く築《きず》かれていて、防《ぼう》御力《ぎょりょく》が高かった。

ロシアは黒海《こっかい》をねらうが連合軍《れんごうぐん》に敗北《はいぼく》する

ウィーン会議後《かいぎご》、ポーランドを領土《りょうど》にしたロシアは、イギリスと並《なら》ぶ強国になった。ロシア皇帝《こうてい》ニコライ1世は、ボスポラス海《かい》峡《きょう》とダーダネルス海峡《かいきょう》を支配下《しはいか》に置《お》いて、黒海《こっかい》から地中海《ちちゅうかい》まで艦《かん》隊《たい》を自由に行き来させたいと考えていた。このため、1853年、ロシアはオスマン帝国《ていこく》と戦争《せんそう》を開始した(クリミア戦争《せんそう》)。

イギリスとフランスは、ロシアの勢力拡大《せいりょくかくだい》を防《ふせ》ぐため、オスマン帝国《ていこく》を支援《しえん》し、連合艦隊《れんごうかんたい》を黒海《こっかい》に送りこんだ。連合軍《れんごうぐん》はクリミア半

勝　戦力《せんりょく》　約《やく》100万人

ナポレオン3世

ビクトリア女王

フランス・イギリス・オスマン連合軍《れんごうぐん》

VS

ロシア軍《ぐん》

ニコライ1世

負　戦力《せんりょく》　約《やく》220万人

クリミア戦争《せんそう》関連《かんれん》地図

オーストリア
ロシア
クリミア半島
セバストーポリ
黒海《こっかい》
ボスポラス海峡《かいきょう》
オスマン帝国《ていこく》
地中海《ちちゅうかい》
ダーダネルス海峡《かいきょう》

ビジュアル資料《しりょう》

イギリス・フランス艦隊《かんたい》の砲撃《ほうげき》

激《はげ》しい砲撃《ほうげき》によってセバストーポリを陥落《かんらく》させた。

島に上陸《じょうりく》し、ロシアのセバストーポリ要塞《ようさい》をめぐって、激《はげ》しい戦《たたか》いがくり広げられた。敗北《はいぼく》したロシアは、黒海《こっかい》の征服《せいふく》をあきらめ、国内の近代化を進めるために、大改革《だいかいかく》を開始した。

なるほどエピソード

「クリミアの天使」が負傷者《ふしょうしゃ》を看護《かんご》した⁉

イギリスの看護師《かんごし》ナイチンゲールは、34人の看護師《かんごし》を率《ひき》いてクリミア戦争《せんそう》の戦場《せんじょう》に向かった。ナイチンゲールは野戦《やせん》病院で敵味方《てきみかた》の区別《くべつ》なく、負傷《ふしょう》したり病気になったりした兵士《へいし》を看護《かんご》したため、「クリミアの天使」と呼《よ》ばれた。

1861年

南《なん》北《ぼく》戦《せん》争《そう》

勝 戦力《せんりょく》 約《やく》156万人

リンカーン

グラント将軍《しょうぐん》

北軍《ほくぐん》

VS

南軍《なんぐん》

リー将軍《しょうぐん》

負 戦力《せんりょく》 約《やく》90万人

奴《ど》隷《れい》制《せい》をめぐって北部と南部が対立する

18世《せい》紀《き》末《まつ》に独立《どくりつ》したアメリカ合《がっ》衆国《しゅうこく》は、移民《いみん》によって人口が増加《ぞうか》し、農業や工業の発展《はってん》で国力をつけた。西部に領土《りょうど》の拡大《かくだい》を続《つづ》けたアメリカは、19世紀中頃《せいきなかごろ》には、太平洋岸に到達《とうたつ》した。この頃《ころ》のアメリカ経済《けいざい》は、南部の州が奴隷《どれい》を働《はたら》かせて生産《せいさん》した綿花《めんか》を輸出《ゆしゅつ》することで成《な》り立っていたが、北部の州は奴隷制《どれいせい》に反対だった。このため、新しく誕生《たんじょう》した西部の州で奴隷制《どれいせい》を認《みと》めるかどうかが問題になり、北部と南部は対立した。

1860年、北部の支持《しじ》を受け

南北戦争関連地図《なんぼくせんそうかんれんちず》

ボストン
ニューヨーク
ゲティスバーグの戦《たたか》い
フィラデルフィア
ワシントン
リッチモンド
大西洋
ミシシッピ川
アトランタ
サムター要塞《ようさい》
ニューオーリンズ
北部の州
南部の州
州の境界《きょうかい》
おもな戦場《せんじょう》

ビジュアル資料《しりょう》

サムター要塞《ようさい》への攻撃《こうげき》

1861年、南軍《なんぐん》が北軍《ほくぐん》のサムター要塞《ようさい》を攻撃《こうげき》し、南北戦争《なんぼくせんそう》がはじまった。

南軍《なんぐん》を指揮《しき》するリー将軍《しょうぐん》

南軍《なんぐん》の司令官《しれいかん》となったリー将軍《しょうぐん》は、少ない兵力《へいりょく》を率《ひき》いて各地《かくち》で北軍《ほくぐん》を破《やぶ》った。

たリンカーンが大統領《だいとうりょう》に選《えら》ばれると、翌年《よくとし》、南部は独立《どくりつ》し、アメリカ連合国《れんごうこく》をつくった。そして南《なん》軍《ぐん》(南部の軍勢《ぐんぜい》)は、北軍《ほくぐん》(北部の軍勢《ぐんぜい》)のサムター要塞《ようさい》を攻撃《こうげき》し、南北戦争《なんぼくせんそう》がはじまった。

ウソ!ホント!?

南北戦争《なんぼくせんそう》のきっかけは女性《じょせい》の小説《しょうせつ》だった!?

1852年、ストウ夫人《ふじん》は黒人奴隷《どれい》がひどい扱《あつか》いを受けていることを、小説《しょうせつ》『アンクル・トムの小屋』に書き、この本は1年間で32万部以上《いじょう》のベストセラーになった。リンカーンはストウ夫人《ふじん》に会ったとき、「あなたが南北戦《なんぼくせん》争《そう》を引き起こしたご婦人《ふじん》ですね」と話したという。

ストウ夫人《ふじん》
(1811～1896)

グラント将軍《しょうぐん》
(1822～1885)

北軍《ほくぐん》の司令官《しれいかん》として各地《かくち》で勝利《しょうり》を重ね、南軍《なんぐん》のリー将軍《しょうぐん》を降伏《こうふく》に追いこみ、南北戦争《なんぼくせんそう》を終わらせた。その後、アメリカ合衆国《がっしゅうこく》18代大統領《だいとうりょう》になった。

「奴隷解放宣言《どれいかいほうせんげん》」を書くリンカーン

1863年、リンカーンは「奴隷解放宣言《どれいかいほうせんげん》」を発表し、これに賛成《さんせい》するフランスなどから援助《えんじょ》を受けた。

ビジュアル資料《しりょう》

ゲティスバーグの戦《たたか》い

1863年に起きた、南北戦争《なんぼくせんそう》における最大《さいだい》の戦《たたか》い。戦死者《せんししゃ》は両軍《りょうぐん》合わせて約《やく》5万人にものぼった。北軍《ほくぐん》はこの戦《たたか》いに勝利《しょうり》し、以後《いご》の戦《たたか》いを有利《ゆうり》に進めた。

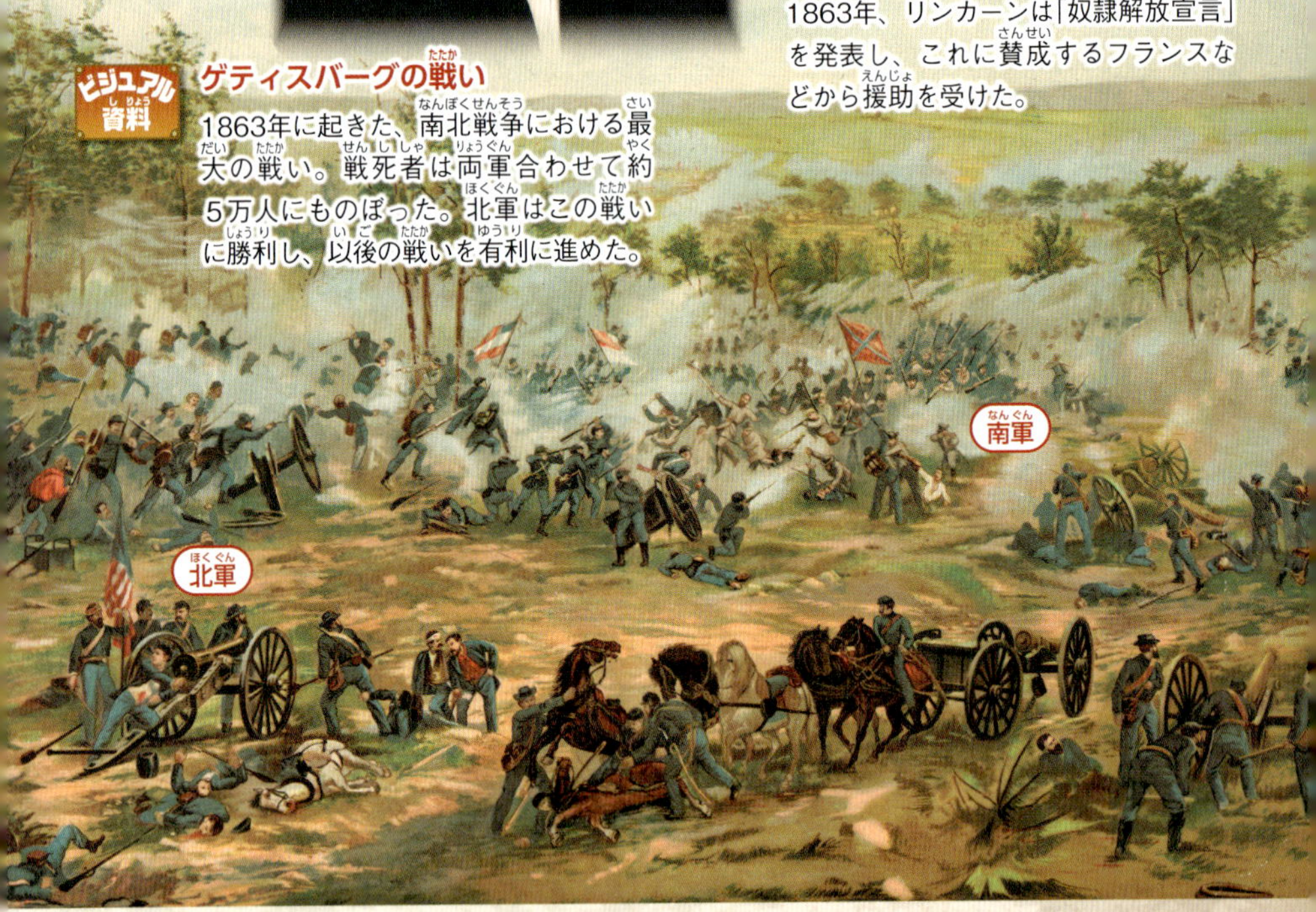

奴隷解放宣言《どれいかいほうせんげん》によって北軍《ほくぐん》が南軍《なんぐん》に勝利《しょうり》する

南北戦争《なんぼくせんそう》の初期《しょき》は、リー将軍《しょうぐん》など優《すぐ》れた司令官《しれいかん》の多い南軍《なんぐん》が有利《ゆうり》に戦《たたか》いを進めた。しかし、1863年、リンカーンが奴隷解放宣言《どれいかいほうせんげん》を発表すると、北軍《ほくぐん》はフランスなど海外からの支持《しじ》を集め、援助《えんじょ》を受けた。南北戦争《なんぼくせんそう》で最大《さいだい》の激戦《げきせん》となったゲティスバーグの戦《たたか》いに勝利《しょうり》して以降《いこう》、グラント将軍《しょうぐん》の率《ひき》いる北軍《ほくぐん》は次つぎと南軍《なんぐん》を撃破《げきは》していき、1865年、南軍《なんぐん》を降伏《こうふく》に追いこんだ。これにより、合衆国《がっしゅうこく》は再《ふたた》び統一《とういつ》されたが、南北戦争《なんぼくせんそう》ではマスケット銃《じゅう》などの近代兵器《へいき》が大量《たいりょう》に使用されたため、戦死者《せんししゃ》は62万人にもおよんだ。

リンカーンは南北戦争《なんぼくせんそう》の最中《さいちゅう》に「人民《じんみん》の、人民《じんみん》による、人民《じんみん》のための政治《せいじ》」が大切だと訴《うった》えたが、南北戦争《なんぼくせんそう》が終了《しゅうりょう》した直後、暗殺《あんさつ》さ

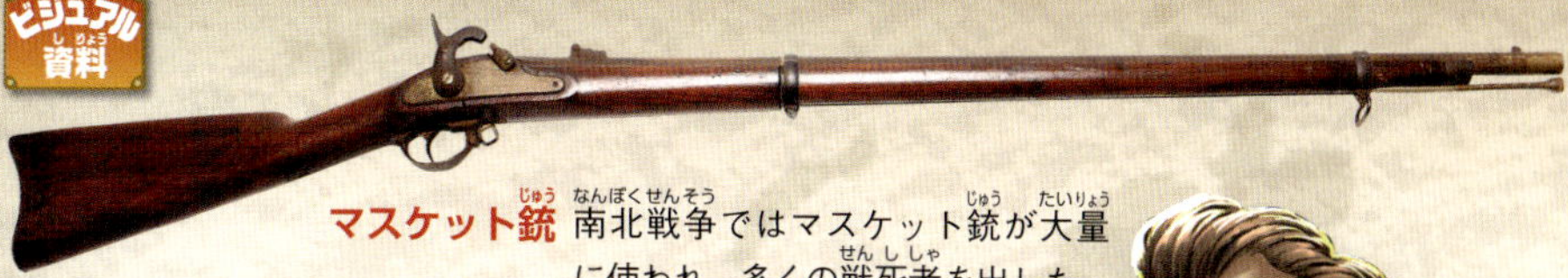

マスケット銃《じゅう》 南北戦争《なんぼくせんそう》ではマスケット銃《じゅう》が大量《たいりょう》に使われ、多くの戦死者《せんししゃ》を出した。

ゲティスバーグの演説《えんぜつ》

ゲティスバーグの戦《たたか》いの後、リンカーンは演説《えんぜつ》で、「人民《じんみん》の、人民《じんみん》による、人民《じんみん》のための政治《せいじ》」を守ることが大切だと訴《うった》えた。

暗殺《あんさつ》されるリンカーン

南北戦争《なんぼくせんそう》が終わった5日後、リンカーンは劇《げき》場《じょう》で奴隷制支持者《どれいせいしじしゃ》に銃《じゅう》でうたれた。

リンカーン(1809~1865)

奴隷制《どれいせい》に反対する共和党《きょうわとう》の代表としてアメリカ合衆国《がっしゅうこく》16代大統領《だいとうりょう》になる。このため奴隷制《どれいせい》を支持《しじ》する南部と対立し、南北戦《なんぼくせん》争《そう》を引き起こした。最初《さいしょ》は苦戦《くせん》したが、「奴隷解放宣言《どれいかいほうせんげん》」を出して国内・海外からの支持《しじ》集め、南北戦争《なんぼくせんそう》を勝利《しょうり》に導《みちび》いた。

れた。その後、アメリカは石炭・石油・鉄鋼《てっこう》などを基本《きほん》とする重工業が急速に発展《はってん》し、19世紀末《せいきまつ》には世界一の工業国になった。また、黒人奴隷《どれい》は解放《かいほう》されたが、黒人に対する人種差別《じんしゅさべつ》は残《のこ》った。

その頃《ころ》日本は？

南北戦争《なんぼくせんそう》で余《あま》った銃《じゅう》を輸入《ゆにゅう》していた!?

南北戦争《なんぼくせんそう》が終わると、アメリカに大量《たいりょう》の銃《じゅう》が余《あま》った。その頃《ころ》日本では、江戸幕府《えどばくふ》を倒《たお》そうとする長州藩《ちょうしゅうはん》(山口県《やまぐちけん》)が最新式《さいしんしき》の武器《ぶき》を必要《ひつよう》としていた。長州藩《ちょうしゅうはん》はアメリカから大量《たいりょう》に輸入《ゆにゅう》した銃《じゅう》を使い、幕府軍《ばくふぐん》との戦《たたか》いで勝利《しょうり》した。

普《ふ》仏《ふつ》戦《せん》争《そう》

プロイセン軍《ぐん》を指揮《しき》するモルトケ

1870年9月、モルトケ率《ひき》いるプロイセン軍《ぐん》は、ナポレオン3世がにげこんだセダン要塞《ようさい》を攻撃《こうげき》し、降伏《こうふく》に追いこんだ。

勝 戦力《せんりょく》 約《やく》50万人

ビスマルク

モルトケ

プロイセン軍《ぐん》

VS

フランス軍《ぐん》

ナポレオン3世

負 戦力《せんりょく》 約《やく》30万人

ドイツのプロイセンがフランスを撃破《げきは》する

ウィーン会議後《かいぎご》、ドイツはプロイセン王国をはじめ、35の君主国などで構成《こうせい》されるドイツ連邦《れんぽう》となった。強国となったプロイセンの国王ビルヘルム1世は、1862年にビスマルクを首相に任命《にんめい》し、軍事力《ぐんじりょく》の強化を進めた。プロイセン軍《ぐん》の参謀総長《さんぼうそうちょう》モルトケは、デンマークやオーストリアとの戦争《せんそう》を指導《しどう》して勝利《しょうり》。ドイツで最強《さいきょう》の国家となったプロイセンは、ドイツ統一《とういつ》を目指し、他の君主国との結束《けっそく》を固《かた》めた。

これに対し、二月革命後《にがつかくめいご》に権力《けんりょく》

ビジュアル資料《しりょう》

降伏《こうふく》するナポレオン３世

セダンの戦《たたか》いに敗《やぶ》れたナポレオン３世は降伏《こうふく》し、約《やく》10万人の兵《へい》とともに捕虜《ほりょ》になった。

ビジュアル資料《しりょう》

敗北《はいぼく》するパリ・コミューン

普仏戦争《ふふつせんそう》の敗北後《はいぼくご》、フランスでは臨時政府《りんじせいふ》が成立《せいりつ》した。これと対立したパリの市民《しみん》や労働者《ろうどうしゃ》は、自治政府《じちせいふ》「パリ・コミューン」を結成《けっせい》したが、臨時政府《りんじせいふ》に弾圧《だんあつ》されて崩壊《ほうかい》した。

ナポレオン3世(1808～1873)

ナポレオンのおいで、二月革命後《にがつかくめいご》に大統領《だいとうりょう》に選《えら》ばれ、1852年、国民《こくみん》投票《とうひょう》によってフランス皇帝《こうてい》となった。国内の経済政策《けいざいせいさく》を成功《せいこう》させたが、外交政策《せいさく》で失敗《しっぱい》が続《つづ》き、普仏《ふふつ》戦争《せんそう》に敗《やぶ》れて捕虜《ほりょ》になった。

をにぎったフランス皇帝《こうてい》ナポレオン3世は、プロイセンの勢力《せいりょく》を止めるため、1870年、戦争《せんそう》を開始した（*普仏戦争《ふふつせんそう》）。プロイセン軍《ぐん》はフランス軍《ぐん》を撃破《げきは》し、ナポレオン3世を捕虜《ほりょ》にした。フランスは領地《りょうち》の一部をゆずり、多額《たがく》の賠《ばい》償金《しょうきん》を支払《しはら》うことで講和《こうわ》した。

なるほどエピソード

ナポレオン3世がパリを大改造《だいかいぞう》した!?

ナポレオン3世の指示《しじ》で、パリの大通りや鉄道などが大規模《だいきぼ》に整《せい》備《び》され、オペラ座《ざ》などの公共的《こうきょうてき》な建《たて》物《もの》が建《た》てられた。この大《だい》改造《かいぞう》で現在《げんざい》のパリの街《まち》並《な》みの基礎《きそ》がつくられた。

凱旋門《がいせんもん》から放射状《ほうしゃじょう》にのびる大通り。

*漢字でプロイセンは「普《ふ》」、フランスは「仏《ふつ》」と表記される。

1871年

ドイツ帝《てい》国《こく》が誕《たん》生《じょう》する

ドイツ帝国《ていこく》の宰相《さいしょう》になるビスマルク

プロイセン王国の首相ビスマルクは、ドイツ帝国《ていこく》が成立《せいりつ》すると、宰《さい》相《しょう》(行政《ぎょうせい》の最高職《さいこうじょく》)に任命《にんめい》された。

ビスマルクの主導《しゅどう》によりドイツは統一《とういつ》国家になる

普《ふ》仏《ふつ》戦争《せんそう》の末期《まっき》、フランス軍《ぐん》を撃《げき》破《は》したプロイセン軍《ぐん》は、パリを包《ほう》囲《い》し、ベルサイユ宮殿《きゅうでん》に司令《しれい》部《ぶ》を置《お》いた。パリ包囲中《ほういちゅう》、ビスマルクはプロイセン国王ビルヘルム1世をドイツ皇帝《こうてい》に即位《そくい》させた。これにより誕生《たんじょう》したドイツ帝国《ていこく》は、22の君主国などで構成《こうせい》される統一《とういつ》国家となった。

ドイツ帝国《ていこく》の宰相《さいしょう》(行政《ぎょうせい》の最高《さいこう》職《しょく》)となったビスマルクは、ドイツ議会《ぎかい》の権限《けんげん》を抑《おさ》えて、約《やく》20年間、独裁政治《どくさいせいじ》をおこなった。ビスマルクは国内の通貨《つうか》や法律《ほうりつ》などを統一《とういつ》し、工業を発展《はってん》させる努力《どりょく》を続《つづ》け、ドイツをヨーロッパの強国に

ビジュアル資料《しりょう》

ドイツ皇帝《こうてい》の即位式《そくいしき》

普仏戦争《ふふつせんそう》の末期《まっき》、プロイセン国王ビルヘルム1世は、パリ包囲中《ほういちゅう》の1871年、ベルサイユ宮殿《きゅうでん》の「鏡《かがみ》の間」でドイツ皇帝《こうてい》として即位《そくい》した。これによりドイツ帝国《ていこく》が成立《せいりつ》した。

ビスマルク(1815~1898)

プロイセン王国の首相のとき、ドイツ統一《とういつ》を目指して軍事力《ぐんじりょく》を強化。敵対《てきたい》するオーストリアやフランスを破《やぶ》り、ドイツ帝国《ていこく》を成立《せいりつ》させた。ドイツ帝国《ていこく》の宰相《さいしょう》となり、ドイツの近代化に努《つと》めた。

成長《せいちょう》させた。外交政策《せいさく》では、フランスを国際的《こくさいてき》に孤立《こりつ》させ、ドイツに復讐《ふくしゅう》させないよう、オーストリアやロシアと同盟《どうめい》を結《むす》んだ。

その頃《ころ》日本は？

岩倉使節団《いわくらしせつだん》がビスマルクに会った!?

江戸幕府《えどばくふ》が倒《たお》れた後に成立《せいりつ》した明治政府《めいじせいふ》は、西洋諸国《しょこく》の制度《せいど》や文化を学ぶため、岩倉具視《いわくらともみ》を中心とする使節団《しせつだん》を派遣《はけん》した。使節団《しせつだん》と会ったビスマルクは、「国際法《こくさいほう》を取り入れるより軍事力《ぐんじりょく》の強化が重要《じゅうよう》だ」とアドバイスしたという。

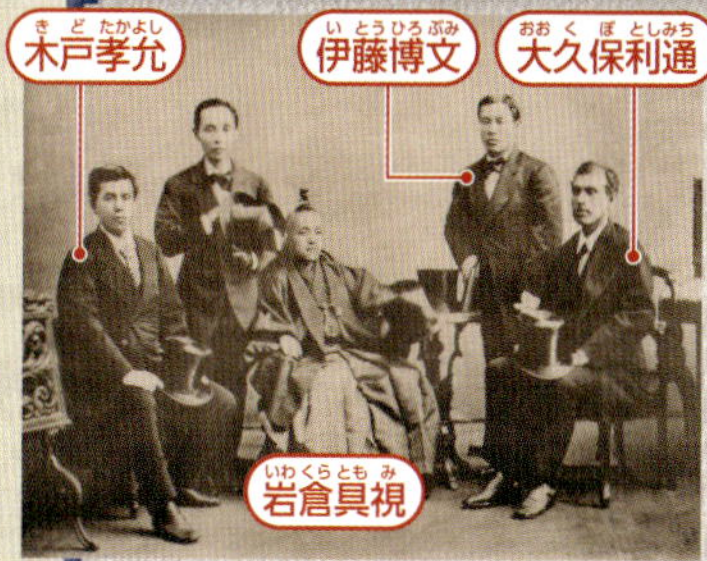

岩倉使節団《いわくらしせつだん》には、明治政府《めいじせいふ》の主要《しゅよう》人物が参加《さんか》した。

19世《せい》紀《き》の画家がえがいた女《じょ》性《せい》たち!!

19世紀《せいき》、フランス革命《かくめい》の影響《えいきょう》により、おもに王族や貴族《きぞく》のためのものだった絵画は一般市民《いっぱんしみん》へと広がり、絵画様式も大きく変化《へんか》した。

レカミエ夫人《ふじん》の肖像《しょうぞう》

ダビッドの作品。女性《じょせい》は古代ギリシャ風の衣装《いしょう》を身にまとっている。ナポレオンがレカミエ夫人《ふじん》へ贈《おく》るため、ダビッドに制作《せいさく》を頼《たの》んだ。

新《しん》古《こ》典《てん》主《しゅ》義《ぎ》

古代ギリシャ・ローマ美術《びじゅつ》を手本とし、バランスのよい理想的《りそうてき》な美しさを追求《ついきゅう》した。

ロマン主《しゅ》義《ぎ》

人間の個性《こせい》や感情《かんじょう》を、豊《ゆた》かな色彩《しきさい》や劇的《げきてき》なポーズなどで表現《ひょうげん》した。想像力《そうぞうりょく》を重視《じゅうし》した。

墓場《はかば》の少女

力強い眼差《まなざ》しが印象的《いんしょうてき》な、ドラクロワの作品。墓《はか》場《ば》で見かけた少女をモデルにえがいたといわれる。

写《しゃ》実《じつ》・自《し》然《ぜん》主《しゅ》義《ぎ》

理想や想像《そうぞう》ではなく、人間や社会の現実《げんじつ》の中に美しさを見出し、ありのままに表現《ひょうげん》した。

落《お》ち穂《ぼ》拾《ひろ》い

農民《のうみん》出身のミレーの作品。ミレーはパリ郊外《こうがい》のバルビゾンに住み、懸命《けんめい》に生きる農民《のうみん》たちを写実的《しゃじつてき》にえがいた。

印《いん》象《しょう》派《は》

印象派《いんしょうは》は、光の変化《へんか》を色で表現《ひょうげん》することを重視《じゅうし》し、一瞬《いっしゅん》の印象《いんしょう》を絵画に表現《ひょうげん》することを目指した画家たちの一派《いっぱ》。自由で大胆《だいたん》なタッチによって、身近な風景《ふうけい》や人物をえがいた。

黒い服を着た婦人《ふじん》

印象派《いんしょうは》を代表する画家ルノワールの作品。黒や青など、暗い色を多く使っているが、画面全体の印象《いんしょう》は明るい。

後《こう》期《き》印《いん》象《しょう》派《は》

セザンヌやゴッホ、ゴーギャンなど、印象派《いんしょうは》の表現《ひょうげん》を取り入れた後に、独自《どくじ》の新しい表現《ひょうげん》を目指した画家たちの一派《いっぱ》。

タヒチの女

南太平洋のタヒチ島に渡《わた》ったゴーギャンが、浜辺《はまべ》に座《すわ》るふたりの女《じょ》性《せい》を明るく力強くえがいた作品。

1894年

日清戦争《にっしんせんそう》

平壌《へいじょう》の戦《たたか》い

1894年９月、日本軍《にほんぐん》は平壌《へいじょう》に集まった清軍《しんぐん》を包囲《ほうい》し、総攻撃《そうこうげき》をしかけて勝利《しょうり》した。

勝 戦力《せんりょく》 約《やく》24万人

山県有朋《やまがたありとも》

大山巌《おおやまいわお》

日本軍《にほんぐん》

VS

清軍《しんぐん》

李鴻章《りこうしょう》

負 戦力《せんりょく》 約《やく》63万人

近代化に成功《せいこう》した日本が大国の清《しん》に勝利《しょうり》する

１８６７年、日本では江戸幕府《えどばくふ》が倒《たお》れて明治政府《めいじせいふ》ができた。その後、清《しん》（中国《ちゅうごく》）は朝鮮《ちょうせん》に対する支配《しはい》を強化し、ロシアも朝鮮《ちょうせん》へ進出する動きを見せた。これに対抗《たいこう》するため、日本は軍事力《ぐんじりょく》を強化した。

１８９４年、朝鮮《ちょうせん》で農民《のうみん》の反乱《はんらん》が起こると、朝鮮《ちょうせん》は清《しん》にたすけを求《もと》めた。清《しん》が軍隊《ぐんたい》を派遣《はけん》したため、日本も朝鮮《ちょうせん》に出兵《しゅっぺい》し、日清戦争《にっしんせんそう》が起こった。日本軍《にほんぐん》は各地《かくち》で清《しん》軍《ぐん》を破《やぶ》り、翌年《よくとし》、下関《しものせき》（山口県《やまぐちけん》）で講和条約《こうわじょうやく》が結《むす》ばれた。この結果《けっか》、日本は賠償金《ばいしょうきん》と遼東半島《りょうとう》を得《え》た。

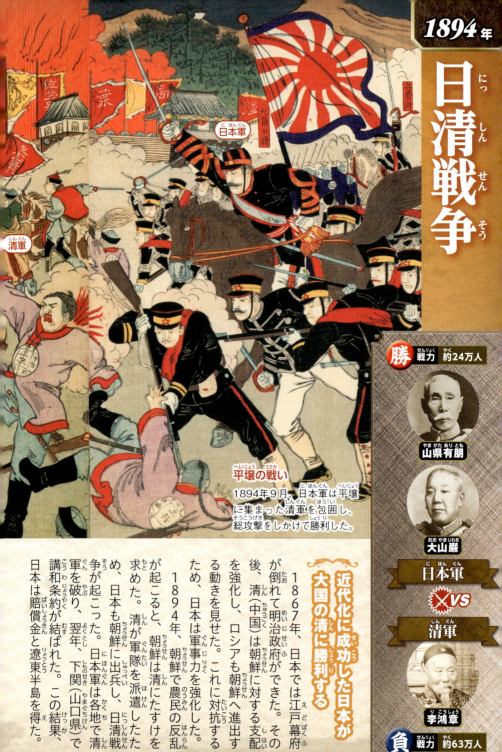

日清戦争関連地図《にっしんせんそうかんれんちず》
1894年11月
④大連占領《だいれんせんりょう》
日本軍《にほんぐん》が遼東《りょうとう》半島に上陸《じょうりく》して大連《だいれん》を支配《しはい》した。
清《しん》
遼《りょう》東《とう》半島
大連《だいれん》
旅《りょ》順《じゅん》
朝鮮《ちょうせん》
1894年9月
②平壌《へいじょう》の戦《たたか》い
平壌《へいじょう》に集まった清《しん》軍《ぐん》を日本軍《にほんぐん》が攻《せ》めて勝った。
平壌《へいじょう》
黄《こう》海《かい》
威海衛《いかいえい》
漢城《かんじょう》
1894年7月
①豊島沖《ほうとうおき》の海戦《かいせん》
日清戦争《にっしんせんそう》の最初《さいしょ》の戦《たたか》いで、日本軍《にほんぐん》が清軍《しんぐん》に勝った。
1894年9月
③黄海海戦《こうかいかいせん》
日本軍《にほんぐん》が勝利し、黄海《こうかい》を支配《しはい》した。
1895年2月
⑤威海衛占領《いかいえいせんりょう》
威海衛《いかいえい》に残《のこ》っていた清軍《しんぐん》を、ほぼ全滅《ぜんめつ》させる。
釜山《プサン》
佐世保《させぼ》
日本軍《にほんぐん》の進路

下関講和会議《しものせきこうわかいぎ》

1895年、日清戦《にっしんせん》争《そう》を終わらせるための会議《かいぎ》が下関《しものせき》(山口県《やまぐちけん》)で開かれ、日本は多額《たがく》の賠償金《ばいしょうきん》を得《え》た。

なるほどエピソード

遼東《りょうとう》半島の返還《へんかん》を3国に要求《ようきゅう》された!?

下関条約《しものせきじょうやく》によって、日本は清《しん》の遼東《りょうとう》半島を領土《りょうど》にした。しかしロシア・フランス・ドイツの3国が遼東《りょうとう》半島を清《しん》に返すように要《よう》求《きゅう》した。3国と争《あらそ》っても勝ち目がないと判断《はんだん》した日本は、要求《ようきゅう》に従《したが》って遼東《りょうとう》半島を清《しん》に返した。

李鴻章《りこうしょう》(1823~1901)

清《しん》の政治家《せいじか》で、政治《せいじ》や軍《ぐん》事《じ》、外交の実権《じっけん》をにぎった。日清戦争《にっしんせんそう》に敗北《はいぼく》し、下関条約《しものせきじょうやく》を結《むす》んだ。

1900年

義《ぎ》和《わ》団《だん》事《じ》件《けん》が起こる

戦争《せんそう》を決意する西太后《せいたいこう》
清《しん》の実権《じっけん》をにぎる西太后《せいたいこう》は、義和団《ぎわだん》が反乱《はんらん》を起こすと、清《しん》への侵略《しんりゃく》を強める西洋諸国《しょこく》に戦争《せんそう》をしかけた。

義和団《ぎわだん》を利用《りよう》した清《しん》が西洋の連合軍《れんごうぐん》に敗《やぶ》れる

日清《にっしん》戦争《せんそう》後《ご》、清《しん》(中国《ちゅうごく》)は西洋諸国《しょこく》に次つぎと侵略《しんりゃく》され、領《りょう》土《ど》を租借地《そしゃくち》(条約《じょうやく》によって他国から借《か》りた土地)にされていった。西洋諸国《しょこく》の支配《しはい》に対し、清《しん》の国内では反感が強まり、「扶清滅洋《ふしんめつよう》(清《しん》を扶《たす》けて西洋諸国《しょこく》をほろぼす)」を唱《とな》える宗教団体《しゅうきょうだんたい》「義和団《ぎわだん》」が勢力《せいりょく》を拡大《かくだい》した。義和団《ぎわだん》は各地《かくち》で鉄道やキリスト教会を破壊《はかい》し、首都の北《ペ》京《キン》に侵入《しんにゅう》し、各国《かっこく》の大使館《たいしかん》を包《ほう》囲《い》した。清《しん》の実権《じっけん》をにぎる西太后《せいたいこう》(皇帝《こうてい》のおば)は、義和団《ぎわだん》を利用《りよう》して西洋諸国《しょこく》を倒《たお》そうと考え、各国《かっこく》に宣戦《せんせん》を布告《ふこく》した。日本とロシアを中心とする8か

北京《ペキン》を攻《せ》める連合軍《れんごうぐん》

義和団《ぎわだん》の反乱《はんらん》が起こると、日本やイギリス、アメリカなど、8か国の連《れん》合軍《ごうぐん》は北京《ペキン》を占領《せんりょう》した。

捕《と》らえられた義和団《ぎわだん》

義和団《ぎわだん》の兵士《へいし》たちは数万人が戦死《せんし》したといわれ、捕虜《ほりょ》になった者も多かった。

西洋諸国《しょこく》に分割支配《ぶんかつしはい》される中国

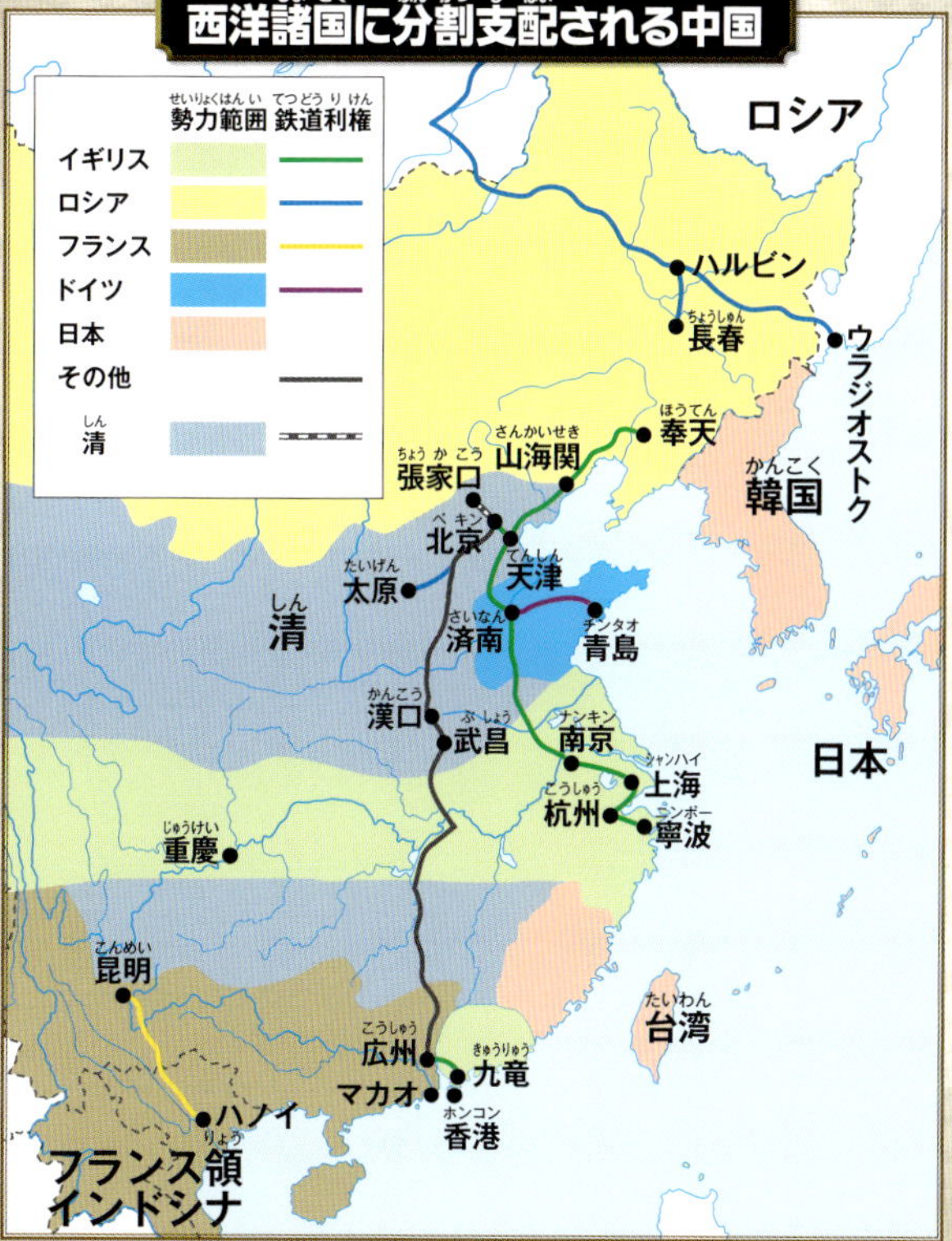

国は連合軍《れんごうぐん》を結成《けっせい》し、義和団《ぎわだん》を破《やぶ》った（義和団事件《ぎわだんじけん》）。敗《やぶ》れた清《しん》は、各国《かっこく》と北京議定書《ペキンぎていしょ》を結《むす》び、多《た》額《がく》の賠償金《ばいしょうきん》を支払《しはら》うことになった。また、西洋諸国《しょこく》は軍隊《ぐんたい》を清《しん》に留《とど》める権利《けんり》を認《みと》めさせ、清《しん》の植《しょく》民地化《みんちか》はさらに進んだ。

1904年

日《に》露《ろ》戦《せん》争《そう》

旅順要塞《りょじゅんようさい》
コンクリートを固《かた》めて建造《けんぞう》され、大砲《たいほう》や機関銃《きかんじゅう》で日本《にほん》軍《ぐん》を攻撃《こうげき》した。敵《てき》の侵入《しんにゅう》を防《ふせ》ぐ内堀《うちぼり》が設《もう》けられていた。
旅順総攻撃《りょじゅんそうこうげき》
乃木希典《のぎまれすけ》の率《ひき》いる日本軍《にほんぐん》は、ロシア旅順艦隊《りょじゅんかんたい》を守る旅順要塞《りょじゅんようさい》に総攻撃《そうこうげき》をしかけたが、2回失敗《しっぱい》し、3回目にようやく陥落《かんらく》させた。
鉄条網《てつじょうもう》
敵《てき》の突撃《とつげき》を防《ふせ》ぐ鉄線。周囲《しゅうい》には地雷《じらい》が埋《う》められていた。
日本軍《にほんぐん》
塹壕《ざんごう》
要塞《ようさい》からの砲撃《ほうげき》から身を守るために掘《ほ》られた溝《みぞ》。

勝 戦力《せんりょく》 約《やく》108万人

乃木希典《のぎまれすけ》

東郷平八郎《とうごうへいはちろう》

日本軍《にほんぐん》

VS

ロシア軍《ぐん》

ニコライ2世

負 戦力《せんりょく》 約《やく》129万人

日本はロシアに勝つが国力は限界《げんかい》に達《たっ》する

義和団事件《ぎわだんじけん》の後、各国《かっこく》の軍隊《ぐんたい》は清《しん》から撤退《てったい》したが、ロシアは満州《まんしゅう》(中国《ちゅうごく》東北部)に軍隊《ぐんたい》を留《とど》め、朝鮮《ちょうせん》半島に進出する動きを見せた。ロシアの勢力拡大《せいりょくかくだい》を止めたい日本は、イギリスと日英同盟《にちえいどうめい》を結《むす》び、1904年、日露戦争《にちろせんそう》を開始した。

日本は大きな被害《ひがい》を出しながらもロシアの旅順要塞《りょじゅんようさい》を攻め落《せ》とし、奉天会戦《ほうてんかいせん》や日本海海戦《にほんかいかいせん》で勝利《しょうり》したが、戦争《せんそう》を続《つづ》けるための兵力《へいりょく》も財力《ざいりょく》も残《のこ》っていなかった。ロシアも革命《かくめい》運動が起こるなど混乱《こんらん》したため、1905年、アメリカの

日露戦争関連地図《にちろせんそうかんれんちず》

清《しん》
1905年3月
❷奉天会戦《ほうてんかいせん》
日本軍《にほんぐん》とロシア軍《ぐん》の主力が激突《げきとつ》し、ロシア軍《ぐん》が退却《たいきゃく》する。
奉天《ほうてん》
沙河《さか》
遼陽《りょうよう》
日本海《にほんかい》
1905年5月
❸日本海海戦《にほんかいかいせん》
日本の連合艦隊《れんごうかんたい》がロシアのバルチック艦隊《かんたい》を破《やぶ》る。
大連《だいれん》
旅順《りょじゅん》
平壌《へいじょう》
漢城《かんじょう》
韓国《かんこく》
日本艦隊《にほんかんたい》
1905年1月
❶旅順総攻撃《りょじゅんそうこうげき》
乃木希典《のぎまれすけ》が率《ひき》いる陸軍《りくぐん》が旅順《りょじゅん》を占領《せんりょう》する。
黄海《こうかい》
釜山《プサン》
下関《しものせき》
日本
バルチック艦隊《かんたい》進路
日本陸軍《にほんりくぐん》の進路

ビジュアル資料《しりょう》
日本海海戦《にほんかいかいせん》
1905年、東郷平八郎《とうごうへいはちろう》の率《ひき》いる日本艦隊《かんたい》は、ロシアのバルチック艦隊《かんたい》を日本海で撃破《げきは》した。

仲介《ちゅうかい》で講和会議《こうわかいぎ》が開かれ、ポーツマス条約《じょうやく》が結《むす》ばれた。これにより、日本は*韓国《かんこく》を指導《しどう》する権利《けんり》や、樺太《からふと》(サハリン)の南半分を手に入れた。この勝利《しょうり》によって、日本は植民地《しょくみんち》の獲得《かくとく》に動き出した。

なるほどエピソード

講和条約《こうわじょうやく》に反対する暴動《ぼうどう》が起こった!?

日本は日露戦争《にちろせんそう》に勝利《しょうり》したが、軍事力《ぐんじりょく》や経済力《けいざいりょく》は限界《げんかい》に達《たっ》していた。講和《こうわ》のため、日本はロシアとポーツマス条約《じょうやく》を結《むす》んだが、賠償金《ばいしょうきん》は得《え》られなかった。これを知った日本国民《こくみん》は、激《はげ》しく政府《せいふ》を批判《ひはん》し、東京では暴動《ぼうどう》が起きた。

*朝鮮国《ちょうせんこく》は1897年、国名を大韓帝国《だいかんていこく》(韓国《かんこく》)とした。

1911年

辛《しん》亥《がい》革《かく》命《めい》が起こる

中華民国《ちゅうかみんこく》の臨時大総統《りんじだいそうとう》になる孫文《そんぶん》

清《しん》から独立《どくりつ》を宣言《せんげん》した各省《かくしょう》から支持《しじ》された孫文《そんぶん》は、中華《ちゅうか》民国《みんこく》の臨時大総統《りんじだいそうとう》になった。

中華《ちゅうか》民《みん》国《こく》が建《けん》国《こく》され中国《ちゅうごく》に共和国《きょうわこく》が誕《たん》生《じょう》する

義《ぎ》和《わ》団《だん》事《じ》件《けん》の後、中国《ちゅうごく》では清《しん》を倒《たお》すための革命《かくめい》運動が盛《も》り上がった。革命《かくめい》運動を指導《しどう》した孫文《そんぶん》は、「異《い》民族《みんぞく》(満州族《まんしゅうぞく》)の王朝を倒《たお》して漢民族《かんみんぞく》の共和国《きょうわこく》を建設《けんせつ》し、民衆《みんしゅう》の生活を安定させるべき」と主張《しゅちょう》した(三民主義《さんみんしゅぎ》)。

1911年、湖北省《こほくしょう》の武昌《ぶしょう》で軍《ぐん》隊《たい》が反乱《はんらん》を起こすと、反乱《はんらん》は他の省《しょう》にも一気に広がり、16省《しょう》が清《しん》からの独立《どくりつ》を宣言《せんげん》した。翌年《よくとし》、孫《そん》文《ぶん》は臨時大総統《りんじだいそうとう》に選《えら》ばれ、中華民《ちゅうかみん》国《こく》の建国《けんこく》を宣言《せんげん》した。この辛亥革《しんがいかく》命《めい》により、アジアで最初《さいしょ》の共和国《きょうわこく》が誕生《たんじょう》した。

その後、孫文《そんぶん》は、清《しん》をほろぼす

孫文《そんぶん》(1866〜1925)

中国革命《ちゅうごくかくめい》の指導者《しどうしゃ》。「三民主義《さんみんしゅぎ》」をかかげて、清《しん》を武力《ぶりょく》で倒《たお》すための活動を続《つづ》けた。辛亥革命《しんがいかくめい》によって中華民国《ちゅうかみんこく》が成立《せいりつ》すると、臨時大総統《りんじだいそうとう》に選《えら》ばれた。

ビジュアル資料《しりょう》

武昌蜂起《ぶしょうほうき》(再現模型《さいげんもけい》)

1911年、湖北省《こほくしょう》の武昌《ぶしょう》の兵士《へいし》たちは清《しん》を倒《たお》すために反乱《はんらん》を起こし、湖北省《こほくしょう》の独立《どくりつ》を宣言《せんげん》した。反乱《はんらん》は一気に広がり、16省《しょう》が独立《どくりつ》を宣言《せんげん》した。

宣統帝《せんとうてい》を退位《たいい》させる袁世凱《えんせいがい》

清《しん》の実力者だった袁世凱《えんせいがい》は、宣統帝《せんとうてい》を退位《たいい》させ、清《しん》をほろぼした。

孫文《そんぶん》の三民主義《さんみんしゅぎ》

民族《みんぞく》	異民族《いみんぞく》(満州族《まんしゅうぞく》)の支配《しはい》から独立《どくりつ》する
民権《みんけん》	民族《みんぞく》の権利《けんり》を確立《かくりつ》するため、共和国《きょうわこく》をつくる
民生《みんせい》	民衆《みんしゅう》の生活を安定させるため、土地を平等に分ける

ことを条件《じょうけん》に、清《しん》の実力者・袁世《えんせい》凱《がい》に臨時大総統《りんじだいそうとう》の地位《ちい》をゆずった。袁世凱《えんせいがい》は清《しん》を滅亡《めつぼう》させたが、革命勢力《かくめいせいりょく》を弾圧《だんあつ》したため、孫文《そんぶん》らは再《ふたた》び反乱《はんらん》を起こした。こうして中国《ちゅうごく》は混乱状態《こんらんじょうたい》が続《つづ》いた。

なるほどエピソード

孫文《そんぶん》は日本人と深い関係《かんけい》があった!?

1905年、孫文《そんぶん》は東京で中国《ちゅうごく》同盟会《どうめいかい》を結成《けっせい》した。日本には孫文《そんぶん》を支援《しえん》する人が数多くいたので、革命《かくめい》が失敗《しっぱい》したとき、孫文《そんぶん》は何度も日本へにげた。亡《な》くなる前、孫文《そんぶん》は、中国《ちゅうごく》に侵略的《しんりゃくてき》な政策《せいさく》をとる日本を批判《ひはん》し、友好《ゆうこう》を訴《うった》えた。

相対性理論《そうたいせいりろん》を研究《けんきゅう》するアインシュタイン

スイスの特許庁《とっきょちょう》に勤《つと》めていたアインシュタインは、1905年に特殊相対性理論《とくしゅそうたいせいりろん》を発表し、科学の常識《じょうしき》を変《か》えた。

1905年

相《そう》対《たい》性《せい》理《り》論《ろん》が発表される

「時間と空間」について物理学の常識《じょうしき》を変《か》える

ドイツのユダヤ人の家庭に生まれたアインシュタインは、スイスで物理学の研究を続《つづ》け、1905年、特殊相対性理論《とくしゅそうたいせいりろん》を発表した。これは「時間や空間は観察者《かんさつしゃ》の立場によって変《か》わる」というもので、物理学の常識《じょうしき》を大きく変《か》える発見だった。10年後には一般相対《いっぱんそうたい》性理論《せいりろん》を完成《かんせい》させ、宇宙《うちゅう》のブラックホールなどの現象《げんしょう》を予測《よそく》した。

同じ時期、多くの物理学者の努《ど》力《りょく》で、物質《ぶっしつ》をつくる最小《さいしょう》の粒子《りゅうし》は原子《げんし》であることが発見された。その後、相対性理論《そうたいせいりろん》をもとに*原《げん》子《し》核《かく》を分裂《ぶんれつ》させて核爆発《かくばくはつ》を起こさせる原子爆弾《ばくだん》が開発された。

*陽子《ようし》と中性子《ちゅうせいし》が結合《けつごう》した粒子《りゅうし》で、原子《げんし》の中心に位置《いち》する。

特殊《とくしゅ》相対《そうたい》性《せい》理《り》論《ろん》とは?

特殊相対性理論《とくしゅそうたいせいりろん》はとても難《むずか》しいが、簡《かん》単《たん》に言うと、次のような理論《りろん》である。

光の速さ(秒速約《やく》30万km)は絶対《ぜったい》に変わらない

↓

高速で動く人は、時間の流れが遅《おそ》くなる

解説《かいせつ》

高速で動く箱があるとする。人がその箱に入ってボールを床《ゆか》に落とすと、真下に落ちる。

↓

箱の外の観察者《かんさつしゃ》から見ると、ボールは斜《なな》めに動いて落ちているように見える(箱の中で見るよりボールが長い距離《きょり》を動いている)。

↓

ボールを「光」として考えると、光が移動《いどう》した距離《きょり》は、箱の中より、観察者《かんさつしゃ》から見た方が長い。光の速度は変《か》わらないので、光の移《い》動《どう》した距離《きょり》が長い方が、時間がかかることになる。つまり、箱の中の1秒は、箱の外の観察者《かんさつしゃ》にとって1秒以上《いじょう》になる。速く動くほど、時間はゆっくり進むのである。

アインシュタイン(1879~1955)

ドイツ出身のユダヤ人で、相対性理《そうたいせいり》論《ろん》など、数多くの画期的《かっきてき》な理論《りろん》を発表した。ヒトラーによるユダヤ人迫害《はくがい》がはじまると、アメリカに移住《いじゅう》した。

発見《はっけん》! アインシュタイン・ハウス

アインシュタインの部屋が、現在《げんざい》、記念館《きねんかん》になっている(スイス)。

ビジュアル資料《しりょう》 日本を訪《おとず》れたアインシュタイン

1922年、日本への船旅の途中《とちゅう》、アインシュタインはノーベル賞受賞《しょうじゅしょう》の知らせを受け取った。

世《せ》界《かい》初《はつ》の動力飛《ひ》行《こう》に成《せい》功《こう》する

飛行成功《ひこうせいこう》の瞬間《しゅんかん》

1903年12月17日、ライトフライヤー号は、4回目の飛行《ひこう》で、59秒間に約《やく》260mの距離《きょり》を飛行《ひこう》した。

ライトフライヤー号

ガソリンエンジンを動力にして、直径《ちょっけい》2.6mの左右のプロペラを回して飛行《ひこう》した。

オービル・ライト

ライトフライヤー号の操縦《そうじゅう》を担当《たんとう》した。

ウィルバー・ライト

離陸《りりく》するまで翼《つばさ》が地面につかないように支《ささ》えていた。

エンジンとプロペラで飛行機《ひこうき》を空に飛《と》ばす

19世紀末《せいきまつ》までに、蒸気機関車《じょうききかんしゃ》や自動車、蒸気船《じょうきせん》などが開発されたが、エンジンなどの動力を使って空を飛《と》ぶ飛行機《ひこうき》は存在《そんざい》していなかった。そんな中、ドイツのリリエンタールは、グライダー(エンジン・プロペラがない滑空機《かっくうき》)で、約《やく》250mを飛行《ひこう》した。これに刺激《しげき》されたアメリカのライト兄弟は、エンジン・プロペラをもつ飛行機《ひこうき》の開発を開始した。

1903年、兄弟は動力飛行機《ひこうき》の実験《じっけん》に、人類《じんるい》ではじめて成功《せいこう》。ふたりは飛行機《ひこうき》の改良《かいりょう》を重ね、2年後には30分以上《いじょう》飛《と》べる実用的《じつようてき》な飛行機《ひこうき》の製作《せいさく》に成功《せいこう》した。

ウィルバー・ライト
(1867～1912)

弟オービルと一緒《いっしょ》に自転車会社を設立《せつりつ》した後、動力飛行機《ひこうき》を開発し、世界ではじめて、動力飛行《ひこう》に成功《せいこう》した。

オービル・ライト
(1871～1948)

兄ウィルバーとともに、動力飛行機《ひこうき》の開発を進めた。操縦《そうじゅう》も担当《たんとう》し、1908年には飛行機《ひこうき》事故《じこ》で重傷《じゅうしょう》を負った。

ライトフライヤー号(復元《ふくげん》)

5回目の飛行実験《ひこうじっけん》で、前方の昇降舵《しょうこうだ》がこわれた。

発見《はっけん》!

初飛行《はつひこう》の記念碑《きねんひ》

ライト兄弟が動力飛行《ひこう》を成功《せいこう》させたノースカロライナ州キルデビルヒルズには、記念碑《きねんひ》が建《た》てられている。

ビジュアル資料《しりょう》

ライト兄弟は、グライダーで飛行《ひこう》実験《じっけん》をくり返し、飛《と》びやすい翼《つばさ》の形を開発した。

なるほどエピソード

飛行機《ひこうき》は24年後に大西洋を横断《おうだん》した!?

ライト兄弟以降《いこう》、飛行機《ひこうき》の開発は急速に進んだ。11年後の第一次世界大戦《たいせん》では兵器《へいき》として登場し、1927年にはアメリカ人パイロットのリンドバーグが、大西洋の横断飛行《おうだんひこう》に成功《せいこう》した。

リンドバーグが乗った「スピリット・オブ・セントルイス号」。

ビジュアル資料《しりょう》

飛行中《ひこうちゅう》のリリエンタール

ドイツ人のリリエンタールは、グライダーで2000回以《い》上《じょう》の飛行実験《ひこうじっけん》をしたが、突《とっ》風《ぷう》で墜落死《ついらくし》した。

自動車の大量生産《たいりょうせいさん》がはじまる

T型車《ティーがたしゃ》に乗るフォード

フォードは、それまで裕福《ゆうふく》な人しか買えなかった自動車を、一般庶民《いっぱんしょみん》でも買えるよう、「フォードT型車《ティーがたしゃ》」を開発し、大量生産《たいりょうせいさん》によって安く売り出した。

大量生産《たいりょうせいさん》・大量消費《たいりょうしょうひ》でアメリカ経済《けいざい》が繁栄《はんえい》する

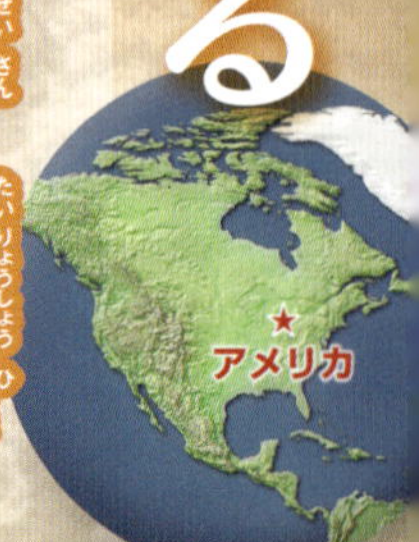

ガソリン自動車は、１８８６年に開発されたが、とても高価《こうか》で一《いっ》般《ぱん》の人びとは買えなかった。アメリカの技師《ぎし》だったフォードは、１８９６年、ガソリンエンジンの開発に成功《せいこう》し、自動車会社「フォード社」を設立《せつりつ》。１９０８年、「フォードT型車《ティーがたしゃ》」を発表した。

1913年、フォードは、ベルトコンベアを使った流れ作業によって、T型車《ティーがたしゃ》を大量生産《たいりょうせいさん》した。これによりT型車《ティーがたしゃ》の価格《かかく》は大幅《おおはば》に下がり、一般《いっぱん》の人でも買えるようになり、アメリカの大都市の道路はT型《がた》車であふれた。

アメリカの一般《いっぱん》家庭には、自動

ビジュアル資料《しりょう》 **フォード社の工場**

1913年、フォードはベルトコンベアを導入《どうにゅう》して、T型車《ティーがたしゃ》の大量生産《たいりょうせいさん》を開始した。多くの自動車が2000ドル以上《いじょう》した時代に、T型車《ティーがたしゃ》は265ドルであった。

フォード(1863〜1947)

アメリカの自動車会社創《そう》設者《せつしゃ》。自動車T型車《ティーがたしゃ》を開発し、ベルトコンベアによる大量生産《たいりょうせいさん》のしくみを考え出した。

ビジュアル資料《しりょう》 **自動車であふれるニューヨーク**

T型車《ティーがたしゃ》の大量生産《たいりょうせいさん》がはじまった1913年、ニューヨークの通りには自動車があふれた。

ビジュアル資料《しりょう》 **フォードT型車《ティーがたしゃ》**

1908年に発売され、19年間で1500万台《まんだい》以上《いじょう》が生産《せいさん》された。

車だけでなく、電化製品《せいひん》などが広まり、経済《けいざい》は大量生産《たいりょうせいさん》・大量消費《たいりょうしょうひ》によって大きく繁栄《はんえい》した。また、ラジオや映画《えいが》、スポーツなどの娯《ご》楽《らく》も発展《はってん》し、高層《こうそう》ビルが建《た》ち並《なら》ぶニューヨークは繁栄《はんえい》するアメリカの象徴《しょうちょう》となった。

なるほどエピソード

世界初《せかいはつ》の自動車はベンツがつくった⁉

世界初《せかいはつ》の自動車は、1769年にフランス人のキュニョーが発明した蒸気《じょうき》自動車とされる。ガソリンで動く自動車は1886年にドイツ人のベンツが完成《かんせい》させた三輪《さんりん》車《しゃ》で、最高《さいこう》時速は約《やく》15㎞だった。

世界初《せかいはつ》の
ガソリン自動車。

1914年 第一次世界大戦《たいせん》がはじまった。
同盟国《どうめいこく》
連合国《れんごうこく》
ロシア
ドイツ
イギリス
フランス
オーストリア
ブルガリア
イタリア
オスマン帝国《ていこく》
ヨーロッパはドイツ・オーストリアらの同盟国《どうめいこく》と、イギリス・フランス・ロシアらの連合国《れんごうこく》に分かれて戦《たたか》った。
1918年 ドイツは連合国《れんごうこく》に追いつめられていた。
戦争《せんそう》が長引いたのが原因《げんいん》です
早く終わらせる努力《どりょく》はしてきたはずだ…
ドイツ皇帝《こうてい》 ビルヘルム２世
確《たし》かに新兵器《しんへいき》の毒《どく》ガスは最初《さいしょ》は効果《こうか》がありましたがすぐに敵軍《てきぐん》も使用してきましたし…
新型潜水艦《しんがたせんすいかん》も役立ちましたが…無差別攻撃《むさべつこうげき》をしたせいで、アメリカを敵《てき》に回してしまいました…
参謀次長《さんぼうじちょう》 グレーナー
参謀総長《さんぼうそうちょう》 ヒンデンブルク

それと
イギリスの新しい戦車《せんしゃ》！
ドオンッ
あれには参《まい》った…
なぜ私《わたし》が皇帝《こうてい》をやめねばならぬ！
…戦争《せんそう》に反対する国民《こくみん》が革命《かくめい》を起こしたのです
もはや我《われ》らに革命《かくめい》を抑《おさ》える力はありません
革命軍《かくめいぐん》に捕《つか》まる前にどうかにげてください
陛下《へいか》…
翌日《よくじつ》、皇帝《こうてい》はオランダに亡命《ぼうめい》。
ドイツは連合国側《れんごうこくがわ》と休戦協定《きゅうせんきょうてい》を結《むす》び第一次世界大戦《たいせん》は終結《しゅうけつ》した。

1914年

第一次世界大《たい》戦《せん》がはじまる

暗殺《あんさつ》される
オーストリア皇太子《こうたいし》

1914年、オーストリアの皇《こう》太《たい》子《し》夫《ふ》妻《さい》が、ボスニアの都市サラエボで暗殺《あんさつ》された。この事《じ》件《けん》をきっかけに第一次世界大戦《たいせん》がはじまった。

サラエボ事《じ》件《けん》が世界を巻《ま》きこむ戦《せん》争《そう》に発《はっ》展《てん》する

19世《せい》紀《き》末《まつ》、欧米諸国《おうべいしょこく》は世界中に植民地《しょくみんち》を広げていた。急速な工業化によって発展《はってん》したドイツは、海軍《かいぐん》を強くして世界各地《かくち》に植民《しょくみん》地《ち》を得《え》ようとした。しかし、すでに強力な海軍力《かいぐんりょく》と広大な植民地《しょくみんち》をもっていたイギリスやフランス、ロシアなどが、ドイツに対抗《たいこう》するため、三国協商《さんごくきょうしょう》を結《むす》んだ。オーストリアと同盟関係《どうめいかんけい》にあったドイツは、イタリアを加《くわ》えて、三《さん》国同盟《ごくどうめい》を結成《けっせい》した。

ヨーロッパで両陣営《りょうじんえい》の対立が激《はげ》しくなる中、オスマン帝国《ていこく》(トルコ)の支配力《しはいりょく》が弱まったバルカン半島では、1908年、オースト

ビジュアル資料《しりょう》

妻《つま》と別《わか》れる兵士《へいし》

第一次世界大戦《たいせん》は1914年7月にはじまった。戦場《せんじょう》に向かう兵士《へいし》は「クリスマスまでには帰れる」と聞かされていたが、4年間続《つづ》くことになった。

暗殺者《あんさつしゃ》

ビジュアル資料《しりょう》

暗殺者《あんさつしゃ》の逮捕《たいほ》

暗殺者《あんさつしゃ》は、オーストリアに反感をもつセルビア人の青年だった。

第一次世界大戦《たいせん》の対立関係《かんけい》

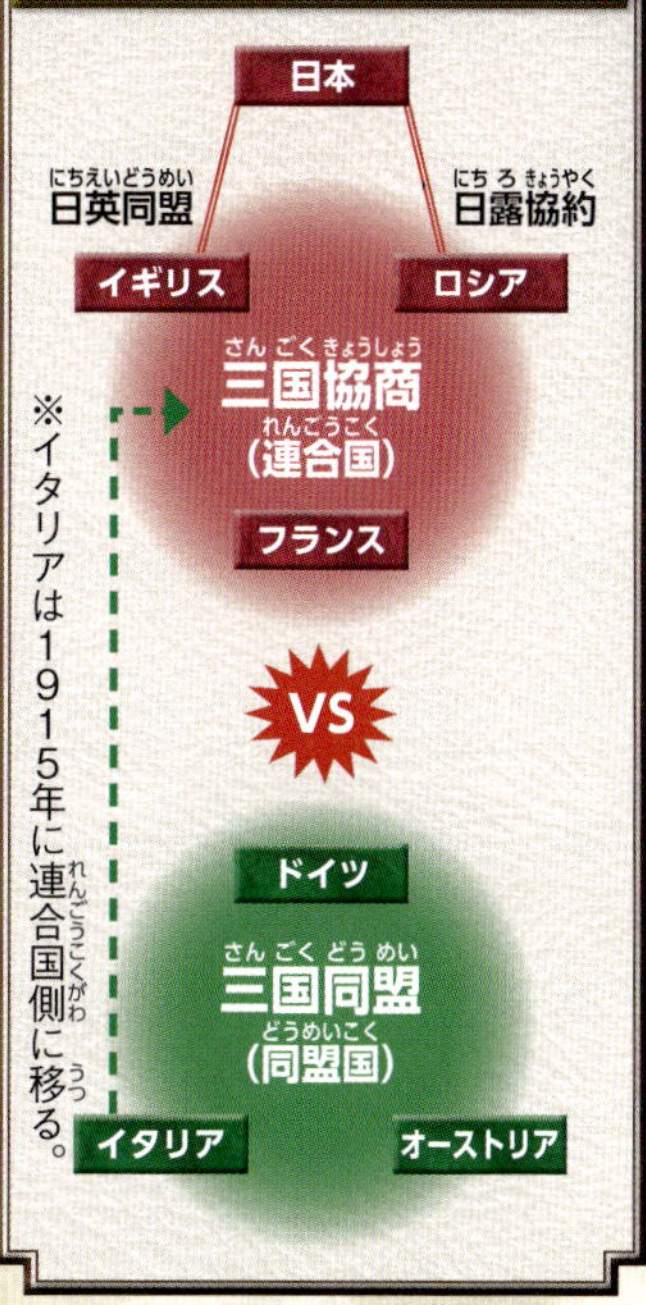
日本
日英同盟《にちえいどうめい》
日露協約《にちろきょうやく》
イギリス
ロシア
三国協商《さんごくきょうしょう》
(連合国《れんごうこく》)
フランス
VS
ドイツ
三国同盟《さんごくどうめい》
(同盟国《どうめいこく》)
イタリア
オーストリア
※イタリアは1915年に連合国側《れんごうこくがわ》に移《うつ》る。

第一次世界大戦関連《たいせんかんれん》地図

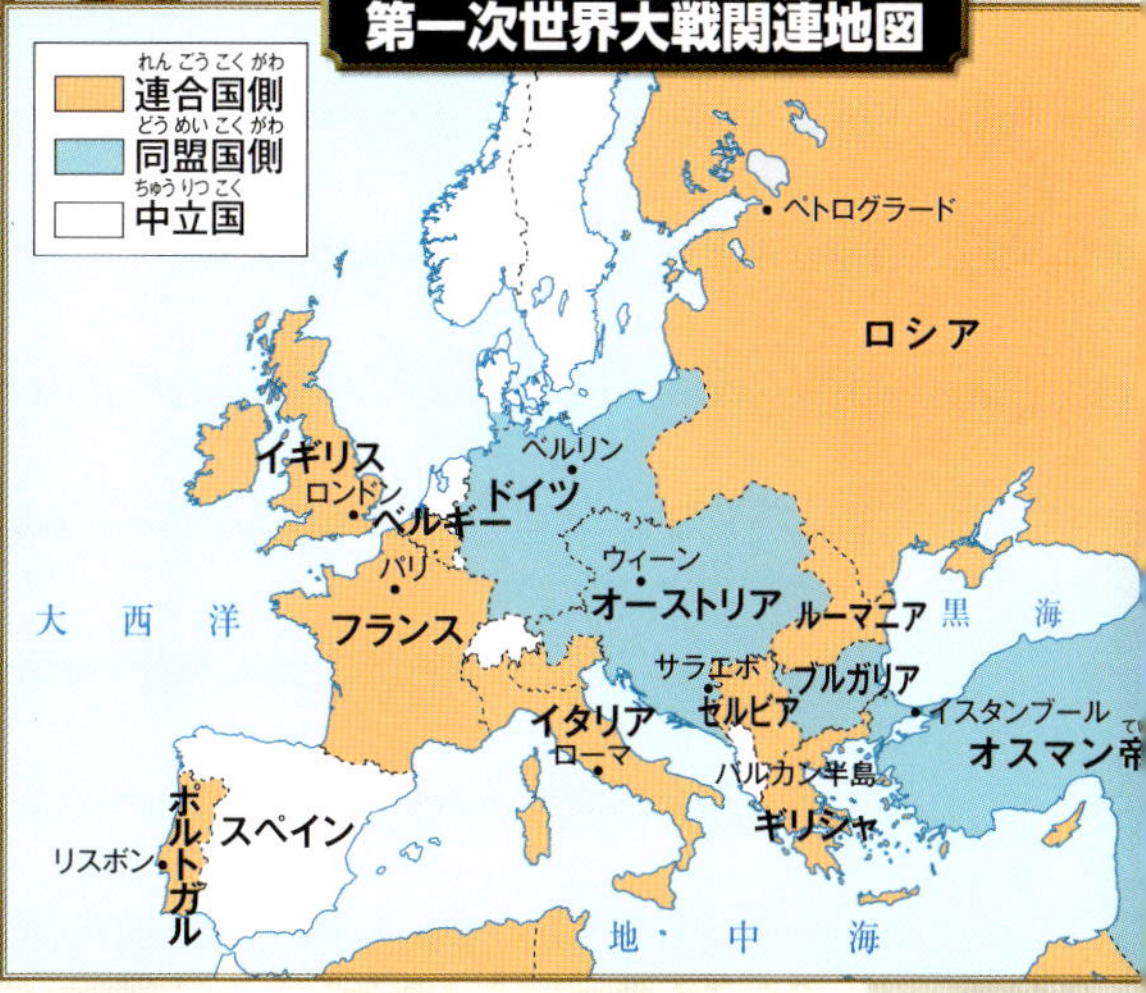
連合国側《れんごうこくがわ》
同盟国側《どうめいこくがわ》
中立国《ちゅうりつこく》
ペトログラード
ロシア
イギリス
ロンドン
ベルギー
ベルリン
ドイツ
パリ
フランス
ウィーン
オーストリア
ルーマニア
黒海
大西洋
サラエボ
セルビア
ブルガリア
イスタンブール
オスマン帝《てい》
イタリア
ローマ
バルカン半島
ギリシャ
スペイン
ポルトガル
リスボン
地中海

リアが半島北西部のボスニア・ヘルツェゴビナを領土《りょうど》に組みこんだ。これに反発したセルビア人などの*スラブ民族《みんぞく》が独立《どくりつ》運動を起こすと、同じスラブ民族《みんぞく》のロシアはこれを支援《しえん》し、バルカン半島に勢力《せいりょく》を広げようとした。このため、バルカン半島は争《あらそ》いが続《つづ》くようになり、「ヨーロッパの火薬庫」と呼《よ》ばれた。

1914年、オーストリアの皇《こう》太子夫妻《たいしふさい》が、ボスニアの都市サラエボを訪《おとず》れたとき、スラブ民族《みんぞく》の独立《どくりつ》を主張《しゅちょう》するセルビア人青年に暗殺《あんさつ》された(サラエボ事件《じけん》)。ドイツの支持《しじ》を受けたオーストリアがセルビアに宣戦布告《せんせんふこく》すると、ロシアはセルビアを支持《しじ》した。これをきっかけに、連合国《れんごうこく》(三国協《さんごくきょう》商《しょう》)と同盟国《どうめいこく》(三国同盟《さんごくどうめい》)に属《ぞく》していた国ぐにが戦争《せんそう》に参加《さんか》し、第一次世界大戦《たいせん》がはじまった。

*おもに東ヨーロッパに住むロシア人やセルビア人など。

ビジュアル資料《しりょう》

戦闘機《せんとうき》(復元《ふくげん》)

第一次世界大戦《たいせん》では、敵《てき》の偵察用《ていさつよう》に飛行機《ひこうき》が使われはじめ、やがて機《き》関銃《かんじゅう》を備《そな》えた戦闘機《せんとうき》も登場した。

ビジュアル資料《しりょう》

塹壕戦《ざんごうせん》

機関銃《きかんじゅう》や大砲《たいほう》の攻撃《こうげき》から身を守るため、兵士《へいし》たちは塹壕《ざんごう》(防御《ぼうぎょ》用《よう》の溝《みぞ》)を掘《ほ》り進めて戦《たたか》った。

ビジュアル資料《しりょう》

ガスマスクをする兵士《へいし》(再現《さいげん》)

塹壕《ざんごう》の兵士《へいし》を攻撃《こうげき》するため、毒《どく》ガスが使われた。兵士《へいし》たちはガスマスクをして身を守った。

ビジュアル資料《しりょう》

戦車《せんしゃ》

第一次世界大戦《たいせん》で登場した新兵器《しんへいき》「戦車《せんしゃ》」は、塹壕《ざんごう》を突破《とっぱ》するために開発された。

塹壕戦《ざんごうせん》に勝利《しょうり》するため 新兵器《しんへいき》が戦場《せんじょう》に登場する

戦闘《せんとう》はドイツがベルギーに侵攻《しんこう》してはじまり、おもに北フランスが戦場《せんじょう》になった。この「西部戦線《せんせん》」において、機関銃《きかんじゅう》が大量《たいりょう》に使用されたため、兵士《へいし》たちは塹壕《ざんごう》を掘《ほ》って身を隠《かく》しながら戦《たたか》った。塹壕戦《ざんごうせん》に勝利《しょうり》するため、戦車《せんしゃ》や戦闘機《せんとうき》、毒《どく》ガスなどの新兵器《しんへいき》が登場し、これまでの戦争《せんそう》とは比較《ひかく》にならないほど多くの戦死者《せんししゃ》が出たが、勝敗《しょうはい》は決まらず、長期戦《ちょうきせん》になった。

東ヨーロッパにおける「東部戦《せん》線《せん》」では、ドイツ軍《ぐん》がロシア軍《ぐん》を撃破《げきは》し、ロシア領内《りょうない》に侵攻《しんこう》したが、冬の寒さによって進軍《しんぐん》は止まり、こちらも長期戦《ちょうきせん》となった。

連合国側《れんごうこくがわ》は強力な海軍力《かいぐんりょく》でドイツが海外と貿易《ぼうえき》できないように航《こう》路《ろ》をふさいだが、ドイツも潜水艦《せんすいかん》で反撃《はんげき》した。

戦闘機《せんとうき》に乗る リヒトフォーフェン

リヒトフォーフェンはドイツ軍《ぐん》のエース・パイロット。赤い機体《きたい》に乗っていたため「レッド・バロン（赤い男爵《だんしゃく》）」と呼《よ》ばれ、80機《き》を撃墜《げきつい》する活躍《かつやく》を見せたが、終戦《しゅうせん》の約《やく》半年前、25歳《さい》で戦死《せんし》した。

ドイツと戦《たたか》った日本は中国《ちゅうごく》への要求《ようきゅう》を強める

第一次世界大戦《たいせん》のとき、日本はイギリスと日英同盟《にちえいどうめい》を結《むす》んでおり、ロシアとも日露協約《にちろきょうやく》を結《むす》んでいたため、連合国側《れんごうこくがわ》で参戦《さんせん》し、中《ちゅう》国内《ごくない》のドイツ租借地《そしゃくち》である青島《チンタオ》を占領《せんりょう》し、さらに中国《ちゅうごく》に対し、ドイツが中国《ちゅうごく》でもつ利権《りけん》を日本にゆずるよう求《もと》めるなど、「二十一か条《じょう》の要求《ようきゅう》」を示《しめ》し、強引に認《みと》めさせた。

ビジュアル資料《しりょう》 **青島《チンタオ》を攻撃《こうげき》する日本軍《にほんぐん》**

日本軍《にほんぐん》はドイツ軍《ぐん》の拠点《きょてん》であった青《チン》島《タオ》を攻撃《こうげき》し、占領《せんりょう》した。

ビジュアル資料《しりょう》 **アメリカ軍入隊募集《ぐんにゅうたいぼしゅう》のポスター**

中立を保《たも》っていたアメリカは、1917年からドイツに宣戦布告《せんせんふこく》し、兵士《へいし》を募集《ぼしゅう》した。

ビジュアル資料《しりょう》 **兵器《へいき》工場で働《はたら》く女性《じょせい》たち**

戦争《せんそう》が長引いたため、女性《じょせい》や少年も工場で働《はたら》いて協力《きょうりょく》した。

発見《はっけん》! **戦死者《せんししゃ》の墓地《ぼち》**

第一次世界大戦《たいせん》では全体で800万人以上《いじょう》が戦死《せんし》した(フランス)。

ビジュアル資料《しりょう》 **休戦協定《きゅうせんきょうてい》を結《むす》ぶ両軍《りょうぐん》の指導者《しどうしゃ》**

ドイツで革命《かくめい》が起こり、皇帝《こうてい》が国外へにげると、ドイツの臨時政府《りんじせいふ》は連合国《れんごうこく》と休戦協定《きゅうせんきょうてい》を結《むす》んだ。これにより第一次世界大戦《たいせん》が終わった。

敗《やぶ》れたドイツは巨額《きょがく》の賠償金《ばいしょうきん》を課《か》せられる

戦争《せんそう》が長引いたことで、戦場《せんじょう》に大量《たいりょう》の兵器《へいき》や物資《ぶっし》を送るため、第一次世界大戦《たいせん》は、各国《かっこく》が国力を使い果《は》たす総力戦《そうりょくせん》になった。兵器《へいき》工場では女性《じょせい》や少年も働《はたら》かされた。

1917年、ドイツが中立国の船を攻撃《こうげき》するようになると、中立を保《たも》っていたアメリカがドイツに宣戦布告《せんせんふこく》し、連合国側《れんごうこくがわ》が有利《ゆうり》になった。翌年《よくとし》、オスマン帝国《ていこく》が降《こう》伏《ふく》し、オーストリアが休戦協定《きゅうせんきょうてい》を結《むす》ぶと、ドイツで革命《かくめい》が起こり、皇帝《こうてい》は国外へ逃亡《とうぼう》した。ドイツの臨時政府《りんじせいふ》は連合国《れんごうこく》と休戦協定《きゅうせんきょうてい》を結《むす》び、大戦《たいせん》は終わった。

1919年、パリで開かれた講《こう》和会議《わかいぎ》で、ベルサイユ条約《じょうやく》が結《むす》ばれた。この条約《じょうやく》により、ドイツは巨額《きょがく》の賠償金《ばいしょうきん》を支払《しはら》うことになり、海外のすべての植民地《しょくみんち》と、

アメリカ大統領《だいとうりょう》
ウィルソン
フランス首相
クレマンソー
イギリス首相
ロイド・ジョージ
ドイツ代表
ビジュアル資料《しりょう》

ベルサイユ条約《じょうやく》の調印《ちょういん》 1919年、パリ講和会議《こうわかいぎ》が開かれ、パリ郊外《こうがい》のベルサイユ宮殿《きゅうでん》でベルサイユ条約《じょうやく》が結《むす》ばれた。ドイツは領土《りょうど》の一部を失《うしな》い、巨額《きょがく》の賠償金《ばいしょうきん》を支払《しはら》うことになった。

発見《はっけん》! **パレ・デ・ナシオン**

1920年、アメリカのウィルソン大統領《だいとうりょう》の提案《ていあん》により、国際連盟《こくさいれんめい》が設立《せつりつ》され、ジュネーブ(スイス)に本部が置《お》かれた。パレ・デ・ナシオンは1936年から本部が置《お》かれた建物《たてもの》。

第一次世界大戦後《たいせんご》のヨーロッパ

フィンランド
ノルウェー
エストニア
スウェーデン
ラトビア
リトアニア
ソビエト連邦《れんぽう》
北海
アイルランド
イギリス
ポーランド
ドイツ
チェコスロバキア
ベルサイユ
オーストリア
ハンガリー
ルーマニア
フランス
スイス
ユーゴスラビア
ブルガリア
トルコ
イタリア
スペイン
地中海
ドイツとオーストリアの旧国境《きゅうこっきょう》
大戦後《たいせんご》の新国境《しんこっきょう》
新しく独立《どくりつ》したヨーロッパ諸国《しょこく》

領土《りょうど》の一部を失《うしな》った。また、東ヨーロッパでは民族《みんぞく》ごとに小さな国の独立《どくりつ》が認《みと》められた。

その後、アメリカのウィルソン大統領《だいとうりょう》の提案《ていあん》をもとに、国際紛争《こくさいふんそう》を平和的《へいわてき》に解決《かいけつ》するための組織《そしき》として、国際連盟《こくさいれんめい》が設立《せつりつ》された。

なるほどエピソード

ドイツの子どもは札束《さつたば》で遊んでいた!?

ベルサイユ条約《じょうやく》で巨額《きょがく》の賠償《ばいしょう》金《きん》を課《か》せられたドイツでは通貨《つうか》の価値《かち》が暴落《ぼうらく》し、終戦《しゅうせん》から5年間に物価《ぶっか》は約《やく》1兆《ちょう》倍になった。紙《し》幣《へい》は紙くず同然《どうぜん》になり、子どもたちは札束《さつたば》を積《つ》み上げて遊んだ。

札束《さつたば》で遊ぶ子どもたち。

市民《しみん》に革命《かくめい》を訴《うった》えるレーニン

レーニンは、戦争《せんそう》を続《つづ》ける臨時政府《りんじせいふ》を武力《ぶりょく》で倒《たお》し、すべての権力《けんりょく》をソビエト（労働者《ろうどうしゃ》や農民《のうみん》の代表による会議《かいぎ》）がにぎるべきだと訴《うった》えた。

1917年

ロシア革命《かくめい》が起こる

戦争《せんそう》中止を求《もと》めて労働者《ろうどうしゃ》が革命《かくめい》を起こす

19世紀末《せいきまつ》、ロシアでは社会主義《しゅぎ》運動が広がった。第一次世界大戦《たいせん》が長期化すると、戦争《せんそう》に反対する声が高まったが、ロシア皇帝《こうてい》ニコライ2世は戦争《せんそう》を続《つづ》けた。このため1917年、各地《かくち》の労働者《ろうどうしゃ》や兵《へい》士《し》たちはソビエト（会議《かいぎ》）を組織《そしき》し、反乱《はんらん》を起こした。このためニコライ2世は退位《たいい》し、国会議員《こっかいぎいん》を中心とする臨時政府《りんじせいふ》が成立《せいりつ》した（＊二月革命《にがつかくめい》）。

しかし臨時政府《りんじせいふ》は戦争《せんそう》を続《つづ》けることを決め、ソビエトもそれを認《みと》めた。このため、海外へにげていた革命家《かくめいか》レーニンはロシアに帰国し、戦争《せんそう》の中止を訴《うった》えた。

＊革命《かくめい》が起きたのはロシア暦《れき》の２月だったが、現在《げんざい》の暦《こよみ》では３月にあたるため「三月革命《さんがつかくめい》」とも呼《よ》ばれる。

ビジュアル資料《しりょう》

二月革命《にがつかくめい》

1917年3月(ロシア暦《れき》2月)、戦争《せんそう》に反対する労働者《ろうどうしゃ》や軍隊《ぐんたい》が革命《かくめい》を起こした。ロシア帝国《ていこく》は倒《たお》れ、臨時政府《りんじせいふ》が成立《せいりつ》した。

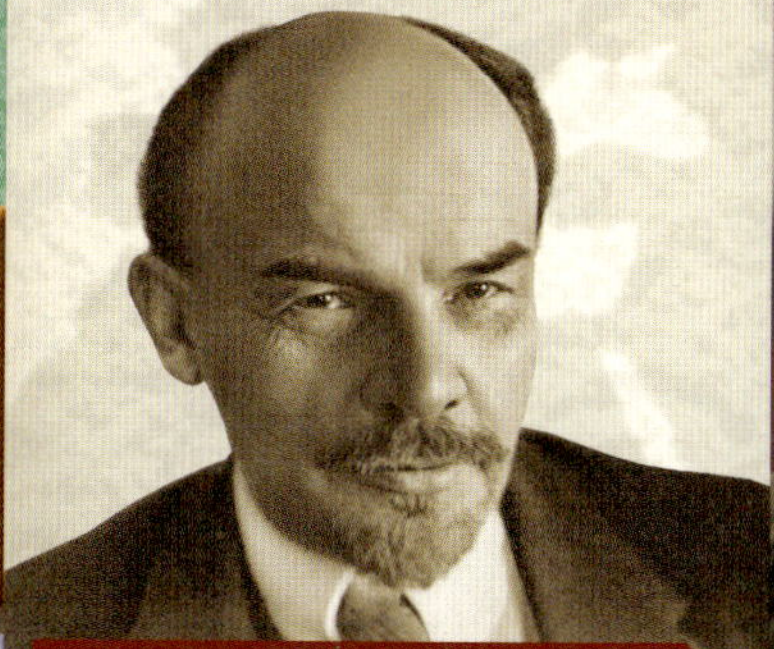

レーニン(1870~1924)

ロシアの革命家《かくめいか》。学生時代から革命《かくめい》運動に参加し、国外へにげていたとき二《に》月革命《がつかくめい》が起こり、ロシアに帰国した。戦争《せんそう》の中止を訴《うった》えて十月革命《じゅうがつかくめい》を起こし、ソビエト政府《せいふ》を成立《せいりつ》させた。

ビジュアル資料《しりょう》

演説《えんぜつ》するレーニン

二月革命後《にがつかくめいご》、スイスにいたレーニンは、ロシアと敵国《てきこく》だったドイツと交《こう》渉《しょう》し、秘密《ひみつ》の貸《か》し切り列車でドイツを通ってロシアに帰国し、市民《しみん》に戦争《せんそう》の中止《ちゅうし》を訴《うった》えた。

巡洋艦《じゅんようかん》オーロラ号

冬宮《とうきゅう》への突撃《とつげき》は、オーロラ号の砲撃《ほうげき》を合図にはじまった。

ソビエト政府《せいふ》の成立《せいりつ》

十月革命《じゅうがつかくめい》後、レーニンらによるソビエト政府《せいふ》が成立《せいりつ》し、世界最初《さいしょ》の社会主義《しゅぎ》国家が誕生《たんじょう》した。

ビジュアル資料《しりょう》 **十月革命《じゅうがつかくめい》**

1917年11月(ロシア暦《れき》10月)、レーニンの主導《しゅどう》する*ボリシェビキは臨時政府《りんじせいふ》の置《お》かれた冬宮《とうきゅう》(ロシア皇帝《こうてい》の冬期の王宮)を攻撃《こうげき》して倒《たお》し、権力《けんりょく》をにぎった。

レーニンが共産党独裁《きょうさんとうどくさい》を築《きず》いてソ連《れん》を誕生《たんじょう》させる

　ソビエトに参加《さんか》するレーニンの一派《いっぱ》*ボリシェビキは、「戦争《せんそう》を中止し、食料不足《しょくりょうぶそく》を解決《かいけつ》するべき」と国民《こくみん》に訴《うった》えて支持《しじ》を集め、勢力《せいりょく》を拡大《かくだい》した。そして1917年11月、ボリシェビキは反乱《はんらん》を起こして臨時政府《りんじせいふ》を倒《たお》し、権力《けんりょく》をにぎった(十月革命《じゅうがつかくめい》)。

　革命《かくめい》後に成立《せいりつ》したソビエト政府《せいふ》は戦争《せんそう》の中止を決定し、ドイツと休戦協定《きゅうせんきょうてい》を結《むす》んだ。また、レーニンはソビエト政府《せいふ》から反対派《はんたいは》を追放して独裁体制《どくさいたいせい》を築《きず》き、社会主義化《しゅぎか》を進めた。ボリシェビキは「共産党《きょうさんとう》」と名を改《あらた》め、首都をモスクワに移《うつ》した。ソビエト政府《せいふ》は銀行や鉄道、工場などの国有化を進め、土地を農民《のうみん》に分け与《あた》えた。

　イギリスやフランス、日本などは、ロシア革命《かくめい》の影響《えいきょう》で、国内

*ロシア社会民主労働党《みんしゅろうどうとう》が分裂《ぶんれつ》したときの多数派《たすうは》のことで、レーニンの一派《いっぱ》。

ビジュアル資料《しりょう》 シベリア出兵《しゅっぺい》

ロシア革命《かくめい》の影響《えいきょう》により、国内で社会主義《しゅぎ》が広まることを恐《おそ》れた日本やアメリカなどは、シベリア(ロシア東部)に出兵《しゅっぺい》し、革命《かくめい》を押《おさ》えこもうとした。しかし出兵《しゅっぺい》は失敗《しっぱい》し、1922年、ソビエト社会主義《しゅぎ》共和国連《きょうわこくれん》邦《ぽう》(ソ連《れん》)が成立《せいりつ》した。

ビジュアル資料《しりょう》 赤軍募集《せきぐんぼしゅう》のポスター

十月革命後《じゅうがつかくめいご》、ソビエト政府《せいふ》と革命《かくめい》に反対する勢力《せいりょく》(白軍《はくぐん》)による内戦《ないせん》が起きた。トロツキーは労働者《ろうどうしゃ》や農民《のうみん》を集めて赤軍《せきぐん》(革命軍《かくめいぐん》)を組織《そしき》して対抗《たいこう》した。

スターリン
(1879～1953)

レーニンの革命《かくめい》運動をたすけてソビエト政権《せいけん》の主要《しゅよう》メンバーとなり、ソ連《れん》成立《せいりつ》後《ご》は、共産党《きょうさんとう》の書記長(最高《さいこう》職《しょく》)となり、独裁的《どくさいてき》な権力《けんりょく》をにぎった。

トロツキー
(1879～1940)

ソビエト政府《せいふ》の主導者《しゅどうしゃ》のひとり。赤軍《せきぐん》を設立《せつりつ》したが、レーニンの死後、スターリンと対立して国外に追放され、その後、暗殺《あんさつ》された。

に社会主義《しゅぎ》運動が広まることを恐《おそ》れ、シベリア(ロシア東部)に軍隊《ぐんたい》を送った(シベリア出兵《しゅっぺい》)。しかしソビエト政府《せいふ》はこれを撃退《げきたい》し、1922年、ソビエト社会主義《しゅぎ》共《きょう》和《わ》国連邦《こくれんぽう》(ソ連《れん》)を成立《せいりつ》させた。

ウソ!ホント!?

スターリンは1000万人以上《いじょう》を処刑《しょけい》した!?

レーニンの死後、ソ連《れん》の独裁者《どくさいしゃ》となったスターリンは、反対派《はんたいは》の政治家《せいじか》や軍人《ぐんじん》、知識人《ちしきじん》たちを次つぎと処刑《しょけい》し、刑務所《けいむしょ》に入れた。犠《ぎ》牲《せい》になった正確《せいかく》な人数は不明《ふめい》だが、推定《すいてい》では1000万人以上《いじょう》が死亡《しぼう》したといわれている。

朝鮮《ちょうせん》で独立《どくりつ》運動が起こる

三《さん》・一独立《いちどくりつ》運動

日本の植民地《しょくみんち》だった朝鮮《ちょうせん》では、独立《どくりつ》を目指す人びとが、1919年3月1日、京城《けいじょう》（ソウル）で「独立《どくりつ》万歳《ばんざい》」と叫《さけ》びながら行進した。

朝鮮《ちょうせん》と中国《ちゅうごく》で同時期に日本へ抗議《こうぎ》運動が起こる

日露戦争《にちろせんそう》に勝利《しょうり》した日本は、韓国《かんこく》（大韓帝国《だいかんていこく》）を支配下《しはいか》に置《お》き、1910年、日本は韓国《かんこく》を自国の領土《りょうど》にして、地域名《ちいきめい》を「朝鮮《ちょうせん》」とし、植民地《しょくみんち》にした。さらに朝鮮支配《ちょうせんしはい》の拠点《きょてん》として、京城《けいじょう》（ソウル）に朝鮮総督府《ちょうせんそうとくふ》を置《お》いた。これに対し、朝鮮《ちょうせん》の独立《どくりつ》を目指す人びとは、1919年3月1日、「独立万歳《どくりつばんざい》」を叫《さけ》んでデモ行進をおこなった。この運動は朝鮮《ちょうせん》全土に広がったため、朝鮮総督府《ちょうせんそうとくふ》は武力《ぶりょく》でこれをしずめ、多数の朝鮮人《ちょうせんじん》が殺《ころ》された。しかしその後も独立《どくりつ》運動は続《つづ》けられた（三《さん》・一独立《いちどくりつ》運動）。

一方、中国《ちゅうごく》では、1915年に

日本語による授業《じゅぎょう》

1910年に朝鮮《ちょうせん》を植民地《しょくみんち》にした日本は、朝鮮《ちょうせん》の子どもたちを日本国民《こくみん》にするため、日本の歴史《れきし》や日本語が教えられた。

ビジュアル資料《しりょう》

朝鮮総督府《ちょうせんそうとくふ》

日本が朝鮮《ちょうせん》を支配《しはい》するために設《もう》けられた機関《きかん》で、強い権限《けんげん》をもち、民衆《みんしゅう》の独立《どくりつ》運動を武力《ぶりょく》でおさえた。朝鮮総督府《ちょうせんそうとくふ》の建物《たてもの》は、1995年に取り壊《こわ》された。

ビジュアル資料《しりょう》

中国《ちゅうごく》の五《ご》・四《し》運動

第一次世界大戦《たいせん》中の1915年、日本は中《ちゅう》華民国《かみんこく》に「二十一か条《じょう》の要求《ようきゅう》」を突《つ》きつけ、強引に日本の利《り》権《けん》を認《みと》めさせた。これに反発した北京《ペキン》の学生らが、1919年5月4日、抗議《こうぎ》行動をおこすと、運動は中国《ちゅうごく》全土に広がっていった。

日本が強引に認《みと》めさせた「*二十一か条《じょう》の要求《ようきゅう》」に対する不満《ふまん》が広がった。1919年5月4日、北《ペ》京《キン》大学の学生が日本に対する抗議《こうぎ》デモをおこなうと、この運動は中《ちゅう》国《ごく》全土に広まった(五《ご》・四《し》運動)。

なるほどエピソード

インドではガンジーが非暴力《ひぼうりょく》運動を進めた!?

イギリスは植民地《しょくみんち》のインドに対し、独立《どくりつ》運動を武力《ぶりょく》で弾圧《だんあつ》した。インド独立《どくりつ》を目指すガンジーは、イギリス製品《せいひん》を買わないとか、イギリスへの税金《ぜいきん》を拒否《きょひ》するなど、暴力《ぼうりょく》を使わずに抵抗《ていこう》することを呼《よ》びかけ、独立《どくりつ》運動を広めた。

*ドイツが山東省《さんとうしょう》にもつ利権《りけん》をゆずるよう求《もと》めるなどの21か条《じょう》にわたる日本の要求《ようきゅう》。

世界おもしろコラム

西洋人の名前は由来が同じ!?

キリスト教の聖人名《せいじんめい》を名前につける西洋人

西洋人の名前は、読み方や表記は言語によって多少ちがうが、由来の人物は同じであるものが多い。特《とく》に、天使や使徒《しと》（イエス・キリストの弟子）など、キリスト教で崇《すう》拝《はい》されている人物の名前が元になっている。

言語別《べつ》の名前の読み方

英語《えいご》	フランス語	ドイツ語	イタリア語	スペイン語	由来
マイケル	ミシェル	ミヒャエル	ミケーレ	ミゲル	大天使ミカエル
ピーター	ピエール	ペーター	ピエトロ	ペドロ	ペテロ（➡ P81）
ポール	ポール	パウル	パオロ	パブロ	パウロ（➡ P81）
ジョン	ジョン	ヨハン	ジョバンニ	ファン	洗礼者ヨハネ
ジェームズ	ジャック	ヤーコプ	ジャコモ	ディエゴ	使徒《しと》ヤコブ
デビッド	ダビド	ダービト	ダビデ	ダビト	ダビデ（➡ P48）
キャサリン	カトリーヌ	カタリーナ	カテリーナ	カタリナ	キリスト教の聖女《せいじょ》
エリザベス	エリザベート	エリーザベト	エリザベッタ	イサベル	洗礼《せんれい》者ヨハネの母
メアリー	マリー	マリア	マリーア	マリア	イエスの母
チャールズ	シャルル	カール	カルロ	カルロス	古いドイツ語の「男」

大天使ミカエル。右手に剣《けん》、左手には魂《たましい》の公正さを測《はか》る天秤《てんびん》を持つ。

5章

現《げん》代《だい》

1939年
第二次世界大戦《たいせん》が
はじまる（➡P310）
1942年
ホロコーストが
はじまる（➡P314）
1937年
日中戦争《にっちゅうせんそう》がはじまる
（➡P308）
アイスランド
ノルウェー
スウェーデン
フィンランド
イギリス
デンマーク
アイルランド自由国
オランダ
ロンドン
ドイツ
ポーランド
モスクワ
ベルギー
パリ
フランス
スペイン
ポルトガル
イタリア
トルコ
ソビエト社会主義共和国連邦《しゃかいしゅぎきょうわこくれんぽう》
モンゴル
満州国《まんしゅうこく》
日本
東京《とうきょう》
中華民国《ちゅうかみんこく》
太平洋
モロッコ
パレスチナ
イラク
アフガニスタン
パフラビー朝
アルジェリア
リビア
エジプト
サウジアラビア王国
イギリス領《りょう》インド
ビルマ
フランス領《りょう》インドシナ
フィリピン
日本委任統治《いにんとうち》
フランス領《りょう》西アフリカ
スーダン
イエメン王国
タイ
トーゴ
エチオピア
リベリア
カメルーン
ソマリランド
インド洋
イギリス領《りょう》マレー
ベルギー領《りょう》コンゴ
東アフリカ
オランダ領《りょう》東インド
オーストラリア委任統治《いにんとうち》
アンゴラ
南西アフリカ
オーストラリア
南アフリカ連邦《れんぽう》
1965年
ベトナム戦争《せんそう》が
はじまる（➡P326）
ニュージーランド

20世《せい》紀《き》前半の世界

アラスカ
(アメリカ合衆国《がっしゅうこく》)
カナダ
グリーンランド
(デンマーク領《りょう》)
アメリカ合衆国《がっしゅうこく》
ワシントン
太平洋
ハワイ諸島《しょとう》
メキシコ
メキシコシティ
キューバ
ジャマイカ
ハイチ
ベネズエラ
ギアナ
コロンビア
エクアドル
ペルー
ブラジル
ボリビア
パラグアイ
チリ
アルゼンチン
ウルグアイ
Stalked by Stork
I WANT WORK Now!!
8 YEARS EXPERIENCE

1941年

太平洋戦争《せんそう》がはじまる

(➡P316)

1929年

世界恐慌《きょうこう》がはじまる

(➡P298)

西欧諸国《せいおうしょこく》とその支配《しはい》地

- アメリカ
- イギリス
- フランス
- スペイン
- ポルトガル
- オランダ
- イタリア
- 共産党政権下《きょうさんとうせいけんか》あるいは影響下《えいきょうか》にある地域《ちいき》

※この世界地図では20世紀《せいき》前半に起きていないできごとも紹介《しょうかい》しています。

1929年

世界恐慌《きょうこう》が起こる

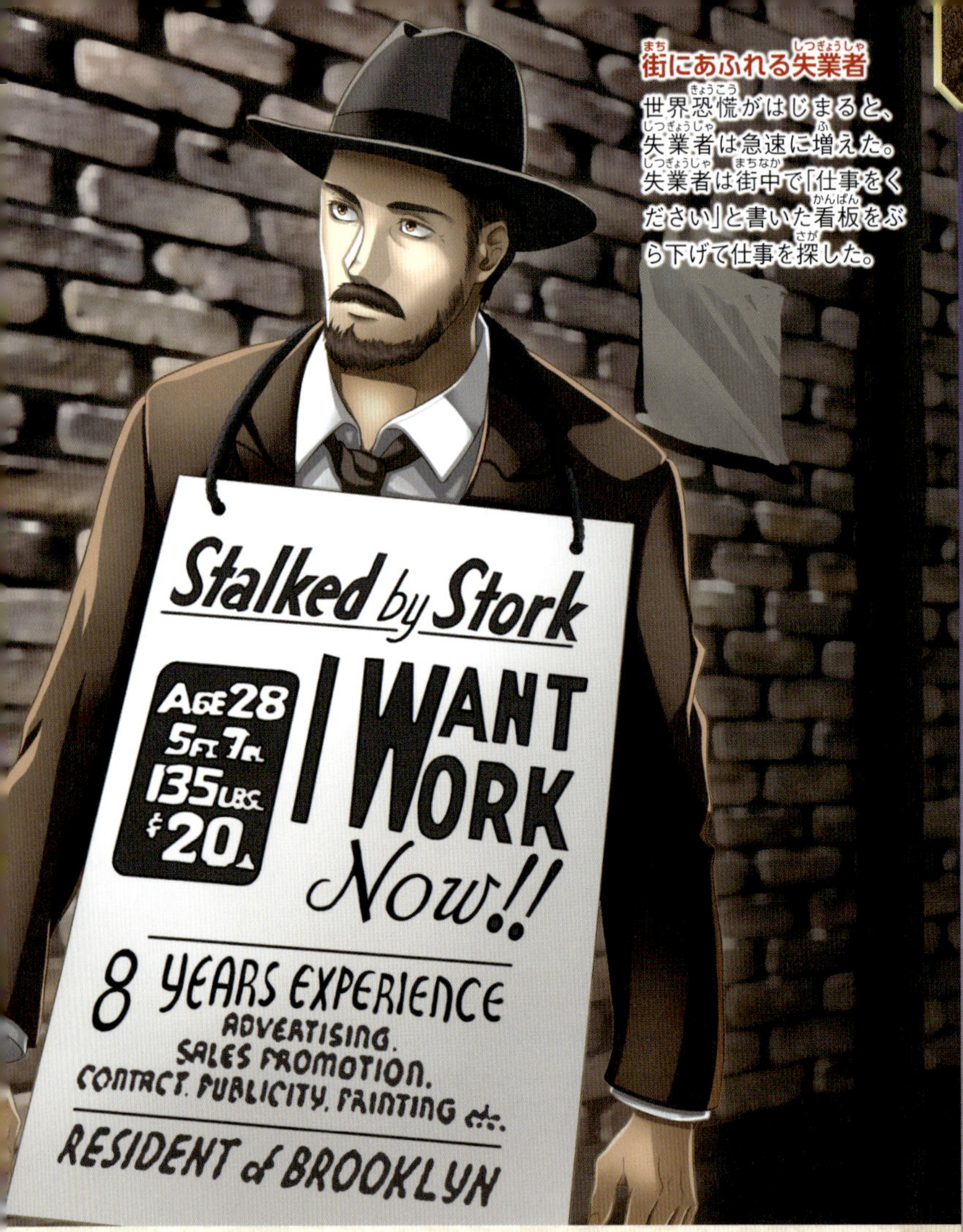

街《まち》にあふれる失業者《しつぎょうしゃ》
世界恐慌《きょうこう》がはじまると、失業者《しつぎょうしゃ》は急速に増《ふ》えた。失業者《しつぎょうしゃ》は街中《まちなか》で「仕事をください」と書いた看板《かんばん》をぶら下げて仕事を探《さが》した。

アメリカで株価《かぶか》が暴落《ぼうらく》し世界的《てき》な不景気《ふけいき》になる

第一次世界大戦後《たいせんご》、ヨーロッパは荒《あ》れ果《は》て、工業力が落ちこんだが、戦場《せんじょう》にならなかったアメリカは工業力を保《たも》ち、世界中に製品《せいひん》を売った。これによりアメリカの経済《けいざい》は大繁栄《だいはんえい》し、*株式《かぶしき》への投資《とうし》が盛《さか》んになった。

しかしヨーロッパで工業力が回《かい》復《ふく》すると、アメリカ製品《せいひん》は世界であまり売れなくなった。そして1929年10月、アメリカのニューヨーク株式《かぶしき》市場《しじょう》（ウォール街《がい》）で、株価《かぶか》が大きく値下《ねさ》がりした。アメリカの工業生産《せいさん》は大きく減《へ》り、多くの銀行や企業《きぎょう》が倒産《とうさん》し、街《まち》には失業者《しつぎょうしゃ》があふれた。ア

*株式《かぶしき》（株券《かぶけん》）は企業《きぎょう》が資金《しきん》を集めるために発行する。株式《かぶしき》を買う人が多ければ、株価《かぶか》は高くなる。

大混乱《だいこんらん》するウォール街《がい》

1929年、ニューヨークのウォール街《がい》で株価《かぶか》が大きく値下《ねさ》がりした。不安《ふあん》にかられた人びとは、株式《かぶしき》取引所につめかけ、大混乱《だいこんらん》となった。

女性《じょせい》たちのデモ行進

アメリカでは労働者《ろうどうしゃ》の４人にひとりが失業《しつぎょう》し、失業者数《しつぎょうしゃすう》は1933年には1300万人以上《いじょう》になった。女性《じょせい》たちも仕事を求《もと》めてデモ行進をおこなった。

メリカの経済《けいざい》が急速に悪化したため、アメリカから資金《しきん》を借《か》りたり、アメリカ企業《きぎょう》と貿易《ぼうえき》したりしていた国ぐにも影響《えいきょう》を受け、世界中が不景気《ふけいき》になった(世界恐慌《きょうこう》)。

ウソ！ホント!?

靴磨《くつみが》きの少年の話で株価《かぶか》暴落《ぼうらく》を感じた!?

世界恐慌《きょうこう》の直前まで、実業家の*ケネディは多くの株《かぶ》を持っていた。あるとき靴磨《くつみが》きの少年から、「株《かぶ》はもうかるらしいよ」と言われたケネディは、「一般《いっぱん》の人まで株《かぶ》を買おうとしている。すぐに株価《かぶか》は暴落《ぼうらく》する」と感じ、すべての株《かぶ》を売ったそうだ。

＊アメリカ35代大統領《だいとうりょう》となるケネディの父親。

超《ちょう》ビジュアル！
歴《れき》史《し》新聞

第5号

発行所：
エコノミクス新聞

欧《おう》米《べい》諸《しょ》国《こく》は世界恐《きょう》慌《こう》をどう乗り切った!?

経済《けいざい》を立て直すため、欧米諸国《おうべいしょこく》はどんな政策《せいさく》をとったのだろう？

失業者《しつぎょうしゃ》たちの銅《どう》像《ぞう》（アメリカ）。

アメリカはニューディール政策《せいさく》!!

アメリカでは、ルーズベルト大統領《だいとうりょう》の指示《しじ》により、政府《せいふ》が積極的《せっきょくてき》に公共《こうきょう》事業を起こしたり、農産物《のうさんぶつ》や工業製品《せいひん》の価格《かかく》が下がらないように生産量《せいさんりょう》を調整したりした。また労働者《ろうどうしゃ》の賃金《ちんぎん》を上げたり、労働組合《ろうどうくみあい》を保護《ほご》したりして、国民《こくみん》が安心して暮《く》らせるようにした。

これにより、国民《こくみん》は商品を積極的《せっきょくてき》に買うようになり、経済《けいざい》は回復《かいふく》に向かった。この政策《せいさく》は、「ニューディール(新規《しんき》まき直し)政《せい》策《さく》」と呼《よ》ばれる。

ルーズベルト大統領《だいとうりょう》

ニューディール政策《せいさく》によって建《けん》設《せつ》されたダム（アメリカ）。

ソビエト連邦《れんぽう》は5か年計画!!

ソビエト連邦《れんぽう》は、指導者《しどうしゃ》スターリンが5年間で経済《けいざい》を発展《はってん》させる計画を立て、重工業の強化と、農業の集《しゅう》団化《だんか》を目指した。生産《せいさん》は計画的《てき》におこなわれたので、世界恐慌《きょうこう》の影響《えいきょう》は受けなかったが、強引に計画を進めたため、不満《ふまん》もあった。

イギリス・フランスはブロック経済《けいざい》!!

イギリスは植民地《しょくみんち》のオーストラリアやインドなどと積極的《せっきょくてき》に貿易《ぼうえき》して経済圏《けいざいけん》(ブロック)をつくり、それ以外《いがい》の国からの輸入品《ゆにゅうひん》には高い関税《かんぜい》をかけた。この政策《せいさく》はブロック経済《けいざい》と呼《よ》ばれる。植民地《しょくみんち》の多いフランスも、ブロック経済《けいざい》をおこない、経済《けいざい》を回復《かいふく》させた。

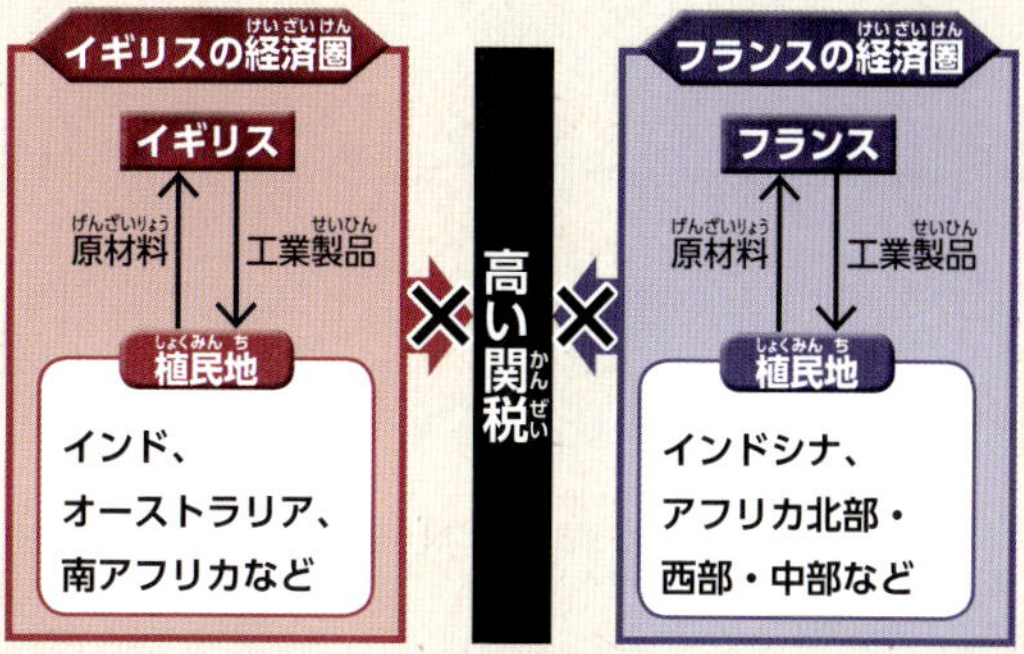

イギリスの経済圏《けいざいけん》
イギリス
原材料《げんざいりょう》
工業製品《せいひん》
植民地《しょくみんち》
インド、オーストラリア、南アフリカなど
高い関税《かんぜい》
フランスの経済圏《けいざいけん》
フランス
原材料《げんざいりょう》
工業製品《せいひん》
植民地《しょくみんち》
インドシナ、アフリカ北部・西部・中部など

イタリアは植民地《しょくみんち》拡大《かくだい》へ!!

植民地《しょくみんち》の少ないドイツやイタリアは、ブロック経済《けいざい》をできず、経済《けいざい》の回復《かいふく》が遅《おく》れたため、国民《こくみん》の不満《ふまん》が高まった。イタリアでは、ムッソリーニが政権《せいけん》をにぎって独裁政治《どくさいせいじ》を開始し、植民地《しょくみんち》を得《え》ようとして、1935年、アフリカのエチオピアを侵略《しんりゃく》した。

植民地《しょくみんち》を獲得《かくとく》する!

演説《えんぜつ》するムッソリーニ。

日本は満州事変《まんしゅうじへん》を起こす!!
日本軍《にほんぐん》は満州《まんしゅう》(中国《ちゅうごく》東北部)を支配《しはい》して、経済《けいざい》を回復《かいふく》させようとした。
満州《まんしゅう》を手に入れよう!
政府《せいふ》は無視《むし》だ!
日本軍《にほんぐん》は鉄道の線路を爆破《ばくは》。これを中国《ちゅうごく》のせいにして攻撃《こうげき》を開始。
ドーン
やったぞ!
満州《まんしゅう》を占領《せんりょう》して、満州国《まんしゅうこく》をつくった。
しかし国際連盟《こくさいれんめい》の調査団《ちょうさだん》は、日本軍《にほんぐん》のうそを見抜《みぬ》いた。
これは日本軍《にほんぐん》のしわざだ…
国際連盟《こくさいれんめい》に満州《まんしゅう》からの撤退《てったい》を求《もと》められた日本は…
日本は国際連盟《こくさいれんめい》から脱退《だったい》する!
日本は世界から孤立《こりつ》していった…

東北《とうほく》・北海道《ほっかいどう》は不況《ふきょう》に苦しんだ!!

世界恐慌《きょうこう》の影響《えいきょう》で、日本は「昭和恐慌《しょうわきょうこう》」と呼《よ》ばれる深刻《しんこく》な不況《ふきょう》となった。それに加《くわ》え、東北《とうほく》地方と北海道《ほっかいどう》では農作物が育たず、借金《しゃっきん》を抱《かか》えた農家は娘《むすめ》を身売りすることもあった。

第一次世界大戦《たいせん》後《ご》に課《か》された賠償金《ばいしょうきん》と世界恐慌《きょうこう》によって、ドイツは不況《ふきょう》になった。
我《われ》らドイツ人の生活は苦しくなる一方だ！
その原因《げんいん》はすべてドイツ人の権利《けんり》をうばったユダヤ人だ
戦争《せんそう》に負けたのもドイツ人が職《しょく》を失《うしな》ったのもすべてユダヤ人のせいだ
我《わ》が*ナチスはドイツ人に自由と独立《どくりつ》を取りもどすために戦《たたか》う！
ドイツ民族《みんぞく》よともに戦《たたか》おう！
ナチス党首《とうしゅ》
アドルフ・ヒトラー
1933年人気を得《え》たヒトラーは首相になった。
ワアアアアアア
ヒトラー首相は、反対勢力《せいりょく》を排除《はいじょ》し、独裁者《どくさいしゃ》となった。ヒトラーはだれにも止められなくなった。

1939年
いいか、今日はなんでも好《す》きな物を買っていいぞ
本当!?
ヒトラー総統《そうとう》の政策《せいさく》のおかげでお父さんも給料《きゅうりょう》が上がったからな
何にしようかなぁ
Juden sind hier unerwünscht !
この店も「ユダヤ人お断《ことわ》り」だって…
最近《さいきん》増《ふ》えたね
ヒトラー総統《そうとう》の方針《ほうしん》だからしかたないさ
どうしてユダヤ人はだめなの?
それは…今のドイツはヒトラー総統《そうとう》に従《したが》うべきだからさ

でも…友達《ともだち》のアンネはユダヤ人だからオランダへにげちゃったよ
だいじょうぶ ユダヤ人が我慢《がまん》するのは今だけだ
ドイツが元気になればアンネももどってこれるさ
本当?
ああ きっとそうなる
しかし ユダヤ人差別《さべつ》は日増《ひま》しにひどくなっていった。
そんな中、領土拡大《りょうどかくだい》を目指すヒトラーはポーランドに侵攻《しんこう》。第二次世界大戦《たいせん》がはじまった。
ポーランド
ドイツ
やがてアンネがにげたオランダへもドイツ軍《ぐん》が侵攻《しんこう》してきた。
ザァァァァァァァ…
いいかアンネ

父
母
アンネ・フランク
ドイツ軍《ぐん》に捕《つか》まったら収容所《しゅうようじょ》に送られて殺《ころ》されてしまう
だから今日から隠《かく》れて暮《く》らすんだ我慢《がまん》してくれ…
だいじょうぶよ パパ
私《わたし》の日記帳を持ってきたの
ポン
これがあれば私《わたし》はさみしくないわ
今日から隠《かく》れ家《が》のことをたくさん書けるもの…
2年後、ドイツ軍《ぐん》に捕《つか》まったアンネは収容所《しゅうようじょ》で亡《な》くなった。

1933年

ヒトラーが政《せい》権《けん》をにぎる

首相に就任《しゅうにん》したヒトラー

1933年、ナチスを率《ひき》いて首相になったヒトラーは、反対勢《せい》力《りょく》を抑《おさ》え、権力《けんりょく》を独占《どくせん》した。

首相になったヒトラーがドイツ経済《けいざい》を回復《かいふく》させる

第一次世界大戦《たいせん》で敗《やぶ》れたドイツは、ベルサイユ条約《じょうやく》により巨額《きょがく》の賠償金《ばいしょうきん》を課《か》せられ、経済《けいざい》の混乱《こんらん》が続《つづ》いた。さらに世界恐慌《きょうこう》の影響《えいきょう》で、労働者《ろうどうしゃ》の3人にひとりが失業《しつぎょう》し、国民《こくみん》の生活は苦しかった。

そんな中、ヒトラーの率《ひき》いるナチス(国民《こくみん》社会主義《しゅぎ》ドイツ労働者《ろうどうしゃ》党《とう》)は、ベルサイユ条約《じょうやく》の取り消しを訴《うった》えて国民《こくみん》の支持《しじ》を集め、1932年に議会《ぎかい》の第一党《だいいっとう》になった。翌年《よくとし》、首相に選《えら》ばれたヒトラーはナチス以外《いがい》の政党《せいとう》を解散《かいさん》させ、民主的《みんしゅてき》なワイマール憲法《けんぽう》を停《てい》止《し》し、独裁体制《どくさいたいせい》を築《きず》いた。このように民主主義《みんしゅしゅぎ》を否定《ひてい》し、国家を重《じゅう》

ビジュアル資料《しりょう》

ヒトラーの支援者《しえんしゃ》たち

不況《ふきょう》に苦しんでいたドイツ国民《こくみん》は、景《けい》気回復《きかいふく》を願《ねが》い、ヒトラーに期待した。

発見《はっけん》!

アウトバーン

ヒトラーが建設《けんせつ》させた高速道路。軍事用《ぐんじよう》の目的《もくてき》と、失業者《しつぎょうしゃ》に仕事を与《あた》える目的《もくてき》があった。

発見《はっけん》!

フォルクスワーゲンの「ビートル」

ヒトラーが「国民車《こくみんしゃ》」として製造《せいぞう》を命じた車で、低価格《ていかかく》で高性能《こうせいのう》だった。

発見《はっけん》!

ベルリン オリンピック会場

1936年に、首都ベルリンでオリンピックが開かれた。オリンピックの成功《せいこう》によってドイツ国民《こくみん》は自信《じしん》を回復《かいふく》した。

視《し》する体制《たいせい》をファシズムという。

ヒトラーは公共《こうきょう》事業をおこなって経済《けいざい》を回復《かいふく》させ、圧倒的《あっとうてき》な人気を得《え》たが、その一方、言論《げんろん》や思想の自由をうばっていった。

1937年

日《にっ》中《ちゅう》戦《せん》争《そう》がはじまる

松井石根《まついいわね》

南京攻略《ナンキンこうりゃく》の最高司令官《さいこうしれいかん》。戦後《せんご》、南京事件《ナンキンじけん》の責任者《せきにんしゃ》として処刑《しょけい》された。

南京《ナンキン》を占領《せんりょう》する日本軍《にほんぐん》

日中戦争《にっちゅうせんそう》がはじまると、日本軍《にほんぐん》は中国《ちゅうごく》の首都・南京《ナンキン》を占領《せんりょう》し、女性《じょせい》や子どもを含《ふく》む多数の中国人《ちゅうごくじん》を殺害《さつがい》した(南《ナン》京《キン》事件《じけん》)。事件《じけん》の規模《きぼ》や被害者《ひがいしゃ》数については、現在《げんざい》も調査《ちょうさ》や研究が続《つづ》けられている。

満州《まんしゅう》を支配《しはい》した日本軍《にほんぐん》が中国《ちゅうごく》へ侵攻《しんこう》を開始する

1927年、中華民国《ちゅうかみんこく》(中国《ちゅうごく》)では、*国民党《こくみんとう》を率《ひき》いる蔣介石《しょうかいせき》が、南京《ナンキン》に国民政府《こくみんせいふ》をつくり、最高指導者《さいこうしどうしゃ》となった。蔣介石《しょうかいせき》は毛沢東《もうたくとう》の率《ひき》いる中国共産党《ちゅうごくきょうさんとう》への攻撃《こうげき》を開始し、内戦《ないせん》がはじまった。

その頃《ころ》、日本は世界恐慌《きょうこう》の影響《えいきょう》で、昭和恐慌《しょうわきょうこう》と呼《よ》ばれる不況《ふきょう》が続《つづ》いていた。日本軍《にほんぐん》は満州《まんしゅう》(中国《ちゅうごく》東北部)を支配《しはい》して経済《けいざい》を回復《かいふく》させようとし、1931年、満州事変《まんしゅうじへん》(➡P301)を起こした。翌年《よくとし》、満州国《まんしゅうこく》を建国《けんこく》したが、満州国《まんしゅうこく》は国《こく》際連盟《さいれんめい》から認《みと》められなかったため、日本は国際連盟《こくさいれんめい》を脱退《だったい》し、中《ちゅう》国《ごく》北部にも軍隊《ぐんたい》を進めた。日本の

*孫文《そんぶん》が組織《そしき》した政党《せいとう》で、孫文《そんぶん》の死後、蔣介石《しょうかいせき》が実権《じっけん》をにぎった。

日中戦争関連地図《にっちゅうせんそうかんれんちず》

1931年9月
❶満州事変《まんしゅうじへん》
満州国《まんしゅうこく》
1937年7月
❸盧溝橋事件《ろこうきょうじけん》
奉天《ほうてん》
北京《ペキン》
朝鮮《ちょうせん》
黄海
青島《チンタオ》
西安《シーアン》
徐州《じょしゅう》
中華民国《ちゅうかみんこく》
1937年12月
❹南京事件《ナンキンじけん》
1936年12月
❷西安事件《シーアンじけん》
漢口《かんこう》
南京《ナンキン》
上海《シャンハイ》
東シナ海
重慶《じゅうけい》
広州《こうしゅう》
台湾《たいわん》
戦闘地域《せんとうちいき》
日本軍《にほんぐん》の侵攻路《しんこうろ》

西安事件《シーアンじけん》

1936年、西安《シーアン》にいた張学良《ちょうがくりょう》は、蔣介石《しょうかいせき》を捕《と》らえ、共産党《きょうさんとう》と協力《きょうりょく》して日本と戦《たたか》うよう求《もと》めた。

蔣介石《しょうかいせき》(1887～1975)

中国《ちゅうごく》の国民党《こくみんとう》(国民政府《こくみんせいふ》)の最高指導者《さいこうしどうしゃ》。日中戦争《にっちゅうせんそう》では、毛沢東《もうたくとう》の共産党《きょうさんとう》を協力《きょうりょく》して日本と戦《たたか》った。

戦地《せんち》に向かう兵士《へいし》

日中戦争《にっちゅうせんそう》が広がると、多くの日本兵《へい》が中国《ちゅうごく》に送られた。日中戦争《にっちゅうせんそう》では、約《やく》46万人の日本兵《にほんへい》が戦死《せんし》した。

侵略《しんりゃく》に対抗《たいこう》するため、内戦状態《ないせんじょうたい》だった国民党《こくみんとう》と共産党《きょうさんとう》は、内戦《ないせん》を停止《ていし》し、協力関係《きょうりょくかんけい》を築《きず》いた。

1937年、北京《ペキン》郊外《こうがい》の盧溝橋《ろこうきょう》で日本軍《にほんぐん》と中国軍《ちゅうごくぐん》が衝突《しょうとつ》した「盧溝橋事件《ろこうきょうじけん》」をきっかけに、日中戦《にっちゅうせん》争《そう》がはじまった。日本軍《にほんぐん》は首都の南京《ナンキン》を攻《せ》め落としたが、国民政府《こくみんせいふ》は首都を漢口《かんこう》、さらに重慶《じゅうけい》へと移《うつ》し、抵抗《ていこう》を続《つづ》けた。

第二次世界大《たい》戦《せん》がはじまる

ポーランド侵攻《しんこう》を命じるヒトラー

1939年９月、ヒトラーはポーランド侵攻《しんこう》を開始した。ポーランドと同盟《どうめい》を結《むす》んでいたイギリスとフランスはドイツに宣《せん》戦《せん》布《ふ》告《こく》し、第二次世界大戦《たいせん》がはじまった。

ヒトラーの領《りょう》土《ど》拡《かく》大《だい》の野《や》望《ぼう》が大《たい》戦《せん》を引き起こす

ドイツ国内の支持《しじ》を固《かた》めたヒトラーは、領《りょう》土《ど》拡《かく》大《だい》を目指すため、ベルサイユ条約《じょうやく》を破《やぶ》って再軍備《さいぐんび》を進めた。１９３８年、ヒトラーはオーストリアをドイツ領《りょう》に組みこみ、続いてチェコスロバキアに対し、ドイツ人が多く住むズデーテン地方をゆずるように求《もと》めた。戦争《せんそう》をさけるため、ヒトラーやムッソリーニ、イギリス・フランスの代表が集まってミュンヘン会《かい》談《だん》が開かれたが、ヒトラーが「これ以上《いじょう》、領土《りょうど》を要求《ようきゅう》しない」と約《やく》束《そく》したため、ズデーテン地方はドイツ領土《りょうど》として認《みと》められた。しかし翌年《よくとし》、ヒトラーは、約束《やくそく》を破《やぶ》っ

ビジュアル資料《しりょう》

ミュンヘン会談《かいだん》

ヒトラーがチェコスロバキアのズデーテン地方を求《もと》め、イギリスのチェンバレン首相やフランスのダラディエ首相、イタリアのムッソリーニがミュンヘン(ドイツ)で話し合いをした。「これ以上《いじょう》、領土《りょうど》は求《もと》めない」とヒトラーが約束《やくそく》したため、ズデーテン地方はドイツ領土《りょうど》として認《みと》められた。

ダラディエ
チェンバレン
ヒトラー
ムッソリーニ

ヒトラー

ビジュアル資料《しりょう》

ポーランドを占領《せんりょう》するドイツ軍《ぐん》

ポーランドへ侵攻《しんこう》したドイツ軍《ぐん》は、圧倒的《あっとうてき》な勢《いきお》いで勝ち進んだ。続《つづ》いてソ連《れん》にも侵攻《しんこう》されたポーランドは約《やく》1か月で降伏《こうふく》した。

てチェコスロバキアを保護下《ほごか》に置《お》き、さらに、対立していたソ連《れん》と「独《どく》ソ不可侵条約《ふかしんじょうやく》」を結《むす》んだ後、ポーランドへの侵攻《しんこう》を開始した。

ポーランドと同盟《どうめい》を結《むす》んでいたイギリスやフランスは、ドイツに宣戦布告《せんせんふこく》し、第二次世界大戦《たいせん》がはじまった。ポーランドはドイツ軍《ぐん》に敗《やぶ》れ、続《つづ》いてソ連軍《れんぐん》にも侵攻《しんこう》された。ポーランドは東西に分割《ぶんかつ》され、ドイツとソ連《れん》に支配《しはい》された。

第二次世界大戦《たいせん》の対立関係《かんけい》

※1941年8月時点。
イギリス
フランス
アメリカ
ソビエト連邦《れんぽう》
連合国《れんごうこく》
VS
枢軸国《すうじくこく》
ドイツ
イタリア
日本

ヒトラー

エッフェル塔《とう》

1889年、パリの中心部に建《た》てられた鉄塔《てっとう》で、高さは約《やく》300m。

第二次世界大戦関連地図《たいせんかんれん》

フィンランド
ノルウェー
スウェーデン
エストニア
ソ連《れん》
北海
ラトビア
デンマーク
リトアニア
モスクワ
イギリス
ロンドン
オランダ
ベルリン
ポツダム
ワルシャワ
ベルギー
ポーランド
ノルマンディー
パリ
ドイツ
アウシュビッツ
スターリングラード
チェコ
大西洋
スロバキア
フランス
スイス
オーストリア
ハンガリー
ポルトガル
ルーマニア
イタリア
ヤルタ
ユーゴスラビア
黒海
スペイン
ローマ
ブルガリア
バルカン半島
トルコ
ギリシャ
地中海
パレスチナ
エジプト
ドイツ・イタリアと植民地《しょくみんち》
枢軸国側《すうじくこくがわ》の国（1941年まで）
枢軸国《すうじくこく》の占領地《せんりょうち》（1942年まで）
連合国側《れんごうこくがわ》
中立国《ちゅうりつこく》

ビジュアル資料《しりょう》

占領《せんりょう》したパリを歩くヒトラーたち

1940年に入ると、ドイツはデンマークやオランダ、ベルギーなどを攻撃《こうげき》してフランスに迫《せま》り、6月にパリを占領《せんりょう》してフランスを降伏《こうふく》させた。

勢力《せいりょく》を拡大《かくだい》したドイツは独《どく》ソ戦《せん》で勢《いきお》いを失《うしな》う

1940年、ドイツ軍《ぐん》はオランダやベルギーに侵攻《しんこう》し、さらにフランスを撃破《げきは》してパリを占領《せんりょう》した。イタリアは、ドイツ側《がわ》として戦争《せんそう》に参加《さんか》し、ドイツとイタリアは、アジアで勢力《せいりょく》を広げる日本と日独伊三国同盟《にちどくいさんごくどうめい》を結《むす》んだ。これらの国ぐには、枢軸国《すうじくこく》と呼《よ》ばれた。

一方、イギリスの首相チャーチルとアメリカの大統領《だいとうりょう》ルーズベルトは、民主主義《みんしゅしゅぎ》を守ることや戦争《せんそう》による領土拡大《りょうどかくだい》を禁止《きんし》した「大西洋憲章《けんしょう》」を発表した。この考えに賛成《さんせい》する国ぐには連合国《れんごうこく》と呼《よ》ばれた。

ドイツは、イギリスの首都ロンドンを空襲《くうしゅう》し、大きな被害《ひがい》を与《あた》えたが、イギリスの首相チャーチルは降伏《こうふく》せず、激《はげ》しい攻撃《こうげき》に耐《た》え抜《ぬ》いた。

1941年には、ドイツ軍《ぐん》はバ

ビジュアル資料《しりょう》

空襲《くうしゅう》で破壊《はかい》されたロンドン

イギリスの首都ロンドンは、ドイツ空軍《くうぐん》による激《はげ》しい空爆《くうばく》を受けて大きな被害《ひがい》が出た。チャーチルは空《くう》襲《しゅう》を受けた町を見て回り、国民《こくみん》に勇気《ゆうき》を与《あた》えた。

チャーチル(1874〜1965)

イギリスの政治家《せいじか》。第二次世界大《たい》戦《せん》がはじまると、首相となった。ドイツ軍《ぐん》の激《はげ》しい攻撃《こうげき》に耐《た》え抜《ぬ》いた。

ビジュアル資料《しりょう》

ソ連《れん》に侵攻《しんこう》するドイツ軍《ぐん》

1941年6月、ヒトラーは独《どく》ソ不可侵条約《ふかしんじょうやく》を破《やぶ》って、ソ連《れん》に侵攻《しんこう》した。10月には首都モスクワに迫《せま》ったが、冬の厳《きび》しい寒さで戦車《せんしゃ》や武器《ぶき》が凍《こお》りついた。

反撃《はんげき》を開始するソ連軍《れんぐん》

寒さに強いソ連軍《れんぐん》の反撃《はんげき》により、ドイツ軍《ぐん》は退却《たいきゃく》を開始し、大きな被害《ひがい》が出た。

ルカン半島を征服《せいふく》し、ヨーロッパの大部分を支配《しはい》下に置《お》いた。するとヒトラーは、独《どく》ソ不可侵条約《ふかしんじょうやく》を破《やぶ》り、ソ連《れん》への攻撃《こうげき》を開始した。ドイツ軍《ぐん》は4か月後には首都モスクワに迫《せま》ったが、冬の厳《きび》しい寒さにより進撃《しんげき》はにぶり、ソ連軍《れんぐん》が反《はん》撃《げき》を開始した。さらにソ連《れん》はイギリスと同盟《どうめい》を結《むす》んでドイツと対抗《たいこう》した。ソ連《れん》との戦《たたか》いが長期戦《ちょうきせん》になったドイツは、勢《いきお》いがおとろえた。

1942年

ホロコーストがはじまる

隠《かく》れ家《が》にひそむアンネ・フランク

ユダヤ人のアンネ・フランクは、オランダの隠《かく》れ家《が》で暮《く》らしていたが発見され、強制収容所《きょうせいしゅうようしょ》に送られ、ドイツ敗北《はいぼく》の2か月前に15歳《さい》で病死した。

ヒトラーはユダヤ人を徹底的《てっていてき》に差別《さべつ》した

ヒトラーは、ドイツ人は優秀《ゆうしゅう》で、ユダヤ人は有害《ゆうがい》な人種《じんしゅ》だという考えをもつ人種差別主義者《じんしゅさべつしゅぎしゃ》だった。権力《けんりょく》をにぎったヒトラーは、ユダヤ人への迫害《はくがい》を開始した。ユダヤ人の商店などは破壊《はかい》され、財産《ざいさん》は取り上げられ、ゲットーと呼《よ》ばれる地区に、強制的《きょうせいてき》に収容《しゅうよう》された。このため、アインシュタインをはじめ、多くのユダヤ人がアメリカなどへ逃亡《とうぼう》した。

1942年以降《いこう》、ヒトラーの率《ひき》いるナチスは各地《かくち》で捕《と》らえたユダヤ人をアウシュビッツなどの強制《きょうせい》収容所《しゅうようしょ》に送り、労働《ろうどう》させ、殺害《さつがい》した。このホロコースト(大虐殺《だいぎゃくさつ》)に

アンネ・フランク(1929～1945)

ドイツ生まれのユダヤ人の娘《むすめ》。隠《かく》れ家《が》での生活を書いた日記が、死後『アンネの日記』として出版《しゅっぱん》された。

ビジュアル資料《しりょう》 **ゲットー**

ヒトラーは、ドイツ国内や占領《せんりょう》した地域《ちいき》のユダヤ人を、せまい居住《きょじゅう》地区「ゲットー」に強制的《きょうせいてき》に住まわせた。

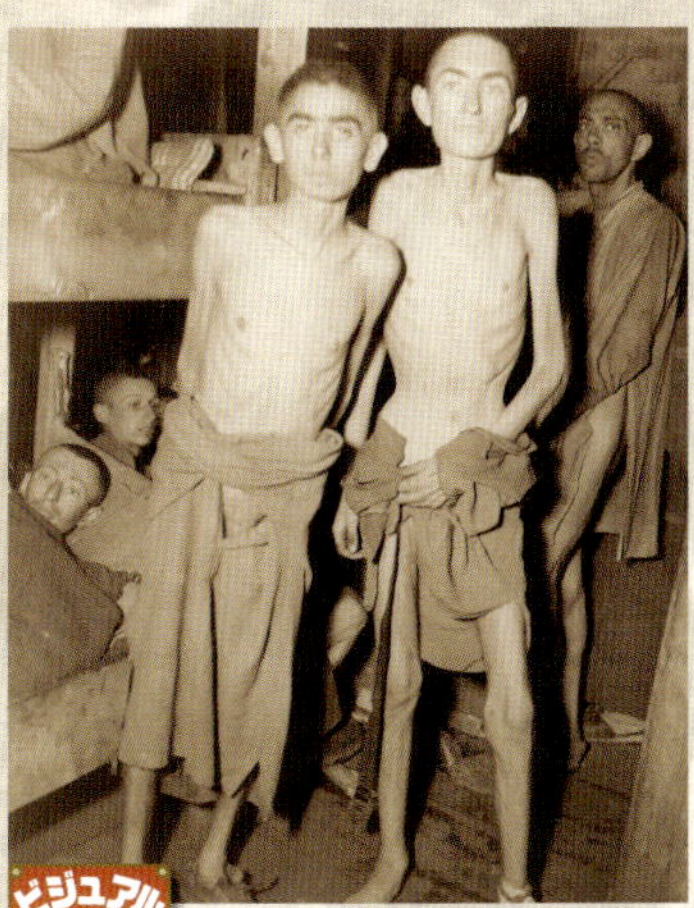

ビジュアル資料《しりょう》 **解放《かいほう》されたユダヤ人**

ドイツ敗北後《はいぼくご》、強制収容所《きょうせいしゅうようしょ》から解放《かいほう》されたユダヤ人たちは、やせ細っていた。

発見《はっけん》!

アウシュビッツ強制収容所《きょうせいしゅうようしょ》

捕《と》らえられたり、ゲットーから送られたりした多数のユダヤ人が強制収容所《きょうせいしゅうようしょ》で殺害《さつがい》された(ポーランド)。

よる犠牲者数《ぎせいしゃすう》は、約《やく》600万人にのぼるといわれる。

ユダヤ人以外《いがい》でも、ドイツは占《せん》領《りょう》した地域《ちいき》で厳《きび》しい占領政策《せんりょうせいさく》をおこなったため、各地《かくち》で抵抗《ていこう》運動(レジスタンス)が広がった。

なるほどエピソード

ユダヤ人の命を救《すく》った日本人がいた!?

外交官《がいこうかん》としてリトアニアの日本領事館《りょうじかん》で働《はたら》いていた杉原千畝《すぎはらちうね》は、日本政府《せいふ》の命令《めいれい》に逆《さか》らって、迫害《はくがい》をのがれてつめかけたユダヤ人に日本通過《つうか》のビザを発給《はっきゅう》した。これにより、約《やく》6500人のユダヤ人が出国し、命を救《すく》われた。

1941年

太平洋戦《せん》争《そう》がはじまる

宣戦布告《せんせんふこく》を求《もと》めるルーズベルト大統領《だいとうりょう》
真珠湾攻撃《しんじゅわんこうげき》を知ったルーズベルト大統領《だいとうりょう》は、「この日は屈辱《くつじょく》の日として長く記憶《きおく》されるだろう」と演説《えんぜつ》し、議会《ぎかい》に対して日本に宣《せん》戦布告《せんふこく》することを求《もと》めた。

東南アジアへの侵攻《しんこう》が太平洋戦争《せんそう》につながる

第二次世界大戦《たいせん》がはじまったとき、日本は、長引く日中戦争《にっちゅうせんそう》の最《さい》中《ちゅう》だった。1940年、日本は石油などの資源《しげん》を求《もと》めて、フランス領《りょう》インドシナ北部に進軍《しんぐん》し、さらに日独伊《にちどくい》三国同盟《さんごくどうめい》を結《むす》んだ。翌年《よくとし》、日本はソ連《れん》と日ソ中立条約《じょうやく》を結《むす》んで、北方の安全を確保《かくほ》した後、インドシナ南部へ軍《ぐん》を進めた。

日本の侵略的《しんりゃくてき》な行動に対し、アメリカは日本へ石油や鉄を輸出《ゆしゅつ》することを制限《せいげん》し、イギリスやオランダと協力《きょうりょく》して、中国《ちゅうごく》とインドシナからの撤退《てったい》を求《もと》めた。

これに反発した日本は、ハワイの真珠湾《しんじゅわん》にあるアメリカ海軍《かいぐん》の基《き》

1章 古代
2章 中世
3章 近世
4章 近代
5章 現代

ビジュアル資料《しりょう》

フランス領《りょう》インドシナへ侵攻《しんこう》する日本軍《にほんぐん》

1940年、石油などの資源《しげん》を求《もと》めて、日本軍《にほんぐん》はインドシナへ軍隊《ぐんたい》を送りこんだ。このためアメリカは日本に、中国《ちゅうごく》とインドシナから軍隊《ぐんたい》を撤退《てったい》するよう求《もと》めたが、日本は拒否《きょひ》した。

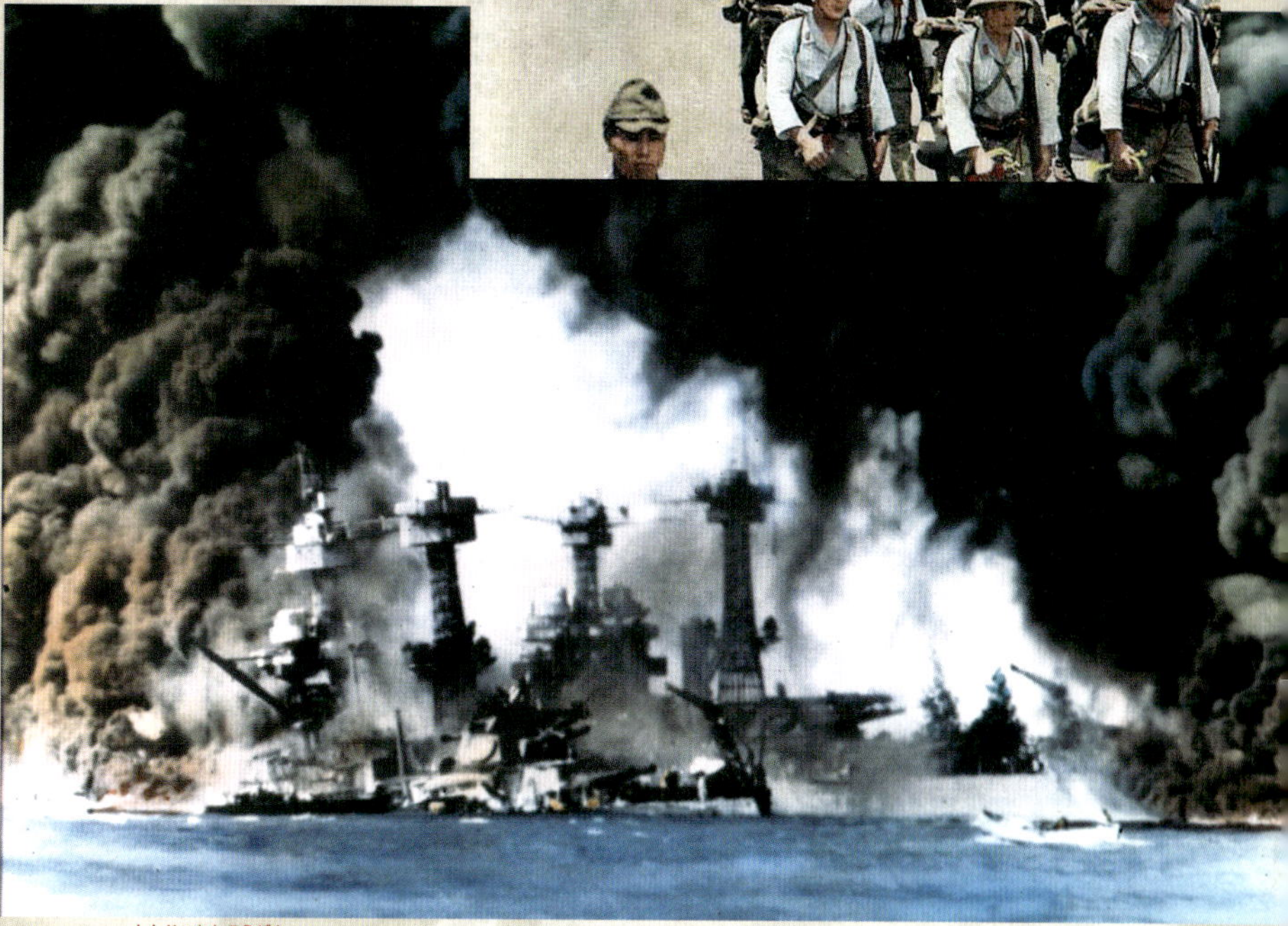

ビジュアル資料《しりょう》

真珠湾攻撃《しんじゅわんこうげき》 1941年12月、日本軍《にほんぐん》はハワイの真珠湾《しんじゅわん》(パールハーバー)にあるアメリカ海軍基地《かいぐんきち》を奇襲《きしゅう》した。

地《ち》を奇襲攻撃《きしゅうこうげき》した。さらにイギリス領《りょう》だったマレー半島に上陸《じょうりく》して攻撃《こうげき》を開始し、アメリカとイギリスに宣戦布告《せんせんふこく》した。こうして太平洋戦争《せんそう》がはじまり、第二次世界大戦《たいせん》は世界中を巻《ま》きこむ戦争《せんそう》になった。真珠湾攻撃《しんじゅわんこうげき》をだまし討《う》ちだと感じたアメリカ国民《こくみん》は、「リメンバー・パールハーバー(真珠《しんじゅ》湾《わん》を忘《わす》れるな)」を合言葉にして、日本に立ち向かった。

ビジュアル資料《しりょう》

宣戦布告《せんせんふこく》の書類《しょるい》に署名《しょめい》するルーズベルト

真珠湾攻撃《しんじゅわんこうげき》の翌日《よくじつ》、ルーズベルト大統領《だいとうりょう》からの要求《ようきゅう》を受け入れたアメリカ議会《ぎかい》は、日本へ宣戦布告《せんせんふこく》した。

太平洋戦争関連地図《せんそうかんれん》

カ島
1943年5月
❻アッツ島陥落《かんらく》
1942年6月
❹ミッドウェー海戦《かいせん》
平　洋
ミッドウェー島
オアフ島
真珠湾《しんじゅわん》
ハワイ諸島《しょとう》
1941年12月
❶真珠湾攻撃《しんじゅわんこうげき》

ビジュアル資料《しりょう》
ミッドウェー海戦《かいせん》で撃破《げきは》された日本の戦艦《せんかん》。

X-133
ビジュアル資料《しりょう》
ゼロ戦《せん》 日本軍《にほんぐん》の主力戦闘機《せんとうき》で、真珠湾攻撃《しんじゅわんこうげき》などで活《かつ》躍《やく》した。1万機以上《きいじょう》が生産《せいさん》された。

ビジュアル資料《しりょう》
ガダルカナル島の戦《たたか》い
南太平洋のガダルカナル島をめぐる戦《たたか》いで、日本軍《にほんぐん》は敗北《はいぼく》し、約《やく》2万人が死んだ。このうち約《やく》1万5000人が餓死《がし》と病死だった。

開戦《かいせん》から半年で日本の勢《いきお》いが止まる

太平洋戦争《せんそう》の開戦《かいせん》から半年間に、日本軍《にほんぐん》は連合国《れんごうこく》の植民地《しょくみんち》だったマレー半島やシンガポール、フィリピン、ビルマ(ミャンマー)などを占領《せんりょう》した。日本は「植民地《しょくみんち》を欧米諸国《おうべいしょこく》から解放《かいほう》し、アジアの民族《みんぞく》だけで繁栄《はんえい》していこう」という「大東亜共栄圏《だいとうあきょうえいけん》」の建設《けんせつ》を唱《とな》えたが、実際《じっさい》は、支配地《しはいち》で労働《ろうどう》を強制《きょうせい》し、物資《ぶっし》を取り上げ、日本語学習などを押《お》しつけた。このため各地《かくち》で日本への抵抗《ていこう》運動が起きた。

日本軍《にほんぐん》は東南アジアから南太平洋にかけて広大な地域《ちいき》を支配下《しはいか》に置《お》いたが、1942年6月のミッドウェー海戦《かいせん》に敗《やぶ》れて以降《いこう》、勢《いきお》いが止まった。翌年《よくとし》、ガダルカナル島の戦《たたか》いに勝利《しょうり》した連合国軍《れんごうこくぐん》は、日本軍《にほんぐん》を追いつめていった。1944年に、アメリカ軍《ぐん》は占領《せんりょう》

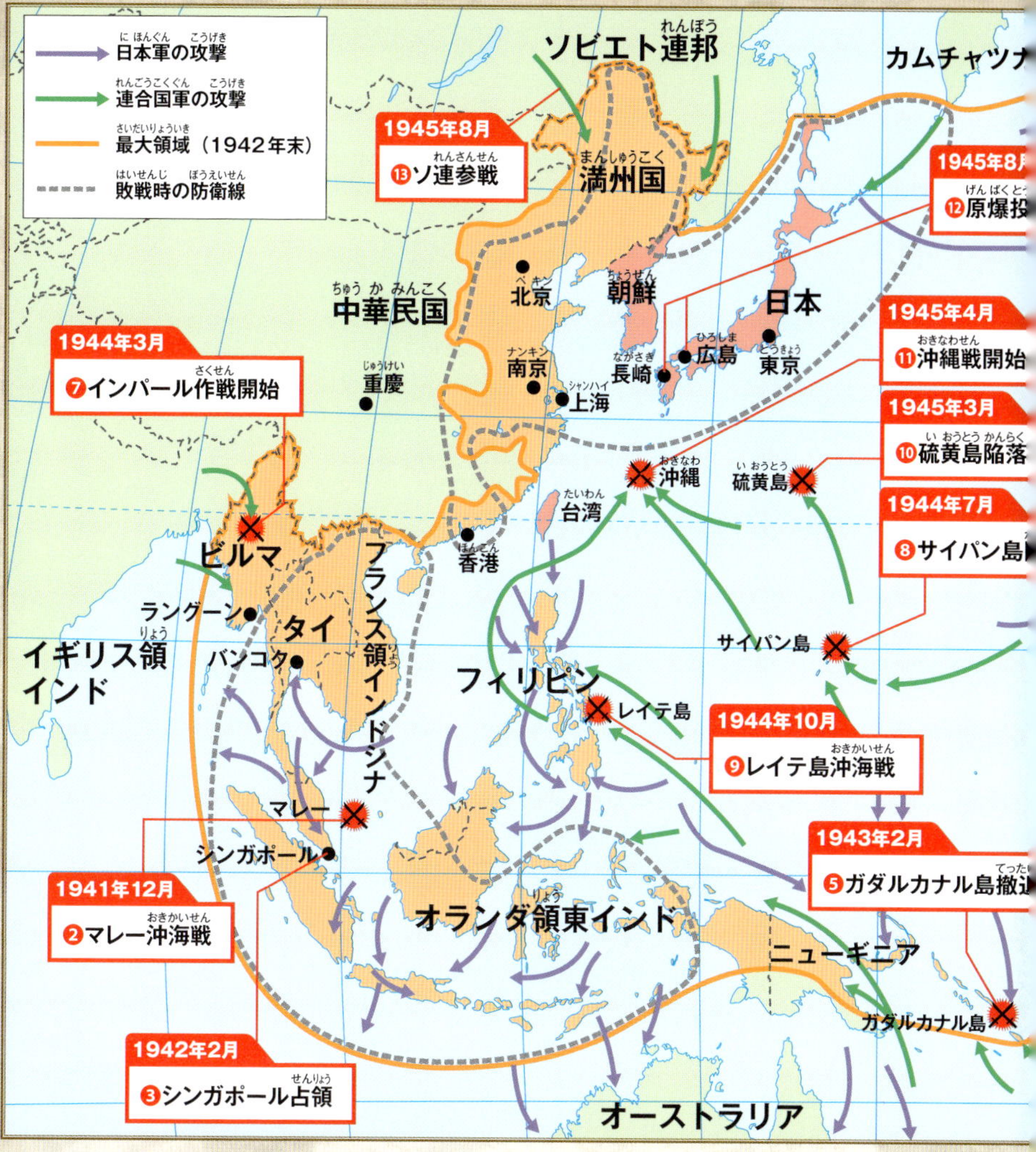
日本軍《にほんぐん》の攻撃《こうげき》
連合国軍《れんごうこくぐん》の攻撃《こうげき》
最大領域《さいだいりょういき》（1942年末）
敗戦時《はいせんじ》の防衛線《ぼうえいせん》
ソビエト連邦《れんぽう》
カムチャツ
1945年8月
⑬ソ連参戦《れんさんせん》
満州国《まんしゅうこく》
1945年8
⑫原爆投
北京《ペキン》
朝鮮《ちょうせん》
日本
中華民国《ちゅうかみんこく》
1945年4月
⑪沖縄戦《おきなわせん》開始
広島《ひろしま》
長崎《ながさき》
東京《とうきょう》
南京《ナンキン》
上海《シャンハイ》
重慶《じゅうけい》
1944年3月
⑦インパール作戦《さくせん》開始
1945年3月
⑩硫黄島《いおうとう》陥落《かんらく》
沖縄《おきなわ》
硫黄島《いおうとう》
台湾《たいわん》
1944年7月
⑧サイパン島
香港《ほんこん》
ビルマ
フランス領《りょう》インドシナ
ラングーン
タイ
サイパン島
イギリス領《りょう》
インド
バンコク
フィリピン
レイテ島
1944年10月
⑨レイテ島沖海戦《おきかいせん》
マレー
シンガポール
1943年2月
⑤ガダルカナル島撤
1941年12月
②マレー沖海戦《おきかいせん》
オランダ領《りょう》東インド
ニューギニア
ガダルカナル島
1942年2月
③シンガポール占領《せんりょう》
オーストラリア

日本本土への空襲《くうしゅう》

アメリカの爆撃機《ばくげきき》によって日本の多くの都市が攻撃《こうげき》された。

したサイパン島を基地《きち》にして、日本本土への空襲《くうしゅう》を本格的《ほんかくてき》に開始した。これにより、東京《とうきょう》や大阪《おおさか》をはじめ、日本のおもな都市や軍事《ぐんじ》施《し》設《せつ》が爆撃《ばくげき》された。

物資《ぶっし》や兵力《へいりょく》が不足《ふそく》した日本は、大学生を戦場《せんじょう》に送ったり、小・中学生や女性《じょせい》を軍事《ぐんじ》工場などで働《はたら》かせたりしたが、戦局《せんきょく》は悪くなる一方だった。しかし、日本の指導《しどう》者《しゃ》たちは戦争《せんそう》を続《つづ》けた。

第二次世界大《たい》戦《せん》が終わる

ビジュアル資料《しりょう》

ヤルタ会談

第二次世界大戦《たいせん》の勝敗《しょうはい》がほぼ決まった1945年2月、ヤルタ(ウクライナ)において、チャーチルとルーズベルトとスターリンの会談がおこなわれた。戦後《せんご》、ドイツを分割《ぶんかつ》して管理《かんり》することや、ソ連《れん》が日本を攻撃《こうげき》することなどが決められた。

ビジュアル資料《しりょう》

ベルリン陥落《かんらく》

アメリカ・イギリス軍《ぐん》がパリを解放《かいほう》して西からドイツに迫《せま》る中、ソ連軍《れんぐん》がベルリンに侵攻《しんこう》した。1945年4月末、ヒトラーが自殺《じさつ》。5月2日、ベルリンが陥落《かんらく》し、国《こっ》会議事堂《かいぎじどう》にソ連《れん》の国《こっ》旗《き》がかかげられた。

連《れん》合《ごう》国《こく》軍《ぐん》の反《はん》撃《げき》によりドイツが降《こう》伏《ふく》する

独《どく》ソ戦以降《せんいこう》、ドイツ軍《ぐん》は勢《いきお》いが止まり、1942年後半から連《れん》合国軍《ごうこくぐん》の反撃《はんげき》がはじまった。翌年《よくとし》9月にはイタリアが降伏《こうふく》し、1944年6月、連合国軍《れんごうこくぐん》がフランス北岸のノルマンディーに上陸《じょうりく》し、パリをドイツ軍《ぐん》から解放《かいほう》した。

1945年2月、連合国側《れんごうこくがわ》の勝《しょう》利《り》がほぼ決まると、チャーチルとルーズベルト、スターリンはヤルタ会談をおこない、降伏後《こうふくご》のドイツを分割《ぶんかつ》して管理《かんり》することなどを決めた。東西から攻撃《こうげき》を受けたドイツは総崩《そうくず》れになり、ヒトラーは自殺《じさつ》した。5月には首都ベルリンが陥落《かんらく》し、ドイツは降伏《こうふく》した。

沖縄戦《おきなわせん》

1945年４月、アメリカ軍《ぐん》は沖縄《おきなわ》本島に上《じょう》陸《りく》し、火炎放射器《かえんほうしゃき》などで激《はげ》しく攻撃《こうげき》した。民間人《みんかんじん》を含《ふく》め、20万人以上《いじょう》が亡《な》くなった。

発見《はっけん》!

原爆《げんばく》ドーム

1945年８月６日、広島《ひろしま》に原子爆弾《げんしばくだん》(原爆《げんばく》)が投下された。産業奨励館《さんぎょうしょうれいかん》だった建物《たてもの》は廃墟《はいきょ》となり、現在《げんざい》、原爆《げんばく》ドームとして残《のこ》されている。８月９日には長崎《ながさき》にも原爆《げんばく》が投下された。

ビジュアル資料《しりょう》

降伏《こうふく》文書の調印式《ちょういんしき》

1945年９月２日、太平洋戦争《せんそう》に敗《やぶ》れた日本の代表がアメリカの戦艦《せんかん》で降《こう》伏《ふく》を示《しめ》す書類《しょるい》に署名《しょめい》し、正式に戦争《せんそう》が終わった。

原爆《げんばく》とソ連《れん》参戦《さんせん》により日本はついに降伏《こうふく》する

太平洋戦争《せんそう》では、1945年4月にアメリカ軍《ぐん》が沖縄《おきなわ》本島に上陸《じょうりく》し、約《やく》3か月後に占領《せんりょう》した。7月、イギリスのチャーチルとソ連《れん》のスターリン、アメリカ大統領《だいとうりょう》*トルーマンは、ポツダム宣言《せんげん》を発表して日本に無条件降伏《むじょうけんこうふく》を求《もと》めたが、日本はこれを無視《むし》した。

アメリカ軍《ぐん》は8月6日、広島《ひろしま》に原子爆弾《げんしばくだん》を投下し、3日後に長崎《ながさき》にも原子爆弾《げんしばくだん》を投下した。また8月8日にはソ連軍《れんぐん》が日ソ中立条約《じょうやく》を無視《むし》して日本に宣戦布告《せんせんふこく》し、満《まん》州《しゅう》(中国《ちゅうごく》東北部)に攻《せ》めこんだ。日本はポツダム宣言《せんげん》を受け入れ、8月15日、昭和天皇《しょうわてんのう》は国民《こくみん》に降伏《こうふく》の意思を伝《つた》えた。9月2日、日本の代表が降伏《こうふく》文書に署名《しょめい》し、第二次世界大戦《たいせん》は終わった。

*ヤルタ会談後、ルーズベルトが急死したため、33代アメリカ大統領《だいとうりょう》になった。

超《ちょう》ビジュアル！歴《れき》史《し》新聞

第6号

発行所：ユナイテッド・ニュース社

第二次世界大戦後《たいせんご》に世界はどうなった!?

戦争《せんそう》によって大混乱《だいこんらん》した世界は、どのように進んでいったのだろう？

冷戦中《れいせんちゅう》、核実験《かくじっけん》がくり返された。

連合国《れんごうこく》が国際連合《こくさいれんごう》をつくった!!

連合国《れんごうこく》は、戦争《せんそう》を防《ふせ》ぐための新しい国際組織《こくさいそしき》として国際連合《こくさいれんごう》（国連《こくれん》）をつくった。アメリカ、イギリス、フランス、ソ連《れん》、中国《ちゅうごく》には強力な権限《けんげん》が与《あた》えられた。

国際連合《こくさいれんごう》本部（アメリカ）。

アメリカとソ連《れん》が厳《きび》しく対立した!!

第二次世界大戦後《たいせんご》、アメリカを中心とする資本主義《しほんしゅぎ》（西側《にしがわ》）諸国《しょこく》と、ソ連《れん》を中心とする社会主義《しゅぎ》（東側《ひがしがわ》）諸国《しょこく》が対立した。戦争《せんそう》にはならなかったが、対立は厳《きび》しくなり、「冷《つめ》たい戦争《せんそう》（冷戦《れいせん》）」と呼《よ》ばれた。

東西に分割《ぶんかつ》されたドイツのベルリンは、1961年に壁《かべ》が設《もう》けられ、行き来できなくなった。

中華人民共和国《ちゅうかじんみんきょうわこく》が成立《せいりつ》した!!

第二次世界大戦《たいせん》が終わると、蔣介石《しょうかいせき》の率《ひき》いる国民党《こくみんとう》と毛沢東《もうたくとう》の率《ひき》いる共産党《きょうさんとう》との間で内戦《ないせん》が再開《さいかい》された。内戦《ないせん》に勝利《しょうり》した毛沢東《もうたくとう》は、1949年、中華人民共和国《ちゅうかじんみんきょうわこく》の成立《せいりつ》を宣言《せんげん》した。

紫禁城《しきんじょう》の天安門《てんあんもん》にかかげられている毛沢東像《もうたくとうぞう》。

アジアの国ぐにが次つぎと独立《どくりつ》した!!

第二次世界大戦後《たいせんご》、植民《しょくみん》地《ち》支配《しはい》をしていた西洋諸国《しょこく》の国力が弱まり、植民地《しょくみんち》では独立《どくりつ》運動が活発になった。インドシナではホー・チ・ミンがベトナムを建国《けんこく》し、独立《どくりつ》を認《みと》めないフランスとの戦《たたか》いに勝利《しょうり》した。インドはイギリスから独立《どくりつ》し、ネルーが初代《しょだい》首相になった。フィリピンやインドネシアなども次つぎと独《どく》立《りつ》した。

ホー・チ・ミン（1890～1969）

ネルー（1889～1964）

アフリカでは一気に独立国《どくりつこく》がふえた!!

アフリカは、ほとんどの地域《ちいき》が植民地《しょくみんち》だったが、1957年、エンクルマの指《し》導《どう》によりガーナがイギリスから独立《どくりつ》を勝ち取った。3年後、アフリカで17の独立《どくりつ》国《こく》が誕生《たんじょう》し、「アフリカの年」と呼《よ》ばれたが、独立《どくりつ》後も内戦《ないせん》や食料不足《しょくりょうぶそく》に苦しんできた国が多い。

エンクルマの像《ぞう》（ガーナ）。

日本は新しい憲法《けんぽう》を制定《せいてい》した!!

日本は第二次世界大戦《たいせん》後《ご》、アメリカに占領《せんりょう》され、民主化《みんしゅか》が進められた。1946年に日本国憲法《にほんこくけんぽう》が公布《こうふ》され、国民主権《こくみんしゅけん》と基本《きほん》的人権《てきじんけん》の尊重《そんちょう》、平和主義《へいわしゅぎ》の3つが国の基本《きほん》となった。

繪入り
子供のけんぽう
一郎君と春子さんの日記から
日本国憲法《にほんこくけんぽう》を子ども用に解説《かいせつ》した本。

これがパレスチナ問題!!
第二次世界大戦後《たいせんご》、＊パレスチナではユダヤ人とアラブ人が対立を深めた。
ここは我《われ》われの土地だ！
この地は神から我《われ》らに与《あた》えられた！
国連《こくれん》はパレスチナを両者で分割《ぶんかつ》する案《あん》を出した。
この案《あん》だとユダヤ人に有利《ゆうり》じゃないか…！
ユダヤ人国家がイスラエルに誕生《たんじょう》した！
怒《おこ》ったアラブ人は、イスラエルに攻《せ》めこんだが、敗北《はいぼく》した。
パレスチナから追放されたアラブ人は難民《なんみん》となった。
早く家に帰りたいよ…
現在《げんざい》、難民《なんみん》の数は500万人以上《いじょう》になる。

＊地中海東岸一帯《ちちゅうかいとうがんいったい》。

朝鮮戦争《ちょうせんせんそう》がはじまる

アメリカ兵《へい》と避難《ひなん》する住民《じゅうみん》
朝鮮戦争《ちょうせんせんそう》では、朝鮮《ちょうせん》半島全域《ぜんいき》が戦場《せんじょう》となったため、200万人以上《いじょう》の住民《じゅうみん》が戦闘《せんとう》に巻《ま》きこまれて死亡《じぼう》した。

東西冷戦《れいせん》の影響《えいきょう》により朝鮮《ちょうせん》半島が分断《ぶんだん》される

第二次世界大戦後《たいせんご》、アメリカを中心とする資本主義《しほんしゅぎ》(西側《にしがわ》)陣営《じんえい》と、ソ連《れん》を中心とする社会主義《しゅぎ》(東側《ひがしがわ》)陣営《じんえい》が対立し、冷戦《れいせん》がはじまった。朝鮮《ちょうせん》は日本の敗戦《はいせん》で植民《しょくみん》地《ち》支配《しはい》から解放《かいほう》されたが、北緯《ほくい》38度線で分断《ぶんだん》され、北側《きたがわ》はソ連《れん》に、南側《みなみがわ》はアメリカに占領《せんりょう》された。

１９４８年、北に朝鮮民主主義《ちょうせんみんしゅしゅぎ》人民共和国《じんみんきょうわこく》(北朝鮮《きたちょうせん》)、南に大韓民《だいかんみん》国《こく》(韓国《かんこく》)が成立《せいりつ》すると、その2年後、北朝鮮軍《きたちょうせんぐん》が韓国《かんこく》に侵攻《しんこう》を開始し、朝鮮《ちょうせん》半島南端《なんたん》の釜山《プサン》付近《ふきん》に迫《せま》った。北朝鮮軍《きたちょうせんぐん》の動きを侵略《しんりゃく》と認《みと》めた国連《こくれん》は、アメリカを中心とする国連軍《こくれんぐん》を組織《そしき》し、支援《しえん》に向か

朝鮮《ちょうせん》戦争《せんそう》関連《かんれん》地図

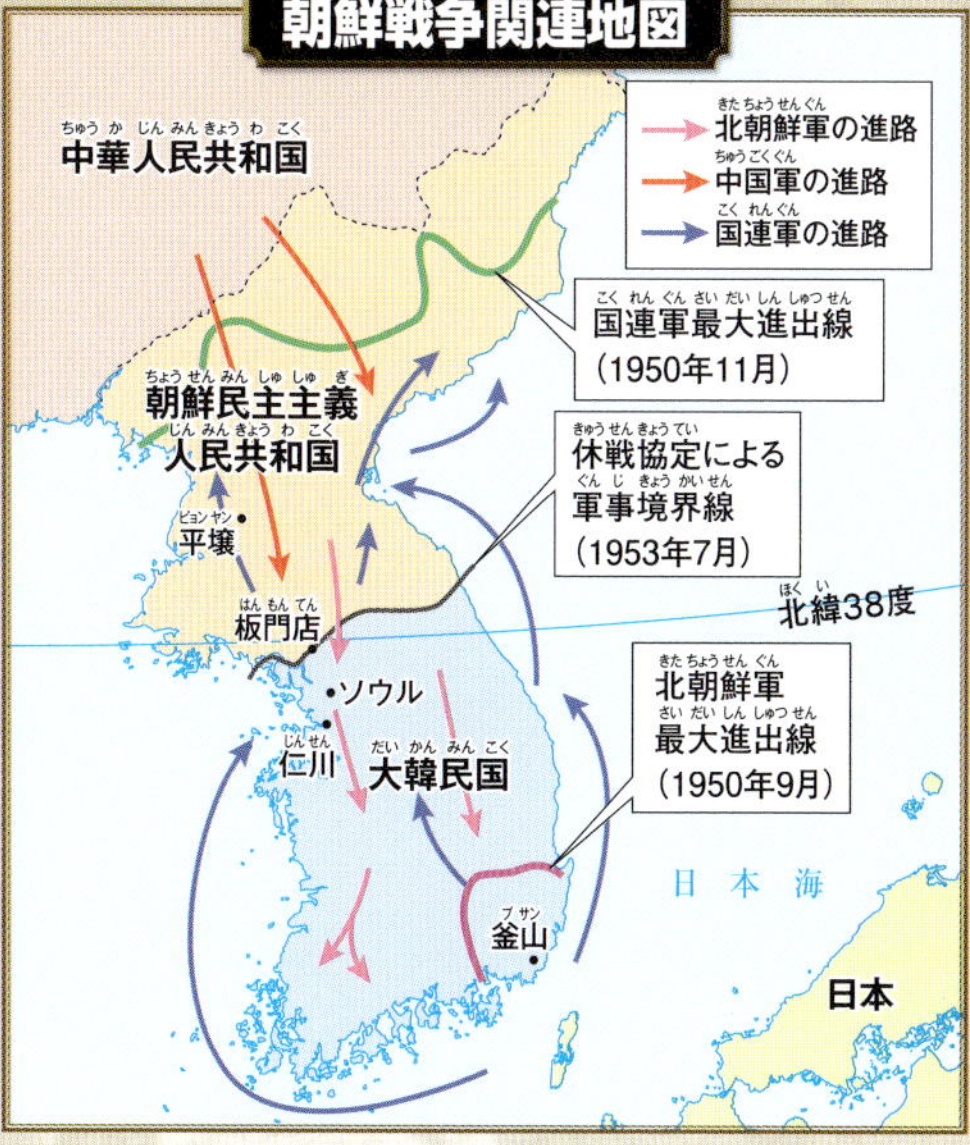

発見《はっけん》! 板門店《はんもんてん》

1953年、両軍《りょうぐん》は、北緯《ほくい》38度線付近《ふきん》の板門店《はんもんてん》で休戦協定《きゅうせんきょうてい》を結《むす》んだ。現在《げんざい》、韓国《かんこく》と北朝鮮《きたちょうせん》が共同《きょうどう》で管理《かんり》している。

わせた。国連軍《こくれんぐん》は北朝鮮軍《きたちょうせんぐん》を中国《ちゅうごく》国境付近《こっきょうふきん》まで追いつめたが、中国《ちゅうごく》軍《ぐん》が北朝鮮軍《きたちょうせんぐん》の支援《しえん》に加《くわ》わり、国《こく》連軍《れんぐん》を38度線あたりまで押《お》しもどした。それ以降《いこう》、戦《たたか》いは長期化し、1953年に休戦《きゅうせん》した。

その頃《ころ》日本は？

朝鮮戦争《ちょうせんせんそう》で必要《ひつよう》な物資《ぶっし》でもうけた!?

日本の工場は、朝鮮戦争《ちょうせんせんそう》でアメリカ軍《ぐん》が必要《ひつよう》とする繊維製品《せんいせいひん》（軍《ぐん》服《ぷく》・毛布《もうふ》・テントなど）や石炭、鉄条網《てつじょうもう》などを大量《たいりょう》に生産《せいさん》し、武器《ぶき》の製造《せいぞう》や軍用車《ぐんようしゃ》・軍用機《ぐんようき》の修理《しゅうり》などもおこなった。これにより、日本の経済《けいざい》は一気に回復《かいふく》した。

1965年

ベトナム戦《せん》争《そう》がはじまる

村落を焼《や》きはらうアメリカ軍《ぐん》
アメリカ軍《ぐん》に敵対《てきたい》するベトナム人がいると判断《はんだん》された村落は、次つぎと焼《や》かれていった。

南ベトナムを支援《しえん》する アメリカが苦戦《くせん》する

第二次世界大戦後《たいせんご》、ベトナムは独立《どくりつ》したが、東西冷戦《れいせん》の影響《えいきょう》で、南北に分断《ぶんだん》され、ソ連《れん》が支援《しえん》するベトナム民主共和国《みんしゅきょうわこく》（北ベトナム）と、アメリカが支援《しえん》するベトナム共和国《きょうわこく》（南ベトナム）が建国《けんこく》された。南ベトナムでは、ソ連《れん》や中国の支援《しえん》を受けた南ベトナム解放民族戦線《かいほうみんぞくせんせん》（ベトコン）が、反政府《はんせいふ》活動を続《つづ》けていた。

アメリカは、1965年、北ベトナムに爆撃《ばくげき》を開始し、数十万人の兵士《へいし》を派遣《はけん》した。ベトコンは村落やジャングルに隠《かく》れて攻撃《こうげき》したため、アメリカ軍《ぐん》はベトコンに味方した村落を焼《や》きはらった。こう

ビジュアル資料《しりょう》 **アメリカ軍《ぐん》の爆弾《ばくだん》**

アメリカ軍《ぐん》はベトナムに200万トン以上《いじょう》の爆弾《ばくだん》を落とした。これは太平洋戦争《せんそう》で日本に落とした爆弾《ばくだん》の10倍以上《いじょう》になる。

ジョンソン(1908〜1973)

36代アメリカ大統領《だいとうりょう》。ケネディ大統領暗殺後《だいとうりょうあんさつご》、大統領《だいとうりょう》を引き継《つ》いだ。ベトナムへの軍事介入《ぐんじかいにゅう》を本《ほん》格的《かくてき》に開始した。

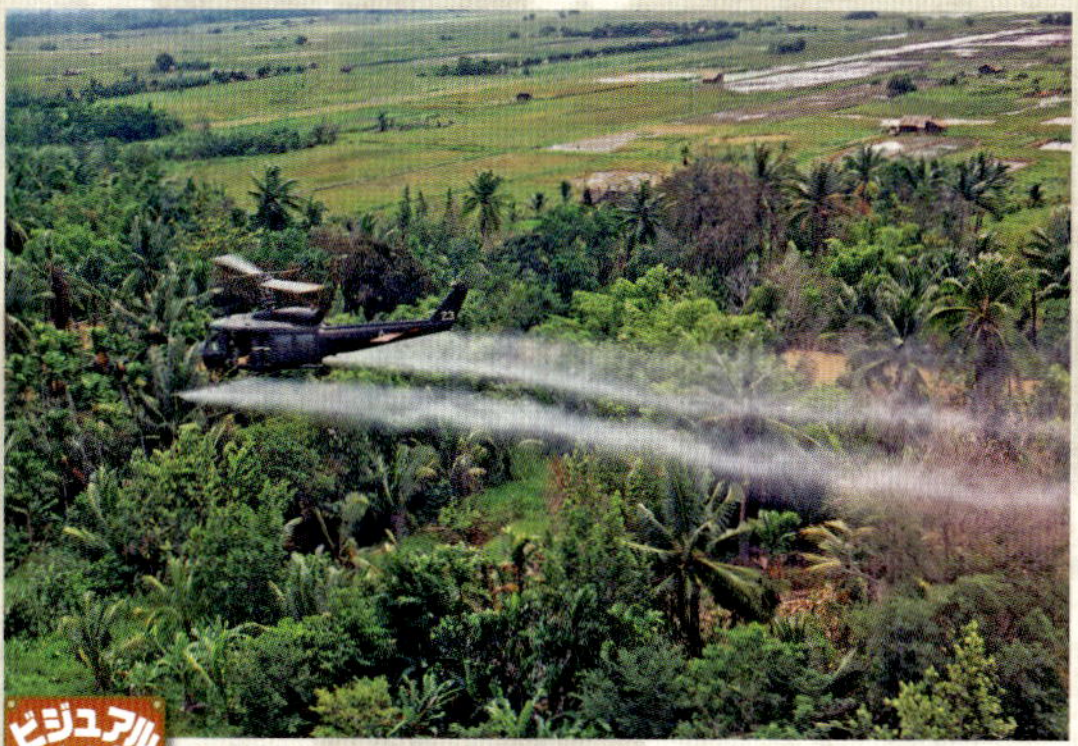

ビジュアル資料《しりょう》 **枯葉作戦《かれはさくせん》**

アメリカ軍《ぐん》は、敵兵《てきへい》がひそむジャングルを枯《か》れさせるため、大量《たいりょう》の除草剤《じょそうざい》を空中から散布《さんぷ》した。この影響《えいきょう》で、ベトナムでは先天的《せんてんてき》な障害《しょうがい》をもつ子が多く生まれた。

した作戦《さくせん》が世界中から非難《ひなん》され、世界各地《かくち》で反戦《はんせん》運動が起きた。

苦戦《くせん》が続《つづ》くアメリカはソ連《れん》や中《ちゅう》国《ごく》との関係《かんけい》を改善《かいぜん》し、１９７３年にベトナムから撤退《てったい》した。３年後、南北ベトナムは統一《とういつ》された。

その頃《ころ》日本は？

沖縄《おきなわ》の基地《きち》が利用《りよう》されていた!?

ベトナム戦争《せんそう》当時、沖縄《おきなわ》はまだアメリカ軍《ぐん》に占領《せんりょう》されていた。このためアメリカ軍《ぐん》は、武器《ぶき》や兵《へい》士《し》、食料《しょくりょう》などを補給《ほきゅう》する拠点《きょてん》として、沖縄《おきなわ》の基地《きち》を利用《りよう》した。沖《おき》縄《なわ》からは多くの爆撃機《ばくげきき》がベトナムに向かって飛《と》び立った。

人《じん》類《るい》が月面に到《とう》達《たつ》する

月着陸船《つきちゃくりくせん》イーグル
アポロ11号から切り離《はな》されて月面に着陸《ちゃくりく》した。全長は約《やく》7m。
オルドリン大佐《たいさ》
レーザー反射鏡《はんしゃきょう》
レーザーを反射《はんしゃ》させて、地球から月までの距離《きょり》を正確《せいかく》に測《はか》る。
月震計《げっしんけい》
月で起こる地震《じしん》を観測《かんそく》する機器《きき》。

月面に着陸《ちゃくりく》した宇宙船《うちゅうせん》と宇宙飛行士《うちゅうひこうし》
月着陸船《つきちゃくりくせん》イーグルで、月面に降《お》り立ったアームストロング船長とオルドリン大佐《たいさ》は、さまざまな観測機器《かんそくきき》を設置《せっち》した。

オルドリン大佐《たいさ》の足跡《あしあと》。

アメリカとソ連《れん》が宇宙《うちゅう》開発競争《きょうそう》を続《つづ》ける

東西冷戦中《れいせんちゅう》、アメリカとソ連《れん》は、軍事力《ぐんじりょく》の強化を目指し、ロケットの開発を競《きそ》い合った。

1957年、ソ連《れん》が人工衛星《えいせい》スプートニク1号の打ち上げに成功《せいこう》すると、アメリカは「アメリカ航《こう》空《くう》宇《う》宙局《ちゅうきょく》(NASA《ナサ》)」を設置《せっち》し、宇宙《うちゅう》開発を急いだ。その後、ソ連《れん》は人類《じんるい》ではじめて有人宇宙飛行《うちゅうひこう》や宇宙《うちゅう》遊泳に成功《せいこう》したが、アメリカもすぐさま同じ宇宙《うちゅう》開発に成功《せいこう》した。さらにアメリカは、人類《じんるい》を月面に送る「アポロ計画」を進め、1969年、アポロ11号が月面に到《とう》達《たつ》した。こうして人類《じんるい》は、はじめて月に降《お》り立った。

アメリカ

宇宙飛行《うちゅうひこう》の歴史《れきし》

1957年 世界初《せかいはつ》の人工衛星《えいせい》

ソ連《れん》が人工衛星《えいせい》スプートニク１号の打ち上げに成功《せいこう》。続《つづ》いて、スプートニク２号にライカ犬を乗せて打ち上げた。計画は成功《せいこう》したが、ライカ犬は死んだ。

スプートニク１号

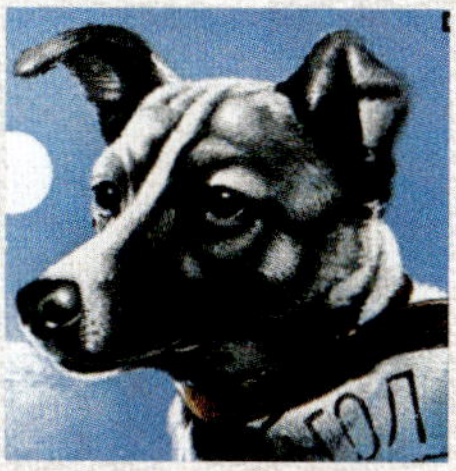
ライカ犬

1961年 人類初《じんるいはつ》の有人宇宙飛行《うちゅうひこう》

ソ連《れん》のボストーク１号に、宇宙飛行士《うちゅうひこうし》ガガーリンが乗り、地球を１周《しゅう》した。ガガーリンは「地球は青かった」と語った。

ボストーク１号

ガガーリン（1934〜1968）

1965年 人類初《じんるいはつ》の宇宙《うちゅう》遊泳

ソ連《れん》のボスホート２号で約《やく》12分間の宇宙《うちゅう》遊泳に成功《せいこう》。３か月後、アメリカのジェミニ４号で約《やく》22分間の宇宙《うちゅう》遊泳に成功《せいこう》した。

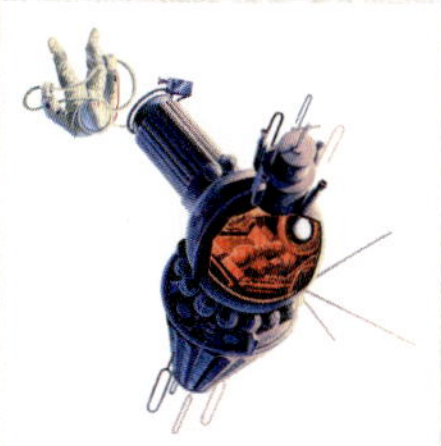
ボスホート２号

ジェミニ４号での宇宙《うちゅう》遊泳

アポロ11号の発射《はっしゃ》

1969年７月16日、アポロ11号はケネディ宇宙《うちゅう》センターから発射《はっしゃ》された。

アームストロング（1930〜2012）

アポロ11号の船長。月面に降《お》り立ったとき、「これはひとりの人間にとっては小さな一歩だが、人類《じんるい》にとっては偉大《いだい》な躍進《やくしん》だ」と語った。

ケネディ（1917〜1963）

35代アメリカ大統《だいとう》領《りょう》。1961年、「月に人を着陸《ちゃくりく》させたい」と演《えん》説《ぜつ》し、アポロ計画を開始させたが、２年後に暗殺《あんさつ》された。

1989年

東西冷《れい》戦《せん》が終わる

ベルリンの壁《かべ》の開放
1961年以降《いこう》、西ベルリンは壁《かべ》に囲《かこ》まれ、東ベルリンと自由に行き来できなかったが、1989年11月9日、壁《かべ》が開放された。壁《かべ》の中心ブランデンブルク門には、開放を喜《よろこ》ぶ人たちが集まった。翌《よく》年《とし》には東西ドイツが統一《とういつ》された。

東ヨーロッパの共産党《きょうさんとう》の政権《せいけん》が次つぎと倒《たお》れる

1985年、ソ連《れん》の指導者《しどうしゃ》となったゴルバチョフ書記長は、情《じょう》報《ほう》公開や経済改革《けいざいかいかく》を進め、西側諸《にしがわしょ》国《こく》との関係《かんけい》を改善《かいぜん》した。しかし、ソ連《れん》の国力は回復《かいふく》しなかった。1989年、ソ連《れん》の影響《えいきょう》下にあった東ヨーロッパ諸国《しょこく》で民主《みんしゅ》化運動が高まり、共産党《きょうさんとう》の政権《せいけん》が次つぎと倒《たお》れ、ベルリンを東西に分断《ぶんだん》していた壁《かべ》が取り壊《こわ》された。ゴルバチョフ書記長とアメリカのブッシュ大《だい》統領《とうりょう》は、冷戦《れいせん》の終結《しゅうけつ》を宣言《せんげん》し、翌年《よくとし》、東西ドイツは統一《とういつ》された。

1991年にはソ連《れん》が*解体《かいたい》され、アメリカが大規模《だいきぼ》な軍事《ぐんじ》行動をできる唯一《ゆいいつ》の超《ちょう》大国になった。

＊ソ連《れん》を構成《こうせい》していた11の共和国《きょうわこく》が、それぞれ独立《どくりつ》したこと。

１９９０年、イラクがクウェートに侵攻《しんこう》して湾岸戦争《わんがんせんそう》が起こると、アメリカを中心とする多国籍軍《たこくせきぐん》がイラク軍《ぐん》を破《やぶ》った。その一方、東西冷戦《れいせん》の時期には、アメリカやソ連《れん》の力で抑《おさ》えられていた民族間《みんぞくかん》の対立が表面化するようになり、世界各地《かくち》で紛争《ふんそう》が続《つづ》くようになった。

一方、ヨーロッパでは統合《とうごう》の動きが進み、１９９３年にＥＵ《イーユー》(ヨーロッパ連合《れんごう》)が発足した。

ビジュアル資料《しりょう》 **冷戦終結《れいせんしゅうけつ》の宣言《せんげん》**

1989年12月、ソ連《れん》共産党《きょうさんとう》書記長ゴルバチョフ(右)とアメリカ大統領《だいとうりょう》ブッシュ(左)が地中海のマルタ島で会談し、冷戦《れいせん》が終わったことを宣言《せんげん》した。

ビジュアル資料《しりょう》 **湾岸戦争《わんがんせんそう》**

1990年、イラクのフセインがクウェートに侵《しん》攻《こう》すると、翌年《よくとし》、アメリカを中心とする多《た》国《こく》籍軍《せきぐん》がイラク軍《ぐん》を攻撃《こうげき》し、撤退《てったい》させた。

発見《はっけん》! **EU本部**

ヨーロッパの経済的《けいざいてき》・政治的《せいじてき》な協力関係《きょうりょくかんけい》を築《きず》くため、1993年、EU《イーユー》(ヨーロッパ連合《れんごう》)が設立《せつりつ》された(ベルギー)。

戦後《せんご》日本の国際関係《こくさいかんけい》!!

1951年

サンフランシスコ平和条約《じょうやく》の調印《ちょういん》

日本の吉田茂《よしだしげる》首相は、サンフランシスコ講和会議《こうわかいぎ》に出席《しゅっせき》し、アメリカを中心とする48か国と平和条約《じょうやく》を結《むす》んだ。これにより、日本は独立《どくりつ》を回復《かいふく》した。

吉田茂《よしだしげる》(1878～1967)

1946年に首相となり、日本国憲法《にほんこくけんぽう》を公布《こうふ》し、民主主義政策《みんしゅしゅぎせいさく》を進めた。1951年、国内の反対意見を押《お》し切って、平和条約《じょうやく》に調印《ちょういん》した。

戦後《せんご》日本はアメリカとの結《むす》びつきを強める

　太平洋戦争《せんそう》に敗《やぶ》れた日本は、アメリカ軍《ぐん》を中心とする連合国《れんごうこく》軍《ぐん》に占領《せんりょう》された。連合国軍《れんごうこくぐん》は日本の民主《みんしゅ》化を進め、1946年、国民主権《こくみんしゅけん》や平和主義《しゅぎ》などを基本《きほん》とする日本国憲法《にほんこくけんぽう》が制定《せいてい》された。1951年、日本は48か国と平和条約《じょうやく》を結《むす》び、独立《どくりつ》を回《かい》復《ふく》。これと同時に、アメリカと日米安全保障条約《ほしょうじょうやく》を結《むす》び、アメリカ軍基地《ぐんきち》が日本に残《のこ》ることになった。また沖縄《おきなわ》や奄美諸島《あまみしょとう》、小笠原諸島《おがさわらしょとう》はアメリカの占領《せんりょう》が続《つづ》いた。

　1956年、日本はソ連《れん》との国交を回復《かいふく》して国連《こくれん》への加盟《かめい》が認《みと》められた。その後、奄美諸島《あまみしょとう》や小笠原諸島《おがさわらしょとう》が日本に復帰《ふっき》し、1972年には、沖縄《おきなわ》が返還《へんかん》さ

1972年

日中国交正常化《にっちゅうこっこうせいじょうか》

日本の田中角栄《たなかかくえい》首相(右)は、中国《ちゅうごく》を訪《おとず》れて周恩来《しゅうおんらい》首相(左)と会い、中華人民共和国《ちゅうかじんみんきょうわこく》が中国《ちゅうごく》で唯一《ゆいいつ》の合法《ごうほう》的《てき》な政府《せいふ》であることを認《みと》め、日中共同《にっちゅうきょうどう》声明に調印《ちょういん》。これにより日本と中国《ちゅうごく》の国交が回復《かいふく》した。

1956年

国際連合《こくさいれんごう》に加盟《かめい》

1956年にソ連《れん》と国交を回復《かいふく》した日本は、国際連合《こくさいれんごう》への加入《かにゅう》を認《みと》められた。

1972年 沖縄返還《おきなわへんかん》

沖縄《おきなわ》は、戦後《せんご》もアメリカの支配下《しはいか》に置《お》かれ、アメリカ軍基地《ぐんきち》が多く建設《けんせつ》された。このため、沖縄《おきなわ》を中心に復帰《ふっき》運動が起こり、1972年、日本に返還《へんかん》された。しかし現在《げんざい》も多くのアメリカ軍基地《ぐんきち》が残《のこ》されている。

沖縄《おきなわ》の日本復帰《ふっき》を記念《きねん》して立てられた石碑《せきひ》(沖縄県《おきなわけん》)。

アジア最大級《さいだいきゅう》のアメリカ軍基《ぐんき》地《ち》である嘉手納《かでな》基地《きち》(沖縄県《おきなわけん》)。

1992年

PKO《ピーケーオー》に参加《さんか》する自衛隊《じえいたい》

国連《こくれん》のPKO《ピーケーオー》(平和維持《へいわいじ》活動)にはじめて参加《さんか》した自衛隊《じえいたい》は、カンボジアに派遣《はけん》された。自衛隊《じえいたい》にとって、湾岸《わんがん》戦争《せんそう》に続《つづ》き、2度目の海外派遣《はけん》となった。

れた。この年、日本は中国《ちゅうごく》との国交を正常化《せいじょうか》した。

戦後《せんご》、日本は戦争《せんそう》や紛争《ふんそう》に参《さん》加《か》しなかったが、1992年、国連《こくれん》のPKO《ピーケーオー》(平和維持活動《へいわいじ》)にはじめて自衛隊《じえいたい》を派遣《はけん》した。

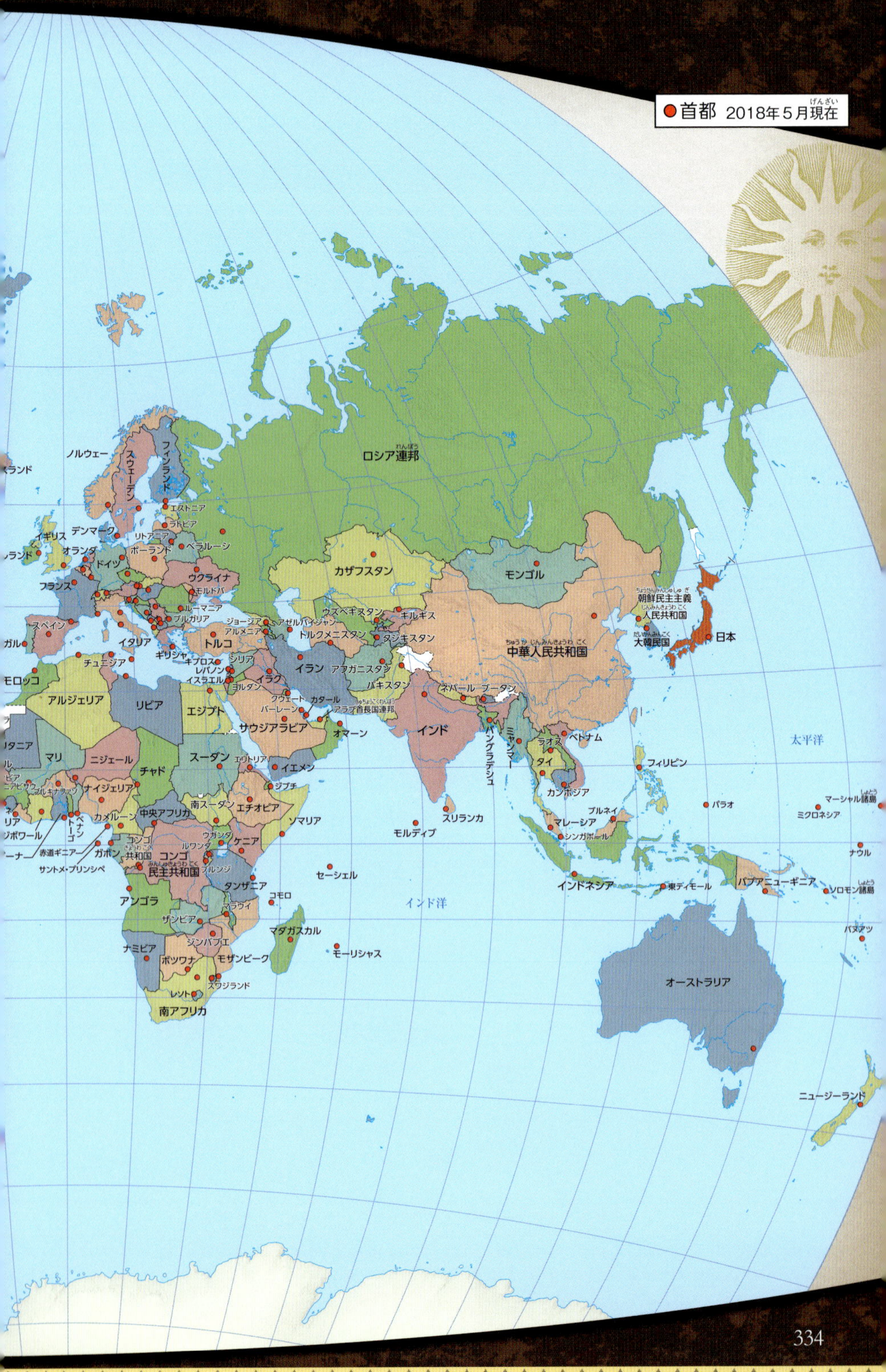
●首都 2018年５月現在《げんざい》
ロシア連邦《れんぽう》
ノルウェー
スウェーデン
フィンランド
エストニア
ラトビア
リトアニア
デンマーク
イギリス
オランダ
ドイツ
ポーランド
ベラルーシ
ウクライナ
モルドバ
ルーマニア
ブルガリア
フランス
スペイン
イタリア
ギリシャ
トルコ
ジョージア
アルメニア
アゼルバイジャン
キプロス
シリア
レバノン
イスラエル
ヨルダン
イラク
イラン
クウェート
カタール
バーレーン
アラブ首長国連邦《しゅちょうこくれんぽう》
サウジアラビア
オマーン
イエメン
カザフスタン
ウズベキスタン
キルギス
トルクメニスタン
タジキスタン
アフガニスタン
パキスタン
インド
ネパール
ブータン
バングラデシュ
スリランカ
モルディブ
モンゴル
中華人民共和国《ちゅうかじんみんきょうわこく》
朝鮮民主主義《ちょうせんみんしゅしゅぎ》
人民共和国《じんみんきょうわこく》
大韓民国《だいかんみんこく》
日本
ミャンマー
ラオス
ベトナム
タイ
カンボジア
フィリピン
ブルネイ
マレーシア
シンガポール
インドネシア
東ティモール
パラオ
マーシャル諸島《しょとう》
ミクロネシア
ナウル
パプアニューギニア
ソロモン諸島《しょとう》
バヌアツ
太平洋
オーストラリア
ニュージーランド
インド洋
チュニジア
モロッコ
アルジェリア
リビア
エジプト
マリ
ニジェール
チャド
スーダン
エリトリア
ジブチ
ナイジェリア
ブルキナファソ
ベナン
トーゴ
カメルーン
中央アフリカ
南スーダン
エチオピア
ソマリア
赤道ギニア
ガボン
サントメ・プリンシペ
コンゴ共和国《きょうわこく》
コンゴ民主共和国《みんしゅきょうわこく》
ウガンダ
ルワンダ
ケニア
ブルンジ
タンザニア
セーシェル
コモロ
アンゴラ
ザンビア
マラウイ
マダガスカル
ジンバブエ
ナミビア
ボツワナ
モザンビーク
モーリシャス
スワジランド
レソト
南アフリカ

現《げん》在《ざい》の世界

アラスカ
(アメリカ合衆国《がっしゅうこく》)
カナダ
アメリカ合衆国《がっしゅうこく》
太平洋
大西洋
メキシコ
バハマ
キューバ
ジャマイカ
ハイチ
ドミニカ共和国《きょうわこく》
ベリーズ
ホンジュラス
グアテマラ
エルサルバドル
ニカラグア
コスタリカ
パナマ
セントクリストファー・ネーヴィス
アンティグア・バーブーダ
ドミニカ
セントルシア
セントビンセント及びグレナディーン諸《しょ》
グレナダ
バルバドス
トリニダード・トバゴ
ベネズエラ
ガイアナ
スリナム
ギアナ
(フランス)
コロンビア
エクアドル
ペルー
ブラジル
ボリビア
パラグアイ
チリ
ウルグアイ
アルゼンチン
ヨーロッパ拡大図《かくだいず》
ノルウェー
スウェーデン
バルト海
ラトビア
リトアニア
ロシア連邦《れんぽう》
デンマーク
北海
イギリス
アイルランド
オランダ
ポーランド
ドイツ
ベルギー
ルクセンブルク
チェコ
スロバキア
リヒテンシュタイン
オーストリア
ハンガリー
大西洋
フランス
スイス
スロベニア
ルーマニア
クロアチア
セルビア
モナコ
サンマリノ
ボスニア・
ヘルツェゴビナ
コソボ
ブルガリア
アンドラ
モンテネグロ
スペイン
バチカン
イタリア
アルバニア
マケドニア
ポルトガル
地中海
ギリシャ
アルジェリア
チュニジア
マルタ

※赤字はこの本で大きく取り上げている人物やできごとです。

世界の歴《れき》史《し》年表

時代	西暦《せいれき》（年）	できごと
古代	700万年前	**人類《じんるい》が誕生《たんじょう》する**（⬇P14）
	前36世紀《せいき》	**メソポタミア文明が生まれる**（⬇P16）
	前31世紀《せいき》	**エジプト文明が生まれる**（⬇P20）
	前27世紀《せいき》	**インダス文明が生まれる**（⬇P32）
	前26世紀《せいき》	**クフ王がピラミッドを建設《けんせつ》する**（⬇P22）
	前18世紀《せいき》	**『ハンムラビ法典《ほうてん》』が発布《はっぷ》される**（⬇P18）
	前17世紀《せいき》	**中国《ちゅうごく》文明が生まれる**（⬇P36）
	前14世紀《せいき》	**ツタンカーメンが即位《そくい》する**（⬇P26）
	前13世紀《せいき》	**カデシュの戦《たたか》い**（⬇P28）
		トロイア戦争《せんそう》（⬇P46）
	前11世紀《せいき》	**ダビデがイスラエル王になる**（⬇P48）
	前800頃《ごろ》	**ギリシャにポリスが誕生《たんじょう》する**（⬇P50）
	前500頃《ごろ》	**仏教《ぶっきょう》が誕生《たんじょう》する**（⬇P34）
	前500	**ペルシア戦争《せんそう》**（⬇P56）
	前431	ペロポネソス戦争《せんそう》がはじまる

時代	西暦（年）	できごと
中世	604	**煬帝《ようだい》が隋《ずい》の皇帝《こうてい》になる**（⬇P90）
	610	**イスラム教が誕生《たんじょう》する**（⬇P82）
	628	唐《とう》が中国《ちゅうごく》を統一《とういつ》する
	629	**玄奘《げんじょう》がインドへ出発する**（⬇P92）
	690	則天武后《そくてんぶこう》が皇帝《こうてい》になる
	745	玄宗《げんそう》が楊貴妃《ようきひ》を妻《つま》にする
	750	**イスラム帝国《ていこく》が成立《せいりつ》する**（⬇P102）
	755	**安史《あんし》の乱《らん》が起こる**（⬇P94）
	800	**カールの戴冠《たいかん》**（⬇P108）
	960	**趙匡胤《ちょうきょういん》が宋《そう》を建国《けんこく》する**（⬇P98）
	1077	**カノッサの屈辱《くつじょく》**（⬇P110）
	1096	第1回十字軍《じゅうじぐん》が遠征《えんせい》する
	1169	サラディンがアイユーブ朝を建国《けんこく》する
	1189	**第3回十字軍《じゅうじぐん》が遠征《えんせい》する**（⬇P114）
	1206	**モンゴル帝国《ていこく》が建国《けんこく》される**（⬇P116）
	1241	**ワールシュタットの戦《たたか》い**（⬇P118）
	1271	フビライ・ハンが元《げん》を建国《けんこく》する
	1275	**マルコ・ポーロが元《げん》の都に着く**（⬇P120）

※年表の内容《ないよう》には別《べつ》の説《せつ》があるものもあります。

古代

前333	**イッソスの戦《たたか》い**（→P58）
前221	**始皇帝《しこうてい》が中国《ちゅうごく》を統一《とういつ》する**（→P38）
前218	**ポエニ戦争《せんそう》（第二次）**（→P60）
前206	項羽《こうう》が秦《しん》をほろぼす
前202	**垓下《がいか》の戦《たたか》い**（→P42）
前60	**第1回三頭政治《さんとうせいじ》がはじまる**（→P62）
前52	**アレシアの戦《たたか》い**（→P66）
前44	カエサルが暗殺《あんさつ》される
前43	第2回三頭政治《さんとうせいじ》がはじまる
前27	**ローマ帝国《ていこく》が誕生《たんじょう》する**（→P70）
25	光武帝《こうぶてい》が後漢《ごかん》を建国《けんこく》する
30頃《ごろ》	**イエスが処刑《しょけい》される**（→P78）
79	**ベズビオ火山が噴火《ふんか》する**（→P72）
80	**コロッセウムが完成《かんせい》する**（→P74）
208	**赤壁《せきへき》の戦《たたか》い**（→P44）
313	**キリスト教が公認《こうにん》される**（→P80）
395	ローマ帝国《ていこく》が東西に分裂《ぶんれつ》する

中世

527	**ユスティニアヌスが即位《そくい》する**（→P106）

中世

1339	**百年戦争《ひゃくねんせんそう》がはじまる**（→P126）
1368	朱元璋《しゅげんしょう》が明《みん》を建国《けんこく》する
1370	**チムール帝国《ていこく》が建国《けんこく》される**（→P134）
1392	**朝鮮国《ちょうせんこく》が建国《けんこく》される**（→P124）
1420	**永楽帝《えいらくてい》が紫禁城《しきんじょう》を完成《かんせい》させる**（→P122）
1429	**オルレアンが解放《かいほう》される**（→P132）
1453	**東ローマ帝国《ていこく》が滅亡《めつぼう》する**（→P136）
1488	ディアスが喜望峰《きぼうほう》に到達《とうたつ》する
1492	**アメリカ大陸《たいりく》が発見される**（→P166）

近世

1498	バスコ・ダ・ガマがインドに到達《とうたつ》する
1512	**システィーナ礼拝堂天井画《れいはいどうてんじょうが》が完成《かんせい》**（→P152）
1517	**宗教改革《しゅうきょうかいかく》がはじまる**（→P160）
1521	**アステカ王国が滅亡《めつぼう》する**（→P170）
1522	マゼランの船団《せんだん》が世界一周《いっしゅう》に成功《せいこう》
1529	**スレイマン1世のウィーン包囲《ほうい》**（→P156）
1533	**インカ帝国《ていこく》が滅亡《めつぼう》する**（→P174）
1534	**イギリス国教会《こっきょうかい》が成立《せいりつ》する**（→P162）
1543	コペルニクスが地動説《ちどうせつ》を発表する

近世

1558	**エリザベス1世が即位《そくい》する**（⬇P180）
1562	**ユグノー戦争《せんそう》がはじまる**（⬇P164）
1581	**オランダが独立《どくりつ》を宣言《せんげん》する**（⬇P182）
1588	**アルマダの海戦《かいせん》**（⬇P184）
1592	**壬辰《じんしん》・丁酉倭乱《ていゆうわらん》**（⬇P188）
1609	**ガリレイが天体観測《かんそく》を開始**（⬇P190）
1616	満州《まんしゅう》（中国《ちゅうごく》東北部）に清《しん》が建国《けんこく》される
1618	**三十年戦争《さんじゅうねんせんそう》がはじまる**（⬇P194）
1642	**ピューリタン革命《かくめい》がはじまる**（⬇P196）
1653	**タージ・マハルが完成《かんせい》する**（⬇P202）
1661	ルイ14世が絶対王政《ぜったいおうせい》をはじめる
1665	**万有引力《ばんゆういんりょく》の法則《ほうそく》が発見される**（⬇P192）
1669	**康熙帝《こうきてい》が政治《せいじ》をはじめる**（⬇P200）
1682	**ベルサイユ宮殿《きゅうでん》が完成《かんせい》する**（⬇P198）
	ピョートル1世が即位《そくい》する（⬇P204）
1740	**オーストリア継承戦争《けいしょうせんそう》**（⬇P212）
1775	**アメリカ独立戦争《どくりつせんそう》がはじまる**（⬇P214）
1776	アメリカ独立宣言《どくりつせんげん》が出される

近代

1861	**南北戦争《なんぼくせんそう》**（⬇P256）
1863	リンカーンが奴隷解放宣言《どれいかいほうせんげん》を出す
1870	**普仏戦争《ふふつせんそう》**（⬇P260）
1871	**ドイツ帝国《ていこく》が誕生《たんじょう》する**（⬇P262）
1894	**日清戦争《にっしんせんそう》**（⬇P266）
1900	**義和団事件《ぎわだんじけん》が起こる**（⬇P268）
1903	**世界初《せかいはつ》の動力飛行《ひこう》に成功《せいこう》する**（⬇P276）
1904	**日露戦争《にちろせんそう》**（⬇P270）
1905	**相対性理論《そうたいせいりろん》が発表される**（⬇P274）
1911	**辛亥革命《しんがいかくめい》が起こる**（⬇P272）
1912	中華民国《ちゅうかみんこく》が成立《せいりつ》し、清《しん》がほろびる
1913	**自動車の大量生産《たいりょうせいさん》がはじまる**（⬇P278）
1914	**第一次世界大戦《たいせん》がはじまる**（⬇P282）
1917	**ロシア革命《かくめい》が起こる**（⬇P288）
1918	ドイツ革命《かくめい》が起こり、第一次世界大戦《たいせん》が終わる
1919	**朝鮮《ちょうせん》で独立《どくりつ》運動が起こる**（⬇P292）
	ベルサイユ条約《じょうやく》が結《むす》ばれる
1922	ソビエト連邦《れんぽう》（ソ連《れん》）が成立《せいりつ》する

近代

1789	**フランス革命《かくめい》がはじまる**（⬇P222）
1793	**ルイ16世が処刑《しょけい》される**（⬇P224）
1799	ナポレオンがフランスの実権《じっけん》をにぎる
1804	**ナポレオンが皇帝《こうてい》になる**（⬇P228）
1805	**トラファルガーの海戦《かいせん》**（⬇P230）
	三帝会戦《さんていかいせん》（アウステルリッツの戦《たたか》い）（⬇P232）
1814	**ウィーン会議《かいぎ》が開かれる**（⬇P234）
1815	ナポレオンがワーテルローの戦《たたか》いに敗《やぶ》れる
1830	**七月革命《しちがつかくめい》が起こる**（⬇P238）
	世界初《せかいはつ》の旅客《りょかく》鉄道が開通する（⬇P240）
1837	ビクトリア女王がイギリス女王になる
1840	**アヘン戦争《せんそう》**（⬇P250）
1848	**『共産党宣言《きょうさんとうせんげん》』が発表される**（⬇P246）
1851	**万国博覧会《ばんこくはくらんかい》が開かれる**（⬇P244）
1853	**クリミア戦争《せんそう》**（⬇P254）
1857	**インド大反乱《だいはんらん》が起こる**（⬇P252）
1859	**ダーウィンが進化論《しんかろん》を発表する**（⬇P248）
1860	リンカーンがアメリカ大統領《だいとうりょう》になる

現代《げんだい》

1929	**世界恐慌《きょうこう》が起こる**（⬇P298）
1933	**ヒトラーが政権《せいけん》をにぎる**（⬇P306）
	ルーズベルトがニューディール政策《せいさく》を開始
1937	**日中戦争《にっちゅうせんそう》がはじまる**（⬇P308）
1939	**第二次世界大戦《たいせん》がはじまる**（⬇P310）
1940	チャーチルがイギリス首相になる
	フランスがドイツに降伏《こうふく》する
1941	**太平洋戦争《せんそう》がはじまる**（⬇P316）
1942	**ホロコーストがはじまる**（⬇P314）
1943	イタリアが降伏《こうふく》する
1945	ヤルタ会談がおこなわれる
	ヒトラーが自殺《じさつ》し、ドイツが降伏《こうふく》する
	第二次世界大戦《たいせん》が終わる（⬇P320）
1949	中華人民共和国《ちゅうかじんみんきょうわこく》が成立《せいりつ》する
1950	**朝鮮戦争《ちょうせんせんそう》がはじまる**（⬇P324）
1965	**ベトナム戦争《せんそう》がはじまる**（⬇P326）
1969	**人類《じんるい》が月面に到達《とうたつ》する**（⬇P328）
1989	**東西冷戦《れいせん》が終わる**（⬇P330）

さくいん

あ

※赤字は人名です。

アーヘン大聖堂 アーヘンだいせいどう……109
アイユーブ朝 アイユーブちょう……114
アインシュタイン……274
アウグストゥス……70
アウステルリッツの戦い アウステルリッツのたたかい……232
アガメムノン……46
アクティウムの海戦 アクティウムのかいせん……70
アクバル……202
アクロポリス……50
足利義満 あしかがよしみつ……123
アステカ王国 アステカおうこく……170、172
アストロラーベ……105
アタワルパ……174
アッバース朝 アッバースちょう……102
アッラー……82
アテネ……50
アブー・アルアッバース……102
アヘン戦争 アヘンせんそう……250
アポロ11号 アポロ11ごう……328
アメリカ独立宣言 アメリカどくりつせんげん……215
アメリカ独立戦争 アメリカどくりつせんそう……214
アルハンブラ宮殿 アルハンブラきゅうでん……139
アルマダの海戦 アルマダのかいせん……184
アレクサンドル1世 アレクサンドル1せい……232
アレクサンドロス大王 アレクサンドロスだいおう……53、58
アレシアの戦い アレシアのたたかい……66
安史の乱 あんしのらん……94
アントニウス……70
アンネ・フランク……314
アン・ブーリン……162、181
アンリ4世 アンリ4せい……164
安禄山 あんろくざん……94
イエス……78
イェニチェリ……159
『医学典範』 いがくてんぱん……105
威化島回軍 いかとうかいぐん……125
イギリス革命 イギリスかくめい……197
イギリス国教会 イギリスこっきょうかい……162
イサベル1世 イサベル1せい……138
イシュタル門 イシュタルもん……19
イスタンブール……137
イスマーイール1世 イスマーイール1せい……140
イスラエル王国 イスラエルおうこく……48
イスラム教 イスラムきょう……82、84
イスラム帝国 イスラムていこく……102
イッソスの戦い イッソスのたたかい……58
イブン・シーナー……104
殷 いん……36
インカ帝国 インカていこく……174、176
インダス文明 インダスぶんめい……32
インダス文字 インダスもじ……33
インド大反乱 インドだいはんらん……252
ウィーン会議 ウィーンかいぎ……234
ウィーン包囲 ウィーンほうい……156
ウィルバーフォース……179
ウェストファリア条約 ウェストファリアじょうやく……194
ウェルキンゲトリクス……66
ウマイヤ朝 ウマイヤちょう……102
蔚山城の戦い うるさんじょうのたたかい……189
永楽帝 えいらくてい……122
エーゲ文明 エーゲぶんめい……46
エジプト文明 エジプトぶんめい……20
エドワード黒太子 エドワードこくたいし……126
エドワード3世 エドワード3せい……126
エリザベス1世 エリザベス1せい……180、184
エルサレム……49、84、114
王政復古 おうせいふっこ……197
オーストリア継承戦争 オーストリアけいしょうせんそう……212
オクタビアヌス……70
オゴタイ・ハン……118
オスマン帝国 オスマンていこく……136、140、156、158、254
織田信長 おだのぶなが……141、187
オドアケル……107
オラニエ公ウィレム オラニエこうウィレム……182

オランダ独立戦争 オランダどくりつせんそう……182
オルレアン……132

か

カーバ神殿 カーバしんでん……83
カール5世 カール5せい……213
カール大帝 カールたいてい……108
カールの戴冠 カールのたいかん……108
垓下の戦い がいかのたたかい……42
開封 かいほう……98
カエサル……62、66、68
科挙 かきょ……90、98、100
カタコンベ……81
カデシュの戦い カデシュのたたかい……28
カトリーヌ・ド・メディシス……164
カノッサの屈辱 カノッサのくつじょく……110
カブラル……169
カボット……169
『ガリア戦記』 ガリアせんき……67
カリフ……102
ガリレイ……190
カルタゴ……60
ガレー船 ガレーせん……159
漢 かん……43
鑑真 がんじん……95
カンタベリー大聖堂 カンタベリーだいせいどう……163

魏 ぎ……45
絹の道 きぬのみち……96
キャラック船 キャラックせん……168
球戯場の誓い きゅうぎじょうのちかい……222
旧石器時代 きゅうせっきじだい……15
『旧約聖書』 きゅうやくせいしょ……81
『共産党宣言』 きょうさんとうせんげん……246
キリスト教 キリストきょう……79、80、84
ギルガメシュ……17
義和団事件 ぎわだんじけん……268
金 きん……99、116
くさび形文字 くさびがたもじ……16、19
クスコ……176
グスタフ・アドルフ……195
クセルクセス1世 クセルクセス1せい……56
クフ王 クフおう……22、24
クラッスス……62
グラナダ……138
グラント将軍 グラントしょうぐん……258
クリミア戦争 クリミアせんそう……254
クレオパトラ……69、70
グレゴリウス7世 グレゴリウス7せい……110
クレシーの戦い クレシーのたたかい……127
クロムウェル……196
景福宮 けいふくきゅう……125
ゲティスバーグの戦い ゲティスバーグのたたかい……258
ケネディ……329
元 げん……120

玄奘 げんじょう……92
玄宗 げんそう……94
剣闘士 けんとうし……62、74
原爆ドーム げんばくドーム……321
乾隆帝 けんりゅうてい……201
元老院 げんろういん……62、68、70
呉 ご……45
項羽 こうう……42
後ウマイヤ朝 こうウマイヤちょう……103
康熙帝 こうきてい……200
甲骨文字 こうこつもじ……37
孔子 こうし……37
高麗 こうらい……124
『コーラン』……83
国際連合 こくさいれんごう……322
呉三桂 ごさんけい……200
五・四運動 ごしうんどう……293
古バビロニア王国 こバビロニアおうこく……18
コペルニクス……190
コルテス……170、172
ゴルバチョフ……330
コロッセウム……74
コロンブス……166
コンスタンチヌス1世 コンスタンチヌス1せい……80
コンスタンチノープル……136

さ

ザクセン選帝侯 ザクセンせんていこう……161

ザビエル……186
サファビー朝　サファビーちょう……140
ザマの戦い　ザマのたたかい……61
サマルカンド……135
サラエボ事件　サラエボじけん……283
サラディン……114
サラミスの海戦　サラミスのかいせん……57
三・一独立運動　さんいちどくりつうんどう……292
三角貿易　さんかくぼうえき……179
産業革命　さんぎょうかくめい……240、242
三国協商　さんごくきょうしょう……282
三国時代　さんごくじだい……45
三国同盟　さんごくどうめい……282
三十年戦争　さんじゅうねんせんそう……194
三段櫂船　さんだんかいせん……57
三帝会戦　さんていかいせん……232
三頭政治　さんとうせいじ……62、70
サンバルテルミの虐殺　サンバルテルミのぎゃくさつ……165
三藩の乱　さんぱんのらん……201
三民主義　さんみんしゅぎ……272
西安事件　シーアンじけん……309
シェイクスピア……181
紫禁城　しきんじょう……122
始皇帝　しこうてい……38
始皇帝陵　しこうていりょう……40
システィーナ礼拝堂　システィーナれいはいどう……152
七月革命　しちがつかくめい……238

ジッグラト……17
シパーヒー……252
シベリア出兵　シベリアしゅっぺい……291
シャー・ジャハーン……202
シャカ……34
社会主義　しゃかいしゅぎ……247
シャルル王太子　シャルルおうたいし……132
ジャンヌ・ダルク……132
周　しゅう……37
十月革命　じゅうがつかくめい……290
宗教改革　しゅうきょうかいかく……160
宗教裁判　しゅうきょうさいばん……191
重装歩兵　じゅうそうほへい……56
儒教　じゅきょう……37
朱元璋　しゅげんしょう……122
シュリーマン……47
聖徳太子　しょうとくたいし……91
蜀　しょく……45
贖宥状　しょくゆうじょう……160
ジョセル王　ジョセルおう……21
ジョンソン……327
シルクロード……96
秦　しん……38
清　しん……200、204、250、266、272
辛亥革命　しんがいかくめい……272
進化論　しんかろん……248
真珠湾攻撃　しんじゅわんこうげき……317
壬辰・丁酉倭乱　じんしんていゆうわらん……188
新石器時代　しんせっきじだい……15

新バビロニア王国　しんバビロニアおうこく……19
『新約聖書』　しんやくせいしょ……80
隋　ずい……90
スキピオ……60
スターリン……291、300、320
スチーブンソン……240
スパルタ……50
スパルタクス……75
スペイン王国　スペインおうこく……139
スレイマン1世　スレイマン1せい……156
世宗　せいそう……125
西太后　せいたいこう……268
青銅器　せいどうき……36
聖墳墓教会　せいふんぼきょうかい……79
世界恐慌　せかいきょうこう……298、300
赤壁の戦い　せきへきのたたかい……44
セリム1世　セリム1せい……140
セリム2世　セリム2せい……158
セルジューク朝　セルジュークちょう……114
宋　そう……98
曹操　そうそう……44
相対性理論　そうたいせいりろん……274
ソビエト社会主義共和国連邦　ソビエトしゃかいしゅぎきょうわこくれんぽう……291
ソロモン……49
孫権　そんけん……44
孫文　そんぶん……272

た

ダーウィン……248
タージ・マハル……202
第一次世界大戦 だいいちじせかいたいせん……282
大雁塔 だいがんとう……93
大航海時代 だいこうかいじだい……121、166、168
第3回十字軍 だいさんかいじゅうじぐん……114
太宗 たいそう……92
第二次世界大戦 だいにじせかいたいせん……310、320
太平洋戦争 たいへいようせんそう……316、321
ダビデ……48
タラス河畔の戦い タラスかはんのたたかい……103
ダレイオス3世 ダレイオス3せい……58
地動説 ちどうせつ……190
チムール……134
チムール帝国 チムールていこく……134
チャーチル……312、320
チャールズ1世 チャールズ1せい……196
チャルディラーンの戦い チャルディラーンのたたかい……140
中華人民共和国 ちゅうかじんみんきょうわこく……322
中国文明 ちゅうごくぶんめい……36
長安 ちょうあん……94、96
趙匡胤 ちょうきょういん……98
朝鮮 ちょうせん……124、292
朝鮮戦争 ちょうせんせんそう……324
チンギス・ハン……116
ツタンカーメン……26
ディアス……169
テノチティトラン……170、172
デルフォイ……51
テルモピレーの戦い テルモピレーのたたかい……56
ドイツ帝国 ドイツていこく……262
唐 とう……92
動物裁判 どうぶつさいばん……144
『東方見聞録』 とうほうけんぶんろく……121
独ソ不可侵条約 どくソふかしんじょうやく……311
豊臣秀吉 とよとみひでよし……188
トラファルガーの海戦 トラファルガーのかいせん……230
奴隷解放宣言 どれいかいほうせんげん……258
奴隷貿易 どれいぼうえき……178
ドレーク……184
トロイア戦争 トロイアせんそう……46
トロツキー……291
敦煌 とんこう……97

な

ナイチンゲール……255
ナイル川 ナイルがわ……20
ナイロメーター……21
ナチス……306
ナポレオン……228、230、232
ナポレオン3世 ナポレオン3せい……239、254、260
南京事件 ナンキンじけん……308
南蛮貿易 なんばんぼうえき……186
南北戦争 なんぼくせんそう……256
二月革命 にがつかくめい……288
西ローマ帝国 にしローマていこく……106
日独伊三国同盟 にちどくいさんごくどうめい……312
日明貿易 にちみんぼうえき……123
日露戦争 にちろせんそう……270
日清戦争 にっしんせんそう……266
日宋貿易 にっそうぼうえき……99
日中国交正常化 にっちゅうこっこうせいじょうか……333
日中戦争 にっちゅうせんそう……308
ニューディール政策 ニューディールせいさく……300
ニュートン……192
ネルソン……230
ノーベル……249

は

バーブル……135
ハールーン・アッラシード……103、109
ハインリヒ4世 ハインリヒ4せい……110
パウロ……81
ハギア・ソフィア大聖堂 ハギア・ソフィアだいせいどう……107

バスコ・ダ・ガマ……169
バスティーユ襲撃　バスティーユしゅうげき……223
ハプスブルク家　ハプスブルクけ……194、213
バベルの塔　バベルのとう……19
バラモン……34
パリス……46
パルテノン神殿　パルテノンしんでん……51
バレンヌ逃亡事件　バレンヌとうぼうじけん……225
ハングル……125
万国博覧会　ばんこくはくらんかい……244
ハンニバル……60
ハンムラビ王　ハンムラビおう……18
『ハンムラビ法典』　ハンムラビほうてん……18
万有引力の法則　ばんゆういんりょくのほうそく……192
万里の長城　ばんりのちょうじょう……40
ヒエログリフ……20
東ローマ帝国　ひがしローマていこく……106、136
ビクトリア女王　ビクトリアじょおう……244、254
ピサロ……174
ビザンツ帝国　ビザンツていこく……106
ビスマルク……260、263
ヒッタイト……28
ヒトラー……306、310、320
百年戦争　ひゃくねんせんそう……126
ピューリタン革命　ピューリタンかくめい……196
ピョートル1世　ピョートル1せい……204
ピラミッド……21、22、24
ビンガム……177

ファランクス戦法　ファランクスせんぽう……59
フェリペ2世　フェリペ2せい……158、181、182、184
フェルナンド2世　フェルナンド2せい……138
フォード……278
フォントノワの戦い　フォントノワのたたかい……213
仏教　ぶっきょう……34、92
フビライ・ハン……120
普仏戦争　ふふつせんそう……260
フランク王国　フランクおうこく……108
フランス革命　フランスかくめい……222
フランツ1世　フランツ1せい……232
フリードリヒ2世　フリードリヒ2せい……212
フルトン……240
プレベザの海戦　プレベザのかいせん……157
ブロック経済　ブロックけいざい……301
焚書坑儒　ふんしょこうじゅ……40
兵馬俑　へいばよう……41
ペスト……127、208
ベズビオ火山　ベズビオかざん……72
ベスプッチ……169
ペテロ……81
ベトナム戦争　ベトナムせんそう……326
ペトロハブロフスク要塞　ペトロハブロフスクようさい……205
ペリクレス……51、56
ベルサイユ宮殿　ベルサイユきゅうでん……198
ベルサイユ条約　ベルサイユじょうやく……286
ペルシア戦争　ペルシアせんそう……56

ヘレニズム文化　ヘレニズムぶんか……59
ペロポネソス戦争　ペロポネソスせんそう……57
ヘンリー8世　ヘンリー8せい……162、181
ヘンリク2世　ヘンリク2せい……118
封建社会　ほうけんしゃかい……110
ポエニ戦争　ポエニせんそう……60
ボストン茶会事件　ボストンちゃかいじけん……215
北方戦争　ほっぽうせんそう……205
ホモ・サピエンス……14
ポリス……50
ポルタバの戦い　ポルタバのたたかい……205
ホロコースト……314
ポワティエの戦い　ポワティエのたたかい……126
ポンペイ……72
ポンペイウス……62、68

ま

マクシミリアン1世　マクシミリアン1せい……143
マケドニア王国　マケドニアおうこく……58
マゼラン……168
マチュピチュ……176
マリア・テレジア……212
マリー・アントワネット……223、225
マリー・キュリー……249
マルクス……246
マルコ・ポーロ……120
ミイラ……21
ミケランジェロ……49、152

ミュンヘン会談　ミュンヘンかいだん……311
ミラノ勅令　ミラノちょくれい……80
明　みん……122、188
ムガル帝国　ムガルていこく……135、202
ムッソリーニ……301、311
無敵艦隊　むてきかんたい……184
ムハンマド……82、84
ムムターズ・マハル……202
メアリー・スチュワート……181
メアリー1世　メアリー1せい……180
名誉革命　めいよかくめい……197
メソポタミア文明　メソポタミアぶんめい……16、18
メッカ……82
メッテルニヒ……234
メフメト2世　メフメト2せい……136
毛沢東　もうたくとう……322
モクテスマ2世　モクテスマ2せい……170、172
モヘンジョ＝ダロ……32
モルトケ……260、263
モンゴル帝国　モンゴルていこく……116

や

ヤルタ会談　ヤルタかいだん……320
ユグノー戦争　ユグノーせんそう……164
ユスティニアヌス……106
ユダヤ教　ユダヤきょう……78、84
楊貴妃　ようきひ……94
煬帝　ようだい……90
四大文明　よんだいぶんめい……17

ら

ライト兄弟　ライトきょうだい……276
ラクシュミー・バーイー……253
ラス・カサス……175
ラファエロ……52、155
ラムセス2世　ラムセス2せい……28
リー将軍　リーしょうぐん……257
李鴻章　りこうしょう……266
李舜臣　りしゅんしん……188
李成桂　りせいけい……124
リチャード1世　リチャード1せい……115
リヒトフォーフェン……285
劉備　りゅうび……44
劉邦　りゅうほう……42
リンカーン……256
林則徐　りんそくじょ……250
ルイ・フィリップ……238
ルイ14世　ルイ14せい……198
ルイ16世　ルイ16せい……224
ルーズベルト……300、316、320
ルター……160
ルネサンス……152、154
冷戦　れいせん……322
レーニン……288
レオナルド・ダ・ビンチ……154
レコンキスタ……138
レパントの海戦　レパントのかいせん……158
レピドゥス……70
錬金術　れんきんじゅつ……105
レントゲン……249
ローマ……60、62、68、70
ローマ内戦　ローマないせん……68
盧溝橋事件　ろこうきょうじけん……309
ロシア革命　ロシアかくめい……288
ロシア帝国　ロシアていこく……205
ロベスピエール……224

わ

ワーテルローの戦い　ワーテルローのたたかい……235
ワールシュタットの戦い　ワールシュタットのたたかい……118
ワイセンベルクの戦い　ワイセンベルクのたたかい……195
倭寇　わこう……124
ワシントン……215
ワット……240
ワレンシュタイン……195
湾岸戦争　わんがんせんそう……331

ニフォトプレス提供)/パレ・デ・ナシオン(Getty images提供)

289 演説するレーニン(ユニフォトプレス提供)/二月革命・レーニン(Getty images提供)

290 十月革命・巡洋艦オーロラ号(Getty images提供)

291 赤軍募集のポスター(ユニフォトプレス提供)/シベリア出兵・トロツキー(Library of Congress所蔵)

293 五・四運動(ユニフォトプレス提供)/朝鮮総督府(Getty images提供)

294 大天使ミカエル(Getty images提供)

299 大混乱するウォール街・女性たちのデモ行進(Library of Congress所蔵)

300 失業者の銅像・ニューディール政策のダム(Getty images提供)

301 ムッソリーニ(Getty images提供)

307 ヒトラーの支援者たち(ユニフォトプレス提供)/ビートル・アウトバーン・オリンピック会場(Getty images提供)

308 南京を占領する日本軍(ユニフォトプレス提供)

309 蔣介石(Library of Congress所蔵)

311 ポーランドを占領するドイツ軍(ユニフォトプレス提供)/ミュンヘン会談・ムッソリーニ(Getty images提供)

312 占領したパリを歩くヒトラーたち(ユニフォトプレス提供)

313 空襲で破壊されたロンドン・ソ連に侵攻するドイツ軍(ユニフォトプレス提供)

315 ゲットー(ユニフォトプレス提供)/アウシュビッツ強制収容所(Getty images提供)/解放されたユダヤ人(Library of Congress所蔵)

317 フランス領インドシナへ侵攻する日本軍・真珠湾攻撃(ユニフォトプレス提供)/宣戦布告の書類に署名するルーズベルト(Library of Congress所蔵)

318 ガダルカナル島の戦い(ユニフォトプレス提供)/ゼロ戦(Getty images提供)/ミッドウェー海戦で破壊された日本の戦艦(U.S. Navy所蔵)

320 ベルリン陥落(ユニフォトプレス提供)/ヤルタ会談(Library of Congress所蔵)

321 降伏文書の調印式(ユニフォトプレス提供)/原爆ドーム(Getty images提供)

322 核実験・国際連合本部・ベルリンの壁・毛沢東(Getty images提供)

323 ネルー(Getty images提供)/エンクルマ像(Sura Nualpradid©stock.foto)/『日本国憲法』解説本(国立国会図書館所蔵)

324 朝鮮戦争(ユニフォトプレス提供)

325 板門店(Getty images提供)

326 村落を焼きはらうアメリカ軍(ユニフォトプレス提供)

327 枯葉作戦(ユニフォトプレス提供)/アメリカ軍の爆弾(Getty images提供)/ジョンソン(Library of Congress所蔵)

328 月面に着陸した宇宙船と宇宙飛行士・オルドリン大佐の足跡(NASA提供)

329 アポロ11号の発射・アームストロング・ジェミニ4号(NASA提供)/スプートニク1号・ライカ犬・ボストーク1号・ガガーリン・ボスホート2号(Getty images提供)

330 ベルリンの壁の開放(ユニフォトプレス提供)

331 冷戦終結の宣言(ユニフォトプレス提供)/湾岸戦争・EU本部(Getty images提供)

332 サンフランシスコ平和条約の調印(ユニフォトプレス提供)

333 日中国交正常化(ユニフォトプレス提供)/嘉手納基地(Getty images提供)/日本復帰の記念碑(PIXTA提供)

主要参考文献

『詳説世界史』木村靖二・佐藤次高・岸本美緒ほか著(山川出版社)/『新編 新しい歴史 社会』坂上康俊・戸波江二・矢ケ﨑典隆ほか著(東京書籍)/『社会科 中学生の歴史』黒田日出男監修(帝国書院)/『詳説 世界史図録』木村靖二・小松久男・岸本美緒監修(山川出版社)/『最新世界史図説タペストリー』川北稔・桃木至朗監修(帝国書院)/『明解世界史図説エスカリエ』(帝国書院)/『詳説 日本史図録』(山川出版社)/『世界史用語集』全国歴史教育研究協議会編(山川出版社)/『ビジュアルワイド 図説日本史』(東京書籍)/『世界史のための人名辞典』水村光男編著(山川出版社)/『動物裁判』池上俊一著(講談社)/『写真とイラストで見る西洋甲冑入門 三浦權利作品集』奥主博之著(アッシュ・クリエイティブ)/『ビジュアル版 世界の歴史』増田ユリヤ監修(ポプラ社)/『講談社の動く図鑑MOVE 古代文明のふしぎ』実松克義・西谷大・村治笙子監修(講談社)

(Getty images提供)

235 ウィーン会議(ユニフォトプレス提供)/ワーテルローの戦い・セントヘレナ島のナポレオン(Getty images提供)

236 糞尿を窓から投げ捨てる女性・日傘の女性(Getty images提供)

237 テムズ川の死神(Getty images提供)/肥桶をかつぐ農民(国立国会図書館所蔵)

239 『民衆を導く自由の女神』(ユニフォトプレス提供)/ルイ・フィリップ(Library of Congress所蔵)

241 世界初の蒸気船((Everett Historical/Shutterstock.com)/ワット・スチーブンソン・鉄道と工場(Getty images提供)

242 炭鉱で働く子どもたち(ユニフォトプレス提供)

243 紡績工場で働く女の子(Library of Congress所蔵)/酔って幼児を落とす母親(Getty images提供)

245 万国博覧会の開会式・国会議事堂・イングランド銀行・ジェントルマン(Getty images提供)

247 マルクス・エンゲルス像(Getty images提供)

249 ダーウィンをからかう絵・ガラパゴス諸島(Getty images提供)

250 アヘン戦争(ユニフォトプレス提供)/パーマストン・道光帝(Getty images提供)

251 アヘンを吸う清の人びと(ユニフォトプレス提供)

253 シパーヒー・インド大反乱・バハードゥル・シャー2世(Getty images提供)

254 クリミア戦争・ナポレオン3世(ユニフォトプレス提供)/ニコライ1世(Getty images提供)

255 クリミア戦争関連地図・イギリス・フランス艦隊の砲撃(Getty images提供)

256 グラント将軍(Library of Congress所蔵)

257 サムター要塞への攻撃・ストウ夫人(Library of Congress所蔵)

258 グラント将軍・ゲティスバーグの戦い(Library of Congress所蔵)

259 マスケット銃(Getty images提供)/ゲティスバーグの演説・暗殺されるリンカーン(Library of Congress所蔵)

260 ナポレオン3世(ユニフォトプレス提供)

261 ナポレオン3世(ユニフォトプレス提供)/降伏するナポレオン3世(Library of Congress所蔵)/パリ・コミューン・凱旋門(Getty images提供)

263 ドイツ皇帝の即位式(ユニフォトプレス提供)/岩倉使節団(山口県文書館所蔵)/ビスマルク(Getty images提供)

264 「レカミエ夫人の肖像」・「墓場の少女」(ユニフォトプレス提供)

265 「落ち穂拾い」・「タヒチの女」(ユニフォトプレス提供)/「黒い服を着た婦人」(Getty images提供)

266 山県有朋・大山巌・平壌の戦い(国立国会図書館所蔵)/李鴻章(Library of Congress所蔵)

267 李鴻章(Library of Congress所蔵)

269 北京を攻める連合軍・捕らえられた義和団(Library of Congress所蔵)

270 ニコライ2世(Getty images提供)

271 日本海海戦(Library of Congress所蔵)

273 武昌蜂起(ユニフォトプレス提供)

275 アインシュタイン・ハウス(Getty images提供)/日本を訪れたアインシュタイン(Library of Congress所蔵)

276 飛行成功の瞬間(ユニフォトプレス提供)

277 グライダー実験・飛行中のリリエンタール・ライト兄弟・スピリット・オブ・セントルイス号(Library of Congress所蔵)/ライトフライヤー号・初飛行の記念碑(Getty images提供)

279 フォード社の工場(ユニフォトプレス提供)/フォード・自動車であふれるニューヨーク(Library of Congress所蔵)/フォードT型車・世界初のガソリン自動車(Getty images提供)

283 暗殺者の逮捕・妻と別れる兵士(Getty images提供)

284 塹壕戦・戦車・戦闘機・ガスマスクをする兵士(Getty images提供)

285 青島を攻撃する日本軍(Library of Congress所蔵)

286 兵器工場で働く女性たち・休戦協定を結ぶ両軍の指導者(ユニフォトプレス提供)/アメリカ軍入隊募集のポスター(Library of Congress所蔵)/戦死者の墓地(Getty images提供)

287 ベルサイユ条約の調印・札束で遊ぶ子どもたち(ユ

トリーヌ・ド・メディシス・パリに入るアンリ4世（Getty images提供）

167 コロンブスの船団・船団を発見する先住民（Getty images提供）

168 キャラック船の構造（Getty images提供）

169 ディアス・ベスプッチ（Getty images提供）／カボット（Bob Cheung /Shutterstock.com）

171 コルテスを迎えるモクテスマ2世・コルテス・反撃するコルテス軍（Getty images提供）

173 テノチティトランの全景（ユニフォトプレス提供）／テンプロ・マヨール遺跡・テノチティトランの市場（Getty images提供）

175 インカ帝国へ進撃するピサロ・アタワルパの処刑（Getty images提供）

177 インカ帝国の都「クスコ」（ユニフォトプレス提供）／現在のマチュピチュ・太陽の神殿（Getty images提供）／ビンガム（Library of Congress所蔵）

178 奴隷船で運ばれる奴隷たち（Everett Historical/Shutterstock.com）／鎖でつながれた黒人奴隷（Getty images提供）

179 奴隷船の内部・奴隷狩り（Everett Historical/Shutterstock.com）／三角貿易・ウィルバーフォース（Getty images提供）／罰を与えられる少女（Library of Congress所蔵）

181 アン・ブーリン・メアリー・スチュワート・メアリー1世・フェリペ2世・シェイクスピア（Getty images提供）

183 アムステルダム港（ユニフォトプレス提供）／オラニエ公ウィレム・東インド会社の帆船（Getty images提供）

184 フェリペ2世・アルマダの海戦（Getty images提供）

185 エリザベス1世像・ドレーク像（Getty images提供）

187 「南蛮人来朝之図」「長崎港俯瞰細密画」（長崎歴史文化博物館所蔵）／天正遣欧少年使節（京都大学附属図書館所蔵）

188 釜山城を攻める日本軍（ユニフォトプレス提供）／加藤清正（国立国会図書館所蔵）

191 ガリレイの望遠鏡・宗教裁判にかけられるガリレイ（ユニフォトプレス提供）

193 スペクトルの実験（ユニフォトプレス提供）

194 ワイセンベルクの戦い（ユニフォトプレス提供）

195 ワレンシュタイン・グスタフ・アドルフ（Getty images提供）

197 チャールズ1世・ピューリタン革命・王政復古（Getty images提供）

199 建設途中のベルサイユ宮殿（ユニフォトプレス提供）／ルイ14世・噴水庭園（Getty images提供）

201 乾隆帝（ユニフォトプレス提供）／紫禁城の玉座（Getty images提供）／『国姓爺合戦』（国立国会図書館所蔵）

202 タージ・マハル（Getty images提供）

203 シャー・ジャハーン（ユニフォトプレス提供）／皇帝と王妃の石棺（Getty images提供）

205 ポルタバの戦い（ユニフォトプレス提供）／ピョートル1世像・ペトロハブロフスク要塞（Getty images提供）

206 ノイシュバンシュタイン城・ルートビッヒ2世・プラハ城・カール4世（Getty images提供）

207 アルフォンソ6世（Andrii Zhezhera©stock.foto）／アルカサル ・シュノンソー城・シャンボール城・フランソワ1世・モンサンミッシェル・ツバメの巣城（Getty images提供）

208 「死の舞踏」・ペストを治療する医師・ペストの警告板（Getty images提供）

212 フリードリヒ2世（Getty images提供）

213 フォントノワの戦い（ユニフォトプレス提供）／カール5世（Getty images提供）

215 ボストン茶会事件・「アメリカ独立宣言」の採択（Library of Congress所蔵）

216 ゼノビア・イサベル1世（ユニフォトプレス提供）

217 カイウラニ（Library of Congress所蔵）

223 サン・キュロット（ユニフォトプレス提供）／バスティーユ襲撃（Getty images提供）

225 処刑場へ向かうマリー・アントワネット（ユニフォトプレス提供）／処刑直前のルイ16世（Getty images提供）

229 アルプスを越えるナポレオン（ユニフォトプレス提供）／戴冠式でのナポレオン（Getty images提供）

231 ネルソン・ネルソンの戦死・トラファルガー広場（Getty images提供）

232 フランツ1世・アレクサンドル1世（Getty images提供）

233 三帝会戦の再現（PIXTA提供）／エトワール凱旋門

84 エルサレム旧市街・ユダヤ教徒（Getty images提供）

85 ユダヤ人の神殿・十字架の道・エルサレム地図（Getty images提供）

86 ストーンヘンジ・太陽のピラミッド・鹿石・モアイ像（Getty images提供）

91 大運河（ユニフォトプレス提供）

93 ナーランダ僧院跡・大雁塔と玄奘像（Getty images提供）

95 安禄山（ユニフォトプレス提供）

96 外国の使者を迎える玄宗（ユニフォトプレス提供）／長安の宮殿（Getty images提供）

97 中央アジアの商人像（ユニフォトプレス提供）／絹の道・敦煌（Getty images提供）

98 開封（ユニフォトプレス提供）

99 趙匡胤（ユニフォトプレス提供）

100 高級官僚（Library of Congress所蔵）／科挙を再現した模型 （Imagedb China©stock.foto）

101 殿試（ユニフォトプレス提供）

102 カリフの近衛隊（ユニフォトプレス提供）

103 ハールーン・アッラシードの水差（ユニフォトプレス提供）／ウマイヤモスク・コルドバのモスク（Getty images提供）

104 天文台での研究（ユニフォトプレス提供）

105 アストロラーベ・イブン・シーナー・チェス・コーヒー（Getty images提供）

107 ユスティニアヌス・ハギア・ソフィア大聖堂（Getty images提供）

109 アーヘン大聖堂（Getty images提供）

111 カノッサ城の外で待つハインリヒ4世（ユニフォトプレス提供）／カノッサ城（Getty images提供）

112 聖アポリナーレ・イン・クラッセ聖堂・聖マルコ大聖堂（Getty images提供）

113 ピサ大聖堂・ケルン大聖堂（Getty images提供）

115 第1回十字軍（Getty images提供）

117 王の位につくテムジン（ユニフォトプレス提供）／モンゴルの戦士（Getty images提供）

118 オゴタイ・ハン（ユニフォトプレス提供）／ヘンリク2世（Getty images提供）

119 ワールシュタットの戦い・オゴタイ・ハン（ユニフォトプレス提供）／戦死するヘンリク2世（Getty images提供）

121 フビライに会うマルコ（Getty images提供）

123 紫禁城（Getty images提供）

125 景福宮・世宗像（Getty images提供）／李成桂像（PIXTA提供）

127 クレシーの戦い（ユニフォトプレス提供）

133 ジャンヌ・ダルク像・処刑されるジャンヌ（Getty images提供）

135 サマルカンド・西アジアに侵攻するチムール（Getty images提供）

137 コンスタンチノープルに入城するメフメト2世（ユニフォトプレス提供）／メフメト2世像・テオドシウスの城壁（Getty images提供）

139 グラナダの陥落（ユニフォトプレス提供）／フェルナンド2世・アルハンブラ宮殿（Getty images提供）

140 セリム1世・イスマーイール1世（ユニフォトプレス提供）

141 チャルディラーンの戦い（ユニフォトプレス提供）

142 樽型兜・鎖鎧・ミラノ式甲冑（Getty images提供）

143 マクシミリアン式甲冑・ルネサンス式甲冑（ユニフォトプレス提供）／マクシミリアン1世（Getty images提供）

144 豚の裁判（Library of Congress所蔵）

153 システィーナ礼拝堂の内部（ユニフォトプレス提供）／システィーナ礼拝堂（Getty images提供）

154 「栄光のキリスト」・「白貂を抱く貴夫人」・「ビーナスの誕生」（Getty images提供）

155 「牧場の聖母」（ユニフォトプレス提供）／「最後の晩餐」（Getty images提供）

157 ウィーン包囲（ユニフォトプレス提供）／スレイマンモスク（Getty images提供）

158 レパントの海戦・フェリペ2世・セリム2世（Getty images提供）

159 ガレー船・レパント（Getty images提供）

161 ルターとザクセン選帝侯・ワルトブルク城・『聖書』（Getty images提供）

163 カンタベリー大聖堂（Getty images提供）

165 サンバルテルミの虐殺（ユニフォトプレス提供）／カ

写真資料所蔵・提供一覧

15 ラスコーの壁画（ユニフォトプレス提供）／マンモスを追いつめる新人・打製石器・磨製石器（Getty images提供）

17 ウルのジッグラト・ギルガメシュ・くさび形文字（Getty images提供）

19 『ハンムラビ法典』（ユニフォトプレス提供）／『ハンムラビ法典』拡大・イシュタル門・バベルの塔（Getty images提供）

21 ミイラ（ユニフォトプレス提供）／ナイル川・ナイロメーター・ヒエログリフ・ジョセル王のピラミッド（Getty images提供）

23 クフ王のピラミッド・太陽神ラー（Getty images提供）

25 カフラー王のピラミッド（Getty images提供）

27 黄金のマスク・ツタンカーメンの墓の玄室（Getty images提供）

29 ヒッタイトの戦車（Getty images提供）

30 スフィンクスとピラミッド・パンとワインの壁画（Getty images提供）

31 ツタンカーメンのレリーフ・太陽神ケプリ（Getty images提供）

33 印章（ユニフォトプレス提供）／モヘンジョ＝ダロ遺跡（Getty images提供）

35 菩提樹に集まる仏教徒・シャカ像（Getty images提供）

37 青銅器・甲骨文字（ユニフォトプレス提供）／殷墟（PIXTA提供）

39 秦の貨幣（Getty images提供）

40 万里の長城・焚書坑儒（ユニフォトプレス提供）

41 兵馬俑・兵馬俑の兵士・始皇帝陵（Getty images提供）

46 アガメムノン・パリス・トロイアの木馬（Getty images提供）

47 トロイアの木馬・トロイア遺跡・シュリーマン（Getty images提供）

49 ダビデ像・ダビデの塔（Getty images提供）

51 パルテノン神殿・アテネのアゴラ・デルフォイ（Getty images提供）

52 『アテネの学堂』（Getty images提供）

53 アリストテレスとアレクサンドロス大王（Getty images提供）

54 壺にかかれた古代レスリング（ユニフォトプレス提供）／古代オリンピックのスタジアム（Getty images提供）

55 ボクサー像・円盤投げ・戦車競争（Getty images提供）

56 テルモピレーの戦い（ユニフォトプレス提供）／重装歩兵・クセルクセス1世（Getty images提供）

57 サラミスの海戦（ユニフォトプレス提供）／三段櫂船の想像図・スパルタの兵士（Getty images提供）

58 ダレイオス3世（Getty images提供）

59 ファランクス戦法（ユニフォトプレス提供）／イッソスの戦い・ラオコーン像（Getty images提供）

60 スキピオ（Getty images提供）

61 ハンニバルの侵攻路・アルプスを越えるハンニバル・ロムルスとレムスの像（Getty images提供）

63 元老院（ユニフォトプレス提供）

66 ウェルキンゲトリクス（Getty images提供）

67 ウェルキンゲトリクス像（Getty images提供）

69 暗殺されるカエサル（Getty images提供）

71 アクティウムの海戦（ユニフォトプレス提供）

73 壁画にえがかれた夫婦（ユニフォトプレス提供）／ベズビオ火山とポンペイ遺跡・居酒屋跡・噴火の様子（Getty images提供）

75 コロッセウム・敗れた剣闘士に死を要求する観客・剣闘士のモザイク画（Getty images提供）

76 ローマ皇帝・カラカラ浴場（Getty images提供）

77 インスラの遺跡・ローマの奴隷（Getty images提供）

79 十字架にかけられるイエス・聖墳墓教会・復活するイエス（Getty images提供）

81 ペテロ・パウロ・カタコンベ・コンスタンチヌス1世（Getty images提供）

82 神の言葉を授かるムハンマド（ユニフォトプレス提供）

83 カーバ神殿・聖なる黒石・『コーラン』・イスラム教徒の女性（Getty images提供）

イラストレーター紹介

合間太郎
乃木希典

あおひと
人類誕生、クフ王、ツタンカーメン、殷の王、ダビデ、イッソスの戦い、コロッセウム、煬帝と小野妹子、安史の乱、鑑真、ユスティニアヌス、カノッサの屈辱、サラディン、ワールシュタットの戦い、文永の役、百年戦争、メフメト2世、ウィーン包囲、ユグノー戦争、コルテス、ニュートン、ルイ14世、球戯場の誓い、七月革命、インド大反乱、南北戦争、リヒトフォーフェン

奥田みき
シャカ、クレオパトラ、フリードリヒ2世、マルコ・ポーロ、エリザベス1世、マリア・テレジア、則天武后、クリスティーナ、エカテリーナ2世、エリザベス女王、アンネ・フランク

狛ヨイチ
下関講和会議、日本本土への空襲、沖縄戦

添田一平
卑弥呼

田島幸枝
マルクス、レーニン、ケネディ

つよ丸
劉備、ソロモン、ニュートン、チャーチル

ナカウトモヒロ
アレクサンドロス大王

ナチコ
メソポタミア文明、インダス文明、ツタンカーメン、ピタゴラス、ベスビオ火山、サラディン、チムール、スレイマン1世、バスコ・ダ・ガマ、レントゲン、世界恐慌

成瀬京司
ピラミッド建設、赤壁の戦い、ポエニ戦争、アレシアの戦い、テノチティトラン、マチュピチュ、蔚山城の戦い、トラファルガーの海戦、蒸気機関車、日露戦争

なんばきび
足利義満、ヘンリー8世、ザビエル、『共産党宣言』、孫文、サラエボ事件、スターリン、吉田茂

福田彰宏
始皇帝、項羽、劉邦、煬帝、玄奘、玄宗、朱元璋、李成桂、長篠の戦い、種子島時尭、豊臣秀吉、康熙帝、義和団事件

古本ゆうや
ベルサイユ行進

ぽしー
始皇帝、垓下の戦い、曹操、孫権、シャー・ジャハーン

ホマ蔵
ファラオ、クフ王、アテネ、紫禁城、永楽帝、オランダ独立、ルイ16世

堀口順一朗
ピラミッド建設方法、月の軌道、特殊相対性理論

宮野アキヒロ
ハインリヒ4世

むなぁげ
ペリクレス、太宗

山口直樹
ハンムラビ王、カデシュの戦い、ラムセス2世、ソクラテス、プラトン、ハンニバル、オクタビアヌス、コンスタンチヌス1世、カール大帝、フビライ・ハン、フェルナンド2世、チャルディラーンの戦い、ルター、ピサロ、クロムウェル、ワシントン、ウィーン会議、ダーウィン、ノーベル、普仏戦争、ドイツ帝国、東郷平八郎、フォード、三・一独立運動、ルーズベルト、ホー・チ・ミン

Natto-7
アリストテレス、三頭政治、カエサル、ローマ内戦、イエス、チンギス・ハン、ジャンヌ・ダルク、ミケランジェロ、レオナルド・ダ・ビンチ、コロンブス、ガリレイ、ピョートル1世、ナポレオン、三帝会戦、ペリー来航、ナイチンゲール、リンカーン、アインシュタイン、ヒトラー

pigumo
1～2章解説・新聞イラスト、「その頃日本は?」「なるほどエピソード」「ウソ?ホント!?」、ディアーヌ・ド・ポワチエ、織田信長、李舜臣、戦地に向かう兵士、PKO

TAKA
3～5章解説・新聞イラスト、「その頃日本は?」「なるほどエピソード」「ウソ?ホント!?」

tsumo
ラファエロ、マリー・キュリー、日本語による授業、アンネ・フランク

マンガ家紹介

小坂伊吹
1～5章マンガ

桐丸ゆい
1～5章4コママンガ

監修者 **仲林義浩**（なかばやし よしひろ）

1962年生まれ。1985年中央大学卒業。大学卒業後は世界史の教員として1985年に三重県立相可高校、1992年には三重県立松阪高校の教壇に立つ。2004年からは県教育委員会事務局に異動し、指導主事として小学校から高校までの指導行政に携わる。2012年からは複数の教育関係団体の役員をつとめる一方、ボランティアで教員志望者の支援活動を行っている。監修書に『超ビジュアル!世界の歴史人物大事典』（西東社）がある。

CG製作	成瀬京司
マンガ	小坂伊吹、桐丸ゆい
イラスト	合間太郎、あおひと、奥田みき、狛ヨイチ、添田一平、田島幸枝、つよ丸、ナカウトモヒロ、ナチコ、なんばきび、福田彰宏、古本ゆうや、ぽしー、ホマ蔵、堀口順一朗、宮野アキヒロ、むなぁげ、山口直樹、Natto-7、pigumo、TAKA、tsumo
デザイン	五十嵐直樹（ダイアートプランニング）
地図製作	ジェオ
DTP	ダイアートプランニング、明昌堂
校正	エディット、群企画
編集協力	浩然社

超《ちょう》ビジュアル！ 世界《せかい》の歴史《れきし》大《だい》事典《じてん》

2018年 8 月10日発行　第 1 版
2024年 2 月15日発行　第 1 版　第 8 刷

監修者	仲林義浩
発行者	若松和紀
発行所	株式会社 西東社 〒113-0034　東京都文京区湯島2-3-13 https://www.seitosha.co.jp/ 電話　03-5800-3120（代）

※本書に記載のない内容のご質問や著者等の連絡先につきましては、お答えできかねます。

ISBN 978-4-7916-2542-0